Die Engel so nah
Meine Krankheit als Weg zu innerem Frieden

Isabelle von Fallois

Die Engel so nah

Meine Krankheit als Weg zu innerem Frieden

Ich widme dieses Buch meinem Mann Hubert, meinen Eltern und allen Engeln und himmlischen Helfern, dank deren selbstloser Hingabe ich noch am Leben bin.

2. Auflage 2012
© der deutschen Ausgabe
LICHTWELLE-Verlag Zürich
www.lichtwelle-verlag.ch

Satz: arsnova, Horw
Druck und Bindung: Sonnenschein, Hersbruck

ISBN 978-3-905878-06-6

INHALT

VORWORT   9

TEIL I   **Krankenhaus**

1 Leukämie   12
2 Mentale Klärung   20
3 Rückkehr ins Krankenhaus   23
4 Erste Chemotherapie   29
5 Die Kraft der Freundschaft   32
6 Wie neugeboren   37
7 Musik und Fernsehen   40
8 Einbruch   44
9 Vorweihnachtsfreuden   48
10 Die Zeit der Feste   51
11 Begegnungen   54
12 Glück im Unglück   59
13 Das pure Leben   64
14 Premiere   70
15 Aufnahme   74
16 Lungenentzündung   78

TEIL II   **Begegnungen**

17 Abschied und Tod   83
18 Ein Retter in der Not   85
19 Dankbarkeit   90
20 Italienreise   92
21 Ein wunderbares Ergebnis   98
22 Aufregende Zeiten   101
23 Wiedersehen   104
24 Männer   107
25 Intensive Zeit   110
26 Auditions   114

27 Gala in München und eine merkwürdige Überraschung	117
28 Weihnachten und Sylvester	119
29 Auffällige Zufälle	122
30 Klavierabend	125
31 Unfall	127
32 Auszeit	130
33 Letzter Test	132
34 Fliegen	135
35 Lissabon	138
36 Auf und ab	140
37 Wunderbares Geheimnis	142
38 Vorfreude	144
39 Verlobung	146
40 Neuer Lebensabschnitt	148
41 Böses Erwachen	151
42 Albtraum	155
43 Erleichterung	156
44 Konzertvorbereitungen	158
45 Enttäuschung	160
46 Wendepunkt	163

TEIL III   Spiritueller Weg

47 Neue Energie	167
48 Von Feen und Engeln	169
49 Erzengel Michael	172
50 Bekennen	175
51 Mein Auftrag	177
52 Meerengel	180
53 Fehler des Ego	185
54 Altes Karma	188
55 Erfolgreiche Heilung	191
56 Spannende Erlebnisse	195
57 Arnaldo	198
58 Aufbruch in mein neues Leben	215

59	Vorbereitungen	227
60	Praxisbeginn	232
61	Wundervolle Erfahrungen	238
62	Weitere Ausbildungen	243
63	Freuden und Sorgen	250
64	Mein erstes Seminar	254
65	Neue Hoffnung	258
66	Schock	265
67	Hamburg	270
68	Medium	277
69	Weitere Herausforderungen	283
70	Wieder alleine unterwegs	287
71	Manifestationen	292
72	Kalifornien-Reise	296
73	Angel Therapy Practitioner®-Ausbildung	301
74	1. Internationaler Engel-Kongress	308
75	Ausgebrannt	317
76	Zeichen der Engel	329
77	Salzburg	334
78	Nizza	340
79	Göttinnen-Retreat	345
80	Träume werden wahr	350
81	Erste Klavierstunde nach Jahren	353
82	Rafayel und Michelle	357
83	Paris	360
84	Burnout	364
85	Hochzeit auf Hawaii	368
86	Buchvertrag	380
87	Roy in Oy	385
88	Arbeitsintensive Monate	390
89	Der Kreis schließt sich	394

Vorwort

Es gibt so viele Menschen, die an Krebs oder etwas anderem erkranken und um ihr Leben kämpfen. Es ist sehr schwierig, in einer derartigen Situation den Mut nicht zu verlieren und nicht aufzugeben. Mein Leben war auch über sechs lange Jahre geprägt von meiner Erkrankung an Leukämie und deren Folgen. Es war eine sehr harte Zeit, doch ich hatte das große Glück zu überleben und bin unendlich dankbar dafür.

In diesen letzten Jahren habe ich gelernt, welch großen Einfluss unsere Gedanken auf unser Leben haben. Ich weiß jetzt, dass es möglich ist, auch in den bedrohlichsten Momenten durch die Kraft unserer Gedanken und den Glauben an Gott oder eine Höhere Macht und die Hilfe der Engel nicht zu verzweifeln, sondern in einer Haltung der Zuversicht zu verweilen.

Von Kind an glaubte ich an Gott und Engel, doch es kam eine Zeit, in der ich trotz vielen Betens den Kontakt nach oben verloren zu haben schien. Es war, als bestünde plötzlich eine undurchdringliche Mauer zwischen mir und dem Himmel. Ich konnte keine Verbindung mehr spüren, was mich beinahe verzweifeln ließ. Zu dieser Zeit befand ich mich in einer Beziehung, die zu einer Art Selbstaufgabe geführt hatte. Schon länger war mir bewusst, dass ich gehen musste, doch mein Verantwortungsgefühl ließ dies nicht zu.

Erst als ich erfuhr, dass ich lebensbedrohlich an Leukämie erkrankt war, spürte ich wieder die vertraute Verbindung zu Gott und den Engeln. Obwohl ich aufgrund akuter Lebensgefahr monatelang in einem sterilen Einzelzimmer lag, hatte ich nie das Gefühl, alleine zu sein, sondern fühlte mich von starken Flügeln umfangen und geborgen. Dies machte mir unendlichen Mut und half mir, trotz der scheinbar aussichtslosen Situation, nicht aufzugeben, sondern um mein Leben zu kämpfen.

Als ich nach vierjährigem Überlebenskampf noch immer nicht so weit bei Kräften war, wieder ein normales Leben zu führen und Konzerte zu spielen, ohne dabei in Gefahr zu geraten, wusste ich, dass ich eine noch stärkere Verbindung zu Gott und den Engeln aufbauen musste, um endgültig zu genesen.

Zwei Monate lang betete und meditierte ich von morgens bis abends. Da vernahm ich eines Tages während der Meditation eine Stimme, die mir mitteilte, dass ich eine Art Medium sei und von nun an Botschaften von Engeln erhalten würde, die zu meiner vollständigen Genesung beitragen würden.

Noch am selben Tag bekam ich die ersten Anweisungen von den Engeln. Fortan begleiteten mich ihre Botschaften täglich und halfen mir auf wunderbare Weise, vollkommen gesund zu werden.

Die neun Jahre meines Genesungsweges möchte ich nun erzählen, um Menschen in schwierigen und auch lebensbedrohlichen Situationen Mut zu machen, immer die Hoffnung zu bewahren und die Kraft zu finden, mit der Hilfe der Engel durchzuhalten.

Heute lebe ich jeden einzelnen Tag mit den Engeln und wünsche mir, dass dies immer mehr Menschen tun, denn mit Hilfe dieser himmlischen Wesen ist alles viel leichter zu schaffen, auch der Alltag!

Möge meine Geschichte Ihnen helfen, die positive Macht der Gedanken zu erkennen und eine stärkere Verbindung zum Universum und dem Engelreich aufzubauen, so dass Sie die Freude im Herzen tragen, die Wunder in Ihr Leben einlädt.

Ich wünsche Ihnen allen ein Leben voller Licht, Liebe, Wunder und Engelsegen!

        Isabelle von Fallois
        Amberg, Oktober 2009

TEIL I

Krankenhaus

– 1 –
Leukämie

Kurz vor Mitternacht öffnete sich plötzlich die Tür meines Krankenhauszimmers in Großhadern, und ein mir unbekannter Arzt rauschte herein und trat an mein Bett.
»Sie schweben in absoluter Lebensgefahr. Wenn Sie Pech haben, sind Sie in drei Tagen oder spätestens in drei Wochen tot. Die Diagnose lautet: akute Leukämie«, waren seine unbarmherzigen Worte, die mich ohne jegliche Vorwarnung in einen tiefen Schock versetzten.
Ohne mir auch nur eine Sekunde Zeit zu geben, mich von diesem Schlag zu erholen, begann der Arzt mit monotoner Stimme einen halbstündigen Monolog, als ob er eine Vorlesung in der Universität halten würde.
»Die Form Ihrer Leukämie nennt sich AML M3 und ist eine myeloische Leukämie. Wir müssen umgehend mit der Chemotherapie beginnen, denn sonst sind Ihre Überlebenschancen gleich Null. Aber auch wenn wir sogleich mit der Therapie beginnen, kann das Ihren Tod bedeuten. Chemotherapie heißt, dass Sie spätestens in zwei Wochen Ihre Haare verlieren werden, dass Sie sehr viel brechen werden, dass Ihr Immunsystem zerstört wird, dass Ihre Schleimhäute stark angegriffen werden, so dass Sie vielleicht nichts mehr essen können und nur noch per Infusion ernährt werden können, dass Sie jederzeit an einer Lungenentzündung sterben können, da Ihr Immunsystem Ihnen nicht mehr helfen kann ...«
Nicht nur ich, sondern auch meine Zimmernachbarinnen hörten vollkommen erstarrt zu.
Auf einmal schien die Szene vor meinen Augen zu verschwimmen. Wie durch einen Nebel tauchte vor mir ein Bild auf, ich sah mich mit Glatze, und das gab mir den Rest.
Aus weiter Ferne hörte ich immer noch die Stimme des Arztes. Da hatte ich plötzlich eine Art Vision: Ich sah mich selbst sterben, wenn ich noch in derselben Nacht mit der Chemotherapie beginnen würde.
Schon öfters in meinem Leben hatte ich Träume oder Visionen gehabt,

die sich bewahrheitet hatten, daher wusste ich in diesem Moment, dass ich keine Chance zu überleben hatte, wenn ich den Anweisungen des Arztes folgte, da mein psychischer Zustand eine einzige Katastrophe war, denn ich hatte innerhalb einer Woche beinahe alles verloren: meinen Partner, mein Haus, ein Stipendium in Kalifornien, und nun hing mein Leben nur noch an einem seidenen Faden.

Wie ein Film zogen auf einmal die letzten Wochen meines Lebens an meinem geistigen Auge vorbei. Ich sah mich an einem herrlichen Maimorgen joggen, so wie ich es zu dieser Zeit beinahe täglich tat. Ich war gerade für einige Wochen von einem Studienaufenthalt in Long Beach in Kalifornien nach Deutschland zurückgekehrt, um meinen 30. Geburtstag mit meinem Partner Fabian, meiner Familie und meinen Freunden zu feiern.
Ich joggte auf einer Landstraße in der Umgebung von Arnbach, wo ich zusammen mit Fabian in einem kleinen Haus lebte. Plötzlich sah ich in einiger Entfernung auf einer Wiese in der Nähe des Straßenrandes ein Wegkreuz mit dem sterbenden Christus und verspürte den dringenden Wunsch, davor zu beten. Mein Leben war zu diesem Zeitpunkt äußerst schwierig, unsere Beziehung verlief alles andere als harmonisch, und meine Gesundheit war auch seit längerer Zeit sehr angegriffen. Nur die Zeit in Kalifornien hatte mir wieder Mut gemacht. Ein Schriftsteller und Mentor in Long Beach hatte Freude daran, junge Künstler zu unterstützen. Seine Frau und er hatten mir ermöglicht, mehrere Monate in ihrem Haus zu verbringen, um mich ausschließlich meinem Klavierspiel zu widmen und mein Konzertrepertoire zu erweitern.
Ich lief geradewegs auf das Kreuz zu, welches noch einige Hundert Meter von mir entfernt war. Plötzlich fühlte ich feuchtes Gras unter mir und wusste nicht, wo ich war. Ich hatte einen Filmriss. Ich blickte mich um und sah, dass ich direkt unter dem Christuskreuz lag. In diesem Moment ahnte ich, dass ich todkrank war, denn ich wurde nie ohnmächtig. Obwohl es mir in diesem Augenblick rasend schlecht ging, realisierte ich, dass eine rettende Hand eingegriffen haben musste, denn wenn ich auf der Landstraße zusammengebrochen wäre, auf der die Autos meistens nur so dahin rasten, hätte mich ein Auto

überfahren können. Ich sandte ein Stoßgebet zum Himmel und überlegte fieberhaft, was ich tun konnte. Leider hatte ich mein Handy zu Hause gelassen, und so blieb mir nichts anderes übrig, als mich aufzurappeln, tief durchzuatmen und ganz langsam nach Hause zurückzugehen. Es erschien mir wie eine Ewigkeit, bis ich wieder vor unserer Haustüre stand.
Fabian war erstaunt, als er von meiner Ohnmacht erfuhr, schien aber nicht weiter besorgt zu sein. Als mehrere Stunden später mein Puls immer noch rasend schnell ging, ließ ich einen Arzt kommen. Doch dieser meinte, ich sei jung und fit und sei sicher nur in Ohnmacht gefallen, weil ich nüchtern gejoggt hatte. Ich verließ mich jedoch nicht auf seine Aussage, da mir mein Gefühl etwas Anderes signalisierte.
So ging ich in den nächsten beiden Wochen zu meinem Hausarzt zur Blutuntersuchung, zu meiner Frauenärztin und zu einem Kardiologen. Letzterer stellte einen kleinen Herzklappenfehler fest, der nicht weiter gravierend war. Bei den Untersuchungen der Frauenärztin tauchte der Verdacht auf Unterleibskrebs auf, der sich zu meiner Erleichterung bei einer wiederholten Untersuchung als unbegründet erwies.
Als ich jedoch meinen Hausarzt anrief, um das Ergebnis der Blutuntersuchung zu erfahren, sagte mir dessen Assistent, ein ehemaliger Klassenkamerad von mir: »Deine Werte sind leider sehr schlecht. Es müssen weitere Untersuchungen gemacht werden, um festzustellen, was dies zu bedeuten hat. Das tut mir sehr leid für dich.«
Noch mit dem Telefonhörer in der Hand erschienen plötzlich Bilder vor meinem inneren Auge: Ich sah Romina, die Schwester einer Freundin, vor mir, die an Leukämie erkrankt und vor vier Jahren gestorben war. In diesem Augenblick sagte mir meine innere Stimme, dass ich ebenfalls Leukämie hatte.
Ich war völlig verzweifelt und teilte meinem Lebensgefährten mit, dass ich schreckliche Angst hätte, da ich wüsste, dass ich todkrank sei. Meinen Verdacht auf Leukämie verschwieg ich jedoch. Er hingegen meinte daraufhin nur, ich sei vollkommen hysterisch. Es wäre eher an der Zeit, eine Psychotherapie zu machen. Ohne auch noch ein weiteres Wort zu verschwenden, ließ er mich allein zurück. Ich fühlte mich furchtbar und völlig im Stich gelassen. Wie ein Embryo rollte ich mich in unserem Bett ein und weinte stundenlang vor mich hin.

Vier Tage später, es war inzwischen Ende Mai, bekam ich in einer Klavierstunde, die ich während meines Aufenthaltes in Deutschland gab, sehr hohes Fieber. Ich konnte kaum mehr laufen und wusste nicht, wie ich mit dem Auto von München nach Arnbach kommen sollte. Ich rief Fabian von unterwegs an und teilte ihm mit, wie es mir ging, und bat ihn, zu Hause zu warten, bis ich sicher angekommen sei. Ich weiß bis heute nicht, wie ich es in diesem Zustand geschafft habe, mit dem Auto nach Hause zu fahren.
Mit letzter Kraft schleppte ich mich ins Haus. Von meinem Lebensgefährten fehlte jedoch jegliche Spur. Ich legte mich sofort ins Bett und maß Fieber..Es war auf über 40°C angestiegen. So versuchte ich Fabian über sein Handy zu erreichen. Ich sagte ihm, dass ich Angst hatte und bat ihn, seine Tangoklasse abzusagen und zu mir zu kommen, denn ich war nicht einmal mehr in der Lage, mir einen Tee zu machen. Fabian schien alles andere als begeistert von meiner Bitte zu sein. Zu allem Überfluss waren sowohl von meinem Handy als auch von unserem Telefon im Haus die Akkus leer, so dass ich keine Möglichkeit mehr hatte, meine Eltern oder einen Notarzt zu rufen. Das Fieber war inzwischen auf über 41°C angestiegen, und in meinen Armbeugen hatten sich bedrohlich schwarze, verhärtete Stellen gebildet, da mir an diesem Tag noch einmal viel Blut abgenommen worden war. Mein Herz schmerzte und raste vollkommen unkontrolliert. Ich spürte, wie immer mehr Panik in mir aufstieg. Ich war mutterseelenallein an einem Ort am Ende der Welt und hatte Angst zu sterben, ohne dass auch nur ein Mensch etwas davon ahnte.
Stunden vergingen, ohne dass Fabian zurückkam, und mir ging es von Sekunde zu Sekunde schlechter. Einerseits lief mir der Schweiß in Strömen über den Körper, andererseits klapperten meine Zähne, da ich immer wieder von Schüttelfrost geplagt wurde. Ich konnte keinen Fuß mehr vor mein Bett setzen, da ich wusste, dass ich sonst in Ohnmacht fallen und vielleicht nie mehr aufwachen würde.
In blanker Verzweiflung fiel mir plötzlich ein, dass Beten die einzige Möglichkeit war, die mir noch blieb. Inbrünstig bat ich Gott und die Engel, mein Fieber umgehend zu senken. Um nicht noch mehr Panik in mir aufkommen zu lassen, murmelte ich ein Gebet nach dem anderen.

Und tatsächlich, ein kleines Wunder geschah. Das Fieber sank innerhalb einer halben Stunde, so dass ich aufstehen und die Telefone aufladen konnte, um wenig später meine Eltern anzurufen, die jedoch nicht zu Hause waren. So sprach ich auf deren Anrufbeantworter und bat sie, egal wann, zu kommen und mich aus dem Haus wegzuholen und mitzunehmen.

Weit nach Mitternacht kamen meine Eltern endlich zu mir und packten ein paar Sachen für mich zusammen. Wenig später erschien schließlich auch Fabian, und ich sagte ihm, dass es für mich besser sei, mich von meinen Eltern pflegen zu lassen. Ich fühlte mich unendlich verletzt, dass er mich so hatte hängen lassen, obwohl ich immer alles andere aufgegeben hatte, um für ihn da zu sein, wenn es ihm schlecht ging. Völlig geschwächt und tieftraurig verließ ich zusammen mit meinen Eltern unser Haus und hatte keine Ahnung, dass ich es nie wieder betreten würde.

Am nächsten Morgen kam der Anruf von Dr. Bihler, meinem ehemaligen Klassenkameraden, der mir das Ergebnis der weiteren Blutuntersuchungen mitteilen wollte. Die Werte hatten sich weiter verschlechtert. Er äußerte den Verdacht auf ein Leukämie-Vorstadium und legte mir ans Herz, eine Onkologin in München aufzusuchen. Ich brauchte erst ein wenig Zeit, um das zu verdauen. Natürlich teilte ich Fabian mit, was ich erfahren hatte. Zuerst besuchte er mich noch ab und zu bei meinen Eltern, doch dann schien es ihm zu langweilig zu sein, mit mir nur reden zu können. Und schließlich kam er überhaupt nicht mehr. Stattdessen ging er jede Nacht zum Tangotanzen, was eine gemeinsame Leidenschaft von uns gewesen war. Auch traf er immer häufiger andere Frauen. Als ich eines Tages ein sehr ungutes Gefühl hatte und unseren gemeinsamen Anrufbeantworter abhörte, musste ich feststellen, dass eine Frau sehr zweideutig auf unser Band gesprochen hatte. Ich war am Boden zerstört, fühlte mich verlassen, betrogen und im Stich gelassen. Ich wusste, wenn ich von der Onkologin erfahren würde, dass ich tatsächlich Leukämie hatte, und hoffen würde, dass Fabian mich besuchen käme, hätte ich keine Chance, um mein Leben zu kämpfen, da die Enttäuschung einfach zu groß war. Also trennte ich mich schweren Herzens von ihm – per Telefon. Eine andere Möglichkeit hatte ich zu diesem Zeitpunkt nicht mehr. Ich war vollkommen verzweifelt, und doch wusste ich, dass es der richtige Schritt gewesen war, denn unsere Beziehung hatte schon lange vorher nicht mehr funktioniert.

Wenige Tage nach der Trennung hatte ich den Termin bei der Onkologin. Sie sagte, es sei kein Leukämie-Vorstadium, sondern höchstwahrscheinlich Leukämie, und wollte mich umgehend ins Klinikum Großhadern schicken. Doch in der Abteilung, in die sie mich überweisen wollte, war erst am nächsten Tag ein Bett frei. Sie wollte mich aber auf keinen Fall in eine andere Abteilung legen lassen. Ich bin ihr heute noch dankbar dafür.

Am nächsten Morgen fuhren dann meine Eltern, Susanna, meine engste Freundin, und ich nach München ins Klinikum Großhadern. Ich konnte nicht mehr laufen, und so schob mich mein Vater im Rollstuhl auf die Station. Ich bekam einen Schock, als ich all die Menschen mit Glatze sah, und wollte am liebsten auf der Stelle wieder umkehren.

Da erschienen drei sehr sympathische junge Ärzte etwa in meinem Alter, und ich fühlte mich wieder ein bisschen wohler. Im Untersuchungszimmer wurde mir Blut abgenommen. Dann folgte eine ausführliche Anamnese von Kopf bis Fuß, und ich musste sehr viele Fragen beantworten. Dabei stellte sich heraus, dass Dr. Schmid, der Arzt, der mich untersuchte, Violoncello spielte.

»So wie Sie aussehen«, meinte er, »ist der Verdacht auf Leukämie wahrscheinlich unbegründet. Ich wünsche Ihnen von Herzen, dass Sie so bald wie möglich wieder Klavier spielen können.«

Die Blutwerte deuteten nicht wirklich auf Leukämie hin. Doch zur Sicherheit wollten die Ärzte eine Knochenmarkpunktion machen. Daraufhin wurde ich in ein Krankenzimmer gebracht und punktiert, was äußerst schmerzhaft war. Die Ärzte kamen noch einmal vorbei und meinten, ich könnte vermutlich am nächsten Tag wieder nach Hause gehen. Ich fühlte mich ein wenig erleichtert und begann eine Unterhaltung mit meinen netten Zimmerkolleginnen.

Wie in Lichtgeschwindigkeit waren diese letzten Wochen an mir vorbei gezogen, als ich mir wieder bewusst wurde, wo ich mich gerade befand, und den Arzt neben meinem Bett stehen sah. Ich spürte, dass ich aufgrund des Schocks und des furchtbaren Verlassenheitsgefühls keine Kraft mehr hatte, um zu kämpfen. Daher stand mein Entschluss, das Krankenhaus zu verlassen, schon fest, als der Arzt endlich aufhörte zu reden. Falls ich tatsächlich nur noch drei Tage zu leben haben sollte, wollte ich nicht in der Umgebung solch gefühlloser Menschen sterben. Mitten in der Nacht rief ich meine Eltern an, teilte ihnen die Hiobsbotschaft mit und bat sie, mich auf der Stelle abzuholen. Ohne auch nur einen Moment zu zögern, setzten sich beide ins Auto und kamen zu mir. Sie waren ebenso entsetzt wie ich über die beinahe aussichtslose Diagnose und unterstützten meinen Wunsch, das Klinikum zu verlassen, voll und ganz. Sie konnten mich jedoch nicht sofort mitnehmen, da ich erst noch am nächsten Morgen mit dem Stations- und dem Oberarzt reden musste.

Nach einer durchwachten Nacht waren meine Eltern am nächsten Morgen schon wieder auf der Station, als die Visite begann. Sie hatten dem Stationsarzt Dr. Duell bereits mitgeteilt, dass sie mich mit nach Hause nehmen würden. Er war vollkommen entsetzt und meinte, ich stünde mit Sicherheit unter Schock, nachdem dieser Kollege nachts so brutal mit mir geredet hätte. Das hatte sich in der Zwischenzeit schon in der ganzen Abteilung herumgesprochen. Er bat darum, alleine mit mir sprechen zu können.

Zuvor musste ich mich jedoch noch einer Diskussion mit dem stellvertretenden Oberarzt, Professor Haferlach, stellen, da der Oberarzt meiner Station nicht im Haus war.

Auch wenn ich mich in der Nacht zuvor vollkommen benebelt gefühlt hatte, war ich an diesem Morgen wieder klar im Kopf. Ich saß im Schneidersitz auf meinem Bett und ließ mich in keiner Weise von den Argumenten von Professor Haferlach aus der Ruhe bringen, obwohl dieser wirklich allerhand Geschütze auffuhr, um mich umzustimmen.

»Sie als Pianistin müssten doch ernsthaft verstehen, dass es sehr entschiedene Qualitätsunterschiede gibt«, schimpfte er vollkommen entrüstet. »Ich lasse mir ja noch eingehen, dass man ein Schumann-Klavierkonzert mit einem zweit- oder drittklassigen Orchester spielen kann. Aber Sie stimmen mir doch sicherlich zu, dass Sie das zweite Konzert von Brahms lieber mit einem erstklassigen Orchester spielen würden, oder etwa nicht?« Bevor ich antworten konnte, fuhr er fort. »Genauso verhält es sich in diesem Fall. Sie haben nicht nur einen Schnupfen, den Sie ganz ungefährlich von einem Homöopathen behandeln lassen können. Nein, Sie haben Leukämie und schweben in absoluter Lebensgefahr. Ist Ihnen das eigentlich klar?«

Trotz meiner verzweifelten Situation musste ich über seine Worte schmunzeln und meinte: »Das ist mir bewusster, als Sie vielleicht glauben. Genau aus diesem Grund möchte ich die Klinik verlassen, denn wenn ich schon sterben muss, möchte ich das lieber in einer liebevollen und vertrauten Umgebung tun.«

Als Professor Haferlach nach einer längeren Diskussion spürte, dass er mich nicht mehr umstimmen konnte, verabschiedete er sich sichtlich enttäuscht.

Während des ganzen Gesprächs hatte Dr. Duell mehr oder weniger schweigend auf seinem Stuhl gesessen und mich nicht aus den Augen gelassen. Kaum hatte jedoch Professor Haferlach den Raum verlassen, fragte er mich, ob ich bereit wäre, auch noch mit ihm zu sprechen. Als ich bejahte, half er mir in den Rollstuhl und schob mich in sein Arztzimmer. Er setzte sich mir gegenüber auf seinen Schreibtisch. Mit einem verzweifelten Gesichtsausdruck blickte er mir tief in die Augen.

»Wenn ich Sie jetzt gehen lasse und Sie sterben, werde ich meines Lebens nicht mehr froh. Sie sind eine so junge, hübsche, attraktive und begabte Frau. Sie müssen einfach weiter leben!«

Völlig überrascht nahm ich wahr, dass Tränen in seinen Augen standen. Wie war das möglich? Dieser gut aussehende, sympathische und erfolgreiche Arzt kannte mich gerade einmal einen Tag lang, und ich saß im Schlafanzug, alles andere als gestylt, in einem desolaten Zustand vor ihm, und dennoch spürte ich, dass ich ihm mehr am Herzen lag als meinem Ex-Partner, und er alles tun würde, um mich am Leben zu erhalten.

Als ich dies erkannte, fühlte ich, wie sich ein Hoffnungsschimmer in mir ausbreitete. Wenn es solche Männer gab, was ich nach all meinen Erfahrungen nicht mehr für möglich gehalten hatte, lohnte es sich definitiv zu leben. Die Worte von Dr. Duell hatten meine Seele zutiefst berührt, und mein durch die letzte Beziehung völlig zerstörtes Selbstwertgefühl bekam neuen Aufschwung.

Auch wenn dieses Gespräch der Ausschlag für mich war, dass ich in mir wieder meine bekannte Kraft zu kämpfen fühlte, wusste ich, dass ich erst meinen Kopf klären musste, um wirklich kämpfen zu können. So sagte ich zu Dr. Duell: »Falls ich tatsächlich nur noch drei Tage zu leben haben sollte, möchte ich in meiner vertrauten Umgebung sterben. Falls ich jedoch länger leben sollte, verspreche ich, rechtzeitig zurückzukommen.«

Doktor Duell wirkte völlig verzweifelt, dass er mich nicht zum Bleiben überreden konnte, denn er war davon überzeugt, dass ich meinem sicheren Tod entgegen sah. Was er jedoch nicht ahnte, war, dass er mich mit seinen wunderbaren Worten soeben ins Leben zurückgeholt hatte. Denn nun wusste ich, dass ich kämpfen würde und die Kraft dazu bekommen würde.

– 2 –

Mentale Klärung

Sobald ich mit meinen Eltern nach Hause zurückgekehrt war, kam ein befreundeter Arzt und Homöopath und besprach mit mir, wie wir vorgehen sollten. Er hatte vor, mir täglich Blut abzunehmen, so dass wir zumindest eine gewisse Kontrolle über meinen Zustand hatten. Außerdem würde er versuchen, mich mit homöopathischen Mitteln zu unterstützen. Ich war ihm sehr dankbar, denn so war ich nicht ohne ärztlichen Beistand und musste nicht in der trostlosen Krankenhausumgebung sein.

Mir war bewusst, dass ich vielleicht in wenigen Tagen nicht mehr leben würde, dennoch bat ich noch am selben Tag Alexander, einen wunderbaren Freund in Los Angeles, mir im Internet Bücher herauszusuchen, die mir helfen würden, meinen Kopf zu klären und meine gescheiterte Beziehung zu verarbeiten. Ich wusste, dass ich zuallererst Fabian vergeben musste, wenn ich überleben wollte. Das war nach allem, was geschehen war, alles andere als leicht. Natürlich war mir klar, dass wir beide für das Scheitern unserer Beziehung verantwortlich waren. Da ich genügend Bücher gelesen hatte, in denen die Macht der Vergebung in Bezug auf Heilung eine große Rolle gespielt hatte, wusste ich, dass dies unerlässlich war. Außerdem war klar, dass ich dies im Schnelldurchgang erledigen musste, da die Uhr laut und vernehmlich tickte. Dementsprechend schnell arbeitete ich mich durch die von Alexander empfohlenen Bücher, die meine Eltern im Buchladen für mich bestellt hatten.

Und tatsächlich, je mehr ich Fabians Verhalten nachvollziehen konnte, umso leichter fiel es mir, ihm zu verzeihen.

Am Tag nach meiner »Flucht« aus dem Krankenhaus waren meine Leukozyten zu unserer großen Freude um einiges angestiegen, was im Falle meiner Form von Leukämie sehr positiv war. Bei den in Deutschland und Europa vorherrschenden Leukämien steigen die Leukozyten in die Zigtausende. In meinem Fall von AML (Akuter Myeloischer Leukämie) M3 verschwinden die Leukozyten. Das war auch der Grund gewesen, warum es so lange gedauert hatte, bis der Verdacht auf Leukämie aufgetaucht war, obwohl ich im vergangenen Jahr mehr als einmal mein Blut hatte untersuchen lassen, weil ich mich so schlecht gefühlt hatte. Das Verrückte war, dass AML M3 normalerweise hauptsächlich in Südamerika auftaucht und ich eine ganz besondere Beziehung zu Brasilien habe. Ich hatte zehn Jahre zuvor aufgrund eines Klavierstipendiums mehrere Monate in Rio de Janeiro verbracht und mich »wie zu Hause« gefühlt, so dass ich gar nicht mehr zurück nach Deutschland wollte.

Wir waren über den Anstieg der Leukozyten hocherfreut und als Professor Hallek, der Oberarzt aus dem Krankenhaus, anrief und mich inständig bat, zurückzukommen, teilte ich ihm das erfreuliche Ergebnis mit und meinte, ich bräuchte noch Zeit der Ruhe für mich. Wenn es notwendig sei, würde ich wieder kommen. In den nächsten Tagen folgten ähnliche Anrufe vom Stationsarzt Dr. Duell, der sich ernsthafte Sorgen um mich machte, was mich besonders berührte. Nie zuvor hätte ich gedacht, dass Krankenhausärzte, die täglich mit schwerkranken Menschen zu tun hatten, sich so sehr um das Leben einer Patientin bemühen würden. Ich war angenehm überrascht, insbesondere da ich

als Teenager aufgrund eines Unfalls schlechte Erfahrungen mit Ärzten gemacht hatte.
Da ich sehr schwach war und kaum aufstehen konnte, verbrachte ich die meiste Zeit Bücher lesend und betend im Bett. Drei Bücher hatten es mir ganz besonders angetan: »Psychotherapie gegen den Krebs« von Lawrence LeShan, »Diese Kraft in mir« von Birgit Theresa Koch und »Ich habe meinen Krebs nicht mehr nötig – Danke schön, Louise Hay« von Philie Haarbosch. Durch diese Bücher wurden mir verschiedene Dinge klar. Nämlich, dass es offenbar bestimmte Menschentypen sind, die an Krebs erkranken, dass Wunder auch im Zusammenhang mit Krebs möglich sind und dass es von entscheidender Wichtigkeit ist, sich mit positiven Gedanken zu umgeben, egal, wie aussichtslos eine Situation auch scheinen mag. Ich begann mit Affirmationen, wie zum Beispiel »Ich besiege meinen Krebs!«, zu arbeiten und wiederholte sie immer wieder in meinem Kopf.
Es war wirklich erstaunlich zu beobachten, wie meine innere Kraft täglich zunahm, wenngleich sich mein physischer Zustand nach der ersten Besserung zusehends verschlechterte. Dennoch wollte ich noch nicht zurück ins Krankenhaus.
Im Nachhinein bin ich diesem Arzt, der nachts in mein Krankenhauszimmer kam und mich so unsanft mit meinem Zustand konfrontierte, wirklich dankbar, denn ich bin sicher, wenn mir der freundliche Stationsarzt gesagt hätte, wie es um mich stünde, hätte ich das Krankenhaus wahrscheinlich nicht verlassen – und vermutlich wäre ich innerlich nicht stark genug gewesen, um die Chemotherapie zu diesem Zeitpunkt zu überstehen. Das hatte mir meine Vision deutlich gezeigt.
Schließlich verbrachte ich zweieinhalb Wochen zu Hause, in denen ich von meinen Eltern und dem Arzt auf das Wunderbarste umsorgt und gepflegt wurde und mir viele Freunde persönlich oder telefonisch zur Seite standen. Insbesondere Susanna und Henry, der Cousin von Fabian, mit dem mich eine besondere Freundschaft verband, kümmerten sich täglich um mich und machten mir Mut. Es war offensichtlich für mich, dass ich nun mental stark genug war, um es schaffen zu können.
Da spürte ich eines Nachts plötzlich, dass mein Leben nun im wahrsten Sinne des Wortes wirklich nur noch an einem seidenen Faden hing. Ich WUSSTE, dass jetzt der Augenblick gekommen war, auf dem schnells-

ten Weg ins Krankenhaus zurückzukehren, wenn ich nicht sterben wollte. Als ich an jenem Morgen dann versuchte, mich mit Hilfe meines Vaters im Bett aufzusetzen und dabei in Ohnmacht fiel, rief meine Mutter den Notarzt.

– 3 –
Rückkehr ins Krankenhaus

Der Notarzt kam umgehend und untersuchte mich. Er sagte mit sorgenvoller Miene: »Ihr Zustand ist derart labil, dass ich Sie unter keinen Umständen nach Großhadern bringen lassen kann. Sie müssen zuerst auf die Intensivstation im Krankenhaus in Buchloe. Dort wird man versuchen, Sie so weit aufzupäppeln, dass Sie transportfähig sind.«
Noch zu Hause wurde ich an eine Infusion angehängt. Dann hoben mich zwei Männer vom Rettungsdienst auf eine Liege und banden mich fest, da sie mich die Treppe hinunter tragen mussten. Als sie mit mir durch die Haustür ins Freie traten, wurde mir schmerzlich bewusst, dass ich mich nicht von meinem Flügel verabschiedet hatte, falls ich nicht mehr wieder kommen würde. In Gedanken sagte ich den Bäumen in unserem Garten »Auf Wiedersehen!«, was ich normalerweise nie tat. Mir war jedoch äusserst deutlich und schmerzlich bewusst, dass die Möglichkeit zu sterben sehr nahe lag. Im Rettungswagen versuchte ich, so gut wie möglich loszulassen, um wieder einen klaren Kopf zu bekommen. Selbst wenn ich sterben sollte, wollte ich die letzten Stunden oder Minuten bewusst erleben. Auf der Intensivstation in Buchloe kam ich dann unter die Obhut von Frau Dr. Castro, was ich als ein gutes Vorzeichen empfand, denn dies ist der Name von zwei guten Bekannten: dem brasilianischen Pianisten Ricardo Castro und der spanischen Flamencotänzerin Racquel Castro. Beide waren sehr wichtig für mich.

Frau Dr. Castro bemühte sich sehr um mich, so dass ich nach einigen Stunden transportfähig war.
Ich wurde mit dem Krankenwagen nach Großhadern gebracht. Nach einigem Hin und Her landete ich schließlich in derselben Abteilung wie bei meinem ersten Aufenthalt in Großhadern. Zu diesem Zeitpunkt war keiner der mir bekannten Ärzte auf der Station, da Sonntag war. Zu meiner großen Überraschung kam jedoch nach kurzer Zeit Professor Hallek, der Oberarzt, in unser Zimmer (ich lag mit zwei todkranken älteren Damen darin), um mich zu sehen. Er hatte darum gebeten, sofort informiert zu werden, falls ich zurückkommen sollte. Er wollte sich unbedingt persönlich von meinem Zustand überzeugen, was ich unglaublich fand, da er seinen freien Tag hatte. Er meinte völlig überrascht: »Es ist wahrhaftig verwunderlich, dass Sie in keiner schlechteren Verfassung sind und dass Sie überhaupt noch am Leben sind.«
Neugierig fragte er mich, was ich denn getan hätte, um noch immer relativ gut auszusehen. Daraufhin erzählte ich ihm, dass ich unter der Obhut eines Arztes und Homöopathen gewesen war und dass ich eine mentale Klärung durchgeführt habe, da ich psychisch in einem verheerenden Zustand gewesen sei und somit gar keine Kraft gehabt hätte zu kämpfen und eine Chemotherapie zu überstehen. Nun sei ich zwar physisch schwächer, fühle mich jedoch wieder voller innerer Kraft und sei nun in der Lage, mich der heftigen Behandlung zu unterziehen.
Sichtlich beruhigt verließ er mich wieder.
Am nächsten Morgen wartete ich sehnsüchtig auf den jungen, hübschen Stationsarzt. Ich hoffte sehr darauf, dass er mich weiterhin auf seine besondere Art unterstützen würde. Zu meiner großen Enttäuschung musste ich feststellen, dass ich aufgrund des hohen Fiebers alle meine schönen T-Shirts durchgeschwitzt hatte, so dass ich ein hoch geschlossenes, graues Shirt von meinem Vater anziehen musste, in dem ich mir alles andere als attraktiv vorkam.
Dann tauchte tatsächlich Dr. Duell in einem ganz ähnlichen grauen T-Shirt auf, so dass wir quasi im Partnerlook waren. Ich war sehr froh, doch meine Freude war nicht vergleichbar mit der Erleichterung, die sich auf Dr. Duells Gesicht spiegelte, als er mich lebend wieder sah. Wir plauderten eine Weile beinahe freundschaftlich, so dass ich wusste,

dass ich mich nicht nur medizinisch, sondern auch menschlich in besten Händen befand.
Glücklicherweise fand die Stationsschwester, dass ich zu jung sei, um mit zwei alten Damen, von denen eine über alles schimpfte, im Zimmer zu liegen. Am Tag zuvor hatte ich bereits festgestellt, wie schwer es war, in deren Gegenwart weiterhin positiv zu denken. So wurde ich zu einer sympathischen Frau verlegt, die nicht viel älter war als ich. Sie hatte auch Leukämie und schon eine Chemotherapie hinter sich. Für mich war das sehr gut, denn so konnte ich ihr alle Fragen stellen, die mir auf der Seele lasteten.
Die nächsten Tage vergingen mit unzähligen Untersuchungen, die notwendig waren, um festzustellen, in welchem Zustand mein gesamter Körper war. Es ging darum, Risiken auszuschließen, bevor es mit der Chemotherapie losging.
Eines Nachmittages wurde mir die Frage gestellt, ob ich Kinder haben wolle. Denn falls dies der Fall sei, wäre es notwendig, mich vor Beginn der Therapie einem Eingriff zu unterziehen, um Eizellen herauszunehmen und sie einzufrieren, da es nach der Chemotherapie unter Umständen nicht mehr möglich sei, Kinder zu bekommen. Ich entschloss mich gegen diesen Eingriff, denn ich wollte mich in dieser lebensbedrohlichen Situation nicht noch einer weiteren Gefahr aussetzen. Außerdem war mir schon vor der Leukämie klar, dass ich nur Kinder haben wollen würde, wenn ich einen wunderbaren Partner finden und finanziell in der Lage sein würde, eine Haushaltshilfe einzustellen. Ich habe meine ganze Jugend lang sehr hart gearbeitet, um Pianistin zu werden, und ich wusste, falls ich nicht mehr fähig sein würde, Klavier zu spielen, würde ich auch keine gute Mutter abgeben. Ich wollte auf keinen Fall Kinder in die Welt setzen und mich nicht genügend um sie kümmern können. Zu dem Zeitpunkt im Krankenhaus hatte ich weder einen Partner, der mir zur Seite stand, noch finanzielle Sicherheit, also stellte sich die Frage nach Kindern überhaupt nicht.
Ferner wurde ich einer zahnärztlichen Untersuchung unterzogen, bei der herauskam, dass unter einem Backenzahn eine Entzündung herrschte, was im Zusammenhang mit Chemotherapie eine weitere Gefahr bedeutete. Also wurde ich mit dem Krankenwagen in die Zahnklinik in der Münchner Innenstadt gefahren. Das war ein sehr aufregendes Un-

terfangen für mich, denn ich wusste, dass mein Immunsystem schon fast auf dem Nullpunkt angelangt war. Somit war jeder Zug, den ich abbekam, lebensgefährlich für mich. Die Behandlungsräume in der Zahnklinik sind wahrlich riesig, und die Tür ging ständig auf und zu, da neue Patienten hereinkamen oder weggingen. Es war mitten im Sommer und alle Fenster waren gekippt. Ich war also fortwährender Zugluft ausgesetzt. Das zehrte an meinen Nerven, ich betete inständig zu Gott, er möge mich nicht aus so einem Grund sterben lassen. Irgendwann konnte ich nicht mehr, und so erklärte ich einem der jungen Zahnärzte meine Situation und bat ihn, ob er einige Fenster schließen könnte. Er war sehr betroffen und tat sein Möglichstes, was mir half, wieder innerlich ruhig zu werden. Nach einem langwierigen und schmerzhaften Eingriff wurde ich dann wieder mit dem Krankenwagen zurück nach Großhadern gebracht.

In der Zwischenzeit war ein Einzelzimmer bereit für mich, denn in dieser kritischen Phase wird man meist isoliert, damit weniger Bakterien im Umlauf sind. An diesem Tag besuchte mich Gido, ein sehr lieber Freund, ehemaliger Balletttänzer und nun Musicalsänger. Er brachte mir sein eigenes Exemplar des Buches »Gesundheit für Körper und Seele« von Louise L. Hay mit, da er dachte, dass ich es dringend brauchen könnte. Ich war ihm sehr dankbar dafür, denn mein Exemplar befand sich in irgendeiner Kiste in Amerika oder im Haus meiner Eltern.

Je mehr sich der Tag jedoch zum Ende neigte, desto mehr Furcht stieg in mir auf. Ich hatte große Angst, dass mich in dem Augenblick, wenn die letzte Krankenschwester die Runde gemacht hatte und ich einsam und verlassen in meinem Zimmer übrig blieb, Panik und Todesangst überfallen würden wie ein wildes Tier. Doch erstaunlicherweise geschah nichts Dergleichen, im Gegenteil, ich fühlte eine wunderbare Präsenz im Raum und war augenblicklich getröstet. Während all der Monate in der Klinik war diese Energie zu spüren, und ich fühlte mich nie mehr allein. Interessanterweise dauerte es nur zwei Tage, bis ich ein Päckchen von der Zahnärztin meiner Mutter erhielt, in dem sich ebenfalls das Buch von Louise L. Hay befand. Wenn das kein Zeichen war.

Von diesem Augenblick an war dieses einzigartige Buch mein ständiger Begleiter. Ich arbeitete täglich mit den darin enthaltenen Affirmationen, denn da ich das Buch bereits sieben Jahre zuvor von Gido geschenkt bekommen und gelesen hatte, wusste ich, dass Louise L. Hay ihren Krebs ohne Operationen und Chemotherapie, sondern nur mit Hilfe von Affirmationen, Gebeten, Spiegelarbeit und Ernährungsumstellung in den Griff bekommen hatte. Auch wenn mir bewusst war, dass ich es nicht ohne Chemotherapie schaffen würde, war mir dennoch klar, dass ich die Behandlung mit Hilfe von Affirmationen und positivem Denken viel leichter überstehen würde. Ich beobachtete den ganzen Tag meine Gedanken. Sobald ich Angst hatte oder Negatives dachte, versuchte ich, diese dunklen Gedanken in positive Sätze umzuwandeln, was mir dank eiserner Disziplin meist auch gelang.

Dennoch kam mir eines Tages dann die Frage in den Sinn, die wohl jeder Mensch in einer ähnlichen Situation unweigerlich irgendwann denkt: »Warum hat es ausgerechnet mich erwischt?«

Ich begann, mit meinem Schicksal zu hadern. Da hörte ich in meinem Kopf die Stimme von Sergiu Celibidache, die sagte: »Im Zen-Buddhismus sagt man, frage nicht nach dem Warum, denn du wirst keine befriedigende Antwort erhalten.«

Sergiu Celibidache war einer der größten Dirigenten des vergangenen Jahrhunderts und Buddhist gewesen. In den letzten vier Jahren seines Lebens hatte ich die wunderbare Chance gehabt, seinen legendären Unterricht zu besuchen.

In dem Moment jedenfalls, als ich in meinem Inneren diesen Satz vernahm, den er im Unterricht des Öfteren ausgesprochen hatte, konnte ich aufhören zu fragen. Das war pure Gnade, denn so musste ich mir mein Gehirn nicht mehr zermartern. Von diesem Augenblick an konnte ich meine Situation vollkommen annehmen. Dass ich meine Opferhaltung aufgeben konnte, war ein weiterer wichtiger Baustein auf dem Weg zu einer möglichen Heilung.

Zu meinem großen Glück erkannten meine Ärzte, dass die Musik mein Lebenselixier ist. So erlaubten sie ohne langes Zögern, dass meine Eltern, Freunde und Schülereltern Geld sammelten und mir ein Professional Stage Piano, ein elektronisches Klavier mit gesampeltem Steinway-Klang, für mein Krankenhauszimmer kauften, obwohl aufgrund der akuten Lebensgefahr in meiner Umgebung alles steril sein musste, da mich jedes Bakterium umbringen konnte. Drei Tage, bevor die erste

Chemotherapie losging, brachten Tanja und Kilian, Musikerfreunde von mir, das von ihnen organisierte Keyboard in mein steriles Krankenhauszimmer. Das war eine Freude! Ich war unendlich dankbar und glücklich über das Verständnis meiner Ärzte und die Großzügigkeit der Menschen in meiner Umgebung.
Tatsächlich war mir vor meiner Erkrankung nicht bewusst gewesen, wie viele wunderbare Freunde ich doch habe. Wie es das Schicksal wollte, kam meine engste Freundin Susanna genau zu diesem Zeitpunkt aus Frankreich zurück, um wieder in München zu leben. Sie kam fast jeden Tag ins Krankenhaus, um mich zu unterstützen. Das war einfach großartig für mich. Auch meine Eltern besuchten mich beinahe täglich, obwohl sie fast eine Stunde von München entfernt wohnen. Sie versorgten mich mit allem, was ich brauchte. Ich weiß nicht, was ich ohne sie gemacht hätte. Nach dem Bruch mit meinem Ex-Partner war es sehr wichtig für mich, diese Art von Unterstützung zu bekommen.
Ferner machte sich meine Freundin Johanna aus Jerez de la Frontera in Spanien (etwa 3000 km von München entfernt) mit dem Auto auf den langen Weg, sammelte in Madrid noch Heike und Boris, gemeinsame Freunde von uns, ein, um mich noch vor der ersten Chemotherapie lebend zu sehen. Leider kam Johanna mit einer Erkältung in München an. So durfte sie mich die ersten Tage gar nicht besuchen, da die Gefahr für mich zu hoch gewesen wäre. Das war natürlich sehr schade, denn sie hatte nur eine Woche Zeit zu bleiben. Dennoch war es ein unglaubliches Geschenk, dass sie den weiten Weg auf sich genommen hatte, nur um mich kurz zu sehen. All diese Freundschaftsbeweise rührten mich zutiefst und gaben mir die Kraft zu kämpfen.
Auch das Piano hatte einen entscheidenden Anteil daran. Alleine es zu sehen, verlieh mir unglaubliche Hoffnung. Wann immer ich mich aufraffen konnte, saß ich davor und übte mit Kopfhörern. Scheinbar war das so ungewöhnlich, dass jemand in einem derartig geschwächten und bedrohlichen Zustand Klavier übte, dass ich quasi zu einer Art Berühmtheit in der Klinik wurde. Immer wieder tauchten Ärzte auf, die gar nicht für meine Station zuständig waren, und schauten bei mir herein. Das war sehr lustig und trug entscheidend zu meiner Unterhaltung bei.
Da ich mir zu diesem Zeitpunkt aufgrund meiner Vision sicher war, dass ich meine Haare verlieren würde, bat ich die Frau vom Perücken-

studio noch vor Beginn der Therapie zu mir und suchte mir eine wunderschöne Perücke mit dunkelbraunen langen Haaren aus. Ich selbst hatte zu diesem Zeitpunkt noch lange hellbraune Haare. Da ich mit Sicherheit eine ganze Weile kurze Haare haben würde, sollte wenigstens die Perücke noch langhaarig sein. Irgendwie fühlte es sich besser an, den Tatsachen ins Auge zu sehen und für alle Eventualitäten gewappnet zu sein, als den Kopf in den Sand zu stecken.

Aus den gleichen Gründen bat ich auch die Ärzte, mich in keiner Weise zu schonen, denn nur wenn ich die vollständige Wahrheit kannte, konnte ich die richtigen Affirmationen und Gebete sprechen. Auch wenn dies wohl nicht so üblich war, hielten sich alle daran und diskutierten ganz offen an meinem Bett über die vorhandenen Möglichkeiten.

Dies sollte für alle Beteiligten eine ziemliche Herausforderung werden, denn in der Zwischenzeit hatte ich wieder hohes Fieber bekommen und meine Lage spitzte sich jeden Tag mehr zu. Am Sonntag, dem 30. Juli 2000, beschlossen die Ärzte, mit der Chemotherapie zu beginnen, auch wenn das bei hohem Fieber lebensgefährlich war. Doch alle waren sich einig, dass ich ohne Therapie keine Chance mehr hatte, einen weiteren Tag zu überleben. So wählten sie das kleinere Übel und hofften, dass sie Glück haben würden.

– 4 –

Erste Chemotherapie

Es war Sonntag und deswegen war leider keiner »meiner« Ärzte da. Es war ein komisches Gefühl, als Menschen, mit denen ich nicht vertraut war, an meinem Bett diskutierten, was zu tun sei.
Da ich wusste, dass der Beginn der Chemotherapie für alle Beteiligten mit Angst verbunden war, bat ich meine Eltern, an diesem Tag nicht zu

kommen. Ich wusste, ich würde besser mit der Situation fertig werden, wenn ich nicht noch die Sorgen anderer spüren würde. Und doch war mir mehr als mulmig zumute.

Als es soweit war, kam zu meinem Glück Professor Haferlach, der Oberarzt der benachbarten Station. Er war sehr nett und erklärte mir noch einige Aspekte, bevor er die erste Infusion anhängte, die 48 Stunden durchlaufen sollte. Insgesamt würde der erste Teil der Therapie neun Tage dauern.

Ich begann sofort mit Affirmationen zu arbeiten und wiederholte fortwährend innerlich oder auch mit leiser Stimme: »Die Chemotherapie tötet nur die Krebszellen. Alle gesunden Zellen und Organe lässt sie in Frieden. Mein Körper scheidet das Gift über Schwitzen, den Urin und den Kot so schnell wie möglich wieder aus. Ich bin vollkommen gesund.«

Leider hatte ein jüngerer Arzt meine Bitte, die Nadel für die Infusion in eine Vene in meinem Arm und nicht in meine rechte Klavierhand zu setzen, als unwesentlich abgetan. Ohne mit der Wimper zu zucken, hatte er mir die Nadel in eine Vene auf meiner rechten Hand gestoßen, was ziemlich schmerzhaft gewesen war. Doch ich versuchte zu vertrauen, wenngleich mir meine innere Stimme etwas anderes signalisierte.

Nachdem Professor Haferlach die Infusion mit der Chemotherapie angeschlossen hatte, dauerte es nicht lange, bis meine Hand auf die doppelte Größe anschwoll und entsetzlich zu schmerzen begann. Gleichzeitig stieg mein Fieber weiter an. Von Minute zu Minute fühlte ich mich scheußlicher, und Schmerzen jagten durch meinen ganzen Körper. Auch wenn ich hart im Nehmen bin, war mir klar, dass dies auf keinen Fall richtig sein konnte. Ich läutete, und die ganze Prozedur begann noch einmal von vorne. Dieses Mal wurde die Nadel in meinen Arm gesetzt, woraufhin es keine weiteren Komplikationen gab. Wieder einmal war sehr deutlich, dass ich auf meine Intuition hören musste, denn kein Arzt befand sich innerhalb meines Körpers. Hätte ich meinen Wunsch durchgesetzt, hätte ich allen Arbeit und mir unnötige Schmerzen erspart.

Zu meiner großen Freude rief wenig später Serge, der Sohn von Sergiu Celibidache, an. Er war zutiefst betroffen von meiner Situation und versuchte, mir Mut zu machen. Ich sollte ganz schnell gesund werden, um seine Familie und ihn zu besuchen und auf dem Flügel seines Vaters zu spielen. Das war wahrlich ein Ziel für mich. Ich hatte nie zuvor auf dem Flügel von Maestro Celibidache gespielt. Jedes Instrument trägt die Schwingung des Menschen in sich, der darauf spielt. Was für eine Energie würde ich spüren, wenn ich auf diesem Flügel spielen könnte! Ich war so glücklich, trotz der Chemotherapie, die in meinen Arm floss. Nachts schwitzte ich so sehr, dass ich siebenmal den Schlafanzug wechseln musste. Ich fuhr fort mit meinen Affirmationen, denn ich wusste, sie wirkten. Ich musste viel weniger brechen als die meisten anderen Leute in dieser Situation.

Zwei Tage nach Beginn der Therapie ging es mir zur Verwunderung aller so gut, dass ich zusammen mit Tim, einem guten Freund, in den Krankenhausgarten gehen durfte. Natürlich musste ich einen Mundschutz tragen, um keine Bakterien aufzuschnappen. Dennoch fühlte ich mich, als würde ich das Paradies betreten. Es war nicht sicher gewesen, ob ich die Chemotherapie mit dem hohen Fieber überleben würde, und nun ging es mir zwei Tage später so gut, dass ich in den Park gehen durfte. Nie zuvor habe ich jede Blume, jeden Grashalm, jeden Baum, einfach ALLES mit einer solchen Freude, Dankbarkeit und Liebe betrachtet wie an diesem Tag. Selbst durch den Mundschutz hindurch nahm ich den Duft des Grases wahr und empfand ihn als himmlisch. Es war wie ein Wunder für mich und in Gedanken bedankte ich mich bei Gott, den Engeln, den Ärzten und den wunderbaren Menschen um mich herum. Dieses einzigartige Glücksgefühl werde ich nie mehr vergessen.

Am nächsten Tag war ich sogar in der Lage, mit Kopfhörern eine Stunde auf meinem fantastischen Piano zu üben. Die Finger fühlten sich zwar etwas zittrig an, aber es war ein Glücksgefühl, wieder ein wenig Energie zu haben und spielen zu können. Wieder und wieder spielte ich eines meiner Lieblingsstücke, den »Valsa da dor« (»Schmerzenswalzer«) von Heitor Villa-Lobos, der vollkommen mit meiner emotionalen Lage resonierte und mir half, meine Seele von der Last der Situation zu befreien. Außerdem durfte ich zusammen mit meiner Krankengymnastin Qi Gong im Garten machen. Das war herrlich, auch wenn ich durch den Mundschutz nicht so viel Luft bekam wie in meinem sterilen Einzelzimmer ohne Schutz.

Noch während der ersten Chemotherapie machten mich die Ärzte darauf aufmerksam, dass es ganz wichtig sei, dass ich mein Gedächtnis

trainieren würde, denn durch den Schock (das Erfahren der Krankheit) und die heftigen Geschosse der Therapie würde man einiges an IQ verlieren. Da mein Gedächtnis jedoch mein Kapital als Pianistin ist, sollte ich Gedichte oder dergleichen auswendig lernen. Ich freute mich und deutete lachend auf die englischen und spanischen Wörterbücher und meine Partituren, denn ich hatte schon längst damit angefangen.
Die restliche Zeit der Therapie verlief relativ ruhig. Ich arbeitete fleißig mit Affirmationen, spielte Klavier, machte Gymnastik, sowohl draußen als auch im Bett, um durch das viele Liegen nicht alle Muskeln zu verlieren, und bekam viel Besuch von meinen Eltern und lieben Freunden.
Ein Besuch war für mich ganz besonders. Kristin und Gustavo, Freunde aus den USA, kamen und brachten mir als Geschenk zwei hübsche Strohhüte und zwei kesse Mützen mit, damit ich auch ohne Haare gut aussehen würde. Das war wirklich sensationell. Alle Krankenschwestern, die zu diesem Zeitpunkt auf der Station waren, kamen in mein Zimmer und eine nach der anderen setzte jeden Hut und jede Mütze auf. Es war die reinste Modenschau und wir alle hatten riesigen Spaß.

– 5 –

Die Kraft der Freundschaft

Kurz nachdem ich die erste Chemotherapie überstanden hatte, wurde wieder eine Knochenmarkpunktion gemacht, um zu sehen, wie erfolgreich die Behandlung gewesen war. Zur großen Freude von allen war kein Krebs mehr vorhanden. Dennoch war klar, dass ich weitere Therapien würde durchlaufen müssen, da bei jeder Krebsart nach einem festgelegten, jeweils anderen Schema vorgegangen wird.
Etwa zur selben Zeit begannen meine Haare auszufallen. Sofort ließ ich eine Friseurin des Krankenhauses rufen, um meinen Kopf gleich

vollständig rasieren zu lassen, denn ich wollte nicht zwischen lauter Haarbüscheln liegen. So schrecklich mir zuerst die Vorstellung erschienen war, mit Glatze herumlaufen zu müssen, empfand ich es, als es schließlich soweit war, überhaupt nicht. Im Gegenteil, es war fast eine Erleichterung, nicht mehr ständig die langen Haare waschen und föhnen zu müssen, was für mich in meinem Zustand eine echte Tortur gewesen war. Meine Eltern und Freunde, die auch alle Angst vor diesem Augenblick gehabt hatten, waren überrascht, denn scheinbar sah ich auch ohne Haare gut aus. Professor Haferlach meinte sogar, dass man die Ausstrahlung meines Gesichtes ohne die »Ablenkung« durch die Haare noch viel besser wahrnehmen könne, was er sehr attraktiv fände. Vielleicht war es nur ein Kompliment zur Aufmunterung, vielleicht war es aber auch die Wahrheit. Jedenfalls tat es gut.

Eines Morgens, als ich gerade vor dem Waschbecken in meinem Zimmer saß und meine Beine rasierte, da ich aufgrund der herrschenden Hitze immer Shorts trug, ließ eine Krankenschwester einen entsetzten Schrei los: »Um Gottes Willen, was tun Sie da?«

Ich war völlig verdutzt und konnte mir ihre Reaktion überhaupt nicht erklären, als sie fortfuhr: »Ist Ihnen nicht klar, dass Sie bei dem kleinsten Schnitt, den Sie sich zufügen, verbluten können? Hören Sie auf der Stelle damit auf und tun Sie es nie wieder, solange Sie nicht geheilt sind!« Sie zitterte vor Schreck am ganzen Körper, womit mir der Ernst meiner Lage einmal mehr bewusst wurde.

Kurz vor Beginn der zweiten Chemotherapie kamen weitere Freunde aus Spanien. Pilar und Francisco hatten ihr ganzes Geld zusammengelegt, um ihren Urlaub bei mir im Krankenhaus zu verbringen, was mich zutiefst berührte. Es war eine tolle Zeit trotz der zweiten Therapie. Ich musste mich so sehr konzentrieren, um Spanisch zu sprechen, dass ich teilweise gar nicht merkte, wie schwach ich eigentlich war. Denn obwohl ich »krebsfrei« war, befand ich mich noch immer im sterilen Einzelzimmer, da mein Immunsystem nicht funktionierte und mich ein kleiner Infekt wieder in Lebensgefahr gebracht hätte. Jeder, der mein Zimmer betrat, trug nach wie vor einen Mundschutz, eine Haube, einen sterilen Mantel und Handschuhe, so dass ich nur die Augen der jeweiligen Person erkennen konnte. Auch durfte mich niemand außer den Ärzten und Schwestern berühren, da dies zu gefährlich für mich gewesen wäre, denn jedes noch so kleine Bakterium konnte meinen Tod bedeuten. Es war ausgesprochen hart für mich, dass mich in diesen schwierigen Zeiten niemand umarmen durfte. Zeitweise vermisste ich den Körperkontakt zu meinen Mitmenschen geradezu schmerzlich. Vermutlich war es besonders schwierig, weil ich noch immer sehr darunter litt, in dieser heftigen Situation keinen Mann an meiner Seite zu haben. Im Nachhinein betrachtet war dies tatsächlich das Schlimmste für mich, denn ich sehnte mich unendlich nach Berührung.

Dennoch war die Zeit mit Pilar und Francisco fantastisch. Wir lachten so viel gemeinsam, dass die Ärzte ganz verwundert ihre Köpfe durch die Tür steckten, da sie so etwas in der Krebsstation nicht gewöhnt waren. Immer wieder war es unglaublich für mich zu sehen, wie sehr ich vielen Menschen am Herzen lag. Eines Nachmittags, genau im richtigen Moment, als ich mich nämlich gerade ziemlich schlecht fühlte, kam ein Anruf von Antonio El Pipa und Tía Juana, zwei berühmten Flamenco-Künstlern aus Südspanien. Sie sagten, dass sie mir ihre heutige Aufführung in einem großen Theater Spaniens widmen werden, damit ich schneller genesen könnte. Diese Vorstellung gab mir einen richtigen Energieschub.

Auch Arnaldo, mein Klavierprofessor und Freund, und seine Frau Ann riefen immer wieder aus London an, um zu hören, wie es mir ging, obwohl Ann gerade selbst nach einem grauenvollen Busunglück nur um ein Haar dem Tod entronnen war.

Eine andere große Freude war, dass Myrian, die Professorin aus Rio de Janeiro, bei der ich während meines Stipendiums studiert hatte, anrief. Sie erzählte mir, dass sie in einer kleinen Kapelle in Petrópolis eine Messe für mich hatte lesen lassen, um alle Kräfte zu meiner Heilung zu aktivieren, und dass sie immer Kerzen für mich anzündet.

Ein Besuch von meiner Freundin Eva aus Salzburg erschien mir wie ein positives Omen. Es war herrliches Sommerwetter, und ich durfte wieder einmal in den Park der Klinik, da meine Werte relativ stabil waren. Zusammen mit Eva lief ich über die Wiese, als ein zutrauliches Eichhörnchen direkt vor unseren Füßen auftauchte und uns mit seinen hübschen Äuglein anblickte. Nie zuvor hatten wir ein Tier in solcher Nähe gesehen. Wir spürten, dass dies eine tiefere Bedeutung hatte, und waren sehr gerührt. Dann beugte sich Eva nach unten und pflückte

ein vierblättriges Kleeblatt. Mit Tränen der Rührung in den Augen überreichte sie mir dieses feierlich und sagte: »Liebe Isi, nimm dieses Kleeblatt als Zeichen, dass du wieder gesund wirst. Ich weiß es!«
Tief gerührt dankte ich ihr. Noch lange saßen wir auf einer Bank und ließen die herrliche Natur auf uns wirken. Das Eichhörnchen, welches sonst einen großen Bogen um die Menschen im Park machte, erschien immer wieder in unserer Nähe. Heute, nach einiger Beschäftigung mit der Bedeutung von Krafttieren, weiß ich, dass unser Gefühl richtig gewesen war, dass dieser besonderen Begegnung eine Bedeutung innewohnte.
Nicht nur meine Freunde, sondern auch die Ärzte kümmerten sich fantastisch um mich. Sie machten viele Überstunden, um mich und die anderen Krebspatienten am Leben zu erhalten.
Insbesondere Dr. Duell, der von Anfang an meine ganz besondere Sympathie besaß, war immer zur Stelle, wenn ich ihn brauchte, sei es als Mediziner oder als äußerst mitfühlender Mensch. Selbst in seiner Freizeit schaute er vorbei und kümmerte sich darum, dass die mir verabreichten Dosen an Medikamenten möglichst niedrig waren. Er wachte wie ein Schutzengel über mich. Wann immer er zur Tür herein kam, ging es mir augenblicklich besser. Zudem war er für mich auch das Symbol dafür, dass es draußen in der Welt richtig tolle Männer gibt, die nicht nur erfolgreich und gut aussehend, sondern auch sensibel und nicht homosexuell sind.
Auch Professor Haferlach besuchte mich mindestens einmal pro Woche für längere Zeit, obwohl er gar nicht für mich zuständig war. Wir konnten uns lange über Musik und Literatur unterhalten. Immer wieder verblüffte er mich mit seinen Musikkenntnissen. Einmal steckte er nur kurz den Kopf durch die Tür, um zu erfahren, wie es mir gerade ging. Im Hintergrund lief gerade ein Klavierkonzert von Mozart. Er hatte die Tür bereits wieder hinter sich geschlossen, als sie noch einmal aufging, begleitet von seinen Worten: »Das ist aber kein frühes Konzert von Mozart!«, womit er absolut richtig lag.
Alle diese Erfahrungen mobilisierten unglaubliche Reserven in mir. Ich fühlte mich von allen Seiten gestärkt. Im Unterschied zu vielen Menschen auf der Welt ging es mir immer noch blendend. Wenn ich im Fernsehen Bilder vom Tschetschenien-Krieg sah, war ich dankbar, an

einem sicheren Ort und wohl versorgt zu sein. Natürlich war ich in Lebensgefahr, doch alle Menschen in meiner Umgebung taten ihr Bestes, um mich zu retten, was mit einer Kriegssituation in keiner Weise vergleichbar war. Ich war sehr froh, dass ich das so klar sehen konnte und mich nicht als Opfer fühlte. Dadurch hatte ich die Chance, mein Leben in die Hand zu nehmen und zu verändern. Zum Glück hatte ich schon viel früher gelernt, dass wir nur wenige Chancen auf Heilung haben, solange wir uns als Opfer unseres Schicksals empfinden. Selbstmitleid ist unser größter Feind.

Wenn ich nachts alleine in meinem dunklen Zimmer lag, fühlte ich immer eine ganz starke Präsenz himmlischer Wesen, so dass nie schreckliche Angst auftauchte, die andere Menschen in ähnlichen Situationen oft befällt. Ich war dankbar, dass ich meinen Draht zu Gott wieder gefunden hatte. Vor meinem Zusammenbruch vor dem Christuskreuz hatte ich monatelang versucht zu beten, doch das Gefühl gehabt, meine Verbindung nach oben verloren zu haben, was mich beinahe verzweifeln ließ. So erfüllte es mich mit großem Glück, meine Nähe zu Gott wieder zu spüren. Auch hörte ich, dass überall auf der Welt Menschen für mich und meine Heilung Gebete sprachen. Es war schön, sich vorzustellen, dass Menschen in Brasilien und den USA noch beteten, wenn wir in Europa schon schliefen.

Ich bin sicher, dass die Macht der Gebete und mein positives Denken einen großen Anteil daran hatten, dass ich verhältnismäßig schnell wieder auf die Beine kam. Selbst die Ärzte hatten ganz zu Anfang die Bemerkung fallen lassen, dass der Zustand der Psyche eines Patienten einen sehr großen Anteil daran hat, ob ein Patient überleben kann oder nicht.

Als die Musiktherapeutin des Krankenhauses zum ersten Mal zu mir kam, stellte sie fest, dass meine eigene Arbeit mit der Musik wunderbare Ergebnisse erzielt hatte und eine Therapie nicht von Nöten war. Im Gegenteil, sie genoss es, sich einmal mit einem Patienten in aller Ruhe über Musik zu unterhalten.

So hatte ich die ersten zwei Monate im Krankenhaus relativ gut überstanden und freute mich nun sehr auf meinen ersten längeren Aufenthalt zu Hause.

– 6 –
Wie neugeboren

Diesen Tag werde ich nie vergessen. Am 15. September 2000 wurde ich für drei Wochen aus dem Krankenhaus entlassen. Ich fühlte mich wie neugeboren, und noch heute zählt dieser Tag wie ein Geburtstag für mich.
Bevor meine Eltern kamen, um mich abzuholen, zog ich mich schön an, schminkte mich und setzte meine Langhaarperücke auf. Ich war sehr glücklich. Ich hatte überlebt und durfte wieder hinaus in die Welt, nachdem ich zwei Monate im sterilen Einzelzimmer verbracht hatte, alle Leute nur mit Mundschutz gesehen hatte und im Prinzip von niemandem berührt werden durfte. Die Freude und das Glück, die ich an diesem Tag empfand, sind mit Worten nur schwer zu beschreiben. Es war sicherlich einer der glücklichsten Tage meines Lebens.
Nachdem mich meine Eltern in Großhadern abgeholt hatten, fuhren wir zusammen in die Münchener Innenstadt und gingen ein wenig bummeln. Meine Ausstrahlung muss an diesem Tag außergewöhnlich gewesen sein. Immer wieder blieben Leute stehen, um mir nachzublicken. Ich war auch vorher öfter aufgefallen, doch in diesem Maße ist es mir nur einmal passiert.
Mittags gingen wir Italienisch essen und konnten sogar draußen sitzen. Die Sonne schien angenehm warm, und es war ein Genuss, endlich einmal keine Krankenhauskost mehr essen zu müssen. Es war unbeschreiblich.
Nach einigen Erledigungen lud uns mein Vater noch zum Eisessen bei »Mövenpick« ein, bevor wir nach Hause fuhren. Auch das war einfach himmlisch. Nie zuvor und nie danach habe ich einen Eisbecher dermaßen genossen.
Durch diese schwere Zeit hat sich mein Blick auf das Leben völlig verändert. Ich nahm alles mit anderen Augen wahr. Mir fielen plötzlich Kleinigkeiten auf, die ich früher niemals bemerkt hatte. Ich fühlte eine unendliche Dankbarkeit für alles. Diese neue Art, das Leben und die Dinge um mich herum zu betrachten, habe ich beibehalten und bin

sehr glücklich darüber. Mein Leben ist dadurch um Vieles reicher geworden.
Die drei Wochen zu Hause genoss ich sehr. Obwohl ich körperlich nicht besonders fit war, unternahm ich ständig etwas, denn es gab mir das Gefühl, wirklich wieder unter den Lebenden zu sein.
Natürlich musste ich wöchentlich zur Blutabnahme ins Krankenhaus, da nichts außer Kontrolle geraten durfte. Auch eine Knochenmarkpunktion war in dieser Zeit notwenig, die zum Glück wieder erfreuliche Ergebnisse lieferte. Doch dies konnte mich nicht davon abhalten, mehrmals ins Theater und ins Konzert zu gehen. Einer meiner besten Freunde, Oliver, damals Erster Solist des Staatsballetts am Münchener Nationaltheater, hatte seinem Ballettdirektor von meiner Geschichte erzählt. Dieser machte es möglich, dass ich alleine in einer Loge Platz nehmen konnte, um wegen der Infektionsgefahr nicht zu viele Menschen um mich herum zu haben. Das war wunderbar. Ich genoss die Aufführung von »Romeo und Julia« mit Oliver in der männlichen Hauptrolle ganz besonders. Dieses Ballett hatte ich schon immer sehr geliebt. Doch an diesem Abend berührte es mich um einiges tiefer, nachdem ich selbst dem Tod so nahe gekommen war. Auch meine große Sehnsucht nach Liebe schien sich irgendwie in dem Geschehen auf der Bühne zu spiegeln. Es war nicht nur ein Ballettstück, sondern etwas viel Realeres, was eine starke Resonanz in meinem ganzen Körper auslöste. Es war ganz so, als wäre ich Teil des Ganzen, und noch lange danach konnte ich diesen einzigartigen Abend mit allen Fasern meines Herzens spüren.
Eine große Freude war es auch, Serge zu sehen, der für wenige Tage in München war, um ein Konzert mit dem Dirigenten Konrad von Abel, dem Assistenten seines Vaters, im Herkulessaal zu hören. Wir verbrachten viele Stunden gemeinsam und waren glücklich, dass ich am Leben geblieben war. Wir besuchten alle das Konzert im Herkulessaal und gingen dann, wie unter Musikern üblich, im Anschluss gemeinsam essen. Als wir danach zu unseren Autos liefen, ging Serge neben mir. Ich spürte, wie er plötzlich todernst wurde, und schaute zu ihm hinüber, um zu sehen, was los war. In seinen dunklen Augen spiegelte sich tiefer Schmerz. Er suchte nach den richtigen Worten und meinte mit belegter Stimme: »Als deine Mutter anrief und mir von deiner Er-

krankung erzählte, traf mich zuerst ein großer Schock. Doch erst nach dem Gespräch realisierte ich, wie viel du mir bedeutest. Ich wusste immer, dass du eine wichtige Freundin bist. Aber dieser tiefen Gefühle für dich war ich mir vorher nicht bewusst. Ich möchte, dass du das weißt.«
Sprachlos sah ich ihm in die Augen. Unsere Blicke verschmolzen ineinander, und wir blieben in einer innigen Umarmung lange auf dem Bürgersteig stehen.
Eine weitere wichtige Begegnung hatte ich mit meinem ehemaligen Lebensgefährten. Im Krankenhaus hatte ich unter keinen Umständen von ihm angerufen, geschweige denn besucht werden wollen. Irgendwann hatte mir jedoch Henry bei einem seiner Besuche mitgeteilt, dass es für Fabian sehr hart sei, als Einziger keine direkten Informationen über meinen Zustand zu erhalten. Ich konnte das sehr gut verstehen, und da ich unsere Beziehung in der Zwischenzeit zu einem großen Teil aufgearbeitet hatte, beschloss ich, ihn anzurufen. Das Gespräch war für uns beide eine Erleichterung.
Ich war mir ziemlich sicher, dass ich ihm in jeglicher Hinsicht vergeben hatte. Doch um zu spüren, ob dies auch wirklich so war, verabredete ich mich mit ihm. Dies war eine sehr gute Idee, denn als wir im Café am Hofgarten saßen, war keinerlei negative Stimmung mehr zwischen uns zu spüren. Das freute mich sehr, denn ich litt immer sehr, wenn etwas zwischen einem Menschen und mir stand. Auch fühlte ich ihm gegenüber keinerlei Groll mehr, im Gegenteil, ich war überglücklich, dass jeder es geschafft hatte, alles hinter sich zu lassen und wir uns wieder in Freundschaft begegnen konnten. Fabian hatte mir eine wunderschöne silberne Hand aus Griechenland mitgebracht, als Schutzsymbol für meine Hände. Als er sie mir überreichte, sagte er: »Ich wünsche dir von Herzen, dass du mit deinen Händen ein Leben lang herrliche Musik machen kannst, und natürlich, dass du wieder ganz gesund wirst!«
Ich war wirklich gerührt darüber.
Am selben Abend gingen wir noch zusammen mit seiner Cousine Jill und ihrem Freund Jochen zum Essen. Es war ein äusserst schöner und unterhaltsamer Abend. Danach fiel ich völlig erschöpft, jedoch sehr dankbar ins Bett. Was ich an Fabians Verwandten immer so bewundert

hatte, war mir nun selbst gelungen – auch ich konnte meinem Ex-Partner ohne Hass auf freundschaftliche Weise begegnen. Ich hatte ihm also wirklich vergeben. Damit war ich meiner Heilung einen großen Schritt näher gekommen.
Ich habe mein Leben natürlich in vollen Zügen genossen, und dennoch litt ich fortwährend unter den Nebenwirkungen der Chemotherapie. Ich hatte ständig schreckliche Magenschmerzen und Krämpfe, obwohl ich täglich Magenschutztabletten einnahm. Meine Augen waren entzündet, so dass ich mit einem Auge zeitweise fast gar nichts mehr sehen konnte. Die Form der Chemotherapie, die ich bekam, griff zum Glück nicht die Ohren an, denn das hätte für mich als Musikerin katastrophale Auswirkungen gehabt. Auch hämmernde Kopfschmerzen waren ohne Unterbrechung an der Tagesordnung. Trotzdem konnte das mein Glück, am Leben zu sein, nicht trüben. Ich war mir sicher, auch die weiteren Therapien einigermaßen gut zu überstehen. Dennoch ging ich mit schwerem Herzen wieder zurück ins Krankenhaus.

– 7 –

Musik und Fernsehen

Auch dieses Mal bekam ich ein steriles Einzelzimmer. Sobald mein Vater Zeit hatte, brachte er mir das Keyboard, das in der Zwischenzeit zu Hause gewesen war. Denn Susanna und ich hatten Pläne für die Zukunft geschmiedet. Susanna ist Sängerin, und wir musizieren schon seit Jahren zusammen und sind ein eingespieltes Duo. Nun wollten wir gemeinsam ein »Recital« erarbeiten, denn die Ärzte meinten, einen Soloabend dürfte ich frühestens im Jahr 2002 wieder spielen. Die Gefahr der Überanstrengung sei dabei unter den gegebenen Umständen vorerst viel zu hoch. Wir wollten ein geeignetes Programm zusammen-

stellen, das einerseits nicht zu anstrengend war, andererseits natürlich gut beim Publikum ankommen sollte.
Nach einigen Gesprächen kamen Susanna und ich zu dem Schluss, ein Programm mit »Love Songs« von Cole Porter, George Gershwin, Kurt Weill und Leonard Bernstein einzustudieren. Warum »Love Songs«? Weil die Liebe (ich meine hier weniger die Liebe zwischen zwei Partnern als die Liebe in all ihren Erscheinungsformen) einen großen Anteil, wenn nicht den größten überhaupt, daran hatte, dass ich wieder gesund werden würde.
Unser Wunsch war es auch, die Liebe nicht nur von ihrer schönen und romantischen Seite darzustellen, sondern auch mit all ihren Abgründen. Wir hatten beide mehr als einmal heftige Erfahrungen diesbezüglich gemacht, und so standen uns die Lieder von Kurt Weill schon seit längerem ganz besonders nahe. Nachdem wir diesen Entschluss gefasst hatten, kam Susanna mit Bergen von Noten ins Krankenhaus, und wir begannen eine Vorauswahl zu treffen, so dass ich mit dem Üben beginnen konnte.
Leider waren die Nebenwirkungen der dritten Chemotherapie viel dramatischer als bei den vergangenen beiden, so dass ich erst einmal kaum üben konnte. Wenn auch nur ein Tropfen von der Infusion auf den Boden ging, bevor sie an die Kanüle an meinem Arm angeschlossen war, wurden Masken aufgesetzt, spezielle Handschuhe und ein Schutzmantel angezogen, um den Boden zu wischen.
Sobald die Infusion mit der Chemotherapie anfing in meinen Arm zu laufen, wurde ich entsetzlich müde und konnte kaum mehr lesen. An Klavierspielen war überhaupt nicht mehr zu denken. Auch mein Magen rebellierte immer mehr, obwohl ich weiterhin ständig mit Affirmationen und Gebeten arbeitete. Irgendwann erreichte ich schließlich, dass die Ernährungsberaterin zu mir kam und mit mir einen speziellen Speiseplan mit leichterem Essen erstellte.
Der einzige Trost in dieser Zeit war, neben den Besuchen von vielen lieben Menschen, »Kommissar Rex«, der in diesen Wochen beinahe täglich lief. Bei meinen Eltern und auch in meinen Wohnungen hatte nie ein Fernseher existiert, doch im Krankenhaus wurde er mir ein lieber Begleiter. Ich schaute nie wahllos fern, sondern informierte mich, was es gab, und entschied dann, was für mich in Frage kam. »Kommissar Rex« kannte

ich noch von meinen Besuchen bei unserer Nachbarin in meiner Jugendzeit. Ich erinnerte mich, dass mir diese Serie immer besonders gut gefallen hatte. Kaum sah ich auf dem Bildschirm den wundervollen treuen Blick aus Rex' Hundeaugen, war es um mich geschehen. Hunde und Pferde hatten mir immer besonders nahe gestanden. Von nun an »verabredete« ich mich, wann immer möglich, mit »Rex«. Ich teilte auch meine Besuche so ein, dass diese Stunde zu meiner freien Verfügung verblieb. Ich genoss es, während Rex spannende Abenteuer zu bestehen hatte, endlich meinen Zustand und meine Schmerzen zu vergessen. Es war besonders schön, die innige Verbindung zu spüren, die zwischen diesem fantastischen Hund und Tobias Moretti bestand. Diese fast täglichen »Verabredungen« gaben meinen langen Krankenhaustagen eine gewisse Struktur und machten es mir leichter, die Hoffnung nicht aufzugeben. Dennoch blieb mein Zustand unverändert schwach. Ich war sehr enttäuscht von mir, dass ich nicht mehr die Kraft aufbrachte, Klavier zu spielen. Ich war so sehr daran gewöhnt, täglich zu üben, dass ich mir faul vorkam, wenn ich es nicht tat.

Genau zu dieser Zeit fand auch noch der »Internationale Chopin-Klavierwettbewerb« in Warschau statt, und mein Lehrer und Professor Arnaldo Cohen saß in der Jury. Es war immer mein Wunsch gewesen, daran teilzunehmen, denn die Musik von Chopin liebe ich ganz besonders. 2000 wäre meine letzte Chance gewesen, da dieser Concours nur alle fünf Jahre stattfindet und es eine Altersbegrenzung gibt. Mit meiner Erkrankung hatte sich dieser Traum endgültig in Luft aufgelöst.

Eines Tages, als ich ganz besonders traurig über all das war, kam Dr. Duell zu mir ins Zimmer. »Guten Morgen, wie geht es Ihnen?«, fragte er mich mit einem Lächeln auf den Lippen.

»Es geht schon, danke.«

»Wir haben nämlich ein Attentat auf Sie vor. Im Augenblick ist ein Fernsehteam in der Klinik, um ein Portrait über Professor Hallek zu drehen. Bei dieser Gelegenheit ist es natürlich auch wichtig, den Klinikalltag zu zeigen. Daher wäre es schön, auch einen Patienten im Gespräch mit Professor Hallek zu filmen. Das Ärzteteam ist der Meinung, dass Sie die dafür geeignete Patientin sind, da es Ihnen sicher aufgrund Ihrer Bühnenerfahrung nichts ausmacht, vor laufender Kamera zu sprechen. Was meinen Sie?«

Ohne auch nur weiter darüber nachzudenken, sagte ich zu, denn das brachte endlich einmal Abwechslung in den tristen Klinikalltag.
Kaum hatte ich mein Einverständnis gegeben, tauchte das Filmteam im Flur meiner Station auf. Ich konnte mich nicht einmal mehr umziehen, da ich gerade an einer Infusion hing und es zu kompliziert gewesen wäre, mich abzustöpseln. So saß ich also in irgendeinem nicht besonders attraktiven Pyjama in meinem Bett und wartete. Zumindest hatte die Zeit noch gereicht, mir ein Kopftuch um meinen kahlen Schädel zu binden und etwas Lippenstift aufzutragen. Auch wenn mir meine Glatze sonst nicht zu schaffen machte, wollte ich im Fernsehen nicht auf diese Weise erscheinen.
Dann war es auch schon so weit. Dr. Duell und der Oberarzt Professor Hallek kamen zusammen mit dem Fernsehteam in mein kleines Zimmer. Mir wurde erklärt, dass eine Art Gespräch zwischen dem Oberarzt und mir gefilmt werden sollte. Ich solle einfach auf die Fragen des Arztes antworten.
Zuerst stellte er mir allgemeine Fragen über meinen Zustand.
»Ich würde zu gerne wissen, wie Sie es schaffen, unter diesen dramatischen Umständen noch Klavier zu spielen. Normalerweise liegen Patienten in Ihrer Situation einfach nur im Bett und sind vor Schwäche nicht einmal mehr fähig, auch nur einen Finger zu rühren. Wir alle, Ärzte, Schwestern und Pfleger, bewundern Sie für Ihre phänomenale Disziplin. Wir sind uns alle ziemlich sicher, dass wir in einer ähnlichen Lage vollkommen in den Seilen hängen würden.«
Ich war äußerst erfreut über seine Worte, denn dabei wurde mir klar, dass ich alles andere als faul war. Ganz glücklich antwortete ich: »Musik ist für mich viel mehr als nur ein Beruf. Sie ist mein Lebenselixier, das ich fast genauso dringend brauche wie die Luft zum Atmen. Somit muss ich zwar Energie aufbringen, um zu spielen, gleichzeitig empfange ich jedoch auch eine Kraft daraus, die für mich überlebensnotwendig ist. Aufgrund dieses Wissens schaffe ich es immer wieder, mich aufzuraffen und an mein Keyboard zu setzen, auch wenn ich sehr schwach bin.«
Voller Bewunderung bedankte sich Professor Hallek und verabschiedete sich von mir. Alles in allem war dieses Gespräch vor laufender Kamera für mich sehr motivierend gewesen. Es hatte Spaß und Abwechslung gebracht, da auch das Filmteam sehr sympathisch war.

Viel wichtiger für mich war jedoch die Erkenntnis, dass ich scheinbar Erstaunliches leistete in meinem Zustand.
Auch kamen nach wie vor Ärzte im Nachtdienst vorbei, um mein Keyboard zu betrachten, denn so etwas hatte es wohl in diesem gigantischen Klinikum noch nie gegeben.
Langsam neigte sich auch dieser Monat im Krankenhaus dem Ende zu. Ich konnte es kaum erwarten, entlassen zu werden, denn ich wollte endlich mit Susanna zu proben beginnen.

– 8 –

Einbruch

Wie immer war es eine große Freude, das Krankenhaus verlassen zu dürfen. Ich genoss es, endlich wieder zu Hause auf meinem Flügel zu üben. Sobald es Susanna möglich war, kam sie zu uns aufs Land, um mit mir zu proben. Es ging erstaunlich gut, obwohl ich doch sehr schwach war. Susanna passte wunderbar auf mich auf. Sie kannte mich so gut, dass sie mir sofort ansah, wenn es notwendig war, mich auszuruhen. So lief ich keine Gefahr, mich zu überanstrengen. Wir waren beide sehr glücklich, dass wir trotz der widrigen Umstände in der Lage waren, zusammen Musik zu machen. Susanna sang mit großer Inbrunst, und ich stürzte mich voller Enthusiasmus in die Tasten. Wir genossen die Proben beide wie ein großes Geschenk.
Uli, ein gemeinsamer Freund von uns, der mich auch während meiner Krankenhausaufenthalte wundervoll unterstützt hatte, war bereits dabei, ein »Recital« in einer großen Villa zu organisieren, sozusagen als eine Art Neuanfang für mich. Ich erkundigte mich bei den Ärzten nach meinen weiteren Chemo-Terminen, um dazwischen den idealen Zeitpunkt für ein Konzert zu finden. Nach intensiven Überlegungen kamen

wir auf ein günstiges Datum im Februar 2001. Bis dahin hatten wir genau drei Monate Zeit zu üben und zu proben. Wir konnten natürlich nicht wirklich mit den drei Monaten rechnen, da nie vorauszusehen war, wie es mir während und nach den Therapien gehen würde, aber dennoch waren wir sicher, unser Ziel zu erreichen. Es gab Susanna, mir und auch meinen Eltern so viel Hoffnung, schon Pläne für die Zukunft zu machen, dass dadurch viel positive Energie freigesetzt wurde.
Trotzdem war diese Zeit alles andere als einfach für mich. Ich hatte in der Zwischenzeit nicht nur meine Haare verloren, sondern auch meine Wimpern und meine Augenbrauen. Zudem litt ich plötzlich unter heftiger Gewichtszunahme, da ich Hormonpräparate bekam, um meinen Körper daran zu hindern zu menstruieren, da ein Blutverlust sehr gefährlich für mich gewesen wäre. Mein Gesicht sah rund und aufgedunsen aus und auch mein Körper gefiel mir gar nicht mehr, denn er wurde von Tag zu Tag immer schwammiger. Mit der Glatze war ich noch ganz gut zurechtgekommen, doch die Vorstellung, jetzt auch noch dick zu werden, gab mir den Rest. Ich achtete darauf, weniger zu essen, um zumindest eine gewisse Kontrolle über mein Gewicht zu haben. Dennoch fühlte ich mich zum ersten Mal während der Krankheit richtig unattraktiv, was nicht gerade gut für mein Selbstwertgefühl war. Täglich, wenn ich in den Spiegel schaute, überkam mich die nackte Verzweiflung. Ich machte mir große Sorgen darüber, ob ich je wieder einen Mann finden würde. Dies setzte mir extrem zu, da ich mir immer noch sehnsüchtig eine Beziehung wünschte. So fiel es mir auch schwerer, positiv zu denken als vorher. Auch war ich fast nicht mehr in der Lage, mich vor den Spiegel zu stellen und dabei zu mir selbst zu sagen: »Ich liebe mich, so wie ich bin«, was mir zuvor monatelang gelungen war. Ich war äußerst unzufrieden mit mir selbst. Einmal bin ich deswegen völlig ausgerastet, was normalerweise sehr untypisch für mich ist. Zum Glück hatten sowohl meine Eltern als auch Susanna, die gerade bei uns war, größtes Verständnis dafür und ließen mich einfach toben.
Ich fühlte auf einmal richtigen Hass, wieder ins Krankenhaus zurück zu müssen, mich weiteren Torturen auszusetzen und immer noch hässlicher zu werden. Meine Laune war äußerst schlecht, als meine Mutter und Susanna mich zurückbrachten, so dass es sogar die Schwestern

spürten, die mich wieder in Empfang nahmen. Sie kannten mich seit Monaten als äußerst ausgeglichenen Menschen. Oftmals waren sie in mein Zimmer gekommen, um sich von ihrer schweren Arbeit, die sie beinahe täglich mit dem Tod konfrontierte, auszuruhen und bei mir ein bisschen Hoffnung und Sonnenschein zu tanken. Eine ältere Schwester, die seit knapp 25 Jahren auf der Krebsstation arbeitete, hatte mir eines Tages offenbart, sie hätte in all diesen Jahren noch nie eine Patientin erlebt, die immer mit einem Lächeln auf dem Gesicht einen Guten Morgen wünscht. So fiel es natürlich umso mehr auf, dass ich übel gelaunt war. Kati, eine der Krankenschwestern, nahm sich meiner an und umarmte mich fest und sagte: »Keine Sorge, Süße, wir bringen dich schon wieder zum Lachen!«

Außerdem hatte ich das große Glück, zu zwei sehr netten Frauen in meinem Alter ins Zimmer zu kommen. Heidi, Anita und ich verstanden uns auf Anhieb. Heidi war ebenfalls eine Leukämie-Patientin, während Anita mit Lymphdrüsenkrebs kämpfte. Schon nach kurzer Zeit mit den beiden stieg meine Laune beträchtlich. Wir konnten uns teilweise kaum halten vor Lachen. Dann waren unsere Gespräche wieder ernst, da wir alle den Tod ständig vor Augen hatten. Vor allem Heidi hatte schon Grauenvolles durchgemacht. Nach traumatischen Chemotherapien (während der ersten war sie in ein dreiwöchiges Koma gefallen) war sie der Überzeugung gewesen, die Leukämie überwunden zu haben, und wollte ihren Mann nun endlich auch kirchlich heiraten. Sie kreierte sogar ihr Brautkleid selbst, da sie Mode-Designerin war. Doch kurz vor ihrem Hochzeitstermin bekam sie einen Rückfall. Sie musste wieder in die Klinik, wurde weiteren Chemotherapien ausgesetzt und verlor zum zweiten Mal ihre Haare. Ich bewunderte sie und auch ihren Mann sehr, denn mir war bewusst, wie groß die Liebe zwischen den beiden sein musste, um so etwas gemeinsam durchzustehen. Trotz allem, was sie hinter sich hatten, waren sowohl Heidi als auch Heinz noch immer frohen Mutes und voller Hoffnung.

Auch Anita war eine Kämpfernatur. Sie hatte einen kleinen Sohn, und für ihn wollte sie unbedingt am Leben bleiben. So konnten wir von nun an zu dritt kämpfen, was uns allen sehr half. Denn wenn eine von uns besonders in den Seilen hing, war zumindest eine andere voller positiver Stimmung.

Teilweise machte es mir dennoch schwer zu schaffen, dass alle Frauen, die mit mir auf der Station waren, einen Partner an ihrer Seite hatten. Ich fühlte mich in diesen Momenten schrecklich einsam. Mir wurde bewusst, dass ich wohl noch länger kein normales Leben würde führen können, und dass sich kein Mann, der mich nicht vorher in gesundem Zustand erlebt hatte, auf eine Beziehung mit mir einlassen würde. Außerdem war mir klar, dass ich in meiner Situation keine weitere Enttäuschung in dieser Hinsicht mehr verkraften würde. So sah ich viele einsame Jahre vor mir.

Wenn Heidi meine Gedanken spürte, sagte sie immer: »Du wirst sehen, es gibt einen wunderbaren Partner für dich. Du musst ihn nur noch finden!« Irgendwie schaffte sie es damit immer wieder, mir neue Hoffnung zu schenken.

Heidi machte sich auf ganz andere Weise Sorgen um ihre Zukunft. Sie war schon seit einigen Jahren nicht mehr in der Lage, wirklich zu arbeiten, und hatte Angst, keine Chance mehr zu bekommen, in ihrem Beruf zu arbeiten. So entwickelten Susanna und ich die Idee, dass Heidi doch unsere Konzertgarderobe designen könnte. Auf diese Weise würden wir gleich Werbung für sie machen. Heidi war ganz glücklich und fasste neuen Mut. Sie begann augenblicklich, sich Gedanken darüber zu machen, da sie wusste, dass wir im nächsten Jahr mehrere Konzerte mit den »Love Songs« geben wollten.

Wenngleich Heidi und ich uns ganz besonders nahe waren, so fühlten wir uns auch mit Anita sehr wohl. Sie hatte einen herrlichen Humor, und wir lachten viel zusammen. Es fiel uns Dreien sehr schwer, Abschied zu nehmen, da wir wussten, dass wir vermutlich nicht mehr in dieser wunderbar unterstützenden Konstellation zusammentreffen würden. Nicht allzu lange Zeit danach sollte sich herausstellen, wie Recht wir damit hatten.

Vorweihnachtsfreuden

Endlich war es wieder so weit, und Susanna und mein Vater holten mich in Großhadern ab und brachten mich nach Hause. Ich konnte es kaum erwarten, mich nach dem Mittagessen mit Susanna ins Wohnzimmer zu begeben, um endlich wieder am Flügel zu sitzen und zu proben. Voller Enthusiasmus stürzten wir uns in die Arbeit und kamen gut voran. Wir schwelgten in den Songs von Porter, Gershwin und Bernstein, während wir in die Lieder von Kurt Weill unseren ganzen Schmerz legten. Danach fühlten wir uns von vielen Lasten befreit. Es war die richtige Idee gewesen, dieses Programm für unsere nächsten Konzerte auszuwählen. Jede Probe bestätigte dies aufs Neue.
Am nächsten Tag machte ich mich alleine auf den Weg nach Bad Wörishofen, um mit den Weihnachtseinkäufen zu beginnen. Mein Ziel war der schöne Laden von Petra, den sie im selben Jahr eröffnet hatte. Dort gibt es herrliches Porzellan und Geschenkartikel zu kaufen. Obwohl Petra und ich uns jahrelang nicht gesehen hatten, hatte auch sie Geld für mein Keyboard gespendet. So wollte ich sie gerne in ihrem Geschäft besuchen und mich von Herzen bei ihr bedanken. Petra machte mir einen Espresso und bot mir Weihnachtsplätzchen an. Wir plauderten erst einmal gemütlich, bevor ich anfing, Weihnachtsgeschenke auszusuchen und zu kaufen. Währenddessen waren auch andere Kunden im Laden. Eine jüngere, gut aussehende Frau nahm Petra plötzlich zur Seite, um sie scheinbar etwas Persönliches zu fragen. Ich war relativ weit von den beiden entfernt, so dass ich keine Ahnung hatte, worum sich das Gespräch drehte. Petra schien ganz aus dem Häuschen zu sein und versuchte mir über ihre Mimik etwas anzudeuten, als die Kundin sich noch weiter im Laden umschaute. Ich konnte mir jedoch keinen Reim darauf machen. Schließlich zahlte die Frau und verließ Petras Geschäft. Daraufhin kam Petra mit einem strahlenden Lächeln zu mir:
»Kannst du dir vorstellen, was die Frau mich gerade gefragt hat?«
»Nein, ich habe absolut keine Ahnung.«
»Sie wollte wissen, ob du ein Model bist, so fantastisch, wie du aussiehst!«

»Wie bitte, das ist doch nicht dein Ernst?«
»O doch, genau das waren ihre Worte!«
»Das ist ja kaum zu fassen. Da stehe ich mit Perücke und bin alles andere als fit, und jemand hält mich für ein Model!«
»Tja, da siehst du mal, was dein Optimismus so alles bewirkt! Und ganz ehrlich, du siehst wirklich phänomenal aus. Kein Mensch käme auf die Idee, in welcher Situation du dich gerade befindest!«
Mir wurde ganz warm ums Herz vor Freude. Danach war mir klar, dass man wirklich nicht sehen konnte, dass ich eine Perücke trug und ich trotz meiner eigenen teilweise negativen Gedanken keineswegs hässlich war. Das gab meinem Selbstwertgefühl einen wunderbaren Aufschwung und mir neue Hoffnung in Bezug auf Beziehungen.
Völlig beschwingt fuhr ich nach Hause zurück. Auf dem Weg kam mir plötzlich der Gedanke, dass es sicher ein schönes Gefühl für mich sein müsste, in diesem Jahr wieder einmal Plätzchen zu backen. Seit Ewigkeiten hatte ich das nicht mehr getan. Ich spürte, dass dieses Weihnachtsfest eine noch tiefere Bedeutung für mich haben würde als je zuvor. Ich fühlte mich wirklich wie neugeboren, und so war auch die Vorfreude auf Weihnachten wieder ganz ähnlich wie in meiner Kindheit, während der ich auch mit Vorliebe Plätzchen gebacken hatte.
Ich setzte meine neue Idee sofort in die Tat um und begann zu überlegen, welche Sorten ich backen wollte, so dass meine Eltern mir die Zutaten besorgen konnten. Ich war zu schwach, sowohl einzukaufen als auch zu backen. Da es meinen Eltern wichtig war, mich dabei zu unterstützen, so viel Freude am Leben zu haben, wie es unter diesen Umständen nur möglich war, nahmen sie mir alles ab, was mir Stress bereiten konnte.
Alle zwei Tage musste ich in aller Frühe nüchtern zur Blutabnahme ins Buchloer Krankenhaus, um sicherzustellen, dass meine Immunabwehr nicht zu niedrig war. Wenn dies der Fall gewesen wäre, hätte ich auf dem schnellsten Weg zurück nach Großhadern in ein steriles Umfeld zurückkehren müssen. Nach jeder Chemotherapie war das Immunsystem so geschwächt, dass diese Gefahr bestand.
Völlig unerwartet rief zur selben Zeit Oliver, der Balletttänzer, an. Oliver war einer von den hübschen Jungs, die mich ständig besuchten. Ich erinnere mich nur allzu gut an einen Nachmittag, als mich Oliver

wieder einmal in Großhadern besuchen kam. Er war gerade von einer wunderschönen Tournee aus Indien zurückgekehrt und sah mit den blonden Haaren, seiner gebräunten Haut und seinem herrlich durchtrainierten Körper in einem hellblauen Sommerpullover und Bermudas einfach umwerfend aus. Als wir zusammen aus meinem Zimmer kamen, um in den Garten zu gehen, drückten sich sämtliche Schwestern und Pfleger die Nasen an der Glasscheibe des Pflegestützpunktes platt, um ihm nachzusehen. Ich musste regelrecht schmunzeln, da ich immer wieder auf mein Glück angesprochen worden war, dass zu mir meistens nur äußerst attraktive Männer kämen.

Oliver erzählte mir am Telefon, dass eine Schriftstellerin eine Erzählung für ihn geschrieben hatte. Ihr Wunsch sei es, dass er diese in eine Choreographie verwandeln und auf der Bühne tanzen würde. Dafür wäre natürlich auch die richtige Musik notwendig.

Vollkommen überzeugt meinte Oliver: »Liebe Isi, was hältst du davon, die Musik dazu zu komponieren und sie dann selbst zu spielen? Es wäre doch sehr schön, gemeinsam auf der Bühne zu stehen. Nur du, der Flügel und ich, und im Hintergrund die Stimme der Schriftstellerin? Was meinst du?«

Ich wusste erst einmal überhaupt nicht, was ich dazu sagen sollte, denn ich hatte in meinem ganzen Leben noch nie komponiert. Doch Oliver war der sicheren Überzeugung, dass er sich das Projekt nur auf diese Weise vorstellen könnte, und ich sollte es doch einfach einmal versuchen.

Irgendwie, dachte ich mir, war es kein Zufall, dass diese Idee genau in diesem Moment auf mich zukam. Also beschloss ich, einen Versuch zu wagen, und bat Oliver, mir den Text zusenden zu lassen. Wer nicht wagt, der nicht gewinnt. So oft im Leben verpassen wir Gelegenheiten, weil wir glauben, etwas nicht zu können, ohne es jemals ausprobiert zu haben. Ich hatte mir geschworen, diesen Fehler nach Möglichkeit nicht mehr zu machen.

Nachdem ich die Erzählung bekommen hatte, begann ich sie in aller Ruhe zu lesen. Ich hörte mir sehr viele musikalische Werke an, um meinen inneren Kanal zu öffnen. Plötzlich hörte ich Musik in meinem Kopf. Keine Musik, die jemand komponiert hatte, sondern neue Musik. Ich setzte mich an den Flügel und versuchte, die Töne nachzuspielen.

Ich saß stundenlang völlig in mich versunken da und suchte die richtigen Harmonien. Am Ende war ich so weit, dass ich beinahe den ersten Titel komponiert hatte. Ich konnte es kaum fassen und fühlte mich glücklich über meine neu entdeckte Kreativität. Doch dann bekam ich wieder einmal Fieber und eine entsetzliche Entzündung der Mundschleimhäute. Diese Nebenwirkungen der Chemotherapie erforderten, dass ich auf dem schnellsten Weg zurück nach Großhadern musste. Ich war sehr unglücklich, denn ich befürchtete, dass ich am Geburtstag meines Vaters kurz vor Weihnachten noch im Krankenhaus sein würde. Ich setzte jedoch all meine Hoffnungen darauf, zumindest Weihnachten zu Hause zu verbringen.

– 10 –

Die Zeit der Feste

Wenngleich ich durch das Fieber sehr geschwächt war, versuchte ich die Zeit zu nutzen und den Teil, den ich am Flügel komponiert hatte, in Notenschrift zu übertragen. Das war ohne Klavier gar nicht so einfach. Seit ich nicht mehr im sterilen Einzelzimmer untergebracht wurde, konnte ich mein Keyboard nicht mehr in die Klinik mitnehmen, denn sonst hätte ich meine Zimmernachbarn gestört. Auch wenn ich mit Kopfhörer gespielt hätte, wären meine Mitpatienten von dem Tastengeklapper belästigt geworden. Also versuchte ich die Musik aus meinem Kopf direkt auf Papier zu bringen, was ziemlich anstrengend für mich war. Ich konnte nie lange arbeiten, da meine Konzentrationsfähigkeit seit Beginn der Krankheit extrem nachgelassen hatte. Vorher hatte ich mich stundenlang mühelos konzentrieren können, ohne mich ablenken zu lassen. Auch jetzt war nicht das Problem, dass ich zu schnell abgelenkt wurde, aber mein Kopf schaffte es einfach nicht. Ich

litt an fortwährenden, heftigen Kopfschmerzen, die durch konzentriertes Arbeiten noch verstärkt wurden. Irgendwann war dann eine völlige Leere in meinem Gehirn, und ich konnte nicht mehr weiter arbeiten, auch wenn ich es noch so eisern probierte.
Wieder arbeitete ich verstärkt mit Affirmationen, Gebeten und Visualisationen, um mein Fieber so schnell wie möglich loszuwerden. Die Vorstellung, Weihnachten im Krankenhaus verbringen zu müssen, nachdem ich schon den Geburtstag meines Vaters verpasst hatte, war grauenvoll für mich. Kurz vor Heiligabend war es dann so weit. Meine Leukozyten waren wieder hoch genug. Sie hatten sogar die kritische Grenze überschritten. Unterhalb dieses Wertes wäre mir nur ein künstlicher Weihnachtsbaum erlaubt worden. Nie zuvor habe ich mich mehr auf einen »echten« Weihnachtsbaum aus dem Wald gefreut!
Ich kam sogar noch rechtzeitig aus der Klinik, um mit meinen Eltern und Susanna die Premiere des Ballettes »Manon« mit Oliver in der männlichen Hauptrolle in der Bayrischen Staatsoper besuchen zu können. Die Geschichte der »Manon Lescaut« ist sehr tragisch und endet mit ihrem Tod. Irgendwie war es interessant, dass ich zwischen meinen Therapien immer Ballette sah, in denen die Titelheldin jung zu Tode kam. Julia in »Romeo & Julia« hatte sich nach vorgetäuschtem Tod aufgrund ihres Kummers über Romeos Tod selbst umgebracht, und Manon starb aufgrund ihrer tragischen Geschichte völlig ausgezehrt und krank in den Armen ihres Liebsten. Uns allen ging »Manon« sehr nahe. Das hing nur zum Teil mit meiner Geschichte zusammen, denn die Tänzer waren umwerfend und spielten ihre Rollen so überzeugend, dass wir völlig vergaßen, dass wir im Nationaltheater in München saßen.
Dann stand der Heilige Abend vor der Tür. Meine Freundin Claudia rief mich an und fragte, ob ich Lust hätte, mit ihr einen Weihnachtsspaziergang in Bad Wörishofen zu machen. Gesagt, getan. Claudia, die mich zuletzt im Krankenhaus gesehen hatte, war begeistert von meinem Aussehen. Auch sie fand, dass die Perücke vollkommen lebensecht aussah. Das Wetter war herrlich, und die Sonne strahlte vom Himmel, als wollte sie meiner Freude Ausdruck verleihen, am Leben zu sein und dieses Weihnachtsfest glücklich zusammen mit meiner Familie zu verbringen. Der Schnee glitzerte, als würden Millionen von Diaman-

ten funkeln. Claudia und ich spazierten durch die wundervoll verschneite Winterlandschaft des Bad Wörishofer Kurparks, der mir nie zuvor so schön erschienen war.
Mit von der Kälte geröteten Backen kehrte ich glücklich zu meinen Eltern zurück und freute mich auf einen unvergesslichen Heiligabend. Weihnachten bedeutet für unsere Familie viel mehr als das Austauschen von Geschenken. Es ist der Tag der Geburt von Jesus Christus, der für uns gestorben ist, um für uns den Tod zu überwinden. An diesem Abend war uns allen diese Bedeutung tiefer bewusst als je zuvor. Uns war klar, was für ein Gottesgeschenk es war, dass ich am Leben geblieben war. Tief berührt und voller Dankbarkeit verbrachten wir diese Heilige Nacht vor einem wunderschönen, von meinem Vater mit großer Hingabe geschmückten Christbaum.
In den nächsten Tagen kam ich nicht besonders viel zum Üben und Komponieren, da ich die Tage nach Weihnachten für Treffen mit Freunden und Verwandten nutzte. Auch Susannas Geburtstagfeier fiel in diese Zeit. Zusammen mit Tim, Henry und Oliver trafen wir uns in einem hübschen italienischen Restaurant in München und verbrachten einen harmonischen Abend. Sowohl für Susanna als auch für mich war es wunderbar, wieder einmal gemeinsam mit Freunden unterwegs zu sein. Nachdem wir ausführlich gespeist hatten, zogen wir noch ein bisschen gemeinsam durch München. Wie sehr hatte ich das vermisst.
Dafür war Sylvester umso enttäuschender für uns beide. Am Nachmittag hatten wir noch einen sehr erfolgreichen Durchlauf unseres Konzertprogramms geschafft und waren daraufhin voller Enthusiasmus wieder nach München gefahren, in der Hoffnung, dass an diesem Sylvesterabend etwas Besonderes passieren würde. Stundenlang liefen wir kreuz und quer durch die Straßen, um irgendein Café oder Lokal zu finden, in das wir gehen konnten, aber es war aussichtslos. Entweder gab es geschlossene Gesellschaften oder die Lokalitäten waren verschlossen. Ziemlich frustriert liefen wir zurück zu Susannas Wohnung und warteten darauf, dass es endlich Mitternacht wurde. Wir fühlten uns beide ziemlich einsam und verlassen, da einfach keine Männer in Sicht waren, die sich für uns interessierten. Nach den herben Enttäuschungen, die wir beide diesbezüglich hinter uns hatten, setzte uns dies sehr zu. Wir hatten noch nicht erkannt, dass wir zuerst

mit uns selbst glücklich sein mussten, um den richtigen Mann anzuziehen. Wie wir es schon einmal, zehn Jahre zuvor, am Sylvesterabend getan hatten, legten wir wieder Tarot-Karten für das neue Jahr.

Mit letzter Hoffnung gingen wir schließlich mit zwei Piccoloflaschen kurz vor Zwölf zu einer der Isarbrücken, um zumindest das Feuerwerk zu sehen und gemeinsam anzustoßen. Danach war ich völlig erschöpft. Mein ganzer Körper begann unkontrolliert zu zittern, so dass ich es gerade noch mit letzter Kraft schaffte, mich in Susannas Wohnung zu schleppen. Die Anstrengungen der letzten Tage und die herbe Enttäuschung über den verpfuschten Sylvesterabend waren zuviel für mich. So rutschten wir beide nicht gerade glücklich ins Neue Jahr und hofften sehr, dass dies kein schlechtes Omen für 2001 war.

– 11 –

Begegnungen

Zum Glück begann das Neue Jahr besser, als es sich in der Sylvesternacht angekündigt zu haben schien. Zusammen mit meinen Eltern war ich zur Nachfeier des Geburtstages von der Mutter meiner Freundin Constanze eingeladen. Zum ersten Mal wagte ich es, ohne Perücke unter Leute zu gehen. Die Perücke drückte sehr und verstärkte meine ständig vorhandenen, schwer erträglichen Kopfschmerzen. Da ich inzwischen eine schwächere Dosis von Chemotherapie erhielt, die so genannte Erhaltungstherapie, fingen meine Haare auch wieder an zu wachsen. Heidi hatte mir den fantastischen Tipp gegeben, die Kopfhaut mit Pflaumenaschenlauge nach Hildegard von Bingen einzureiben, um dadurch das Haarwachstum zu beschleunigen.

In der Zwischenzeit war mein Kopf mit millimeterlangem Haar bedeckt, und ich ging mit neuer Frisur zu der Feier. Alle waren begeistert, freuten sich über mein Aussehen und hielten die Perücke für überflüssig. Es war ein sehr schöner Nachmittag. Wir besprachen, wann wir die Generalprobe für unser Konzert abhalten wollten. Constanzes Vater besaß einen Steinway-Flügel, der sich dafür bestens anbot. Außerdem war es für Susanna und mich fantastisch, eine Generalprobe vor einer Familie von Musikern und Musikkennern abzuhalten.

Wenige Tage später fand das erste Treffen mit Oliver und der Schriftstellerin im Münchner Nationaltheater statt. Ich war sehr aufgeregt, denn ich kannte die Autorin bisher nur per Telefon und wusste in keinster Weise, wie sie meine Musik aufnehmen würde. Wir begaben uns zu dritt in den großen Ballettsaal und besprachen gewisse Details, bevor ich mich an den Flügel setzte und spielte, was ich bisher komponiert hatte. Beide waren begeistert, und die Schriftstellerin meinte, ich hätte die Stimmung ihrer Texte sehr gut umgesetzt. Auch Oliver war zufrieden. Er fand die Musik bewegend und konnte sich gut vorstellen, darauf zu tanzen. Dies war für mich eine Bestätigung dafür, dass es wirklich notwendig ist, Neues zu wagen.

Dadurch wurde mir klar, wie wichtig es ist, weder zu sagen noch zu denken, ich könnte etwas nicht, was ich nie zuvor ausprobiert habe. Denn vielleicht ist es ja so, dass wir bestimmte Sachen nur deshalb nicht können, weil wir denken, dass es uns unmöglich ist. Gedanken besitzen eine viel größere Macht, als uns bewusst ist.

Während dieser Zeit beschäftigten sich meine Gedanken intensiv mit dem weiteren Fortgang der Chemotherapie. Die Ärzte in Großhadern meinten, dass es bei meiner Form von Leukämie notwendig sei, 36 Monate Therapie zu machen, um nach Möglichkeit einen Rückfall zu verhindern. Allein diese Vorstellung war ein Albtraum für mich. Wie sollte ich wieder fähig sein, Konzerte zu spielen, wenn mich jede Therapie erst einmal umwarf, denn es wurde von Mal zu Mal schlimmer, weil mein Körper einfach keine Widerstandskraft mehr besaß. Kein Konzertveranstalter würde seine Termine nach meinen Chemotherapien richten können. Das Einzige, was ich mit Sicherheit wusste, war, dass mich diese 36 Monate schlicht »killen« würden, denn ich war mir nicht sicher, ob ich mit dem positiven Denken so lange durchhalten konnte. Wie es das Schicksal wollte, traf ich bei meinem nächsten Ballettbesuch in der Loge, in welcher ich mit Bekannten saß, eine Oberärztin

einer Onkologiestation in Ulm. In der Pause kam das Gespräch auf Krebs, und ich erzählte ihr von meiner schwierigen Lage. Um einen guten Rat mit auf den Weg zu bekommen, erklärte ich ihr meine Sichtweise. »Ich glaube, dass es eher schädlich ist, so lange Chemotherapie zu bekommen, denn, falls ich tatsächlich einen Rückfall bekommen sollte, wäre mein Immunsystem dadurch völlig zerstört, und ich könnte der weiteren Therapie keine körperlichen Kräfte mehr entgegensetzen. Außerdem sind genügend Fälle bekannt, wo der Körper nach so langer Therapie immun war. In diesem Fall hätte ich dann bei einem Rückfall überhaupt keine Chance mehr. Oder was meinen Sie?«
Die Onkologin konnte dies nur bestätigen, und so war mir klar, was ich bei meinem nächsten Gespräch in Großhadern sagen würde.
Nachdem meine Entscheidung gefallen war, auf keinen Fall noch weitere 32 Therapien über mich ergehen zu lassen, fühlte ich mich von vielen Lasten befreit. Ich verspürte, wie mich eine starke Lebensfreude erfasste, und so beschloss ich, mit Susanna endlich wieder einmal Tango tanzen zu gehen und mein Leben zu genießen. Am nächsten Abend fuhren wir zusammen zum Münchner »Beach Club« im Kunstpark Ost, wo es an diesem Abend die Möglichkeit gab, zu Tangomusik das Tanzbein zu schwingen. Als wir die Halle betraten und ich endlich wieder die geliebte Musik hörte, ging mir das Herz auf. Mit Worten ist nicht zu beschreiben, was ich in jenem Augenblick fühlte. Im Krankenhaus hatte ich es mir verboten, Tangomusik zu hören, da mich sonst die Melancholie übermannt hätte, nicht tanzen zu können. Der Tango war nach dem Klavier meine zweite große Leidenschaft. Mich durchströmte ein unglaubliches Glücksgefühl, mich endlich wieder in dieser Welt bewegen zu können.
Zusammen mit Susanna saß ich erst einmal lange am Rande der Tanzfläche und beobachtete die Tänzer, die sich auf unterschiedlichste Art und Weise durch den Raum bewegten. Durch meine veränderte Frisur wurde ich zuerst nicht erkannt, obwohl ich vor meiner Zeit in Kalifornien ständig beim Tanzen gewesen war. Nach einer Weile kam ich dann dem einen oder anderen doch bekannt vor. Ich wurde freundlich begrüßt und zu meiner sicherlich in Kalifornien neu gewählten Frisur beglückwünscht. Niemand kam auf die Idee, dass ich todkrank gewesen sein könnte. Als ich davon berichtete, waren alle sehr betroffen.

Plötzlich wurde ich zum Tanzen aufgefordert. Meine Beine waren zwar vom vielen Liegen noch wackelig, dennoch war es ein wunderbares Gefühl von Schweben, das ich empfand. Endlich spürte ich wieder die Leichtigkeit des Seins und war überglücklich. Susanna war es ähnlich ergangen. Voller Energie fuhren wir noch nachts zu meinen Eltern, um am nächsten Tag, durch diesen Abend inspiriert, zu proben. Wir hatten beide plötzlich neue Ideen, wie wir die Lieder und Songs noch aufregender gestalten konnten. Susanna begann damit zu experimentieren, sich auf den Flügel zu legen und aus dieser Position heraus zu singen, was die Sinnlichkeit dieser Musik noch unterstrich. Diesen Probentag genossen wir wahrlich in vollsten Zügen.

Mir ging es so gut wie schon lange nicht mehr. Ich hatte das Gefühl, wieder mitten im Leben zu stehen, woran vor allem das Tangotanzen einen großen Anteil hatte. Ich begann, meine Weiblichkeit wieder zu spüren, die durch die endlosen Monate im Krankenhaus und die physischen Veränderungen sehr gelitten hatte. Beim Tango Argentino sind die Rollen ganz klar verteilt. Der Mann führt und die Frau folgt. Sie hat jedoch die Möglichkeit, den Tanz nach ihrem Gefühl mit Verzierungen auszufüllen. Somit bleibt ihr auch die Freiheit, mit der Musik zu spielen. Außerdem ist die Tanzhaltung beim Tango sehr eng, und das hat natürlich auch eine erotische Komponente. Nach Monaten des Nichtberührtwerdens, da jede Berührung im sterilen Einzelzimmer aufgrund der Bakterien für mich sehr gefährlich hätte sein können, empfand ich dies als sehr schön. Das alles führte dazu, mich wirklich wieder als Frau zu fühlen.

So ging ich wenige Tage danach frohen Mutes nach Großhadern, um einerseits mein Gespräch mit Professor Hallek und Dr. Duell zu führen und mir andererseits meine Ration an Chemotherapie abzuholen. Seit der Erhaltungstherapie wurde sie mir in Spritzenform verabreicht. Da ich mir zutraute, mir diese selbst zu verabreichen, musste ich nur die Blutwerte kontrollieren lassen und die Chemo in einer braunen Papiertüte abholen. Wer nicht wusste, woher ich kam, hätte denken können, dass ich soeben eine Portion Fastfood gekauft hatte.

Während ich im Gang der Krebsstation wartete, fiel mir ein neues Gesicht im Ärzteteam, das gerade Visite machte, auf. Es war ein sympathischer Blondschopf etwa in meinem Alter. Auch er schien mich zu

bemerken, und ich hätte schwören können, dass er mich für eine Besucherin und nicht für eine Patientin hielt.
Nachdem die Visite beendet war, kamen Dr. Duell und Dr. Schmid mit dem jungen Blonden zu mir und fragten, wie es mir ginge. Ich bemerkte das Erstaunen in den Augen des Neuen. Nach der Blutabnahme und der Gewichtsbestimmung (danach berechnet sich die Dosierung der Chemo) wurde ich zum Oberarzt Professor Hallek gerufen. Auch Dr. Duell war anwesend, worüber ich sehr froh war, denn er kannte mich besonders gut. Ich war mir sicher, dass zumindest er meine Argumente verstehen würde. Es ging sofort um die 36 Monate Therapie. Ich erklärte meine Situation.
»Es gibt derzeit noch keine wissenschaftlichen Beweise dafür, dass eine so lange Erhaltungstherapie wirklich Sinn macht. Ich bin definitiv nicht bereit, an dieser Studie teilzunehmen, da ich mein Leben nicht aufgrund von Chemotherapien planen möchte.«
Letztlich konnten beide Ärzte dem nicht viel entgegensetzen. Professor Hallek bat mich jedoch, ihm noch ein bisschen Zeit zu geben. Er wollte mit der Frau sprechen, die diese Studie seit einigen Jahren koordinierte, und wollte sie nach ihrer Meinung in Bezug auf mich fragen. Da er in meinem Fall immer sehr verantwortungsvoll gehandelt hatte, stimmte ich seiner Bitte zu.
Während der Zeit, in der ich auf meine Chemoration warten musste, fuhr ich hinunter in den Keller, um Heidi zu besuchen, die dort zur Knochenmarkstransplantation lag. Ich kam zum ersten Mal in diese Abteilung des Klinikums. Auch wenn die Zimmer schön hell waren, so lag doch eine bedrückende Stimmung in der Luft. Es schien, als wäre überall ein Hauch von Tod zu spüren.
Ich freute mich sehr, Heidi zu sehen, denn in der Zwischenzeit war es uns nur möglich gewesen zu telefonieren, um uns gegenseitig zu unterstützen. Sie wirkte sehr positiv, doch ganz tief in mir drinnen wusste ich, dass sie an einem seidenen Faden hing, was mich sehr schmerzte, denn in den letzten Monaten war sie mir sehr ans Herz gewachsen. Ich versuchte, mir nichts anmerken zu lassen und begann über belanglose Dinge zu reden. Wir schmiedeten weiterhin große Pläne für die Zukunft.
Mit einem lachenden und einem weinenden Auge verließ ich sie und ging wieder nach oben. Der junge Blonde überreichte mir meine Tüte

mit der Chemotherapie, und wir unterhielten uns noch eine ganze Weile. Er war nur für ein zweiwöchiges Praktikum auf der Station. Somit war eigentlich klar, dass wir uns nicht wieder sehen würden, da ich die nächste Ration erst etwa in vier Wochen abholen würde.

– 12 –
Glück im Unglück

Es war ein komisches Gefühl, als ich mir meine Chemo zum ersten Mal selbst verabreichte. Dennoch war es immer noch besser, zu Hause als im Krankenhaus zu sein. Obwohl die Dosierung niedriger war als zuvor bei den Infusionen, ging es mir schon am nächsten Tag sehr schlecht. Susanna kam, und wir wollten proben, doch es war mir fast unmöglich. Ich war zu müde und sehr schwach.
Zwei Tage später bekam ich hohes Fieber, was Gefahr bedeutete, so dass wir alle, meine Eltern, Susanna und ich, auf dem schnellsten Weg wieder nach Großhadern fuhren.
Von der Notaufnahme wurde ich augenblicklich wieder auf meine Station verlegt. Doch leider war der Stationsarzt Dr. Duell nicht da. Die Ärzte im Sonntagsdienst wollten mir weiterhin Chemospritzen verabreichen, doch ich streikte. »Bevor Sie nicht die Meinung von Dr. Duell eingeholt haben, lasse ich keine weitere Behandlung zu. Da können Sie mir erzählen, was Sie wollen.«
Da alle spürten, dass ich keinen Argumenten zugänglich war, versuchten sie, Dr. Duell telefonisch zu erreichen, was schließlich auch gelang. Danach wurde die Therapie kommentarlos abgebrochen.
Am nächsten Morgen war mir immer noch speiübel, was ich den Ärzten während der Visite mitteilte. Daraufhin wurde beschlossen, mir eine Spritze gegen Übelkeit zu geben. Der »neue Blonde« hörte dies, ver-

ließ, ohne auf eine Anordnung der Ärzte zu warten, das Zimmer und kam kurz darauf mit besagter Spritze zurück. Noch während die Ärzte mit den anderen Patienten im Raum beschäftigt waren, hatte ich meine Spritze erhalten, und meine Übelkeit wurde bald weniger. Es war mir selten passiert, dass Verordnungen so schnell umgesetzt wurden.

Dieses Verhalten des angehenden Arztes imponierte mir sehr. Er schien sich seine eigenen Gedanken zu machen und selbstverantwortlich zu handeln und nicht einfach nur den anderen Ärzten ehrfürchtig bei der Arbeit zuzusehen.

Bei der Visite am darauf folgenden Morgen begann ich dann über meine Entlassung zu verhandeln, denn die Generalprobe unseres Konzertes stand in fünf Tagen vor der Tür, und ich konnte es mir nicht leisten, im Krankenhaus zu liegen und nicht zu üben. Die Ärzte verstanden dies zwar, konnten es aber nicht verantworten, mich mit noch immer leichter Temperatur zu entlassen. Dennoch ließ ich nicht locker. Voller Charme versuchte ich die Ärzte am nächsten Tag zu überzeugen: »Ich verspreche Ihnen, dass ich brav sein werde und mich nach dem Üben immer sofort ausruhen werde. Ich muss wirklich dringend nach Hause. Sie wollen doch nicht, dass ich mich in meinem Konzert blamiere.«

Nach kurzen Überlegungen erklärten sie sich bereit, mich am Abend zu entlassen, wenn meine Temperatur und meine Blutwerte am Nachmittag noch immer in Ordnung sein würden.

In Gedanken sprach ich die ganze Zeit vor mich hin: »Ich gehe heute nach Hause!« Davon war ich felsenfest überzeugt.

Schließlich kam Susanna zu Besuch. Voller Spannung warteten wir auf die Ergebnisse vom Nachmittag. Um uns die Zeit zu vertreiben, bummelten wir auf dem Gang der Station auf und ab. Dabei liefen wir dem Blonden über den Weg, und es entstand ein anregendes Gespräch. Es stellte sich heraus, dass er ein Harvard-Stipendium in der Tasche hatte und sich im Moment freiwillig zur Zeitüberbrückung für ein Praktikum in der Onkologie von Großhadern beworben hatte. Er war sehr interessiert, mehr über unser Konzert zu erfahren. Am liebsten wäre er gekommen. Doch wir mussten ihm leider sagen, dass es eine Privatveranstaltung sei, bei der nur geladene Gäste anwesend sein würden. Daraufhin meinte er: »Das ist sicherlich nicht Ihr letztes Konzert. Bitte teilen Sie mir mit, wenn Sie beide oder auch Sie alleine wieder irgendwo auftreten.«

Daraufhin gab er mir seine Email-Adresse, und ich versprach, mich bei der nächsten Gelegenheit bei ihm zu melden.
Noch während wir in unser Gespräch vertieft waren, erreichte uns die Nachricht, dass ich am selben Abend nach Hause fahren durfte. Susanna und ich waren überglücklich. Der angehende Arzt meinte dazu: »Es wundert mich wirklich überhaupt nicht, dass Sie nach Hause gehen dürfen, denn ich habe nie zuvor jemanden mit so unwiderstehlichem Charme um eine Entlassung bitten hören!«
»Aber ich musste doch den Ärzten begreiflich machen, wie notwendig es für mich ist, wieder üben zu können«, verteidigte ich mich.
»Ja, klar«, lautete seine verschmitze Antwort. Lachend verabschiedeten wir uns voneinander.
Vier Tage später war es dann so weit, und unsere Generalprobe stand vor der Tür. Sowohl Susanna als auch ich waren aufgeregt, denn wir hatten in der letzten Woche nicht mehr besonders viel proben können. Andererseits freuten wir uns sehr, endlich wieder einmal vor einem Publikum Musik zu machen.
So fuhren wir zusammen mit meinen Eltern zu unseren Freunden mit dem wunderbaren Steinway-Flügel. Völlig unerwartet stand Marcus, einer der Brüder von Constanze, in der Tür. Er ist ein sehr erfolgreicher Musiker und hatte sich im Jazz und der Musicalwelt bereits einen Namen erworben. Für Susanna und mich war seine Anwesenheit ein guter Test. Es ist immer schwieriger, vor Kollegen als vor einem normalen Publikum aufzutreten. Außerdem befanden wir uns mit unserer Programmwahl nicht gerade in unseren üblichen, vertrauten Gefilden der klassischen Musik, sondern in einer Art Zwischenbereich, der vielleicht Marcus näher stand als uns. Voller Spannung begannen wir mit dem ersten Teil unseres Programmes. Es machte großen Spaß zu musizieren, und die Freude übertrug sich auf unsere Zuhörer. Schon in der Pause bekamen wir schöne Rückmeldungen. Im zweiten Teil verausgabten wir uns noch mehr, und die Reaktionen waren geradezu enthusiastisch.
Natürlich waren alle glücklich, mich wieder spielen zu sehen. Und vielleicht waren die Emotionen auch davon gefärbt gewesen. Doch ich bin mir sicher, dass Marcus zu professionell ist, um sein Urteil damit zu vermischen. Ihm gefiel Susannas Stimme sehr gut, und er war sehr über-

rascht, dass es mir als klassischer Pianistin auch ohne Improvisation gelungen war, den Swing dieser Musik zu vermitteln. Das Kompliment aus dem Mund eines Jazzpianisten freute mich besonders. Er gab uns ein paar Anregungen mit auf den Weg, die wir in den nächsten zwei Wochen noch in die Tat umsetzen wollten. Alles in allem war es eine gelungene Generalprobe gewesen. Susanna und ich waren zufrieden, denn wir wussten, was wir noch verbessern wollten, hatten aber keine Angst mehr, es bis zum Konzert nicht zu schaffen.

Wieder zu Hause angelangt, begab ich mich an den Computer, um zu sehen, ob ich Emails erhalten hatte. Zwei Tage zuvor hatte ich nämlich an Peter, den angehenden Arzt, geschrieben, dass wir uns so interessant unterhalten hätten und ich dieses Gespräch gerne fortsetzen würde. Auch ihm war es wohl ähnlich ergangen. So verabredeten wir uns für den nächsten Abend.

Ich freute mich den ganzen nächsten Tag auf das Treffen, da ich wusste, dass wir uns blendend unterhalten würden. Wir trafen uns im »Stadtcafé« in München. Es war sehr lustig, plötzlich Du zueinander zu sagen, nachdem wir uns im Krankenhaus immer gesiezt hatten. Doch innerhalb kürzester Zeit waren wir so vertraut, als wären wir alte Freunde. Wir erzählten uns gegenseitig in Kurzform unser bisheriges Leben, berichteten von unseren Zielen und Träumen und sprachen natürlich über meine Situation, die ihm sehr nahe ging, denn er hatte seine Mutter wenige Jahre zuvor an Krebs verloren. »Ich hätte nie gedacht«, sagte er, »dass du eine Krebspatientin bist, als ich dich im Gang der Station in Großhadern zum ersten Mal entdeckt habe. Deine Ausstrahlung war so voller Lebensfreude und Energie.«

Etwas nachdenklicher schickte er hinterher: »Genau das macht mir nun große Hoffnung, dass du alles gut überstehen kannst.«

Ich nickte zustimmend, denn ich war sehr froh, diese Worte aus dem Mund eines Mediziners zu hören.

Da begannen seine Mundwinkel verräterisch zu zucken. »Ich muss dir noch etwas Lustiges erzählen. Nachdem ich dich gerade auf der Station gesehen hatte, ging ich ins Arztzimmer, um nach neuen Aufgaben zu fragen. Da standen doch tatsächlich alle männlichen Ärzte vor dem Spiegel und kämmten sich. Völlig verdutzt wandte ich mich an Frau Dr. Lang und fragte, was das zu bedeuten hätte. Sie konnte sich ein

Grinsen nicht verkneifen und meinte, dass die Lieblingspatientin im Gang sitzt. Als wir dann auf dich zukamen, war mir alles klar!«
Wir konnten uns kaum Halten vor Lachen. Allein die Vorstellung war zu komisch. Insgeheim freute ich mich natürlich sehr über dieses versteckte Kompliment.
Da wir uns so gut verstanden, bemerkten wir überhaupt nicht, dass die Stunden nur so verflogen. Als wir irgendwann wieder auf die Uhr schauten, war es für uns beide höchste Zeit aufzubrechen, denn Peter musste in aller Früh in die Klinik, und ich hatte bis zum Konzert noch viel zu üben. Uns beiden war jedoch klar, dass wir unsere Gespräche so schnell wie möglich fortsetzen wollten.
Peter sah ich noch mehrmals in derselben Woche. Einmal fuhr ich zu ihm raus nach Tutzing an den Starnberger See, und wir machten einen wunderschönen Spaziergang in der herrlich verschneiten Natur. Irgendwie hatte ich das Gefühl, dass es uns in eine andere Zeit verschlagen hatte. Es lag eine so große Stille über dem Land, und die Natur schien vollkommen unberührt. Der Schnee auf den Zweigen der Bäume glitzerte im Sonnenlicht und verlieh der Stimmung etwas Märchenhaftes. Es war, als würden wir durch einen Zauberwald laufen, nur von dem Gezwitscher der Vögel begleitet. Plötzlich zogen Nebel auf, was allem den Anschein von etwas Unwirklichem gab. Wir hielten uns an den Händen und waren uns plötzlich sehr nahe. Ich spürte, wie mein Herz schneller zu schlagen begann. Aus meinem Herzensgrund entstieg eine Hoffnung, die zu schön gewesen wäre, um wahr zu sein. Daher versuchte ich, sie auch sofort im Keim zu ersticken, was alles andere als einfach war, denn schließlich war Peter so nahe.
Nach dem Spaziergang saßen wir noch lange in einem Café direkt am See. Ich war glücklich, das Leben wieder pulsieren zu spüren und einen Menschen gefunden zu haben, der sich aufgrund seiner eigenen Geschichte in meine Situation hineinfühlen konnte.
Es war tatsächlich eine glückliche Fügung gewesen, dass die letzte Chemotherapie Fieber ausgelöst hatte, denn hätte ich nicht wieder zurück in die Klinik gemusst, hätten Peter und ich uns nicht wieder getroffen und uns auch nicht kennen gelernt. Wieder einmal sah ich der Tatsache ins Auge, dass eine vermeintlich schwierige und in diesem Fall auch gefährliche Situation den Keim für etwas sehr Schönes bildete.

Manchmal enthüllt sich uns der Sinn einer derartigen Situation sehr schnell, ein anderes Mal lässt die Erkenntnis länger auf sich warten und bei wieder anderen Gelegenheiten erscheint uns alles unverständlich und ungerecht. Dennoch bin ich mittlerweile der Ansicht, dass alles, wirklich alles einen Sinn hat. Mit diesem inneren Wissen ist mein Leben viel leichter geworden.
Dennoch dachte ich wehmütig daran, dass Peter nur noch knapp zwei Monate in München war, bis er sich auf den Weg nach Boston machen würde.
Zum Glück blieb mir nicht viel Zeit, traurigen Gedanken nachzuhängen, denn meine Freundin María del Mar, eine temperamentvolle Flamencotänzerin aus Südspanien, hatte sich für das kommende Wochenende angekündigt.

– 13 –

Das pure Leben

Voller Freude fuhr ich mit Susanna an den Münchner Flughafen, um María del Mar abzuholen. Ich war so glücklich, endlich wieder am Flughafen zu sein, wenn auch nur zur Abholung, denn ich liebe es zu fliegen. Während meiner Klinikaufenthalte war ich im zehnten Stock gelegen, so dass ich vom Bett aus nur den Himmel, die Wolken, Sonne, Mond und Sterne zu sehen bekam. In meinem Zimmer hatte ich Photos vom Pazifischen Ozean in Long Beach aufgehängt, und so reiste ich in meiner Vorstellung immer wieder im Flugzeug durch die Wolken fliegend ans Meer. Ich sah alles ganz real vor mir und konnte die See förmlich hören und riechen.
Von diesen »Reisen« kam ich immer beglückt wieder, denn tief in mir wusste ich, dass ich mein geliebtes Meer wieder sehen würde. Für mich

war das Meer schon immer *die* Quelle für Energie, Wohlbefinden und Glück gewesen. Sobald ich es nur sehe, bin ich ein anderer Mensch.
Als Susanna und ich am Flughafen ankamen, begann ich sofort vom Fliegen zu träumen. Immerhin war ich von meinem Klinikzimmer schon wieder bis zum Flughafen gekommen. Das war ein gigantischer Fortschritt. Ein Gefühl von großer Freiheit durchströmte mich.
Als María del Mar durch die Absperrung kam, war meine Freude riesig. Voller Überschwang fielen wir uns in die Arme. Vom ersten Augenblick an bildeten wir drei zusammen eine Einheit. Ich hatte nie zuvor so etwas zu dritt erlebt. Wir sprachen nicht einmal alle dieselbe Sprache. María del Mar konnte kein Deutsch und Susanna kein Spanisch. Aber das stellte in keinster Weise ein Problem dar. Wir verständigten uns in einer Mischung aus Französisch, Spanisch und Italienisch. Es war phänomenal. Bereits im Auto auf dem Weg zu einem Konzert von Bekannten von Susanna hatten wir unendlich viel Spaß. María del Mar war völlig begeistert von den Schneemassen in Deutschland, denn sie hatte noch nie in ihrem Leben so viel Schnee gesehen. Sie strahlte wie ein kleines überglückliches Mädchen übers ganze Gesicht. Kaum stieg sie aus dem Auto, begann sie Schneebälle zu formen und durch die Gegend zu werfen. Wir alberten eine Weile herum, bis wir realisierten, dass wir schon ziemlich spät dran waren.
Als wir schließlich im Konzertsaal ankamen, wurden wir von vielen Augen beobachtet. Wir waren ein auffälliges Gespann: María del Mar, die bildhübsche, etwas üppigere und temperamentvolle Spanierin, Susanna mit ihrem schönen Gesicht, umrahmt von schwarzen schulterlangen Locken, wie aus einem Gemälde aus einem anderen Jahrhundert entsprungen, und ich mit superkurzen, helleren Haaren und dem Leuchten in den Augen. María genoss das Konzert des »Clemente-Trios«, denn sie liebt klassische Musik ebenso wie wir. Nach dem gelungenen Konzert stellte Susanna uns den Musikern vor, und wir wurden zum Essen eingeladen. Es wurde ein sehr amüsanter Abend. Vor allem die Männer schienen es zu genießen, endlich einmal eine rassige Flamencotänzerin aus der Nähe zu erleben.
Weit nach Mitternacht machten wir uns auf den Weg nach Amberg. Das war kein leichtes Unterfangen, denn mittlerweile waren die Straßen tief verschneit. Seit Stunden war kein Schneepflug mehr unterwegs ge-

wesen. Für eine Strecke von normalerweise etwa einer Stunde brauchten wir mehr als zweieinhalb Stunden. Die Zeit verging jedoch wie im Flug, da es noch immer so viel zu erzählen gab. Müde, aber zufrieden mit den Erlebnissen, kamen wir endlich an und fielen nur noch so in unsere Betten.

Am nächsten Morgen frühstückten wir ausgiebig. Auch meine Eltern waren glücklich, María del Mar wieder zu sehen. María ist sehr gebildet und hat neben ihrer Ausbildung zur Tänzerin Philosophie und Sprachen studiert, so dass sich unsere Gespräche bald um ernste Dinge drehten.

Nachdem wir uns gestärkt fühlten, begannen Susanna und ich zu proben, denn wir hatten nur noch eine Woche Zeit bis zu unserem Konzert. María del Mar hörte bei der Probe zu. Sie hat ein fantastisches Verständnis für Musik, und so war es eine Bereicherung für uns, sie dabei zu haben. Sie strahlt so viel künstlerische Energie aus, dass sie für uns eine wahre Inspirationsquelle war. Wir erzählten ihr den Inhalt der englischen und deutschen Lieder, die französischen Texte verstand sie. Da sie neben mir am Flügel saß, spürte ich, dass sie alle Gefühle miterlebte. Obwohl nur Susanna und ich musizierten, war es, als würden wir zu dritt Musik machen. Die Lieder brachten uns drei in die unterschiedlichsten Stimmungen. Manchmal lächelten wir alle leise vor uns hin und dann wieder wühlte die Musik so heftige Emotionen auf, dass wir uns mit Tränen in den Augen in den Armen lagen. Susanna und ich waren uns einig, dass wir die inspirierendsten Proben zusammen mit María erlebt hatten. Sie war bewegt von der Ausdruckskraft der Lieder und versicherte uns, dass unser Konzert ein großer Erfolg werden würde.

Am letzten Abend wollten wir noch einmal zu dritt nach München fahren, falls die Ergebnisse der sonntäglichen Blutuntersuchung dies erlaubten. Während ich im Krankenhaus in Buchloe war, hatte María nicht mehr schlafen können, da ihr der Ernst meiner Lage in diesem Moment vollkommen bewusst geworden war. Sie saß in unserer Küche und kämpfte mit ihrer Angst, mich am Ende doch noch zu verlieren. Um mit ihren Gefühlen fertig zu werden, begann sie einen Brief an mich zu schreiben, den sie mir gab, als ich beschwingt aus dem Krankenhaus zurückkam. Dieser Brief war einzigartig und umfasste mehrere

Seiten und war so poetisch und voller Liebe geschrieben, dass er mich zu Tränen rührte. Einmal mehr wurde mir bewusst, was für ein Geschenk es war, solche Freunde zu haben.
Abends fuhren wir nach München, gingen Chinesisch essen und genossen noch einmal unsere Vertrautheit. Danach beschlossen wir noch ins »Aficionado« zu gehen, um eine Runde Tango zu tanzen. María del Mar gefiel es sehr, die Tanzpaare zu beobachten, auch wenn sie selbst nicht Tango Argentino tanzen konnte. Das Ambiente des »Aficionado« beeindruckte sie sehr, denn man fühlte sich wirklich in eine Welt auf der anderen Seite des Kontinents versetzt. Susanna und ich tanzten abwechselnd, damit immer eine von uns María Gesellschaft leisten konnte. Es herrschte eine schöne Stimmung an diesem Abend, und wir alle waren sehr glücklich.
Auf der Heimfahrt meinte María del Mar voller Inbrunst: »Meine Liebe, es hat mich zutiefst berührt, dich, nach allem, was du hinter dir hast, so begeistert tanzen zu sehen. Denn das gibt mir die Hoffnung, dass du auch den Rest noch gut überstehen wirst! Ich habe es so richtig genossen, dir zuzuschauen.«
Ihre Worte bedeuteten mir sehr viel, insbesondere, da sie eine begnadete Tänzerin ist.
Wir alle waren sehr traurig, als wir uns am nächsten Morgen in aller Früh verabschiedeten, da sich María auf den Heimweg machen musste. Zum Glück hatte ich am Abend schon wieder etwas Schönes vor. Peter hatte mich eingeladen, gemeinsam mit ihm und seinen Pateneltern in ein Konzert von Natalia Gutman ins Nationaltheater zu gehen. Ich freute mich sehr darauf, Peters Paten kennen zu lernen, denn er hatte mir schon viel von ihnen erzählt. Seine Patentante hatte auch Musik studiert, und er war sich sicher, dass wir uns sofort blendend verstehen würden. Innerhalb kürzester Zeit waren Christine und ich in ein wunderbares Gespräch vertieft, ganz so, als würden wir uns schon seit Ewigkeiten kennen. Auch mit seinem Patenonkel, der lustigerweise auch Peter heißt, fühlte ich mich auf Anhieb sehr wohl. Gemeinsam genossen wir das Konzert umso mehr. Natalia Gutman spielte wieder einmal hinreißend.
Nach dem Konzert verabschiedeten wir uns von den Pateneltern und gingen noch gemeinsam etwas trinken. Es war ein Vergnügen, sich mit

Peter über Musik zu unterhalten, denn er hatte großes Interesse und stellte eine Frage nach der anderen, woraus sich ein angeregtes Gespräch entwickelte. Ich war begeistert, denn bisher hatte ich mich meistens nur mit Musikern über meine große Leidenschaft unterhalten können. Alles in allem war es ein wunderbar bereichernder Abend gewesen.

Am nächsten Abend war ich wieder von Oliver zu einer Ballettpremiere ins Prinzregententheather eingeladen. Auch wenn ich selbst nie Ballettstunden genommen habe, bedeutet es mir sehr viel. Ich genoss es, die wunderschönen Menschen zur Musik über die Bühne schweben zu sehen.

Oliver nahm mich noch mit zur Premierenfeier, was mich sehr freute, da ich einige Tänzer etwas näher kannte und seit längerem nicht mehr gesehen hatte.

Udo, ein alter Bekannter, kam irgendwann auf mich zu und umarmte mich herzlich. »Sag mal, Isabelle, was ist los mit dir? Du siehst zwar sehr gut aus mit den kurzen Haaren, aber soweit ich dich kenne, hättest du dich nie freiwillig von deinen herrlichen, langen Haaren getrennt. Habe ich Recht?«

Er hatte den Nagel auf den Kopf getroffen und war entsetzt, wie dramatisch meine Geschichte war. Das hatte er nicht erwartet. Er hatte eher an eine Beziehungskrise gedacht.

Auch andere Tänzer erfuhren schließlich von meiner Situation. Keiner hatte etwas geahnt, da man mir meinen Zustand einfach nie ansehen konnte. Das hatte oft sein Gutes, war mir jedoch auch schon mehrmals beinahe zum Verhängnis geworden.

Wieder einmal hatte ich einen fantastischen Abend im Theater und bei der Premierenfeier verbracht, so dass ich die letzten Tage vor dem Konzert noch sehr inspiriert üben konnte.

Zusammen mit Uli fuhr ich kurz vorher zu der Villa, in der wir unsere »Love Songs« aufführen würden, um den Flügel, der vollkommen neu war, einzuspielen. Es war das reinste Vergnügen, denn er reagierte sehr sensibel auf alle Anschlagsarten und Nuancierungen.

Jetzt gab es nur noch eine einzige Hürde zu überwinden. Wir hatten zwar genau berechnet, wann mein Immunsystem nach der Chemotherapie wieder schwächer werden würde und hatten auch den Konzert-

termin vor dieser Zeit geplant, doch wie wir aus Erfahrung wussten, konnten immer unerwartete Zwischenfälle eintreten.
Drei Tage vor dem Konzert waren meine Leukozyten extrem niedrig. Das war definitiv kein gutes Zeichen. Falls diese noch unter 1500 fallen sollten, würden wir das Konzert absagen müssen, da es sonst zu gefährlich für mich werden würde. Ich durfte überhaupt nicht daran denken, dass unser Recital ausfallen könnte, denn allein der Gedanke daran kam für mich zu diesem Zeitpunkt einer Katastrophe gleich. Dieses Konzert war seit Monaten *das* Ziel für mich gewesen.
Aufgrund der schlechten Werte musste ich zwei Tage später noch einmal zur Blutabnahme. Meine Nerven lagen blank, als ich auf die Ergebnisse wartete. Ich glaube, nie zuvor war mir die halbe Stunde Wartezeit so unendlich lange erschienen. Jede Minute starrte ich auf die Uhr. Die Zeit verging einfach nicht. Mein Herz schlug mir bis zum Halse. Es war nicht auszuhalten. Immer wieder lief ich im Gang auf und ab, um mich dann wieder hinzusetzen und nach einer Weile noch einmal von vorne zu beginnen. Die Sekunden schlichen wie Minuten vor sich hin. Ich konnte einfach keinen vernünftigen Gedanken fassen. Ich kam mir vor wie ein Tiger im Käfig.
Endlich, endlich war es dann so weit und der Chefarzt rief mich zu sich und meinte, die Leukozyten seien knapp über 1500 und somit stünde dem Konzert nichts mehr im Wege. Ich wäre ihm vor Glück beinahe um den Hals gefallen. Vielleicht hat er die Tonnen von Steinen von meinem Herzen fallen hören. Es blieb gerade noch genügend Zeit für die letzten Vorbereitungen und dann stand der lange ersehnte Tag auch schon vor der Tür.

– 14 –

Premiere

Die Nacht vor dem Konzert verlief für mich alles andere als ruhig. Seit Jahren litt ich unter Schlafstörungen, die sich durch die langen Krankenhausaufenthalte noch zusehends verschlimmert hatten. Die Aufregung tat ein Übriges dazu. Ich lag hellwach im Bett und stellte mir immer wieder vor, wie es am nächsten Tag wohl laufen würde. Nach den letzten neun Monaten war es wahrhaftig ein großer Schritt, mich wieder auf eine Bühne zu wagen. Natürlich war es eine Erleichterung, dass diese erste »Feuerprobe« nicht in der großen Öffentlichkeit stattfinden würde. Doch mein Anspruch war derselbe. Ich war neugierig, wie ich spielen würde, nachdem ich aufgrund meiner physischen Situation weitaus weniger geübt hatte, als ich das vor meiner Erkrankung im Falle eines Konzerts getan hatte. Der einzige Vorteil war, dass ich mental viel stärker geworden war. Nach langem Hinundherwälzen fand ich schließlich doch noch ein wenig Schlaf.
Am Konzertmorgen fühlte ich mich nicht gerade fit. Auch spürte ich, dass meine Leukozyten ziemlich niedrig waren, was sich als körperliche Schwäche deutlich bemerkbar machte. Doch all das konnte mich nicht daran hindern, unserem Recital voller Erwartung und Freude entgegenzufiebern. Zu Hause übte ich kaum mehr, um meine Kräfte für die Anspielprobe und die Aufführung der »Love Songs« zu sparen. Susanna kannte die Akustik in der Villa noch nicht. Daher war es wichtig, dass wir uns dort noch Zeit nahmen, um uns an die akustischen Verhältnisse zu gewöhnen und anzupassen.
Endlich war es so weit. Susanna und ich machten uns auf den Weg. Uli und Harry erwarteten uns schon zusammen mit Klaus, dem Gastgeber. Alles war professionell vorbereitet, so dass Susanna und ich uns sofort wohl fühlten.
Nachdem wir gemeinsam den Ablauf besprochen hatten, setzte ich mich an den Flügel, und Susanna begann zu singen. Auch sie war begeistert von den vielen Klangfarben des Instruments, was es uns leicht machte, »unseren« Klang im Raum zu finden.

Nach einer kurzen Probe begleitete uns Uli zu unserem Umkleide- und Aufenthaltsraum. Wir wollten uns in aller Ruhe auf das Konzert einstimmen. Wir waren beide sehr nervös. Wenn ich ehrlich war, musste ich mir eingestehen, dass ich keine Ahnung hatte, wie ich das Konzert in meinem geschwächten Zustand überstehen sollte. Zum Glück besaß ich großes Gottvertrauen. Ich war mir sicher, dass ER mich nicht im Stich lassen würde, denn schließlich wusste ER, wie wichtig dieser Neuanfang für mich war.

Bevor es los ging, kamen meine Eltern und auch Peter, der nun doch zur geladenen Gesellschaft gehörte, bei uns vorbei, um uns noch alles Gute und TOI TOI TOI für unsere Premiere der »Love Songs« zu wünschen. Kurz darauf erschien Uli, um uns abzuholen und in den Saal zu führen. Zur Einstimmung des Publikums hielt er noch eine kleine Rede, in der er uns vorstellte.

Dann kam der lang ersehnte und auch gefürchtete Augenblick auf uns zu. Susanna bewegte sich zum Flügel, und ich folgte ihr. Wir verbeugten uns, ich nahm am Flügel Platz, warf einen Blick auf Susanna, um zu sehen, ob sie bereit war anzufangen und begann schließlich nach vereinbartem Zeichen die Einleitung von »In the still of the night« von Cole Porter zu spielen. In meinem Bauch tanzten Schmetterlinge vor Aufregung. Nach wenigen Takten jedoch fühlte ich mich in meinem Element, und meine Nerven beruhigten sich. Als Susanna zu singen begann und ihre Stimme mit dem Klang des Flügels verschmolz, war ich nur noch glücklich, dass wir es geschafft hatten, unseren Traum von den »Love Songs«, den wir im Krankenhaus entwickelt hatten, in die Tat umzusetzen. Uns beiden bedeutete dieses Recital mehr als jedes Konzert zuvor. Wir stürzten uns mit derartiger Intensität in die Emotionen der Lieder, dass das Publikum nicht einfach »nur« so zuhören konnte. Es wurden immer wieder Taschentücher gezückt. Schon der Beifall vor der Pause wollte kaum ein Ende nehmen. Wir zogen uns um, stärkten uns mit ein bisschen Schokolade und waren dann bereit, noch einmal unser Bestes zu geben. Vor allem die Weill-Lieder leuchteten wir bis in alle Tiefen aus. Wir schonten das Publikum nicht, sondern konfrontierten es mit allem Schmerz, der in der Musik enthalten ist. Für mich war es traumhaft, wieder am Flügel zu sitzen und zusammen mit Susanna vor einem so aufgeschlossenen Publikum zu spielen. Ein starkes Glücksgefühl breitete sich in mir aus.

Plötzlich jedoch merkte ich, wie meine Kräfte nachließen. Beim vorletzten Song begannen meine Beine vor Schwäche zu zittern. Ich schickte ein Stoßgebet zum Himmel, dass ich bis zum Ende durchhalten möge. Beim letzten Lied fingen auch meine Arme an zu wackeln, so dass ich kaum mehr wusste, wie ich die Tasten treffen sollte. Doch irgendwie gelang es mir, die Kontrolle über meine Arme und Beine zu behalten und bis zum Schluss weiter zu spielen. Es folgte tosender Beifall, den ich nur noch wie in Trance wahrnahm. Ich benötigte meine ganze Konzentration dafür, nicht umzukippen. Während ein Bekannter Susanna und mir herrliche Blumensträuße überreichte und uns umarmte, klammerte ich mich an ihm fest, bis ich wieder sicheren Boden unter meinen Füßen spürte. Da das Publikum immer stärker applaudierte, entschlossen wir uns, eine Zugabe zu spielen. Auch diese wurde begeistert aufgenommen. Vermutlich hätten wir noch lange weiter machen können, doch ich war mit meinen Kräften am Ende. So schloss ich den Deckel über den Tasten zum Zeichen, dass es nun genug sei. Völlig entkräftet, jedoch überglücklich, dass ich es trotz aller Widrigkeiten geschafft hatte, dieses Konzert zu spielen und durchzuhalten, begab ich mich in unser Künstlerzimmer. Susanna war ziemlich besorgt um mich, denn sie hatte gespürt, wie es mir während des Konzertes ergangen war. Als sie merkte, dass ich mich nicht weiter darüber aufregte, konnte sie sich auch über unseren gemeinsamen Erfolg freuen.
Da erschien Peter und umarmte uns überschwänglich. »Ich bin überwältigt und aufgewühlt von all den Emotionen, die ihr mit unglaublicher Intensität spürbar gemacht habt. Ich war mir sicher gewesen, dass ihr professionelle Arbeit leisten würdet. Doch ihr habt meine Erwartungen bei weitem übertroffen. Ich bin sehr dankbar, dass ich das erleben durfte!«
Nach einer weiteren Umarmung verabschiedete er sich, da er noch zu einem wichtigen Kongress musste.
Susanna und ich begaben uns langsam an das Büfett, zu dem alle Gäste eingeladen waren. Die Anspannung war jedoch so hoch gewesen, dass es dauerte, bis wir etwas zu uns nehmen konnten. Meine Eltern waren zutiefst berührt, denn sie hatten sehr genau gesehen, was mit mir am Ende des Konzerts passiert war, und waren dankbar, dass ich es geschafft hatte durchzuhalten. Sie wurden von vielen Menschen

begeistert angesprochen, was sie nach all dem Leid des vergangenen Jahres sehr glücklich machte. Auch Susanna und ich erhielten viel Anerkennung, die uns sehr freute. Dennoch verhinderte es nicht, in das bekannte Loch nach Konzerten zu fallen. Für die meisten Menschen ist es schwer nachvollziehbar, wie man nach einem wirklichen Erfolg derartig »abstürzen« kann. Beifall ist bekanntlich des Künstlers Brot. Es müsste doch ein großartiges Gefühl sein, so gefeiert zu werden. Das mag bei vielen Bühnenmenschen der Fall sein. Dennoch weiß ich von vielen Künstlern, nicht nur Musikern, dass ihnen dieses Loch nur allzu bekannt ist. Nach der Veranstaltung fühlt man sich leer, so leer, als habe man einen Teil von sich selbst hergegeben. Susanna und ich konnten uns in dieser Situation nicht wirklich unterstützen, da wir beide in dieser Leere angelangt waren. Ein schmerzliches Gefühl. Wieder einmal spürten wir die starke Einsamkeit und wünschten uns sehnlichst, irgendwann einen verständnisvollen Partner an unserer Seite zu haben. Da wir beide nicht alleine sein wollten, fuhren wir zusammen nach München und setzten uns ins »Atlas« am Gasteig Kulturzentrum. Mit diesem Restaurant verbanden wir so viele schöne Erinnerungen an Proben und Konzerte von Maestro Celibidache, dass wir sicher waren, uns dort wohl zu fühlen. Wir blieben so lange, bis wir wussten, dass wir in Susannas Wohnung nur noch ins Bett fallen und auf der Stelle einschlafen würden.

Auch am folgenden Tag ist meist noch immer eine große Leere zu spüren. So war ich sehr dankbar, dass ich am Abend mit Peter verabredet war. Ich hatte von Oliver Ballettkarten für »Romeo und Julia« mit Lisa-Maree Cullum und ihm in den Hauptrollen bekommen.

Am Nachmittag erhielt ich schließlich nach langem Abwarten einen sehr befreienden Anruf von Professor Hallek, dem Oberarzt meiner Onkologie-Station in Großhadern. Er teilte mir mit, dass er endlich das Glück gehabt hatte, mit der Kollegin zu telefonieren, die für die Koordination der Studien zum Thema Leukämie zuständig ist. »Wissen Sie, ich habe die Ärztin gefragt, wie sie sich entscheiden würde, falls Sie ihre Tochter wären. Würde sie in diesem Falle auch 36 Monate Chemotherapie befürworten oder sei es möglich, diese Zeit zu verkürzen. Nach einigem Hin und Her haben wir uns am Schluss des Gesprächs auf 18 Monate Therapie geeinigt. Nun liegt es an Ihnen zu überlegen,

ob Sie dem zustimmen können. Ich würde es Ihnen auf jeden Fall dringend anraten.«
Ich war so erleichtert über die neuen Aussichten, dass ich erst einmal ja sagte.
Als ich Peter vor der Ballettvorstellung in der Espresso-Bar gegenüber der Oper von diesem Anruf erzählte, war er sehr froh, denn ihm war klar, was eine noch längere Zeit unter dem Einfluss von Chemotherapie für mich bedeutet hätte.

– 15 –

Aufnahme

Kurze Zeit nach dem Konzert war es wieder so weit: Ich musste zur nächsten Knochenmarkpunktion und zur Abholung meiner »Chemo-Tüte« nach Großhadern. Dieser Wechsel vom intensiven Leben zurück zur Therapie war immer sehr hart. Ich fühlte mich eigentlich ziemlich gut, doch kaum ging es mit der Chemotherapie los, war ich wieder außer Gefecht gesetzt und kam mir vor wie im falschen Film. Die Knochenmarkpunktion war äußerst schmerzhaft. Heidi lag danach meistens stundenlang weinend vor Schmerzen im Bett. Da ich weder währenddessen noch danach irgendeinen Mucks von mir gab, warnte mich Professor Hallek eines Tages eindringlich: »Für uns alle ist es zwar sehr angenehm, Sie zu behandeln, da Sie nie jammern. Doch dadurch haben wir eigentlich keine Vorstellung, wie es Ihnen wirklich geht. Das kann äußerst gefährlich sein! Bitte, seien Sie nicht gar so tapfer!«
Ich beschloss, seine Warnung ernst zu nehmen. Voller Entsetzen erinnerte ich mich an einen Tag in der Klinik, als ich plötzlich viel schlimmere Schmerzen als sonst hatte, während mir die Infusion mit der Chemotherapie in den Arm lief. Ich dachte mir nichts weiter und ver-

zog wieder einmal keine Miene, war ich doch als Kind mit dem Satz »Ein Judo-Kämpfer kennt keinen Schmerz!« aufgewachsen. Zu meinem großen Glück fragte mich ausgerechnet an diesem Tag Schwester Kati, ob alles normal sei. Als ich ihr von den extremen Schmerzen erzählte, rastete sie förmlich aus.
»Bist du wahnsinnig geworden, nichts zu sagen? Ist dir denn nicht bewusst, was passieren kann, wenn die Chemo aus der Vene austritt? Das kann dazu führen, dass dein Arm abfault wie bei einem Leprakranken! Ich brauche dir wohl nicht zu sagen, was das für dich als Pianistin bedeuten würde!«
Mich packte das nackte Grausen, während mich Kati auf schnellstem Weg von der gefährlichen Infusion befreite. Noch lange danach saß mir der Schock in den Gliedern.
Jede weitere Chemotherapie schien mir noch mehr zuzusetzen. Dieses Mal war ich schon nach einem Tag Spritzen völlig am Ende und vegetierte nur noch so vor mich hin. In der Nacht begann ich mich zu übergeben und fühlte mich immer mehr wie ein Wrack.
Als ich am nächsten Morgen auch noch mit Fieber aufwachte, gab es nur eine einzige Möglichkeit, nämlich auf dem schnellsten Weg ins Krankenhaus zu fahren. Inzwischen wurde ich nicht mehr auf der Onkologie-Station behandelt, da ich mir die Chemo selbst spritzte, sondern hatte nur noch mit den Ärzten in der Ambulanz der Tagesklinik zu tun. Das war nicht besonders angenehm, da sie mich und meinen Fall nicht kannten und am liebsten mit der Therapie fortgefahren wären, obwohl das bei Unverträglichkeit und Fieber nicht in Frage kommt. Es war ziemlich anstrengend, mit ihnen zu diskutieren.
Heidi war zum selben Zeitpunkt in der Klinik und besuchte mich in der Tagesklinik. Sie war schockiert, dass sich bei mir bereits Unverträglichkeit einstellte, denn der Weg zur Therapieresistenz ist dann unter Umständen nicht mehr allzu weit.
»Im Fall eines Rückfalls ist Therapieresistenz eine Katastrophe«, ereiferte sie sich. »Ich weiß, wovon ich rede. Ich kann dir nur raten, ernsthaft nachzudenken, wie lange du noch mit der Therapie weiter machen willst!«
Heidis Worte gingen mir ziemlich nahe, denn ich hatte selbst schon ähnliche Überlegungen angestellt.

Die Ärzte in der Tagesklinik brauchten lange, bis sie sich zu einer Entscheidung durchringen konnten. Sehnsüchtig vermisste ich Dr. Duell, der immer wusste, was zu tun war.
Schließlich wurde die Chemotherapie doch abgebrochen, und ich konnte mit meinen Eltern wieder nach Hause fahren.
Die nächsten Tage war ich noch immer sehr schwach, so dass Susanna und ich nur wenig proben konnten. Darüber war ich nicht gerade glücklich, da die Aufnahme unserer Demo-CD vor der Tür stand. Boris, ein gemeinsamer Freund, der Tontechniker ist, hatte mir zu Weihnachten einen Gutschein für die Aufnahme einer CD geschenkt. Susanna und ich hatten beschlossen, dass es ein guter Zeitpunkt war, einen Teil der »Love Songs« aufzunehmen, um vielleicht mit der CD leichter Konzerte zu bekommen. Die Aufnahme war schon in der Villa von Klaus geplant, als wir erfuhren, dass dieser plötzlich verreisen würde. Wir waren enttäuscht, begannen jedoch augenblicklich über andere Räumlichkeiten nachzudenken. Eine Möglichkeit war das Haus von Constanzes Eltern mit Steinway-Flügel und die andere war bei Peters Pateneltern, die ebenfalls einen Steinway-Flügel besaßen. Die zweite Möglichkeit war äußerst gewagt, denn im Grunde genommen kannte ich diese Menschen kaum.
Dennoch fasste ich mir ein Herz und fragte Peter, ob er sich vorstellen könnte, seine Patentante zu fragen, ob sie einverstanden sei, ihr Haus samt Flügel für die Aufnahme zur Verfügung zu stellen. Und tatsächlich sagte sie ja. Ich war sehr glücklich darüber, denn der Steinway-Flügel in ihrem Haus kam meiner Art zu spielen besonders entgegen.
Die nächsten Tage nutzte ich, um mich auf die Aufnahme der Demo-CD vorzubereiten. Der Unterschied zwischen Konzert und Aufnahme ist sehr groß. Natürlich bemüht man sich im Konzert, möglichst fehlerfrei zu spielen, doch bei der Aufnahme ist das einfach unumgänglich. Die Ausrüstung von Boris und Hans war gut, doch gab es keine Möglichkeit, etwas zu schneiden. Das bedeutete, dass sowohl Susanna als auch ich gleichzeitig fehlerfrei und zu unserer eigenen Zufriedenheit singen und spielen mussten. Das ist nicht so einfach, da die jeweilige Tagesverfassung eine große Rolle spielt.
Aufgeregt und voller Vorfreude trafen wir alle in Christines und Peters Haus ein. Als erstes wurden wir mit einem Mittagessen begrüßt, damit

wir uns mit vollen Kräften in die Arbeit würden stürzen können. Es war wirklich unglaublich, denn Christine musste sich immer vollkommen ruhig im Keller aufhalten und konnte sich kaum bewegen, während wir aufnahmen, damit keine Hintergrundgeräusche auf dem Band erscheinen, und dennoch schien es ihr eine große Freude zu sein, uns im Haus zu haben und uns bei der Aufnahme zu unterstützen. Das machte es uns um vieles leichter, und wir waren sehr dankbar dafür. Der erste Tag lief richtig gut. Wir alle hatten großen Spaß an der Arbeit und gingen abends bestens gelaunt in Starnberg zum Essen.
Susanna und ich fuhren nicht zurück nach München. Um meine Kräfte zu schonen, blieben wir über Nacht bei Jill und Jochen, der Cousine meines Ex-Partners und deren Freund, die ganz in der Nähe wohnen. Wie immer war es sehr schön bei den beiden, und wir sahen frohen Mutes unserem zweiten Aufnahmetag entgegen. Leider hatte Susanna an diesem Tag Probleme mit ihrer Stimme, da sich eine Erkältung anbahnte. Wir mussten Teile des Programms öfters wiederholen, denn kaum war Susanna zufrieden, war bei mir ein Ton daneben gegangen. Zum Glück konnte ich mich zwischendrin hinlegen und ausruhen, denn ich fühlte mich doch ziemlich angestrengt. Schließlich hatten wir dann doch die ausgewählten Songs zu unserer Zufriedenheit »im Kasten«. Voller Dankbarkeit verabschiedeten wir uns von Christine und fuhren wieder zurück nach München. Abends feierten wir noch mit Boris und Hans, denn es war ein großartiges Geschenk, dass die Aufnahme unter diesen schwierigen Umständen überhaupt zustande gekommen war. Zuallererst war da die großzügige Haltung von Boris und Hans, uns alles, was in Zusammenhang mit der Arbeit an der Aufnahme stand, zu schenken. Schließlich das Angebot von Christine und Peter, ihr Haus und ihren Flügel dafür zur Verfügung zu stellen, was letztlich nur durch mein hohes Fieber möglich geworden war. Ohne dieses hätte ich den angehenden Arzt Peter im Krankenhaus nie kennen gelernt, geschweige denn seine fantastischen Pateneltern. Wie so oft, zeigte sich auch in diesem Fall, dass Umstände, die schrecklich erscheinen mögen, zu etwas Wunderbarem führen können, wenn man bereit ist, die jeweilige Situation anzunehmen und dadurch die darin enthaltenen Möglichkeiten zu erkennen.
Und nicht zuletzt waren wir alle dankbar dafür, dass es mir unter den gegebenen Umständen zwischen zwei Chemotherapien überhaupt

physisch möglich gewesen war, mich den Strapazen einer Aufnahme zu stellen und diesen auch gerecht zu werden.
Zum Glück ahnten wir in diesem Moment noch nicht, wie schnell sich mein Zustand wieder verändern würde.

– 16 –
Lungenentzündung

In den nächsten Tagen genossen Susanna und ich das Leben in vollen Zügen. Beinahe jeden Abend zogen wir los, um Tango zu tanzen. Wir beide liebten diese Musik sehr und fanden es fantastisch zu tanzen. Langsam kam auch meine physische Kraft zurück und meine alte Form zeigte sich allmählich wieder.
Schließlich rückte der Tag des Beginns der vierten Erhaltungstherapie heran, und so fuhr ich wieder einmal nach Großhadern, um mir meine Chemoration abzuholen.
Auch dieses Mal gab es wieder Probleme in der Tagesklinik. Da ich die Chemotherapie beim letzten Mal so schlecht vertragen hatte, sollte ich eigentlich eine schwächere Dosierung bekommen. Dem war aber nicht so. Gott sei Dank bemerkte ich es. »Bevor ich nicht einen Oberarzt gesprochen habe«, widersprach ich, »bin ich unter keinen Umständen bereit, mit dem Spritzen zu beginnen.«
Die Ärzte der Tagesklinik reagierten ziemlich genervt und begannen, mit mir zu diskutieren, aber ich wusste, welchen Schaden zu hohe Dosierungen bei mir anrichten können, und ließ mich nicht von meinem Vorhaben abbringen.
Zum Glück fand ich auf der Stelle Professor Haferlach auf der Onkologie-Station. Sofort gab er mir die Versicherung, dass die Dosierung in meinem Fall noch um 25 % gesenkt werden müsste. Daraufhin ließen

sich auch die anderen Ärzte kommentarlos überzeugen. Wieder einmal hatte sich gezeigt, wie wichtig es ist, selbst über die gesamte Behandlung im Bilde zu sein und die Kontrolle über die Situation und den eigenen Körper zu behalten. Auch wenn mich die Diskussionen ziemlich erschöpft hatten, war ich doch froh, dass ich nicht locker gelassen hatte. Erleichtert machte ich mich schließlich auf den Weg nach Hause.

Dennoch bekam ich am nächsten Tag ziemlich schnell hohes Fieber, so dass mich meine Mutter ins Krankenhaus nach Buchloe brachte, um meine Blutwerte kontrollieren zu lassen. Wir fuhren nach der Blutabnahme erst einmal wieder nach Hause, bis der Chefarzt persönlich anrief und mich bat, sofort wieder zu kommen, da es einige kritische Werte gab. Da er sich Sorgen zu machen schien, packten wir das Nötigste zusammen und fuhren wieder Richtung Krankenhaus.

Dr. Ablasser versuchte, mir auf möglichst schonende Weise die alarmierende Nachricht beizubringen: »Es tut mir sehr leid für Sie, aber es liegt der begründete Verdacht auf eine akute Lungenentzündung vor. Sie befinden sich offensichtlich wieder in Lebensgefahr. Daher muss ich Sie sofort auf die Intensivstation verlegen.«

Er schien sehr traurig zu sein, und auch mich traf die Nachricht wie ein Schlag ins Gesicht, hatte ich doch geglaubt, ganz gut bei Kräften zu sein.

Wieder einmal wurde ich auf die Intensivstation verfrachtet. Mir ging es zusehends schlechter. Das Fieber stieg und stieg. Ich wälzte mich von einer Seite auf die andere und konnte nicht schlafen. Ich war kurz davor, ins Delirium zu verfallen. Ich wusste nicht mehr, wo ich mich befand.

Da erschienen plötzlich visionsartige Bilder vor meinen Augen. Ich sah deutlich vor mir, dass eine weitere Chemotherapie meinen sicheren Tod bedeuten würde. Wenig später tauchte auf einmal Romina vor mir auf, was ich als weiteres deutliches Zeichen empfand. Wir hatten fünf Jahre zuvor ihren Sieg über die Leukämie gefeiert und waren uns sicher, dass sie es geschafft hatte, als sie wenige Tage später mitten im Sommer eine Infektion bekam und innerhalb von wenigen Tagen starb. Die vielen Chemotherapien hatten ihr Immunsystem so sehr zerstört, dass sie keine Widerstandskraft mehr aufbringen konnte. Wir

waren geschockt und verstört über die Fehleinschätzung der Situation gewesen.
In dieser Nacht auf der Intensivstation wusste ich, dass mir ein ähnliches Schicksal blühen würde, sollte ich mich nicht auf der Stelle dazu entschließen, die Therapie vollkommen abzubrechen. Ich wusste, dass mir ein erneuter »Kampf« mit den Ärzten in Großhadern bevorstehen würde, doch ich war mir meiner Sache sicher. Immer wieder kamen mir die Worte von Heidi in den Sinn, die versuchte, andere Wege zu gehen, da die Chemo nicht mehr wirkte. Doch niemand außerhalb der Klinik wollte sie mehr behandeln, da sie ein aussichtsloser Fall zu sein schien und sich kein Mensch mehr in der Lage sah, ihr zu helfen. Sie hatte mich mehrmals regelrecht angefleht, rechtzeitig andere Wege zu wählen. Ich wusste, dass ihr eigentlich nur noch ein Wunder helfen konnte, dennoch verdrängte ich den Gedanken an ihren möglichen Tod. Umso klarer war mir jedoch, was ich zu tun hatte, sobald ich in Großhadern eintreffen würde. Diese neue Klarheit half mir, innerlich wieder zur Ruhe zu kommen.
Am nächsten Morgen wurde ich wieder im Krankenwagen nach München gebracht, da die Ärzte in Buchloe kein Risiko eingehen wollten. Als ich schließlich geröntgt wurde, und sich der Verdacht auf Lungenentzündung bestätigte, war wenigstens klar, dass die Therapie nicht fortgesetzt werden konnte.
Doch es gab endlose Diskussionen, als ich meinen Entschluss bekannt gab, ab sofort endgültig mit der Erhaltungstherapie aufzuhören.
»Das können Sie doch nicht tun. Sie schweben ernsthaft in Lebensgefahr und können jederzeit einen Rückfall bekommen. So seien Sie doch vernünftig«, waren die Worte der neuen Stationsärztin. Da sie spürte, dass sie keine Chance hatte, mich zu überzeugen, wurde ein Arzt nach dem anderen zu mir geschickt, um mich doch noch umzustimmen.
Immer wieder versuchten die Ärzte, mir Angst zu machen. Sie konnten jedoch keinerlei Tatsachen finden, die bewiesen hätten, dass es in meinem Fall noch Sinn machen würde, weiter zu machen. Da ich mich inzwischen mit der Materie ausgiebig beschäftigt hatte und schlagkräftige Argumente ins Feld führte, gaben sie sich letztlich geschlagen. Wieder einmal musste ich unterschreiben, dass ich im Fall meines Todes die Verantwortung tragen würde. Aber das kannte ich ja bereits.

Zu meiner Freude rief mich Peter, der gerade aus Spanien zurückgekehrt war, am selben Tag im Krankenhaus an und konnte meinen Entschluss nachvollziehen und unterstützte ihn. Das tat mir sehr gut.
Auch Dr. Duell, der Großhadern inzwischen verlassen hatte, da er eine Stelle als Oberarzt in einer anderen Klinik angenommen hatte, verstand meine Entscheidung. Darüber war ich besonders froh, denn seine Meinung schätzte ich sehr hoch ein.
Dennoch wusste ich, dass auch er mich nicht von meinem Entschluss hätte abbringen können. Die Visionen waren zu eindeutig gewesen.
Obwohl ich noch immer sehr schwach war, schaffte ich es, die Ärzte davon zu überzeugen, mich zu entlassen, da in der Klinik mehr Bakterien vorhanden sind als zu Hause. Völlig erschöpft, doch sehr erleichtert, keine weitere Chemotherapie mehr über mich ergehen lassen zu müssen, fuhr ich mit meinem Vater nach Hause.
Am selben Abend kam Susanna aus München, um mir Gesellschaft zu leisten. Wir waren alle froh, dass die Qualen der Chemotherapien nun endlich ein Ende hatten.
Ich war ein echtes »Stehaufmännchen«. Trotz Lungenentzündung fühlte ich mich am nächsten Tag so wohl, dass ich Susanna davon überzeugte, mit mir zusammen nach München zum Tangotanzen zu fahren. Ich war mir sicher, dass ich mir wieder einiges von der Seele tanzen würde. Auch meine Eltern hatten nichts dagegen, da sie wussten, dass ich mich und meinen Körper gut genug kannte, um keine Dummheiten zu machen. Es fühlte sich wunderbar an, mich im Rhythmus dieser tiefgehenden Musik zu bewegen. Von mir fielen zentnerschwere Lasten ab. Ich tanzte und tanzte und mit jedem Tango befreite ich mich mehr von den harten Zeiten, die hinter mir lagen. Ich fühlte mich immer leichter und schien beinahe in mein neues Leben zu »fliegen«. Ich wusste, dass nach neun Monaten das Kapitel Krankenhaus endgültig abgeschlossen war. In mir breitete sich eine unendliche Dankbarkeit aus, dass ich es mithilfe von Gott, den Engeln, wunderbaren Menschen, Ärzten, der Musik und meiner Intuition geschafft hatte, am Leben zu bleiben und nun vor einem neu geschenkten Leben zu stehen. Diese Tangonacht wird mir immer im Gedächtnis bleiben, denn sie war es, die mich von meiner Lungenentzündung heilte. Beim nächsten Bluttest wenige Tage später war nichts mehr davon zu sehen.

TEIL II

Begegnungen

Abschied und Tod

Die nächsten Tage waren geprägt von einem neuen Lebensgefühl, wenngleich ich auch ein bisschen wehmütig war, dass Peter in Kürze Richtung Boston aufbrechen würde. Zur Feier seines Abschieds und als Dank für seine Pateneltern war geplant, dass Susanna und ich die kompletten »Love Songs« noch einmal im Haus von Christine und Peter zur Aufführung bringen würden. Christine liebte es, Konzerte in ihrem Heim zu veranstalten. Schon seit vielen Jahren traten bekannte Sänger und Ensembles aus dem Münchner Nationaltheater bei ihr auf. Mit den »Love Songs« konnten wir ihr auf diese Weise noch ein Geschenk für ihre großartige Unterstützung während unserer Aufnahme machen.

Schließlich stand der Sonntag vor Peters Abreise vor der Tür. Wieder war es für mich ein ganz besonderes Konzert. Emotionen unterschiedlichster Art bewegten mich. Ich war so glücklich, die Chemotherapie endlich hinter mir zu haben. Andererseits war mir jedoch bewusst, dass ich ohne die eine oder andere Komplikation weder Peter noch seine Pateneltern kennen gelernt hätte. Es war so offensichtlich, dass zwischen allem noch so Unbegreiflichen ein größerer Zusammenhang besteht, der aus der menschlichen Perspektive oftmals schwer oder gar nicht zu verstehen ist.

Voller Dankbarkeit setzte ich mich an den Flügel und wartete auf Susannas Zeichen zum Einsatz. Es war ein wunderbares Gefühl zu spielen, da uns die Zuhörer eine besondere Aufmerksamkeit entgegenbrachten. Die »Erwachsenen« hatten sich gemütlich auf Sesseln und Stühlen eingerichtet, während die Jugend auf den Stufen der Wendeltreppe saß, unter welcher der Steinway stand. Sowohl Susanna als auch ich hatten das Gefühl, über die Musik direkt mit unserem Publikum zu kommunizieren. Bereits in der Pause gab es großen Beifall. Obgleich ich von der Lungenentzündung geschwächt war, war ich doch mehr bei Kräften als während unseres ersten Konzerts und konnte den ganzen zweiten Teil bis zum Ende genießen. Bei unserem letzten Song »Fly me

to the moon« hatte ich wirklich das Gefühl zu fliegen. Danach umfing Susanna und mich nicht enden wollender Beifall. Es war wunderbar. Die Gesichter aller anwesenden Menschen leuchteten.
Christine hatte sich wieder einmal selbst übertroffen. Als Susanna und ich uns umgezogen hatten, standen bereits Schüsseln voll himmlischen Essens auf dem großen Tisch. Angela, ihre Tochter, die wir erst an diesem Tag kennen gelernt hatten, sorgte dafür, dass es uns an nichts fehlte. Wir waren vollkommen begeistert von ihrer herzlichen Art.
Nachdem sich alle verabschiedet hatten, machten Peter und ich noch einen Abschiedsspaziergang am Starnberger See. Wir waren beide noch immer bewegt von der Musik. Später am Abend hatte ich mich auf Wunsch der Konzertbesucher noch alleine an den Flügel gesetzt und einige Chopin-Nocturnes gespielt. Chopin liebe ich ganz besonders. Seine Musik hatte ich im Alter von fünf Jahren zum ersten Mal bewusst wahrgenommen. Vor allem hatte es mir seine »Polonaise in As-Dur, op.53« in einer Aufnahme von Vladimir Horowitz angetan. Damals befand sich ein alter Schallplattenspieler im Gästezimmer des Hauses meiner Eltern, den ich benutzen durfte. Meine damalige Freundin Gabi und ich spielten voller Enthusiasmus mit unseren Barbiepuppen, während ich immer wieder diese Polonaise laufen ließ. Als ich Jahre später Klavier zu spielen begann, war mein größter Wunsch, mich so schnell wie möglich den kleineren Stücken von Chopin widmen zu können. Das sollte mir erstaunlich schnell gelingen, und spätestens, als ich meinen ersten Chopin, nämlich das »Prélude, op.28/4«, spielte, wusste ich, dass ich Pianistin werden wollte.
Nachdem ich am Abend Chopin gespielt hatte, war Peter sehr berührt gewesen. Während unseres Spaziergangs kam er darauf zu sprechen. »Natürlich habe ich während der Songs wahrgenommen, wie einfühlsam und klangfarbenreich du begleitest, doch es ist noch eine ganz andere Welt, wenn du solistisch spielst!«
Als es uns am See schließlich zu kalt wurde, verabschiedeten wir uns, da ich noch nach München fahren musste.
Bevor ich mich in mein Auto setzte, sagte er mit bewegter Stimme: »Pass bitte gut auf dich auf, während ich weg bin.« Während er mich noch einmal fest an sich drückte, murmelte er: »Du musst einfach am Leben bleiben!«

Obwohl mich unser Abschied sehr schmerzte, drehten sich meine Gedanken ständig um Peters letzte Aussage, die mich sehr nachdenklich stimmte, denn eigentlich war ich der Ansicht gewesen, dass ich es endgültig geschafft hatte. Doch wie wenig das den Tatsachen entsprach, wurde mir kurze Zeit später auf tragische Weise bewusst.

Vollkommen unvorbereitet traf mich zwei Tage später die Nachricht von Heidis Tod. Auch wenn wir fortwährend telefonisch miteinander in Kontakt gestanden waren und ich wusste, dass es ihr sehr schlecht ging, hatte ich den Gedanken an ihren Tod weit von mir geschoben. Wir waren so verbunden durch unsere gemeinsame Geschichte, dass ich mir immer gewünscht und vielleicht auch vorgegaukelt hatte, dass wir es gemeinsam schaffen würden, aus der Krebshölle hinauszugelangen. Ich litt schrecklich, denn Heidi war mir in dem vergangenen halben Jahr sehr ans Herz gewachsen. Mit ihr verlor ich eine wahre Freundin. Trotz des großen Schmerzes wurde mir auch gleichzeitig bewusst, auf welch dünnem Eis ich mich bewegte. Heidi war schließlich ebenfalls lange Zeit krebsfrei gewesen, und dennoch hatte sie zwei Rückfälle bekommen und es nicht geschafft. Ich fiel ohne Vorwarnung in ein großes, dunkles Loch und wusste nicht, wie ich da alleine wieder herauskommen sollte.

– 18 –

Ein Retter in der Not

In der Nacht nach der bestürzenden Nachricht, die mich auf ähnliche Weise verstörte wie die Diagnose neun Monate zuvor, lag ich vollkommen schlaflos im Bett. Meine Gedanken drehten sich wie ein Karussell, das niemals mehr anhält. Manchmal realisiert man den Tod eines Menschen erst Tage oder Wochen später. Doch in diesem Fall drang die traurige Realität sofort erbarmungslos in mein Bewusstsein ein. Ich

war völlig verzweifelt. Stumm vor mich hin weinend, liefen die Tränen in Strömen über meine Wangen. Alles, was vor kurzer Zeit noch so wunderbar ausgesehen hatte, erschien mir wie eine grauenvoll verzerrte Illusion, die mir vorgegaukelt worden war. Ich hatte das Gefühl, in einem alles verschlingenden Sumpf zu ertrinken. Mein Körper fühlte sich an wie nach einem endlosen Martyrium, als ich am nächsten Morgen aufstand. Ich überlegte fieberhaft, wie ich diesen Tag überstehen könnte, ohne allein zu sein. Ich wusste, dass mich meine Gedanken, die sich unaufhörlich um Heidis Tod und meine eigene missliche Lage drehten, noch wahnsinnig machen würden. Zum Glück hatten verschiedene Freunde von mir Zeit, mich nacheinander zu treffen, so dass ich wenigstens etwas abgelenkt war.
Als Susanna und ich abends in ihrer Wohnung wieder aufeinander trafen, stellten wir beide fest, dass wir den ganzen Abend unmöglich zu Hause verbringen konnten, ohne in immer tiefere Verzweiflung zu versinken. Auch Susanna war sehr traurig, denn sie hatte Heidi bei ihren zahlreichen Besuchen sehr gut kennen gelernt. Außerdem spürte ich, dass sie große Angst um mich hatte.
Nach einigem Hin und Her beschlossen wir, in den »Beach Club« im Kunstpark Ost zum Tangotanzen zu fahren, auch wenn ich wusste, dass mich in meiner Verfassung niemand auffordern würde. Ich hatte auch gar nicht vor zu tanzen. Dennoch fühlte ich, dass mir die andere Atmosphäre und die Musik auf irgendeine Weise helfen würden. Und obwohl es Samstagabend in München einige Orte zum Tangotanzen gibt, sagte mir meine innere Stimme sehr deutlich, dass wir in den »Beach Club« gehen mussten.
Im »Beach Club« angelangt, passierte genau das, was ich geahnt hatte. Susanna wurde immer wieder aufgefordert, doch mich sprach niemand an. Als Susanna nach einigen Tangos wieder zu unseren Plätzen zurückkam, bemerkten wir beide das argentinische Star-Tanzpaar Alejandra Martiñan und Gustavo Russo. Vor sieben Jahren war ich den beiden schon einmal von Marion, einer Bekannten von mir, vorgestellt worden. Doch mir war klar, dass sie sich nicht mehr an mich erinnern würden, denn damals waren so viele Menschen um die beiden herum gewesen, dass ihre Aufmerksamkeit sehr geteilt gewesen war. Irgendwie hatte ich das Gefühl, dass mich Gustavo an jemanden erinnerte. Ich über-

legte, kam aber nicht darauf. »Sag mal«, fragte ich Susanna, »hast du eine Ahnung, an wen mich Gustavo Russo erinnert?«
»Es ist doch offensichtlich, dass er physisch ein wenig Johnny Depp ähnelt«, meinte sie wie aus der Pistole geschossen.
Ich wusste, dass sie damit nicht Unrecht hatte. Dennoch hatte ich das Gefühl, dass es sich um jemand anderen handelte. Plötzlich wurde mir klar, dass es überhaupt nicht um das physische Aussehen ging, sondern um die Ausstrahlung. Und dann wusste ich, an wen mich Gustavo erinnerte. An Claudio, einen Freund in Brasilien, den Sohn von Myrian. Claudio war einer der beeindruckendsten Menschen, die ich bis dato kennen gelernt hatte. Er strahlte immer einen unglaublichen Frieden aus. Sobald er einen Raum betrat, in dem gerade Unstimmigkeiten herrschten, beruhigte sich die Situation augenblicklich. Obwohl das im Tangoambiente eigentlich eher unwahrscheinlich ist, schien mir Gustavos Aura ganz ähnlich zu sein. Jedenfalls hielt er sich am Rande der Tanzfläche auf und schien keine Lust zu haben zu tanzen. Immer wieder näherten sich ihm diverse Frauen, die viel darum gegeben hätten, mit ihm zu tanzen. Schließlich war er nicht nur einer der bekanntesten und begehrtesten Tangotänzer der Welt, sondern sah auch noch umwerfend gut aus. Er hatte nicht nur einen durchtrainierten Tänzerkörper, sondern ein Gesicht, das einem hübschen Ritter aus einer anderen Epoche gehören konnte. Seine offensichtliche Unnahbarkeit machte ihn nur noch anziehender. Doch er ließ sich nicht beirren und beobachtete weiter das Geschehen.
Auf einmal tauchte Marion auf und begrüßte Alejandra und Gustavo sehr herzlich. Da entdeckte sie mich und fiel mir um den Hals. Sie konnte es kaum glauben, dass ich so gut aussah, nach allem, was ich hinter mir hatte. Sie hatte mich mehrfach im Krankenhaus angerufen. Voller Enthusiasmus stellte sie mich Alejandra vor. Gustavo hatte sich inzwischen ans Mischpult zu Martha, der Veranstalterin der Tangonacht, gesellt. Ich erzählte Alejandra einen Teil meiner Geschichte, und sie war sehr beeindruckt. Schließlich ging sie auch zur Musikanlage.
Ehe ich mich versah, stand plötzlich Gustavo vor mir und fragte mich: »Quieres bailar conmigo?«
Ich wusste gar nicht, wie mir geschah. Für kurze Zeit verschlug es mir die Sprache. Natürlich wollte ich gerne mit ihm tanzen, doch war ich

nicht eingetanzt und alles andere als in einer guten Verfassung. Außerdem war mir klar, dass sich alle Augen auf uns richten würden, und ich hatte schreckliche Angst, mich zu blamieren. Ich wusste, dass Gustavo einer der weltbesten Tangotänzer war, und meine tänzerischen Fähigkeiten waren keineswegs professionell.
Mit zitternden Knien stand ich auf und reichte Gustavo meine Hand, und er führte mich, durch und durch Kavalier, auf die Tanzfläche. Er spürte sofort, was ich konnte und was nicht. Er führte mich auf eine Weise, dass ich das Gefühl hatte zu schweben. Es war unglaublich. Nie zuvor hatte sich Tangotanzen so wunderbar angefühlt. Obwohl ich überzeugt war, dass er mich spätestens nach dem zweiten Tanz wieder zu meinem Platz zurückbringen würde, tanzte er lange mit mir. Ich war völlig überrascht. Doch es schien ihm tatsächlich Freude zu bereiten. Schließlich brachte er mich zu meinem Stuhl zurück, setzte sich neben mich und begann mir Fragen über meine Leukämie zu stellen, denn Alejandra hatte ihm offensichtlich davon erzählt. Gustavo hatte, ebenso wie Alejandra, vor der professionellen Tanzlaufbahn Medizin studiert. Daher konnte er ernsthaft nachvollziehen, in was für einer Situation ich mich befand. Wir unterhielten uns eine Weile sehr angeregt. Dann ging er wieder zurück zum DJ-Pult und unterhielt sich aufgeregt mit Martha.
Wenig später begann er rastlos neben der Tanzfläche auf und ab zu gehen. Irgendetwas schien ihn zu bewegen, und ich hatte das untrügliche Gefühl, dass es mit mir zu tun hatte.
Inzwischen war Susanna wieder an unserem Tischchen aufgetaucht, und ich erzählte ihr von Gustavo, als er auf uns zukam. Er fragte Susanna, die ich ihm als meine beste Freundin vorstellte, ob er mich für einige Zeit »entführen« dürfte. Er wollte mir draußen etwas zeigen. Susanna war es gar nicht wohl bei der Sache. Doch ich entschloss mich mitzugehen, da ich ihm vertraute und seine Ausstrahlung so sehr Claudios ähnelte. Ohne diese Wahrnehmung wäre ich niemals mitgegangen, da ich davon ausgegangen wäre, dass mich so ein berühmter Tänzer nur abschleppen wollte. Unzählige Augenpaare folgten uns, als wir zusammen den »Beach Club« verließen. Etwas mulmig war mir schon dabei zumute, doch irgendetwas sagte mir, einfach loszulassen und abzuwarten. Gustavo führte mich zu Marthas Auto und bat mich ein-

zusteigen. »Ich möchte dir gerne helfen«, sagte er. »Es ist mir bewusst, dass dies eine merkwürdige Situation ist. Dennoch bitte ich dich, deine Augen zu schließen, denn ich werde jetzt eine Energiebehandlung vornehmen. Bitte erschrecke nicht, wenn ich dich berühren werde. Es ist wichtig, dass du mir vertraust. Ich weiß, wie schwierig dies unter den gegebenen Umständen ist, doch es würde die Wirkung der Behandlung um ein Vielfaches erhöhen.«

Ich hatte keine Ahnung, was er unter einer Energiebehandlung verstand. Natürlich hatte ich von Reiki gehört. Doch darum schien es sich nicht zu handeln. Dennoch schloss ich die Augen. Es war ein merkwürdiges Gefühl, mit einem beinahe wildfremden Mann, noch dazu Tangotänzer, in einem Auto auf einem dunklen Parkplatz im Kunstpark Ost zu sitzen. Mein Herz klopfte bis zum Halse. Doch meine innere Stimme versuchte mich zu beruhigen und half mir, mich so gut wie möglich zu entspannen. Ich spürte, wie mein Körper Energie aufnahm, und ich konnte immer besser vertrauen.

Ich weiß nicht, wie lange wir tatsächlich im Auto gesessen sind, ob es zwanzig Minuten oder zwei Stunden gewesen sind. Jedenfalls sagte Gustavo nach einiger Zeit mit ganz sanfter Stimme: »Isabelle, ich bin jetzt fertig. Du kannst die Augen wieder öffnen.«

Besorgt versuchte er in meinen Augen zu lesen, ob alles in Ordnung war. Mit Worten ist es nicht zu beschreiben, wie ich mich fühlte. Meine Gedanken, die sich seit über 36 Stunden wie in einem Karussell gedreht hatten, standen still, und ich fühlte einen inneren Frieden, eine innere Stille wie nie zuvor. Ich konnte es kaum fassen, und war Gustavo unendlich dankbar. Ich erzählte ihm, was mit mir geschehen war, und wir beide waren sehr glücklich und umarmten uns intensiv.

Ich fühlte mich wie neugeboren. Strahlend gingen wir zurück in den »Beach Club«, wo wir sofort wieder im Mittelpunkt der Aufmerksamkeit der Anwesenden standen. Wir konnten deren Gedanken über unsere Abwesenheit förmlich körperlich spüren. Susanna war sichtlich erleichtert, uns wieder zu sehen. Sie hatte sich ziemliche Sorgen gemacht, da sie eine derartige Handlungsweise nicht von mir kannte. Wir setzten uns zu ihr, und ich erzählte ihr, was passiert war. Auch sie war Gustavo sehr dankbar, denn sie sah sofort, dass es mir, wie durch ein Wunder, wieder gut ging.

Auch die restliche Nacht tanzte Gustavo ausschließlich mit mir, und ich war mir der großen Ehre nur zu gut bewusst. Es war wirklich verrückt, denn ich war immer noch tieftraurig über Heidis Tod, dennoch war es mir seit der Behandlung wieder möglich, im Jetzt zu leben und den Augenblick zu genießen. Es fühlte sich an, wie auf Wolken zu tanzen. Als die Veranstaltung zu Ende war, tauschten Gustavo und ich Emailadressen aus. Er meinte: »Wann immer du Hilfe brauchst, sende mir eine Email. Ich kann auch über die Distanz Energie schicken. Es ist mir ein großes Anliegen, dir zu helfen. Und in drei Monaten kommen Alejandra und ich auch schon wieder nach München.«
Voller Dankbarkeit umarmte ich ihn und verabschiedete mich. Ich konnte mein Glück kaum fassen. Als Susanna und ich wenige Stunden zuvor von zu Hause aufgebrochen waren, hatte ich mich wie ein Häufchen Elend gefühlt, und nun ging es mir richtig gut. Ich hatte einen fantastischen Menschen getroffen, der mir auf meinem Weg der Genesung weiter helfen wollte. Ich zweifelte nicht mehr daran, dass ich überleben würde, woran Gustavo einen großen Anteil hatte. Ich wusste, Gott hatte mir diesen Engel in Menschengestalt gesandt, und schickte ein großes Dankgebet zum Himmel.

– 19 –

Dankbarkeit

Am nächsten Morgen fühlte ich mich noch immer wunderbar, obwohl ich nur wenige Stunden geschlafen hatte. Auch Susanna ging es viel besser, da sie sah, dass meine innere Kraft zurückgekommen war. Spontan beschlossen wir, zum Workshop von Alejandra und Gustavo zu gehen. Wir waren überzeugt, dass die beiden sich freuen würden, uns zu sehen.

Gustavo und Alejandra begrüßten uns sehr herzlich und waren glücklich darüber, dass wir ihnen bei der Arbeit zusehen wollten. Es machte großen Spaß, die beiden beim Vorführen der komplizierten Schrittfolgen zu beobachten. Ich hätte den Kurs sehr gerne mitgemacht, doch meine physischen Kräfte reichten dafür nicht aus.
Während der Tanzstunde kam Gustavo plötzlich auf mich zu. »Ich freue mich sehr, dich noch einmal zu sehen. Wenn nach dem Kurs und vor unserer Abfahrt nach Italien noch genügend Zeit ist, möchte ich dir eine weitere Energiebehandlung geben.«
Er umarmte mich kurz und war schon wieder weg. Ich war sprachlos. Das hatte ich wahrlich nicht zu hoffen gewagt.
Schließlich war der Kurs zu Ende, und Gustavo hatte noch Zeit. Irgendwo im Treppenhaus der Pasinger Fabrik fanden wir ein ungestörtes Plätzchen. Kaum begann Gustavo mit der Energieübertragung, fühlte ich einerseits physisch eine wunderbare Kraft in mir aufsteigen und andererseits eine Leichtigkeit und Loslösung von allen Sorgen. Es war phänomenal. Nie vor der Begegnung mit Gustavo hatte ich bei einer Behandlung auch nur etwas Vergleichbares erlebt. Von ganzem Herzen bedankte ich mich bei Gustavo. »Ich hoffe sehr, dass ich dir dies eines Tages auf irgendeine Weise zurückgeben kann!«
Er lachte. »Weißt du, ich bin überglücklich, dass ich dir helfen kann. Das ist mir Dank genug!«
Dann mussten Alejandra und er auch schon los. Im Gehen meinte Martha, die Gastgeberin der beiden, sie hätte von meiner Geschichte erfahren und würde mir auch gerne helfen. Sie arbeite mit Reiki, und ich solle sie einfach anrufen und einen Termin mit ihr ausmachen. Ich war überrascht, dass auf einmal so viele Menschen auftauchten, die mich nicht kannten und mir dennoch gerne helfen wollten. Es war wieder einmal unglaublich zu sehen, in welch kurzer Zeit sich eine Situation total verwandeln kann. Man darf nur nie die Hoffnung auf Wunder aufgeben, sonst nimmt man die Zeichen nicht wahr. Nicht auszudenken, wie es mir ergangen wäre, wenn Susanna und ich nicht meinem Gefühl gefolgt und in den »Beach Club« gefahren wären. Ich musste an Heidi denken und war mir sicher, dass sie glücklich war, dass ich durch ihren Tod nicht in Hoffnungslosigkeit versunken bin. Ich wusste, dass sie sich von Herzen gewünscht hatte, dass ich es schaffen würde.

Ich sandte ein dankbares Lächeln zum Himmel. Vielleicht war es ja sogar sie gewesen, die mich in den »Beach Club« geschickt hatte.

– 20 –
Italienreise

Am folgenden Tag musste ich wieder einmal zur obligatorischen Blutabnahme. Alle Werte waren im grünen Bereich, und so stand meiner kurzen Italienreise mit Susanna nichts mehr im Wege. Ich kann kaum beschreiben, wie groß meine Freude war, endlich wieder in Richtung Süden zu fahren. Wie oft hatte ich davon geträumt, zusammen mit Susanna nach Nizza zu fliegen oder nach Italien zu fahren, wenn sie wieder einmal begeistert von dort angerufen hatte, während ich in meinem sterilen Krankenhauszimmer lag. Nun war es so weit. Voller Vorfreude packte ich meine Sachen. In weiser Voraussicht nahmen wir Tangokleider und Tanzschuhe mit. Wir wechselten uns mit dem Fahren ab, und allein schon im Auto zu sitzen, war ein unbeschreibliches Gefühl. Wir drehten Tangomusik in voller Lautstärke auf und genossen die Fahrt in vollen Zügen. In der Nähe von Bozen trafen wir Susannas Eltern und fuhren gemeinsam zu deren Ferienwohnung im Süden des Gardasees. Es wurde ein freudiges Wiedersehen. Die beiden hatten mich täglich mit ihren Gebeten begleitet und waren glücklich, mich in einem, den Umständen entsprechend, sehr guten Zustand wieder zu sehen. Waltraud, Susannas Mutter, bekochte uns auf die vertraute, fantastische Weise. Wir verbrachten einen langen Abend mit Gesprächen und vor dem Schlafengehen hörten wir dann noch gemeinsam unsere Demo-CD an, die wir als Geschenk mitgebracht hatten. Susannas Eltern waren überrascht, da sie sich kaum vorstellen konnten, wie wir

das unter den gegebenen Umständen zustande bringen konnten. Müde und zufrieden fielen Susanna und ich schließlich in unsere Betten.
Sonnenstrahlen fielen durch das Fenster und weckten uns am nächsten Morgen. Voller Tatendrang standen wir auf, genossen ein reichhaltiges Frühstück und brachen zu unserem ersten Ausflug auf. Ich sog die herrliche Landschaft und das wunderbare Licht förmlich in mich auf. In einem schönen Café machten wir halt und tranken einen Capuccino. Wie sehr hatte es mir gefehlt, in einem Café zu sitzen und mich mit Susanna zu unterhalten, Menschen zu beobachten und das Leben zu genießen. Ich nahm alles viel klarer, viel intensiver wahr als vor meiner Krankheit. Es war so ähnlich, wie wenn man durch ein Fernglas schaut und alles etwas unscharf sieht. Kaum dreht man jedoch am richtigen Knopf, ist alles plötzlich vollkommen klar. So hatten die vergangenen Monate meine Wahrnehmung geschärft. Auch die Farben der Blumen und Vögel erschienen mir viel strahlender und leuchtender. Ich hätte noch lange dasitzen können, doch wir wollten uns auch verschiedene Orte ansehen, und so machten wir uns wieder auf den Weg. Wir besuchten die Villa von Gabriele d'Annunzio in Gardone Riviera. In seinem Hause waren die unterschiedlichen Energien der Menschen, die mit ihm in Kontakt gewesen waren, noch zu spüren, obwohl schon so viel Zeit vergangen war. Es war sehr eigenartig, einerseits die intensive künstlerisch-kreative Stimmung und andererseits die dunklen politischen Energien wahr zu nehmen. Wie viel ein Haus doch über seinen Bewohner zu erzählen vermag, selbst wenn dieser schon lange nicht mehr unter den Lebenden weilt.
Im Anschluss machten wir noch einen Spaziergang durch Saló. Wir freuten uns, in Italien zu sein, jedoch hörten wir an jeder Ecke Deutsch. So begannen wir uns auf Italienisch und Spanisch zu unterhalten. Immer wieder ernteten wir verwunderte Blicke von Menschen, die bemerkten, dass wir uns in zwei unterschiedlichen Sprachen unterhielten, was sehr zu unserer Erheiterung beitrug.
Irgendwann kam ich auf die Idee, dass wir in das nicht allzu weit entfernte Turin fahren könnten, wo gerade ein berühmtes Tangofestival stattfand. Da Gustavo zusammen mit seiner Tanzpartnerin Alejandra auch zu diesem Festival eingeladen war, wollte ich die beiden endlich einmal »richtig« tanzen sehen.

»Was hältst du denn davon, wenn wir morgen Abend zum großen Tangoball nach Turin fahren?«, fragte ich Susanna. »Ein Großteil der argentinischen Tangoelite wird eine Show tanzen. Das wird bestimmt fantastisch!«
Susanna war skeptisch. »Das ist doch zu anstrengend und kostet bestimmt auch ziemlich viel Geld.«
Ich ließ mich davon jedoch nicht beeindrucken. »Die Eintrittskarten sind mein Geburtstagsgeschenk an mich und an dich. Schließlich ist nächste Woche an meinem Geburtstag fast niemand von meinen Freunden im Lande. Also lass uns doch stattdessen die Zeit hier in vollen Zügen genießen.«
Es brauchte noch einige Überredungskunst, doch schließlich siegte ihre Tangoleidenschaft über die Vernunft, und wir beschlossen, tags darauf Richtung Turin zu fahren.
Voller Abenteuerlust machten wir uns am folgenden Nachmittag auf den Weg. Es war sehr aufregend, auf einen Tangoball in einem anderen Land zu gehen, da wir die italienischen Tangositten nicht kannten. Außerdem war es sehr spannend, ob wir Alejandra und Gustavo überhaupt aus der Nähe zu Gesicht bekommen würden. Schließlich wussten die beiden nichts von unserer spontanen Entscheidung. Gustavo und ich waren zwar vor unserer Reise per Email in Kontakt geblieben, doch in Italien hatte ich keine Möglichkeit gefunden, ihn zu erreichen. Nach einer angenehmen Fahrt fanden wir die Halle, wo der Ball stattfand. Wir waren so pünktlich, dass wir sogar begehrte Plätze am Rande der Tanzfläche ergattern konnten. Die Atmosphäre war ganz anders als in München, die Luft war energiegeladener. Da wir annahmen, dass Alejandra und Gustavo erst kurz vor der Show auftauchen würden, beobachteten wir erst einmal in aller Ruhe das Geschehen auf der Tanzfläche. Wir hatten beide das Vergnügen, mehrere angenehme Runden zu tanzen.
Plötzlich entdeckte ich Gustavo, der sich in Richtung Tanzfläche bewegte. Ich gab Susanna ein Zeichen und lief zu ihm. Als ich vor ihm stand, freute er sich sehr und fiel mir um den Hals, schien aber in keinster Weise überrascht zu sein, mich hier anzutreffen. »Hast du Lust, mit mir zu tanzen, so dass ich mich aufwärmen kann?«, fragte er, als sei es das Selbstverständlichste von der Welt, dass ich da war.

Welche Frage! Nichts lieber als das! Wieder entstand das atemberaubende Gefühl des Schwebens. Obwohl wir uns bisher nur zweimal gesehen hatten, war eine Vertrautheit und Nähe zwischen uns, die ich nie vorher mit einem anderen Menschen erlebt habe. Gustavo musste es ganz ähnlich zumute sein, denn es gab mit Sicherheit bessere Tänzerinnen als mich. Doch er machte keine Anstalten, mit jemand anderem tanzen zu wollen.
Schließlich verabschiedete er sich, um sich für die Show umzuziehen. Danach wagte scheinbar niemand mehr, mich aufzufordern. Ich war jedoch keineswegs traurig, denn ich wollte die wunderbare Energie, die durch das Tanzen mit Gustavo entstanden war, nicht mit etwas anderem überdecken.
Endlich war es so weit. Vier der berühmtesten Tangopaare erschienen. Neben Alejandra und Gustavo tanzten unter anderem auch noch Lorena Ermocida und Osvaldo Zotto, die durch »Tangox2« berühmt geworden waren.
Nie zuvor hatten Susanna und ich Tango auf einem so hohen Niveau gesehen. Es war wahrlich ein Genuss. Dennoch waren es die Tangos von Alejandra und Gustavo, die uns am meisten berührten. Wir waren uns darüber einig, dass es nicht daran lag, dass wir die beiden persönlich kannten. Alejandras und Gustavos Darbietung war von einer Präzision und Virtuosität, die ich nie zuvor beim Tango gesehen hatte. Doch diese standen überhaupt nicht im Vordergrund, sondern schufen den Boden dafür, eine Leichtigkeit und Transparenz entstehen zu lassen, so dass es schien, als wären die beiden nicht von der Schwerkraft betroffen. Es war, als würden sie durch den Raum fliegen. Wir waren hingerissen. Am Ende improvisierten alle Starpaare zur Musik von »La cumparsita«. Dabei war deutlich zu sehen, dass Alejandras und Gustavos Virtuosität nicht einstudiert war, sondern zu einem Teil von ihnen geworden war. Auch beim Improvisieren schienen sie vom Boden abzuheben. Es war unglaublich. Es folgte nicht enden wollender Beifall. Dennoch verabschiedeten sich die Tänzer, und der Ball nahm seinen gewohnten Lauf.
Susanna und ich waren glücklich, dass wir die Fahrt nach Turin auf uns genommen hatten; es hatte sich mehr als nur gelohnt. Als Gustavo sich umgezogen hatte, kam er sofort wieder zu mir. »Lass uns doch nach

draußen gehen. Dann kann ich noch einmal eine Energieübertragung vornehmen.«

Ich war völlig überrascht, denn ich hatte nicht damit gerechnet, dass er mir am Tag einer Show eine Behandlung geben würde.

»Bist du wirklich sicher, dass du das möchtest? Du hast gerade eine Show getanzt!«

»Ich bin absolut sicher!«

So verließen wir den Saal, nachdem wir Susanna Bescheid gegeben hatten, und begaben uns in mein Auto. Wieder schien sich die Zeit aufzulösen, während ich meine Augen geschlossen hatte. Ich fühlte die Energie in meinem Körper pulsieren und spürte, wie ich immer mehr Kraft bekam. Es war ein phänomenales Gefühl.

Nach geraumer Zeit bat mich Gustavo, die Augen wieder zu öffnen. Voller Dankbarkeit sah ich ihn an und sagte: »Gustavo, ich weiß wirklich nicht, wie ich zu der Ehre komme, dass du mich an einem solchen Abend behandelst?«

Mit einem Lächeln antwortete er: »Es ist mir ein inneres Bedürfnis. Ich habe den Eindruck, dass wir uns schon lange kennen. Nicht nur in diesem Leben. Es fühlt sich an, als wärest du meine Schwester, auf die ich unglaublich stolz bin, da mir bewusst ist, was du geleistet hast, um so vor mir zu sitzen. Außerdem ist deine Aura voll wunderbarer Energie, so dass ich keine Kraft verliere, wenn ich eine Energieübertragung mache. Bei den meisten Menschen ist dies jedoch anders. Deshalb überlege ich mir sehr genau, wann ich diese Art von Arbeit mache.«

Seine Worte erfreuten mich, denn sie bestätigten, was ich gefühlt hatte. Auch ich spürte diese Vertrautheit zwischen uns, die zu den wenigen Stunden, in denen wir uns gesehen hatten, in keinem Verhältnis zu stehen schien.

Wir saßen noch lange im Auto und unterhielten uns über Spiritualität, Schicksal und Synchronizitäten. Wir bemerkten überhaupt nicht, wie die Zeit verflog, bis uns bewusst wurde, dass Susanna zu höflich sein würde, um uns zu stören. So gingen wir wieder zurück in den Saal. Susanna war zum Glück guter Dinge. Sie hatte sich mit Alejandra unterhalten und viel getanzt. Es war schon ziemlich spät, doch Susanna verspürte ebenso wie ich wenig Lust, »nach Hause« zu fahren. Lange saßen wir zu viert zusammen und unterhielten uns, bis Gustavo mich aufforderte, die letzten Tangos der Nacht mit ihm zu tanzen. Ich fühlte mich wie im siebten Himmel.

Susanna und ich hatten an diesem Abend so viel Energie getankt, dass wir sicher waren, problemlos zum Gardasee zurückzukommen. Die Rückfahrt von Turin verging wie im Fluge. Wir redeten ohne Punkt und Komma über die schönen Erlebnisse, die uns widerfahren waren. Als wir schließlich in Manerba del Garda eintrafen, wurde uns bewusst, dass wir nur mehr zwei oder drei Stunden Zeit zu schlafen übrig hatten, bevor wir für die Ostermesse aufstehen mussten.

Trotz des wenigen Schlafes gingen wir zusammen mit Susannas Eltern frohgemut in die Messe. Nie zuvor in meinem Leben war ich an Ostern so glücklich und dankbar gewesen. Die Auferstehung von Jesus Christus hatte mich von Kind an immer sehr tief berührt. Auf übertragene Weise hatte ich auch das Gefühl, von den Toten auferstanden zu sein, ein neues Leben geschenkt bekommen zu haben. Mein Herz jubelte, während ich ein langes Dankgebet zum Himmel sandte. Gustavo hatte einen sehr großen Anteil an meinem Zustand. Es war ganz eigenartig, denn obwohl er sich nicht mehr physisch in meiner Nähe befand, hatte ich den Eindruck, als ob er da wäre. Dieses Gefühl verließ mich den ganzen Tag nicht mehr. Plötzlich kam mir, dass dies wohl damit gemeint sei, dass Zeit und Distanz eine Illusion seien, dass alles EINS ist, wenn wir über den Zustand der Trennung hinausgelangen. Es war unbeschreiblich.

Auch Tage später, als wir längst wieder in Deutschland waren, spürte ich keine Entfernung zwischen Gustavo und mir. Es fühlte sich an, als bestünde ein unzertrennliches energetisches Band zwischen unseren Herzen. So war die Italienreise viel mehr gewesen, als nur eine angenehme Zeit in einer wunderschönen Umgebung, sondern auch eine Art Initiation auf meinem spirituellen Weg.

Ein wunderbares Ergebnis

Wenige Tage später stand schon mein Geburtstag vor der Tür. Eigentlich sollte dieser Tag nach allem etwas ganz Besonderes sein, doch irgendwie wollte sich keine derartige Stimmung einstellen. Ich war traurig, dass so viele Menschen, die mir besonders nahe standen, in alle Welt verstreut waren und nicht mit mir feiern konnten.
Schließlich wurde der Tag dann doch ganz schön. Abends gingen Susanna und ich zu einem Tangoball. Und als ich mich schließlich in den Armen eines Tangotänzers zu hinreißender Musik über die Tanzfläche bewegte, war die Welt für mich wieder in Ordnung.
Die nächsten Wochen vergingen wie im Flug. Mein Leben spielte sich zwischen Klavierüben, Tanzen, Ausruhen und Treffen mit Freunden ab. Mein physischer Zustand blieb relativ unverändert. Manchmal hatte ich sehr viel Energie, dann wieder fühlte ich mich sehr schwach. Das größte Problem waren das Fieber und die ständigen Kopf- und Bauchschmerzen, die nicht in den Griff zu kriegen waren. Doch nach all den von der Chemotherapie verursachten Schmerzen konnten mir diese »Nebensächlichkeiten« nicht die Freude am Leben verderben.
In diesen Wochen fuhr ich öfters zu Martha an den Starnberger See, um Tangounterricht zu nehmen und mich von ihr mit Reiki behandeln zu lassen. Es waren sehr intensive Stunden, die mich teilweise an meine körperlichen Grenzen brachten. Doch ich hatte das Gefühl, dass es dringend notwendig war, meinen Körper zu trainieren, um auch auf diese Weise wieder fit zu werden. Nach den Reiki-Behandlungen ging es mir sehr unterschiedlich. Manchmal spürte ich viel Energie, und an anderen Tagen war ich wie ausgelaugt danach.
Martha organisierte für mich die Möglichkeit, auf dem Klavier ihrer Schwiegereltern zu üben. Zu dieser Zeit hatte ich in München nur die Möglichkeit, auf meinem Keyboard zu üben, das bei Uli und Harry stand, und so konnte ich auch in München auf einem »echten« Klavier üben. Da Martha mich unbedingt hören wollte, kam sie zusammen mit ihrem Mann Ralph und ihren Töchtern Natascha und Sabrina eines

Tages zum Zuhören. Es wurde ein sehr schöner Nachmittag. Ralphs Mutter hatte Kuchen gebacken, und ich spielte Werke von Chopin, Villa-Lobos, Granados und Piazzolla. Alle waren hingerissen. Selbst die kleinen Mädchen waren mucksmäuschenstill. Sie wollten unbedingt Klavier spielen lernen, und so verabredeten wir, dass ich bei unserem nächsten Treffen einen Versuch mit Natascha, der älteren von beiden, machen würde. Für mich war dieser Nachmittag eine gute Generalprobe gewesen, denn vier Tage später sollte ich einer Dame der »Puccini Foundation« aus New York vorspielen. Zwei befreundete Sänger hatten eine Audition bei ihr und meinten, es sei auch für mich spannend, dieser Musikkennerin einige Solostücke vorzuspielen, um mich auch in dieser Hinsicht wieder auszuprobieren. Im letzten halben Jahr war ich immer nur zusammen mit Susanna aufgetreten, zuletzt bei der Hochzeit von Angela und Peter. Die Ärzte hatten mir verboten, auch nur an einen Soloabend zu denken. Dennoch war natürlich mein großes Ziel, auch wieder alleine an die Öffentlichkeit zu treten. So nutzte ich meine Chance und spielte vor. Cheryl, die Dame aus New York, war sehr beeindruckt, mehr noch, sie fühlte sich zutiefst berührt. Sie meinte, es gäbe viele hervorragende Pianisten, doch nur selten habe sie eine derartige Intensität gespürt. Vor allem das »Chopin-Nocturne in c-moll, op.48/1« hätte sie nie zuvor auf ähnliche Weise gehört. Die Welt würde noch von mir hören. Das war eine wichtige Bestätigung für mich, und ich wusste, dass ich auf dem richtigen Weg war.
Etwa zur selben Zeit stand meine nächste und hoffentlich letzte Knochenmarkpunktion an. Ich informierte Gustavo über den genauen Zeitpunkt, so dass er mir Energie schicken konnte, und die Schmerzen nicht gar so heftig ausfallen würden. Obwohl es für ihn aufgrund der Zeitverschiebung mitten in der Nacht sein würde, versprach er mir, sich seinen Wecker zu stellen und zu besagter Uhrzeit »anwesend« zu sein. Es war unglaublich. In dem Moment, als ich mich auf die Liege legte, spürte ich, wie die bekannte Energie durch mich hindurch floss. Die Punktion war weniger schmerzhaft als je zuvor. Nun blieb nur noch das Warten auf das Ergebnis. Dieses Mal war es besonders spannend. Schließlich hatte ich gegen den Rat der Ärzte die Therapie abgebrochen und nun würde sich zeigen, ob sich diese Entscheidung als richtig erweisen würde.

Schon am nächsten Abend begab ich mich wieder zum Tangotanzen in die Pasinger Fabrik, da die punktierte Stelle nicht allzu sehr schmerzte. Da nur wenige Tänzer anwesend waren, fiel mir auf, dass Hubert, ein sehr attraktiver, südländisch aussehender Mann, nicht in Begleitung seiner Freundin erschienen war. Ich hatte ihm schon oft beim Tanzen zugesehen, da mir sein Tanzstil sehr gefiel. Doch war mir klar, dass er mich wahrscheinlich nie auffordern würde, da ich im Gegensatz zu ihm noch nie in Buenos Aires gewesen war und mit Sicherheit zu schlecht für ihn tanzte.
Auf einmal wurde mir bewusst, was für einen Blödsinn ich dachte. Schließlich hatte Gustavo auch mit mir getanzt. Während ich noch meinen Gedanken nachhing, stand Hubert plötzlich vor mir und fragte, ob ich Lust hätte, mit ihm zu tanzen. Nur zu gerne sagte ich zu. Warnend fügte ich jedoch hinzu: »Bitte nicht erschrecken, falls ich plötzlich zusammenzucken sollte. Ich hatte gestern eine Knochenmarkpunktion.« Hubert sah mich etwas erschrocken an.
»Keine Sorge, ich bin nicht wehleidig und es kann auch nichts Schlimmes passieren.«
Ich spürte, dass er mich nicht ausfragen wollte, jedoch gerne wissen wollte, was es mit mir auf sich hatte. Also erklärte ich ihm in Kürze meine Situation. Er schien beruhigt zu sein und führte mich auf die Tanzfläche, die zu unserer Freude ziemlich leer war. Vom ersten Tango an war es wunderbar. Unser Gefühl für die Musik und den Rhythmus schien beinahe identisch zu sein. Es war faszinierend. Für den Rest des Abends tanzten nur noch wir beide miteinander.
In den Tanzpausen stellte sich auch noch heraus, dass Hubert ein Musikkenner ohnegleichen war. Wir unterhielten uns über diverse Kompositionen, Dirigenten und Pianisten. Er hatte sogar noch Horowitz live gehört, was mir nicht mehr vergönnt gewesen war. Selten zuvor hatte ich einen Nicht-Musiker mit so vielen Kenntnissen über Musik getroffen. Völlig begeistert fuhr ich danach nach Hause.
Beim nächsten Tangoabend stellte ich Hubert gleich Susanna vor, da er ein ganz besonderes Faible für die Oper hatte. Noch hatte ich keinerlei Ahnung, wohin unsere Begegnung führen würde.
Endlich hatte das Warten ein Ende, und ich bekam das Fax mit dem Ergebnis der Knochenmarkpunktion im Haus meiner Eltern. Dort stand

ein Wert, der besagte, dass ich 0,0000000000 % Leukämie hatte. Dieser Tag wurde zu einem Freudenfest. So schnell ich konnte, teilte ich sowohl Susanna als auch Gustavo das Ergebnis mit. Wir alle waren überglücklich, denn dies bewies, dass meine Entscheidung, die Chemotherapie abzubrechen, richtig gewesen war. Auch Peter freute sich von ganzem Herzen, denn ihm war besonders bewusst, was für ein Erfolg das war. Auch die Ärzte gratulierten und meinten, ich hätte Recht behalten. Von nun an musste ich nur noch regelmäßig zur Blutkontrolle gehen, sofern keine Probleme auftauchten. Was für eine Erleichterung. Wieder hatte ich einen großen Sieg errungen und dankte dem Himmel dafür.

– 22 –

Aufregende Zeiten

In der folgenden Woche waren Oliver und ich mit Ivan Liska, dem Direktor des Bayrischen Staatsballetts, verabredet. Oliver hatte nämlich die Idee gehabt, seinen Chef zu fragen, ob ich auf den Flügeln der Ballettsäle üben könnte, wenn diese frei wären. Herr Liska hatte nichts dagegen einzuwenden und meinte: »Sie können gerne sofort loslegen, da einer der Säle erst in etwa eineinhalb Stunden belegt sein wird.«
Nichts lieber als das. Ich war dankbar für diese Möglichkeit, denn es war ein anderes Gefühl, auf einem Flügel anstatt auf einem Klavier üben zu können, vor allem in Anbetracht der Tatsache, dass unser nächstes Konzert bereits vor der Tür stand.
Ich begab mich in besagten Saal und begann damit, einige Stücke zu spielen, um mich mit dem Flügel vertraut zu machen, um dann so effektiv wie möglich üben zu können. Plötzlich hatte ich das Gefühl, als ob mir jemand zuhören würde. Ich spielte gerade mein liebstes

»Chopin-Nocturne in c-moll, op. 48/1«. Auf einmal verspürte ich Lampenfieber. Ganz so, als ob es wichtig wäre, mein Bestes zu geben. Mit meiner ganzen Leidenschaft stürzte ich mich in die Tasten und versuchte, all den verschiedenen Stimmungen dieses Werkes gerecht zu werden. Ich war gerade am Ende des Nocturnes angelangt, als die Tür aufging und ein sehr gut aussehender Mann hereinkam. Sein Gesicht kam mir bekannt vor. Ich wusste, dass ich ihn schon einmal in einer Zeitung gesehen hatte. Alles ging jedoch so schnell, dass ich keine Zeit hatte, weiter darüber nachzudenken. Ohne die kleinste Geste der Begrüßung bewegte er sich auf den Flügel zu, der im hinteren Teil des Ballettsaales stand, und sagte: »You are no Ballett Pianist!«
Ich war ganz schockiert und dachte, mich verteidigen zu müssen. »Nein, ich bin keine Pianistin vom Ballett, doch Herr Liska hat mir erlaubt, hier zu üben, wenn die Säle nicht belegt sind. Falls Sie jedoch den Saal brauchen, höre ich auf der Stelle auf.«, antwortete ich auf Englisch.
»Nein, darum geht es überhaupt nicht. Ich habe Sie durch die Tür spielen hören und habe mir das ganze letzte Stück angehört. Mir war klar, dass Sie kein Ballett-Pianist sein können. Für eine Produktion am Bolschoitheater in Moskau suche ich dringend einen Konzertpianisten. Daher wollte ich Sie fragen, ob das für Sie von Interesse sein könnte.«
Ich wagte kaum, meinen Ohren zu trauen. Wie war es möglich, dass ich das erste Mal in einem Probenraum des Bayrischen Staatsballetts übte und schon ein solches Angebot bekam? Er sprach weiter und stellte sich schließlich vor. Er sei ein Choreograph, der an diversen Häusern der Welt arbeiten würde.
»In diesem Falle dreht es sich um eine internationale Ballettgala in Moskau, und ich möchte auf jeden Fall Livemusik für meine Tänzer haben. Bei einem Stück habe ich die Vorstellung, dass Tänzerin und Pianist/in gemeinsam auf der Bühne sein sollten. Dadurch entsteht eine viel intensivere Verbindung zwischen Musik und Tanz. In der letzten Produktion hat die Art des Pianisten, Chopin zu spielen, nicht meinen Vorstellungen entsprochen. Von Ihrem Chopin bin ich jedoch vollkommen überzeugt. Was meinen Sie, könnten Sie sich vorstellen, gemeinsam mit Tänzern aufzutreten?«
»Natürlich, denn ich habe schon des Öfteren sowohl mit Ballett- als auch mit Flamencotänzern gearbeitet«, antwortete ich begeistert. »Nun,

dann muss ich nur noch mit den Produzenten in Paris abklären, ob es möglich wäre, Sie zu engagieren.«
Wir unterhielten uns noch eine Weile über Pianisten und stellten fest, dass wir ganz ähnliche Ansichten hatten. Am Ende tauschten wir Visitenkarten aus und verabredeten uns für die nächste Woche.
Als ich schließlich die Torggelstuben verließ, kam ich mir vor, als sei ich soeben aus einem wunderbaren Traum erwacht. Doch die Visitenkarte in meiner Hand bewies, dass das Ganze pure Realität war. Ich versuchte sofort, Oliver zu sprechen, denn ich wollte mehr über Nicolas Musin erfahren. Dieser meinte, Musin sei ein bekannter Tänzer gewesen, der inzwischen als Choreograph international Karriere mache. Selbst wenn die Produzenten in Paris nicht mit mir einverstanden sein würden, hatte mir dieses Treffen ein weiteres Mal bestätigt, dass ich mit meiner Art, Chopin zu spielen, auf dem richtigen Weg war.
Zwei Tage später machten meine Eltern, Susanna und ich uns auf den Weg nach Solingen. Wir waren von Verwandten meines Vaters eingeladen worden, vor etwa hundert geladenen Gästen unsere »Love Songs« zu präsentieren. In ihrer Villa befindet sich ein Saal mit Flügel, der für Konzerte genutzt wird. Vor etlichen Jahren, als Susanna und ich noch Studentinnen waren, hatten wir dort bereits einen Liederabend gegeben.
Als wir nach langer Fahrt schließlich ankamen, wurden wir von Regina mit Kaffee und Kuchen empfangen. Dabei ließ mich das Gefühl nicht los, dass wir zum Teil aus Mitleid mit meiner Situation eingeladen worden waren. Es schien, als seien sich unsere Gastgeber nicht sicher, ob wir ihre Gäste auch würden begeistern können. Dies setzte mich ziemlich unter Druck. Zudem plagte mich eine heftige Erkältung, obwohl es mitten im Sommer war. Aber mein Immunsystem war einfach alles andere als stabil nach all den vielen Chemotherapien. Ich sandte ein Email nach Buenos Aires und bat Gustavo darum, mir Energie zu schicken, so dass ich das Konzert gut durchhalten könnte. Am Konzerttag übte ich kaum, um mich nicht zu früh auszupowern. Als wir von unserem Zimmerfenster aus sahen, wie die Gäste eintrafen, wurde unser Lampenfieber zusehends schlimmer, denn wir mussten uns beweisen.
Plötzlich fiel mir meine Begegnung mit Nicolas Musin wieder ein, und ich fragte mich, wem ich eigentlich etwas beweisen musste. Als dann

eine Viertelstunde vor dem Konzert auch noch ein Email von Gustavo eintraf, in dem er mir versicherte, dass meine Erkältung am nächsten Abend verschwunden sein würde (womit er Recht behielt), fühlte ich mich hervorragend und hatte große Lust, zusammen mit Susanna aufzutreten. Voller Selbstvertrauen gingen wir in den Saal, und alle Augen richteten sich erwartungsvoll auf uns. Wir begannen auch dieses Mal mit »In the still of the night«. Schon nach diesem ersten Song schien uns das Publikum akzeptiert zu haben. Wir gingen immer tiefer in die Stimmungen der jeweiligen Lieder hinein. Die Atmosphäre im Saal veränderte sich zunehmend. Taschentücher wurden gezückt, und wieder gab es schon zur Pause nicht enden wollenden Beifall. Wir waren erleichtert. Auch Regina und Axel, unsere Gastgeber, signalisierten uns sogleich ihre Freude über den offensichtlichen Erfolg. Im zweiten Teil gingen wir in die Vollen und riskierten alles, was uns am Ende tosenden Beifall einbrachte. Nach dem Konzert wurden wir von einem sympathischen älteren Herrn angesprochen, der uns für ein Festival junger Musiker im nächsten Jahr einladen wollte, sofern auch der Rest des dafür zuständigen Gremiums einverstanden sei. Es schien, als hätte ein Großteil des doch nicht mehr ganz jungen Publikums alten sentimentalen Erinnerungen nachgehangen.

– 23 –

Wiedersehen

Als wir wieder zurück in München waren, traf ich Nicolas Musin, um mit ihm die Möglichkeiten eines Engagements zu besprechen. Die Produzenten in Paris waren interessiert und wollten ein Dossier und eine Demo-CD von mir. Ich erklärte ihm, dass ich aufgrund meiner Situation keine aktuelle Demo-CD mit Soloeinspielungen habe. Die einzige Mög-

lichkeit wäre, unsere CD »Love Songs« nach Paris zu schicken. Damit war er einverstanden, da er mich ohnehin nicht nur als Solistin einzusetzen gedachte. Er hatte bereits eine Sängerin engagiert, mit der ich arbeiten sollte. Außerdem berichtete er, dass wir nicht nur in Moskau, sondern auch in Paris, Madrid und Barcelona auftreten würden.
In den nächsten Wochen gingen viele Telefonate zwischen uns hin und her. Schließlich sagten die Produzenten zu und es ging um die konkrete Planung der Stücke. Für mich gab es endlich wieder die Arbeit, die ich über alles liebte. Es schien so, als würde sich mein in der Klinik ausgesandter Wunsch, das Unterrichten hinter mir zu lassen und mich von nun an hauptsächlich dem Spielen von Konzerten zu widmen, erfüllen.
Mein Leben spielte sich von nun an fast ausschließlich zwischen Klavier üben und Tango tanzen ab. Nach einigen Wochen fuhren Susanna und ich nach Wien, denn Gustavo und Alejandra gaben dort einige Workshops.
Wieder einmal setzten wir uns ins Auto und machten uns auf die Reise. Ich freute mich sehr auf Wien und vor allem auch auf Gustavo. Mit Emails und Chatten hatte sich unser Kontakt sehr vertieft. Ich war wirklich neugierig, wie sich das in der Realität zeigen würde.
Susanna und ich kamen während einer Workshop-Pause in Wien an und trafen prompt Gustavo. Er schien sich zu freuen, uns zu sehen, wirkte jedoch auch irgendwie zurückhaltend, ganz anders als in Turin. Ich war etwas verwundert, da dies überhaupt nicht zu der Herzlichkeit und Intensität seiner Emails passte. Wir verabredeten uns zum Abendessen im »Lima«, einem Restaurant, in dem auch Tango getanzt wurde. Im »Lima« verbrachten wir mit Gustavo, seiner Tanzpartnerin Alejandra und deren Sohn Sacha einen gemütlichen Abend. Es war angenehm, doch war ich etwas enttäuscht, da sich die Gespräche eher auf einer oberflächlichen Ebene abspielten. Irgendwie hatte ich das Gefühl, dass sich Gustavo in der Gegenwart all dieser Menschen nicht öffnen wollte. Ich fragte ihn daher, ob wir uns am nächsten Tag alleine treffen könnten. Gustavo hatte wohl auch auf diese Gelegenheit gewartet, und wir verabredeten uns für den späten Nachmittag des nächsten Tages.
Das Wetter war schon am Morgen herrlich, und Susanna und ich genossen es in vollen Zügen, durch die schönen Straßen Wiens zu laufen,

Kaffee zu trinken, zu bummeln und einzukaufen. Dann machten wir das »Bösendorfer Haus« neben dem Musikverein ausfindig und mieteten uns zum Üben ein. Es war herrlich, auf einem Bösendorfer-Konzertflügel zu spielen, denn normalerweise gab es in Übungsräumen nur Klaviere oder Stutzflügel.
Danach war es an der Zeit, Gustavo abzuholen. Kaum waren wir alleine, kam wieder der Gustavo zum Vorschein, der mir so bekannt war. Er umarmte mich fest und strahlte mich an. Dennoch war er auf irgendeine Weise vorsichtig. Es schien, als würde er mich testen. Er stellte viele Fragen, um mehr über mich zu erfahren. Es war seltsam, denn immer wenn er eine Gemeinsamkeit, vor allem in spiritueller Hinsicht, zwischen uns feststellte, wirkte er erleichtert. Mir war das Ganze schleierhaft, denn ich wusste, dass er eine Freundin in Buenos Aires hatte und dass die Situation zwischen uns auf freundschaftlicher Ebene beruhte. Erst am nächsten Abend, als wir nachts bei Vollmond auf dem Wiener Rathausplatz saßen, verstand ich, worum es ging.
Es war eine wunderbare, beinahe magische Nacht. Die Luft war noch warm von der Hitze des Tages. Die Menschen hatten inzwischen den Rathausplatz, der im Sommer zu einem Open-Air-Kino umfunktioniert worden war, verlassen. Die Stühle vor dem Rathaus luden uns geradezu ein, uns niederzulassen. Da saßen wir nun im Vollmondlicht und fühlten uns in eine alte Zeit zurückversetzt. Uns war bewusst, dass wir uns schon viel länger kannten, als es schien. »Ich habe von Anfang an gefühlt, dass zwischen uns eine alte, sehr tiefe Verbindung besteht«, erklärte Gustavo mit emotionsgeladener Stimme. »Doch ich wollte sicher sein, dass ich dir vollkommen vertrauen kann, bevor ich mich dir öffne. Es gibt kaum Menschen in meinem Leben, in deren Gegenwart ich meine »Ritterrüstung« ablege, doch nun weiß ich, dass ich es bei dir tun kann.«
Von diesem Moment an war er wie verwandelt. Zwischen uns entstand eine Vertrautheit, die nur zwischen Seelengeschwistern möglich ist. Aneinander gelehnt erzählten wir uns Dinge, die wir nie zuvor jemandem anvertraut hatten, und bemerkten nicht, dass die Zeit nur so verflog. Irgendwann wurde es kühler, und wir stellten fest, dass es vier Uhr morgens war. Gustavo blieben bis zum Kursbeginn nicht mehr allzu viele Stunden zum Schlafen, so begleitete er mich zu meinem Auto.

Wir beide waren überglücklich, hielten uns lange in den Armen und verabschiedeten uns in dem Wissen, einen wunderbaren Freund wieder gefunden zu haben. Das Kostbarste, was es im Leben überhaupt gibt. Auch wenn ich nur drei Stunden schlief, war ich am Morgen unglaublich fit. Die traumhaft schöne Energie der vorherigen Nacht hatte mich so reich beschenkt, dass Schlaf für mich nicht notwendig schien. Ich war dankbar für die großartigen Geschenke des Himmels, die mir immer wieder begegneten. Gustavo und ich verabschiedeten uns an diesem Tag ohne Traurigkeit, da wir wussten, dass wir uns bereits in zwei Wochen wieder in München sehen würden.

– 24 –

Männer

Zu diesem Zeitpunkt in meinem Leben war ich so sehr in meiner Mitte wie selten. Ich genoss jeden einzelnen Tag, der mir geschenkt war, voller Dankbarkeit und Zufriedenheit. Natürlich kämpfte ich immer wieder mit Schwächeanfällen und hatte auch ständig erhöhte Temperatur oder Fieber, doch im Vergleich zu dem schwierigen Jahr zuvor waren das in meinen Augen nur noch Kleinigkeiten, die mit der Zeit verschwinden würden.
Ich fühlte mich so frei wie nie. Auch war ich in keiner Weise mehr auf der Suche nach einem Mann. Ich hatte erkannt und gelernt, dass ich zuerst alle Liebe in mir selbst finden und ganz werden musste, um die richtige Ausstrahlung zu haben, meinen Traumpartner anzuziehen. Ich war mir selbst genug und brauchte niemanden mehr, um mich vollständig zu fühlen.
Zudem hatte ich beschlossen, mich erst dann wieder auf eine Beziehung einzulassen, wenn ich wieder topfit sein würde. Denn nach Heidis Tod

war mir klar geworden, wie zerbrechlich meine Zukunft war. Ich wollte auf keinen Fall ein zweites Mal in einer lebensbedrohlichen Situation das Ende einer Beziehung erleben. Das hatte mich psychisch beinahe an den Rand des Abgrunds gebracht und mir fast die Kraft zu kämpfen geraubt. In eine derartige Situation wollte ich um nichts auf der Welt noch einmal geraten.
Scheinbar zog diese Unabhängigkeit die Männer geradezu magisch an. Nie zuvor war ich umgeben von so vielen verschiedenen Männern, die in irgendeiner Weise Interesse an mir bekundeten. Ich konnte mich zwar auch vorher nicht über mangelndes Interesse beklagen, doch jetzt war es anders. Ich konnte mir aussuchen, mit wem ich Essen gehen, Tango tanzen, in Ausstellungen oder Konzerte gehen wollte. Es war verrückt, kaum war ich nicht wirklich erreichbar, war ich äußerst interessant.
Es war eine schöne Zeit und schmeichelte mir natürlich, doch letztlich fehlte mir Tiefgang, der mir wichtiger war als alles andere.
Deswegen freute ich mich umso mehr darauf, Gustavo wieder zu sehen. Da ich zu diesem Zeitpunkt genügend Energie hatte, setzte ich mich alleine ins Auto und fuhr nach Wien, um ihn, Alejandra und Sacha abzuholen. Es war ein berauschendes Gefühl, wieder so weit zu sein, eine lange Strecke alleine zu bewältigen. Ich freute mich darauf, noch ein paar Tage in Wien zu verbringen und dieses Mal vielleicht auch meine liebe Freundin Ulli zu treffen, die ich seit vier Jahren nicht mehr gesehen hatte.
Die nächsten Tage waren wunderbar. Ich machte Ulli ausfindig, und wir verabredeten uns am Opernplatz. Kaum hatte Ulli mich entdeckt, fiel sie mir um den Hals, ließ mich los, um mich anzusehen, und drückte mich wieder fest an sich. »Ich hatte solche Angst, dass du von der Krankheit gezeichnet bist und ich dir nicht vormachen kann, dass du gut aussiehst«, sagte sie mit belegter Stimme. »Ich bin ja so erleichtert festzustellen, dass du einfach blendend aussiehst und man sich überhaupt nicht vorstellen kann, dass du jemals eine lebensbedrohliche Krankheit gehabt hast.«
Ich war glücklich, Ulli mit ihrer kleinen Tochter Valentina anzutreffen. Sie war acht Monate alt und unglaublich süß. Wir gingen in das herrliche Café »Palmengarten« und redeten über unser Leben. Es gab auf

beiden Seiten so viel zu erzählen, dass wir Tage damit hätten verbringen können. Wir freuten uns, dass die vergangene Zeit unsere Freundschaft nicht geschmälert hatte, und Ulli lud mich noch vor der Abfahrt am nächsten Tag zu sich zum Mittagessen ein.
Inzwischen hatte mich Gustavo angerufen und gebeten zu kommen, da es ihm plötzlich physisch sehr schlecht ging und er dringend meine Unterstützung brauchte. Alejandra und er sollten am Abend auf einem Tangoball auftreten, und er hatte solche Schmerzen, dass er nicht wusste, ob er sich bewegen konnte.
Als ich ankam, öffnete mir Alejandra die Tür. Sie wirkte verzweifelt.
»Ich habe keine Ahnung, was passiert ist. Auf jeden Fall kann sich Gustavo nicht bewegen und liegt apathisch im Bett. Hoffentlich kannst du ihm helfen. Wir müssen heute auftreten!«
Ich war betroffen von ihren Worten, versuchte mir jedoch nichts anmerken zu lassen, als ich Gustavos Zimmer betrat. Er lag im Bett und sah elend aus. Ich setzte mich zu ihm auf das Bett und fragte, ob er irgendeine Ahnung habe, woher dieser plötzliche Zustand käme.
»Oh ja«, antwortete er, »das ist ziemlich offensichtlich. Kaum bist du in meiner Nähe, lege ich meine »Ritterrüstung« ab, was ich auf diese Weise nie zuvor getan habe, und dadurch werde ich verletzlich. Meine Aura war so offen, dass ich ganz deutlich die negativen Energien gewisser Personen wahrnehme, die auf mich eingeprallt sind. Es fühlt sich beinahe so an, als würden Schwerter in meinem Körper stecken. Bitte hilf mir, ich weiß, dass du das kannst!«
Dank seines Vertrauens konnte ich mir vorstellen, dass ich vielleicht auch Heilkraft in meinen Händen habe. Ich hörte auf zu denken und verließ mich vollkommen auf meine Intuition. Ich sandte Energie in Gustavos Körper und legte meine Hände auf bestimmte Energiezentren, wo es mir als richtig erschienen. Nach einer Weile fühlte er sich in der Lage aufzustehen. Ich half ihm beim Anziehen, und er machte sich für den Auftritt fertig.
Zu viert fuhren wir zum Auftrittsort. Obwohl Gustavo Mühe hatte, sich gerade zu halten, tanzte er fantastisch, als er sich auf der Bühne befand. Nur wer ihn wirklich gut kannte, konnte fühlen, dass irgendetwas anders war als sonst. Kaum war die Show vorbei, bat mich Gustavo, ihn sofort wieder zurück in die Wohnung zu bringen. Dort verbrachten

wir noch einige Stunden mit intensiven Gesprächen bei Tee und Kerzenschein.
Am nächsten Tag begab ich mich zu Ulli, Valentina und Mauricio, den ich noch nicht kannte. Ich freute mich sehr, Mauricio kennen zu lernen, da ich per Telefon schon so viel von ihm gehört hatte. Ulli war begeistert, dass er so viel Zeit zusammen mit uns verbrachte, da er sich normalerweise bei Besuchen von ihren Freundinnen schnell zurückzog. Sie meinte, es müsse daran liegen, dass ich Spanisch spreche und so herzlich sei.
Da sich Alejandra entschlossen hatte, mit Sacha noch etwas länger in Wien zu bleiben, machte ich mich mit Gustavo alleine auf den Weg Richtung München. Nach allem, was passiert war, wollte Gustavo lieber mit mir nach Amberg kommen und bei mir und meinen Eltern wohnen. Er hatte noch immer ziemliche Schmerzen, so bestritt ich mehr oder weniger die ganze Fahrt alleine. Erschöpft, aber glücklich kamen wir schließlich in Amberg an. Meine Eltern empfingen Gustavo herzlich und freuten sich, ihn im Haus willkommen zu heißen, da ihnen bewusst war, wie sehr er mir schon geholfen hatte. Gustavo war überrascht über den Empfang. So etwas schien er nicht gewöhnt zu sein. In kürzester Zeit fühlte er sich wie zu Hause. Aus den zwei, drei Tagen, die er vorgehabt hatte, bei uns zu verbringen, wurden zwei Wochen.

– 25 –

Intensive Zeit

Gustavo brauchte Zeit zur Erholung und genoss es, in Ruhe auf dem Land zu sein. Stundenlang saß er im Garten, meditierte und unterhielt sich mit meinen Eltern. Ich hatte trotz seines Besuches genügend Zeit, mich dem Klavier und der Vorbereitung für Moskau zu widmen. Ich war also eingedeckt mit Stücken, die ich zu üben hatte. Und als ob das alles nicht schon genug gewesen wäre, begann ich zur selben Zeit mit der Zusammenstellung von Solostücken, da ich mir nichts sehnlicher wünschte, als im kommenden Jahr endlich wieder einen Klavierabend zu spielen. Meine Seele dürstete danach, sich auf diese Weise auszudrücken. So sehr ich es liebte, mit Sängern zu arbeiten, so sehr sehnte ich mich danach, alleine zu spielen, mich auf niemand anderen konzentrieren zu müssen und die geliebten Stücke von Chopin, Rachmaninoff, Liszt, Villa-Lobos und Piazzolla wieder öffentlich zu spielen. Gustavo hatte mich spielen hören und bestärkte mich voller Enthusiasmus in meinen Plänen. Nur wenige Menschen dürfen während des Übens zusammen mit mir im selben Raum sein, da ich in diesem Augenblick sehr sensibel bin und die Stimmungen anderer Personen spüre. Da Gustavos Schwingung meiner eigenen so ähnlich ist, störte er mich in keiner Weise. Im Gegenteil, es trug noch zu meiner Konzentration bei, wenn er in einem tief entspannten Zustand auf dem Sofa im Wohnzimmer lag und mir zuhörte. Insbesondere meine Art, Astor Piazzolla zu spielen, begeisterte ihn. »Es ist unglaublich, aber du spielst Piazzolla, als wärst du eine Pianistin aus Buenos Aires. Vielleicht kannst du eines Tages in meiner Show spielen. Das wäre wunderbar, wenn wir auch unsere Künste miteinander teilen könnten und zusammen durch die Welt reisen würden.«

Wir berauschten uns eine Weile an dieser Zukunftsvision, bis Gustavo mich fragte: »Sag mal, für dein neues Soloprogramm brauchst du doch dringend neue Fotos, denn mit den kurzen Haaren siehst du völlig anders aus als vorher, oder?«

Ich wusste, dass neben dem Tanzen seine größte Leidenschaft dem Fotografieren galt.

»Ja, das ist richtig. Hättest du vielleicht Lust, Fotos von mir zu machen?«

»Mit dem größten Vergnügen!«

»Fantastisch! Dann brauchen wir nur noch den richtigen Ort dafür!«

Da wir einen geeigneten Hintergrund mit Flügel benötigten, rief ich Klaus an, in dessen Villa wir die »Love Songs« zum ersten Mal aufgeführt hatten, und fragte, ob wir in dem Saal mit dem Flügel ein Foto-Shooting machen könnten. Klaus freute sich über die Idee, und wir vereinbarten sofort einen Termin.

Das Shooting selbst machte sowohl Gustavo als auch mir großen Spaß. Ich saß vollkommen entspannt am Flügel und genoss es zu spielen, während Gustavo aus den verschiedensten Perspektiven Photos machte.
All die viele Arbeit hinderte mich jedoch nicht daran, die Nächte zum Tage zu machen und mit Gustavo bis in die frühen Morgenstunden zu reden, Tarot zu legen und Musik zu hören. Wir kannten beide kaum jemanden, dem wir auf ähnliche Weise vertrauten. Beide hatten wir uns unser Leben lang nach derartigen Gesprächen gesehnt, und so waren wir nicht bereit, auch nur Minuten der kostbaren gemeinsamen Zeit mit Schlafen zu vergeuden, sofern es auch ohne Schlaf ging. Die Seelenverbindung, die wir beide von Anfang an gespürt hatten, existierte wirklich.
Leider ging es Susanna plötzlich ziemlich schlecht. Sie hatte starke Ohrenschmerzen und den Eindruck, immer weniger zu hören, was ihr als Sängerin große Angst bereitete. Gustavo und ich machten uns sofort auf den Weg nach München und besuchten sie. Susanna kam nun ebenfalls in den Genuss einer Behandlung von Gustavo, was ihr eine kurzzeitige Besserung verschaffte, aber nicht ausreichte. Am nächsten Tag musste sie ins Krankenhaus. So fuhren Gustavo und ich in den nächsten Tagen regelmäßig nach München. Ich verbrachte so viel Zeit wie möglich bei Susanna, denn ich konnte mir vorstellen, wie sie sich fühlte. Da ich aus eigener Erfahrung wusste, wie sehr unsere Gedanken unsere Realität bestimmen, versuchte ich ihr zu vermitteln, mit positiven Affirmationen zu arbeiten, wie ich es während meiner monatelangen Aufenthalte in Großhadern getan hatte.
An einem dieser Abende fand im »Beach Club« wieder ein Tangoball statt, auf dem Alejandra und Gustavo auftreten sollten. Ich freute mich sehr darauf, die beiden noch einmal tanzen zu sehen, denn in Wien hatte ich nicht wirklich etwas davon gehabt, da ich wusste, wie schlecht es Gustavo zu dem Zeitpunkt ging. Während der gesamten Dauer der Show hatte ich nur gehofft, dass er diese unbeschadet überstehen würde.
Nach einem gemeinsamen Abendessen begaben Gustavo und ich uns in den »Beach Club«. Alejandra und Sacha waren schon da und begrüßten uns herzlich. Wie in Turin kam ich in den Genuss, dass sich

Gustavo vor der Show mit mir »eintanzte«. Alejandra und er waren so aufeinander eingespielt, dass sie sich im wahrsten Sinne des Wortes ohne Probe auf die Bühne begeben konnten und dann tanzten wie die jungen Götter. So war es auch an diesem Abend. Es war ein voller Erfolg. Dennoch hatte Gustavo keine Lust, noch länger zu bleiben. Er wusste nur zu gut, was es mit der Tangoszene auf sich hatte, so dass er einen gemütlichen Abend in Amberg bei weitem vorzog. So begab er sich in der folgenden Woche auch nur mir zuliebe auf eine Milonga. Ich hatte mehrere phänomenale Tangostunden bei ihm gehabt und wollte das Gelernte auf der Tanzfläche ausprobieren, was er selbstverständlich verstand. Nach einem Besuch bei Susanna im Krankenhaus gingen wir zusammen tanzen. Das war vielleicht ein Getuschel, als wir auf der Tanzfläche auftauchten. Zeitweise waren wir das einzige Paar, das tanzte. Ich kam mir vor wie auf dem Präsentierteller und fühlte mich alles andere als wohl. Gustavo machte das selbstverständlich nichts aus, im Gegenteil, es amüsierte ihn. Dennoch hatten wir nach einer Weile genug und fuhren wieder nach Hause. So beließen wir es bei diesem einen Milonga-Besuch.

Die uns verbleibende Zeit neigte sich einige Tage später dem Ende zu. Als es schließlich für Gustavo an der Zeit war, wieder in seine Heimat, nach Buenos Aires, zurückzukehren, brachte ich ihn zum Flughafen. Zum Glück ahnten wir beide nicht, dass wir uns erst sechs Jahre später wieder sehen würden, sonst wäre dieser Abschied sicherlich sehr schmerzlich für uns gewesen. Auch so fiel es uns schwer genug, uns zu trennen. Immer wieder umarmten wir uns.

Dennoch genoss ich es sehr, am Flughafen zu sein. Hatte ich doch die ganze Zeit im Klinikum davon geträumt, wieder zu fliegen. Wenn dieses Mal auch nur Gustavo ins Flugzeug stieg, so atmete ich doch die Atmosphäre am Flughafen ein. Irgendwie war ich sicher, dass ich im kommenden Jahr endlich wieder fliegen und verreisen würde, hatte jedoch keine Vorstellung, mit wem und wohin.

– 26 –
Auditions

Inzwischen war Susanna aus dem Krankenhaus entlassen worden und fühlte sich langsam wieder besser. Das Singen bereitete ihr noch immer große Sorgen, da sie einen Bereich der tiefen Töne einfach nicht mehr hören konnte.
Interessanterweise hatte sich kurz nach Gustavos Abreise die Möglichkeit ergeben, meine Unterlagen an eine Agentur zu senden, die noch einen Solopianisten für das kommende Jahr suchte. Nach kürzester Zeit erhielt ich einen Anruf und wurde gebeten, zu einer Audition zu erscheinen, da ich aufgrund meiner Geschichte keine Solo-Demo-CD zur Verfügung hatte. Ich freute mich und bereitete einige Stücke von Chopin, Piazzolla und Villa-Lobos vor.
Am Abend vor der Audition ging ich mit Susanna Tango tanzen, da ich mich gut vorbereitet fühlte und nicht die ganze Nacht an die Audition denken wollte. Wenn ich vor einer Prüfung oder einem Konzert nicht müde genug war, wälzte ich mich im Bett und überlegte mir stundenlang, wie das Ganze wohl laufen würde. Dem wollte ich in diesem Falle entgehen. Voller Enthusiasmus tanzte ich den ganzen Abend, bis ich so müde war, dass ich wusste, ich würde in Susannas Wohnung nur noch ins Bett fallen.
Am nächsten Morgen stand ich wunderbar ausgeschlafen auf und begab mich noch in einen Probenraum des Staatsballetts, um mich einzuspielen. Nach dem Mittagessen fuhr mich Susanna nach Dingolfing zur »Herzogsburg«. Dort trafen wir auf die Besitzerin der Agentur, ihre Kinder und auf eine sehr attraktive Malerin, die derzeit ihre Bilder in der Burg ausstellte. Wir unterhielten uns kurz, dann war es schon Zeit, mich an den Flügel zu setzen. Es war eine ziemliche Herausforderung, denn die »Agentin« hatte mir gerade noch von der fantastischen russischen Pianistin erzählt, die bereits international bekannt war und bei ihnen unter Vertrag war. Die besagte Dame sei so wunderschön und wirke so zart, doch am Flügel würde sie eine Kraft entfalten, die ihresgleichen suchen würde. Mal sehen, was ich so zu bieten hätte.

Unter normalen Umständen hätte mich das vollkommen verunsichert, doch im Krankenhaus hatte ich mir geschworen, nie mehr unbegründete Angst vor etwas zu haben, wenn mich nicht einmal die Aussicht auf den Tod in Furcht und Schrecken versetzt hatte. Denn was konnte mir schließlich passieren. Celibidache hatte immer gesagt, jede Angst sei auf zwei Urängste zurückzuführen, nämlich auf die Angst, nicht geliebt zu werden, oder auf die Angst zu sterben. Die Angst vor dem Tod hatte ich bereits überwunden. Blieb nur noch die Angst, nicht geliebt zu werden, falls ich diese Audition vermasseln würde. Da auch dies nicht eintreten würde, setzte ich mich ungewohnt gelassen an den Flügel und begann »Invierno porteño« von Astor Piazzolla zu spielen. Es ging ziemlich gut, und ich wurde gebeten, weiter zu spielen. Inzwischen fühlte ich mich sicher und stürzte mich bei Villa-Lobos und Chopin mit vollem Risiko in die Tasten. Ich vergaß meine Umgebung und verschmolz gänzlich mit der Musik. Als ich geendet hatte, holte mich heftiger Beifall wieder in die Realität zurück. Ich war vollkommen überrascht. Ich bemerkte, dass sich sämtliche Damen verstohlen Tränen aus den Augen wischten. »Das ist ja außergewöhnliches Klavierspiel. Ich engagiere dich auf der Stelle für das nächste Jahr, und zwar nicht nur für einen Klavierabend!«, lautete der Kommentar der Agentin.
Ich war überglücklich, denn das war mein sehnlichster Wunsch für 2002 gewesen. Vorher hatten mir die Ärzte nicht erlaubt, einen Soloabend zu spielen, da es viel zu anstrengend für mich gewesen wäre. Schließlich meldete sich die Malerin zu Wort: »Ich bin in meinem Leben schon in vielen Konzerten gewesen, doch nie zuvor ist mein Herz so tief berührt worden. Ich bin dankbar, Zeugin deines Klavierspiels geworden zu sein, und freue mich schon sehr auf deinen Klavierabend.« Nachdem wir das Geschäftliche besprochen hatten, machten Susanna und ich uns auf den Weg zurück nach München. Dort angekommen, begaben wir uns noch in ein Studio, um gemeinsam zu proben. Wir freuten uns so über meinen Erfolg, dass auch unsere Probe ganz hervorragend verlief, denn Susanna hörte jeden Tag wieder mehr.
Nach außen erschien es in dieser Zeit, als ob ich vollkommen auf der Höhe gewesen sei, doch das war keineswegs so. Mein Immunsystem war von der Chemotherapie sehr geschwächt. Jede Woche hatte ich mehrere Tage mit erhöhter Temperatur oder Fieber zu kämpfen. Das

wirkte sich aber nicht auf meine Lebensfreude aus. Ich war einfach nur dankbar, überhaupt noch am Leben zu sein, so dass ich dies klaglos in Kauf nahm, auch wenn es bedeutete, dass ich jede Woche mehrere Tage im Bett verbringen musste.

Zu dieser Zeit passierte auch die Katastrophe vom 11. September in New York, die mir einmal mehr bewusst machte, was für ein Glück ich gehabt hatte. Voller Trauer dachte ich an all die Menschen und betete immer wieder für die Hinterbliebenen.

In derselben Woche teilte mir Nicolas Musin mit, dass die Sängerin, mit der ich in Moskau und den anderen Städten auf der Bühne hätte stehen sollen, leider einen anderen Vertrag habe, aus dem sie nicht herauskommen würde. Er suche dringend einen Ersatz. Das kam mir sehr gelegen, denn der Gedanke, ohne irgendeinen vertrauten Menschen nach Moskau zu fliegen, war mir nicht gerade angenehm, und so schlug ich Susanna vor. Nicolas war einverstanden: »Ich würde sie gerne hören, und zwar morgen mit den beiden Liedern von Beethoven und Schubert, die für die Ballett-Galas geplant sind.«

Wir hatten nur eine sehr kurze Vorbereitungszeit, und Susanna war etwas mulmig zumute. Ich überzeugte sie jedoch davon, dass sie es schaffen würde. Auf der Stelle mieteten wir uns ein Studio zum Üben und machten uns voller Enthusiasmus an die Arbeit. Es ging erstaunlich gut, so dass wir uns auf die Audition freuten. Nachdem wir uns am nächsten Tag eingesungen bzw. eingespielt hatten, machten wir uns auf den Weg zu dem Ballettsaal, in dem wir verabredet waren. Susanna war Nicolas sofort sympathisch, was ich als gutes Vorzeichen wertete. Wir begannen mit »Adelaide« von Beethoven. Auch wenn der Schubert danach nicht ganz perfekt gelang, war Nicolas doch sehr angetan von Susannas Timbre. »Ich bin sehr glücklich«, sagte er beim Verabschieden, »nun wieder eine Sängerin für meine Projekte gefunden zu haben.«

Da er mich bisher nur alleine hatte spielen hören, ergänzte er noch, wie begeistert er sei, dass ich als Liedbegleiterin der fantastischen Solopianistin in nichts nachstehen würde. Susanna und ich verließen den Ballettsaal wie im Traum. Es war einfach zu schön, sich vorzustellen, dass wir nun gemeinsam nach Moskau fliegen und im Bolschoitheater auf der Bühne stehen würden. Wir konnten unser Glück kaum fassen.

Gala in München
und eine merkwürdige Überraschung

Am selben Abend fand die Ballettgala in München statt, bei der auch eine Choreographie von Nicolas Musin aufgeführt werden sollte. Er hatte sein Stück »Kleine Abenteuer« mit einer Gruppe von Tänzern des Münchner Staatsballetts einstudiert.

Mehrmals hatte ich die Gelegenheit gehabt, bei den Proben dabei zu sein. Die Art und Weise der Arbeit hatte mir sehr gefallen, denn es ging ihm um viel mehr als nur die korrekte Ausführung der Schritte. Er ließ nie locker, bis nicht auch Emotionen sichtbar wurden. Es war äußerst spannend und entsprach mir sehr, denn ich war auch nie zufrieden, wenn »nur« alle Töne richtig waren. Musik war, ebenso wie Tanz, dazu da, Gefühle auszudrücken und spürbar zu machen. Ich war mir sicher, dass die Zusammenarbeit mit Nicolas Musin eine große Bereicherung sein würde.

Leider war die Gala komplett ausverkauft, so dass es für Susanna keine Chance mehr gab, mit mir ins Prinzregententheater zu gehen. Ich war aufgeregt, denn ich stellte mir vor, bald bei ähnlicher Gelegenheit aufzutreten. Der Abend war äußerst abwechslungsreich, dennoch erwartete ich natürlich mit großer Spannung die Choreographie »Kleine Abenteuer«. Das Stück besaß in jeglicher Weise eine wunderbare Klarheit. Obwohl starke Emotionen zu spüren waren, war es möglich, die Architektur der Choreographie im Raum wahrzunehmen. Auch die Musikauswahl, die »Suite im alten Stil« von Alfred Schnittke, fand ich sehr gelungen. Musin hatte das Stück nicht nur choreographiert, sondern auch die Kostüme dafür entworfen und die Bühne selbst gestaltet. Alles war von derselben Klarheit durchdrungen, die mich ungemein faszinierte. Ich war glücklich und freute mich mehr denn je auf die gemeinsame Arbeit. Nach der Aufführung gratulierte ich Musin und verabschiedete mich, da er München nun wieder verlassen würde, und wir vereinbarten, telefonisch in Kontakt zu bleiben.

Die nächsten Wochen verbrachte ich fast ausschließlich mit Üben, da die Zeit bis zur ersten Gala in Moskau nur kurz bemessen war und ich mehrere Solostücke und Lieder einstudieren musste. Es war ziemlich anstrengend, denn mein Immunsystem zeigte immer wieder, wie geschwächt ich eigentlich war. Ich hatte alle paar Tage Fieber oder erhöhte Temperatur und kämpfte ziemlich. Es war schon ein mulmiges Gefühl, in diesem Zustand nach Moskau zu fliegen und dort unter sicherlich sehr aufregenden Bedingungen zu spielen. Ich ließ mir jedoch nichts anmerken, da das Ganze auf der anderen Seite einfach eine grandiose Vorstellung war.

Plötzlich nahm die Geschichte eine absurde Wendung. Musin war nach Paris zu den Produzenten geflogen, um unsere Verträge unterzeichnen zu lassen. Da erhielt er die Nachricht, dass sich einer der Produzenten mit einem großen Teil des Geldes aus dem Staub gemacht hatte. Das war wirklich die reinste Abenteuergeschichte. Er war sehr traurig, musste uns aber unter den gegebenen Umständen absagen, da kein Geld mehr für Live-Musik vorhanden war.

Einerseits war es eine sehr große Enttäuschung, da ich schon so viele Stunden an Arbeit investiert hatte, für die ich natürlich kein Geld mehr bekommen würde. Andererseits war es für meine Gesundheit sicherlich besser so. Zum Glück wusste ich, dass alles immer seinen Sinn hat, so konnte ich meine Traurigkeit relativ schnell wieder loslassen. Über mangelnde Arbeit konnte ich mich sowieso nicht beklagen. Das nächste Konzert stand schon bald vor der Tür und auch mein Soloabend rückte langsam näher.

Weihnachten und Sylvester

In der kalten Jahreszeit verschlechterte sich mein körperlicher Zustand zusehends. Immer öfter musste ich mich mit sehr hohem Fieber ins Bett legen und war zu nichts mehr fähig. Da ich aber ein »Stehaufmännchen« bin, stand ich meistens wenige Tage später schon wieder auf der Tanzfläche und tanzte Tango.
Zu dieser Zeit entstand meine Bekanntschaft mit Laura und Fabián, einem argentinischen Ehepaar. Laura hatte ebenfalls Klavier studiert und Fabián war professioneller Tangotänzer. Die beiden befanden sich plötzlich in großen Schwierigkeiten, so dass ich sowohl mit Hubert, der die beiden ebenfalls schätzte, als auch mit meinen Eltern sprach, um einen Weg zu finden, das argentinische Paar zu unterstützen. Hubert, den ich bis dahin eigentlich nur als Tanzpartner kannte, erwies sich den beiden gegenüber in verschiedener Hinsicht als äußerst großzügig, was ihn mir sehr sympathisch machte. Auch meine Eltern und ich versuchten alles zu tun, was uns möglich war, und luden Laura und Fabián immer wieder zu uns nach Amberg ein.
In dieser Zeit kamen Hubert und ich uns näher, da wir nicht mehr nur beim Tanzen Kontakt zueinander hatten. Wir telefonierten immer öfter. Die Vertrautheit zwischen uns wuchs, was sich auch beim Tanzen bemerkbar machte.
In der Nacht vor dem Heiligen Abend hatten wir uns alle noch für das Tangofest im »Aficionado« in der Leopoldstraße verabredet. Hubert forderte mich offensichtlich öfters auf als sonst. Als der DJ dann auch noch Tangos von Osvaldo Pugliese auflegte, die Hubert und mir besonders lagen, begannen meine Gefühle mit mir Achterbahn zu fahren. Ich spürte Hubert so nah, nicht nur körperlich, und war versucht zu glauben, dass in ihm etwas Ähnliches vorging wie in mir. Doch ich durfte mir nichts anmerken lassen, denn seine Freundin war anwesend, und ich wollte die beiden auf keinen Fall auseinander bringen. Ziemlich aufgewühlt fuhr ich in dieser Nacht nach Hause und wusste nicht, wie ich mit der neu erwachten Sehnsucht nach körperlicher Nähe

umgehen sollte. Ich hatte mir geschworen, mich auf niemanden einzulassen, solange ich nicht vollkommen gesund war. Außerdem wollte ich mich nicht in eine bestehende Beziehung einmischen. Völlig verwirrt lag ich im Bett und hatte keine Ahnung, wie ich mit der neuen Situation umgehen sollte.

Prompt wachte ich am nächsten Morgen mit sehr hohem Fieber auf, was mich sehr unglücklich machte und wohl nicht nur mit meinem geschwächten Immunsystem zusammenhing. Meine Eltern und ich hatten Laura und Fabián für den Heiligen Abend eingeladen, damit die beiden fern von der Heimat sich nicht so einsam fühlen würden, und ich wollte den Abend unter keinen Umständen in meinem Zimmer verbringen müssen.

Da fiel mir ein, dass mir vielleicht Gustavo helfen konnte. Ich sandte ihm eine Email mit der Bitte, mir Energie zu schicken, falls es ihm möglich sei. Die Antwort erfolgte prompt. Gustavo schrieb, er könne mich unterstützen, so dass ich abends ein paar Stunden mit meinen Eltern, Laura und Fabián feiern könnte, und er sollte Recht behalten. Auch wenn ich mich am Nachmittag noch wie ein Häufchen Elend fühlte, war ich bis zum Abend zumindest so fit, dass ich zum Essen und zur Bescherung nach unten gehen konnte. Es wurde ein wunderschöner Abend. Laura und Fabián waren sehr glücklich und lagen mit so strahlenden Augen vor dem Weihnachtsbaum und der Krippe, dass mir das Herz ganz weit wurde.

Die beiden blieben über Nacht bei uns und so konnten wir am nächsten Tag noch in aller Ruhe gemeinsam frühstücken.

Auf einmal erreichte mich eine SMS von Hubert, in der stand, dass er einen Autounfall gehabt hatte und sich in Großhadern befand. Ich war geschockt und versuchte sofort, ihn zu kontaktieren. Zum Glück hatte er nur ein heftiges Schleudertrauma. Er war jedoch sehr wütend und enttäuscht, da er den Unfall nicht verursacht hatte und in den nächsten Tagen mit seiner Freundin in den Urlaub fliegen wollte. Ich erzählte ihm von den positiven Affirmationen, und daraus entwickelte sich ein endloses Gespräch. Beide lagen wir im Bett, Hubert in Großhadern und ich in Amberg. Es war wirklich verrückt, denn wir hatten uns so oft in der Tangoszene gesehen, uns jedoch nie annähernd so intensiv unterhalten. Als Hubert zwei Tage später entlassen wurde, hatten wir viele Stunden telefoniert und kannten uns schließlich innerhalb von zwei Tagen besser als in den vielen Monaten zuvor. Wir waren sehr glücklich darüber, denn wir hatten festgestellt, dass unsere Interessen in vielem ähnlich waren. Hubert war dann sogar in der Lage, wie geplant in Urlaub zu fliegen, was mich sehr für ihn freute. Inzwischen hatte ich meine Emotionen wieder so weit im Griff, dass ich einfach nur dankbar war, einen weiteren Freund gefunden zu haben.

Bis Sylvester hatte ich mich erholt, so dass ich die Einladung zu einer Party bei Uli und Harry annehmen konnte. Susanna, ihr Freund Günther und Johanna, die gerade aus Spanien da war, waren ebenfalls eingeladen. Als Dankeschön gaben Susanna und ich einige »Love Songs« zum Besten, und ich spielte noch meinen geliebten »Valsa da dor« von Heitor Villa-Lobos, was alle sehr freute.

Punkt Mitternacht bekam ich eine SMS von Hubert, in der er mir alles Gute für das neue Jahr wünschte und meinte, er freue sich auf die gemeinsamen Stunden im neuen Jahr. Ich war völlig überrascht und erfreut, aber auch verwirrt darüber, wie das zu verstehen war. Schließlich war mir klar, dass Hubert keinem für ihn unbedeutenden Menschen genau um 0.00 Uhr eine SMS schicken würde.

Als ich Stunden später in der Wohnung eines Freundes ankam, wo ich übernachtete, rätselte ich noch immer, was das wohl zu bedeuten hatte. Wieder verselbständigten sich meine Gefühle und begannen Achterbahn zu fahren. Ich fragte mich ernsthaft, was mir das Jahr 2002 bringen würde. Ich hatte nicht die blasseste Ahnung.

– 29 –
Auffällige Zufälle

Etwas erschöpft von der langen Nacht, jedoch voller Neugier startete ich in den ersten Tag des neuen Jahres. Wie bereits seit ein paar Wochen begann ich meinen Tag mit den Morgenseiten aus dem Buch »Der Weg des Künstlers – ein spiritueller Pfad zur Aktivierung der Kreativität« von Julia Cameron. Ich hatte vor einigen Jahren schon einmal versucht, das 12-wöchige Programm durchzuziehen, hatte es aber nicht geschafft. Dieses Mal war ich sicher durchzuhalten, da ich wusste, dass es mir zur Vorbereitung auf meinen Klavierabend eine wichtige Unterstützung bieten würde. Es half mir, mich mit meinen alten Glaubenssätzen auseinanderzusetzen und neue in mein Leben zu integrieren und somit in Kontakt mit meinem wahren Potenzial zu kommen.
Immer noch ließ mich die SMS von Hubert nicht in Ruhe. Es war merkwürdig. Ich konnte mir überhaupt nicht erklären, weshalb er davon ausging, dass wir im neuen Jahr viel Zeit gemeinsam verbringen würden. Ahnte er etwas, das ich nicht sah?
Am Nachmittag war ich mit Johanna am Nationaltheater verabredet, um gemeinsam in das Ballett »Raymonda« mit Oliver in der männlichen Hauptrolle zu gehen. Die Liebesgeschichte berührte mich zutiefst, und ich verspürte wieder die Sehnsucht nach einer Liebesbeziehung. So wenig das in den letzten Monaten ein Thema für mich gewesen war, so stark tauchte es auf einmal wieder auf. Hubert war plötzlich wieder präsent, auch wenn ich versucht hatte, ihn aus meinen Gedanken zu verbannen.
Als ich dann am nächsten Tag mit meinen Eltern ins Kino ging und den Film »Weil es Dich gibt« mit Kate Beckinsale und John Cusack sah, wurde meine Sehnsucht nur noch verstärkt. Dieser Film zeigt, wie wichtig es ist, auf die Zeichen und die innere Stimme zu achten, um den Partner zu finden, der für einen bestimmt ist. Ich war völlig begeistert und musste immer wieder an Hubert denken. Ich wusste, dass er eine Beziehung hatte, und es wäre mir bisher nie im Traum ein-

gefallen, darüber nachzudenken, ob er als Partner für mich in Frage kommen würde. Nichtsdestotrotz tauchte er immer wieder in meinen Gedanken auf.

Als er schließlich zehn Tage später aus dem Urlaub zurückkam, verabredeten wir uns in einem Café, um unsere Gespräche endlich einmal persönlich fortzuführen. Wieder war es verblüffend. Stundenlang unterhielten wir uns über Musik, Literatur, Tango und Spiritualität. Die Übereinstimmung war unglaublich. Vor allem seine Liebe zur Musik begeisterte mich. Ich kannte nur wenige Nicht-Musiker, die sich derartig gut auskannten. Da die Zeit viel zu kurz war, lud mich Hubert noch am selben Wochenende zu sich zum Tee ein. Als er sein Teeservice aus dem Schrank holte, war ich fassungslos. Es war das gleiche royalblaue japanische Kirschblüten-Service, das sowohl meine Mutter als auch mein Vater vor ihrer Ehe besessen hatten. Zum Scherz hatten sie immer gesagt, sie hätten nur geheiratet, damit das Service zusammenkam. Und nun hatte Hubert genau das gleiche Service, welches es nicht gerade häufig gibt. Mir blieb der Mund vor Staunen offen. Kurz fragte ich mich, ob das nun ein Zeichen sei, verdrängte es aber auf der Stelle wieder, da ich mich keineswegs in eine bestehende Beziehung drängen wollte, egal, wie interessant und anziehend ein Mann zu sein schien.

Dennoch ließ mich das alles nicht gerade kalt. Da ich jedoch wusste, dass mein Klavierabend bald vor der Tür stand, versuchte ich, nicht weiter darüber nachzudenken, sondern mich voll und ganz auf das Üben zu konzentrieren. Zwischendurch warf mich immer wieder hohes Fieber nieder, was mich immer mehr Kraft kostete. Das Konzert wollte ich jedoch unter allen Umständen spielen. Ich hatte mich schließlich schon so lange darauf gefreut.

Zehn Tage vorher fuhr mich Hubert nach Dingolfing, da ich einmal das ganze Programm auf dem dortigen Flügel spielen wollte und er die Gelegenheit nutzen wollte, mich endlich einmal spielen zu hören, vor allem, da er zum Konzerttermin verreist sein würde. Es war eine gute Übung für mich, da ich inzwischen wusste, welch gutes Gehör er hatte. So war es ziemlich aufregend, in seiner Gegenwart zu spielen. Ich versuchte, so wenig wie möglich an Technik zu denken, sondern einfach Musik zu machen. Es machte große Freude, denn ich spürte, wie in-

tensiv Hubert zuhörte. Ich konnte immer besser spielen. Als ich schließlich das Programm samt vorgesehenen Zugaben gespielt hatte, war Hubert sprachlos, was ihm selten passiert. Wir verabschiedeten uns von den Veranstaltern, setzten uns ins Auto und machten uns auf den Rückweg. Nach etwa einer halben Stunde voller Schweigen fuhr Hubert auf einen Parkplatz und hielt dann einen unglaublichen Monolog über mein Klavierspiel. Ich wusste gar nicht, wie mir geschah. Es war unglaublich, was er alles wahrgenommen hatte. Schließlich sagte er mit belegter Stimme: »Entschuldige, dass ich nicht gleich etwas gesagt habe, aber ich habe so viel Zeit gebraucht, um zu verarbeiten, wie nahe mir die Musik gegangen ist.«
Scheinbar war er davon ausgegangen, dass es ihm gefallen würde. Doch er hatte nicht erwartet, dass das Klavierspiel seine Seele berühren würde.
Als wir später am Münchner Flughafen vorbeifuhren, meinte er, dass er mich begleiten würde, falls ich mich entscheiden sollte, die Konzerte in Spanien anzunehmen, die mir angeboten worden waren, damit ich mich nur ums Klavierspielen zu kümmern bräuchte. Ich war gerührt, sagte jedoch, dass ich nicht wüsste, ob es überhaupt klappen würde.
Daraufhin erwiderte Hubert, der wusste, wie sehnlich ich mir wünschte, endlich wieder in einem Flugzeug zu sitzen: »Ich verspreche dir, wir werden in diesem Jahr noch gemeinsam fliegen.«
Ich lächelte nur leise vor mich hin, da ich es eine schöne Idee fand, es aber nur als süßen Wunschtraum betrachtete.

Klavierabend

Das Konzert rückte näher, und wieder fesselte mich hohes Fieber ans Bett. Ich war sehr unglücklich, denn es verblieben nur noch drei Tage bis zu meinem Solodebüt nach der Leukämie, und ich war nicht in der Lage zu üben. Das zerrte ganz schön an meinen Nerven. Dennoch wusste ich, dass ich spielen würde, egal, wie es mir gehen würde. Schließlich hatte ich den »Weg des Künstlers« ganz durchgearbeitet und viele meiner alten, negativen Glaubenssätze in Bezug auf mein Klavierspiel abgelegt. Somit war ich sicher, dass ich nicht mehr bis zur letzten Sekunde intensiv üben musste, um gut zu spielen.
Ich begab mich in volles Vertrauen zu den himmlischen Mächten und wusste, dass sie mich unterstützen würden, das Konzert durchzustehen, da sie meinen Traum nur allzu gut kannten. Immer deutlicher spürte ich, dass sie mir helfen würden. Ohne dieses Wissen hätte ich es nicht gewagt, auf die Bühne zu gehen, ohne die letzten Tage wirklich geübt zu haben.
Voller freudiger Anspannung und begleitet von den positiven Gedanken von vielen lieben Menschen machten Susanna und ich uns am 21. Februar 2002 wieder einmal gemeinsam auf den Weg nach Dingolfing. Sowohl Hubert als auch Gustavo hatten mir noch eine unterstützende Nachricht gesendet. Ich wusste, dass Gustavo während des Konzertes innerlich anwesend sein würde, was mich sehr beruhigte. Schließlich hatte ich die Wirkung seiner Energie mehr als einmal gespürt.
Ich spielte mich nur kurz ein, da ich ahnte, dass ich meine vorhandenen Kräfte schonen musste, um den Abend durchzuhalten. Susanna kümmerte sich um alles, so dass ich mich innerlich vollständig auf die Musik konzentrieren konnte.
Plötzlich überkam mich doch noch große Angst, denn ich fühlte mich ziemlich schwach. Ich versuchte mich mit Beten und positiven Affirmationen zu beruhigen, was mir schließlich einigermaßen gelang.
Dann war es so weit. Ich wurde gerufen. Langsam setzte ich einen Fuß vor den anderen und stieg die Treppe zum Konzertsaal hinauf. Er war

bis auf den letzten Platz gefüllt. Ich begab mich an den Flügel, den ich schon so gut kannte, zentrierte mich und begann eines der frühen Nocturnes von Frédéric Chopin zu spielen. Mit all meinem Sein stürzte ich mich in die Musik. Vor lauter Schwäche musste ich immer stärker atmen, denn die Luft war extrem trocken. Nach dem dritten, sehr virtuosen Nocturne, in das ich meine ganze Seele gegeben hatte, bekam ich kaum mehr Luft. Es war erschreckend. Es war wirklich ein Wunder, dass ich dieses Konzert spielen konnte, dennoch war es die reinste Gratwanderung. Nach »Adiós Nonino« von Astor Piazzolla, dem letzten Stück vor der Pause, fühlte ich mich halbtot. Mein Puls raste und wollte sich auch im Künstlerzimmer nicht beruhigen. Ich hatte den Eindruck zu ersticken und wusste nicht, was ich tun sollte, geschweige denn eine Ahnung, wie ich unter diesen Umständen weiter spielen sollte.

Da kam Uli ins Zimmer und fiel mir begeistert um den Hals: »Isi, das Konzert ist einfach sensationell! Das Publikum ist vollkommen begeistert. Obwohl ich weiß, wie du spielst, muss ich dir sagen, dass ich dies nicht erwartet hatte. Gratuliere!«

Irgendwie gaben mir seine enthusiastischen Worte das Vertrauen, es zu schaffen. Ich begab mich wieder in den Saal und erklärte den Zuschauern, dass ich die letzten Tage mit hohem Fieber im Bett verbracht hätte und noch sehr schwach sei und daher nicht wüsste, ob ich das Konzert bis zum Ende durchhalten würde. Ich versprach jedoch, mein Bestes zu geben.

Kaum hatte ich die ersten Töne des Rachmaninoff-Préludes, op. 23/5, angeschlagen, spürte ich, wie Energie von vielen, auch unbekannten Menschen aus dem Publikum zu mir kam. Meine Kraft nahm immer mehr zu, so dass ich voller Dankbarkeit, Freude und Euphorie den zweiten Teil zu Ende spielen konnte. Ich gab alles, was mir möglich war. Nie zuvor hatte ich so viel Beifall bekommen. Sogar eine Zugabe von Rachmaninoff schaffte ich noch. Und dann: Standing Ovations. Mir fehlten die Worte. Ich war zu Tränen gerührt.

Als ich später erfuhr, dass das Dingolfinger Publikum in der Herzogsburg zum ersten Mal so enthusiastisch reagiert hatte und der zweite Klavierabend, der aufgrund der großen Nachfrage in zwei Wochen stattfinden sollte, schon sehr gut verkauft war, war ich einfach nur überglücklich. Es war so ein großer Sieg für mich, nach allem, was ich hinter mir hatte.

Bevor ich mich mit Susanna auf den Weg in das Restaurant machte, in dem die Veranstalter, meine Eltern und ein paar Freunde auf uns warteten, schickte ich ein großes Dankgebet zum Himmel, denn ich wusste, ohne die Hilfe von oben hätte ich den Abend niemals geschafft.
Bis in die Nacht hinein feierten wir und waren alle sehr glücklich. Eine ganz besonders große Freude machte mir Astrid Schiemann, die Malerin. Sie hatte mir ein wundervolles Bild gemalt, als Dankeschön für meine Musik. Ich konnte es kaum fassen, denn nach meiner Audition hatte ich ihre Bilder sehr bewundert. Und nun bekam ich eines geschenkt. Es war alles wie ein Traum ...

– 31 –

Unfall

... aus dem es am folgenden Tag ein böses Erwachen gab. Ich erlitt einen völligen physischen Zusammenbruch. Die Beine gaben unter mir nach und mein Puls raste. Mein ganzer Körper fühlte sich an, als wäre er gefoltert worden. Ich geriet zum ersten Mal in Panik, durch meine übergroße Verausgabung einen Rückfall riskiert zu haben. Ich war am Boden zerstört und fühlte mich grauenvoll.
Zu meinem Glück rief Dr. Duell, einer der Ärzte aus dem Krankenhaus, an, um zu erfahren, wie mein Konzert gelaufen war. Voller Entsetzen berichtete ich ihm, wie schlecht es mir ging. Innerhalb kürzester Zeit konnte er mich beruhigen. Er meinte: »Ein derartiger Zusammenbruch deutet noch nicht auf einen Rückfall hin. Doch bitte überschreiten Sie nicht öfters Ihre Grenzen. Sonst könnte es tatsächlich gefährlich werden.«
Auch wenn ich erleichtert war, wurde mir einmal mehr bewusst, auf welcher Gratwanderung ich mich noch immer befand. Ich hoffte sehr,

dass meine Blutwerte in fünf Tagen zu meiner Beruhigung beitragen würden.
Die nächsten Tage verbrachte ich damit, mich zu erholen, um für den Kontrolltermin in Großhadern wieder fit zu sein.
Zu meiner großen Freude waren die Ergebnisse der normalen Blutwerte in Ordnung, auf die spezifischen musste man immer noch zwei Wochen warten. Mir fiel ein Stein vom Herzen, denn das bedeutete, dass mein Zusammenbruch mit größter Wahrscheinlichkeit nichts Schlimmeres ausgelöst hatte.
Zur selben Zeit erschien eine hervorragende Zeitungskritik meines Klavierabends. Die vielen positiven Ergebnisse beruhigten mich, denn nun stand meinem nächsten Soloabend in zehn Tagen nichts mehr im Weg. Ich beschloss, gut auf mich aufzupassen, um bis zum Konzert voller Kraft und Energie zu sein.
Hubert war inzwischen von seiner Reise zurückgekehrt. Wir verabredeten uns, gemeinsam Tango tanzen zu gehen. Ich machte mich auf den Weg nach München. Auf der Autobahn bekam ich plötzlich Angst, und es überkam mich das Gefühl, dass ich einen Unfall haben könnte. Ich wusste nicht, was ich tun sollte, denn auf der Autobahn konnte ich nicht anhalten. Ich überlegte, ob das bedeuten könnte, dass ich umkehren und zurück nach Hause fahren sollte. Ich zermarterte mein Gehirn und versuchte, die richtige Antwort zu finden. Da ich jedoch vermutete, dass mir dabei ebenso viel passieren könnte, wie wenn ich weiter fahren würde, entschloss ich mich letztlich, meinen Weg fortzusetzen.
Eine halbe Stunde später wurde ich in München zusammengefahren. Ich hatte an einer roten Ampel angehalten, und der Fahrer hinter mir war mir ungebremst ins Heck meines Golfs hineingefahren. Obwohl ich auf der Bremse stand, wurde mein Auto auf die Mitte der Kreuzung geschleudert. Ich hatte wieder einmal Glück im Unglück. Hätten die Ampeln seitlich von mir schneller auf Grün geschaltet, wären mir die nächsten Autos in meine Türen hineingefahren. Das hätte mich mein Leben kosten können. So realisierten die Fahrer und auch einige Fußgänger den Unfall und kamen mir zu Hilfe. Mein Auto ließ sich keinen Zentimeter mehr von der Stelle bewegen. Ich selbst hatte ziemliche Schmerzen im Nacken und im Rücken. Bis die Polizei kam, infor-

mierte ich Hubert, dass ich ihn nicht abholen konnte. Er erbot sich sofort, zu kommen und mir zu helfen.
Gott sei Dank hatte ich genügend Zeugen, die den Polizeibeamten schilderten, dass ich unschuldig gewesen war. So konnte ich die meiste Zeit in meinem Auto sitzen bleiben, da ich Angst hatte, mich im Schneeregen zu erkälten, was für mich immer noch eine Gefahr darstellte. Nach den Anstrengungen der letzten Tage konnte der Schuss nur allzu leicht nach hinten losgehen.
In der Zwischenzeit war Hubert eingetroffen und organisierte den Abtransport meines Autos. Ferner rief er ein Taxi, das mich zur Untersuchung nach Großhadern bringen sollte, denn ich wollte aufgrund meiner Geschichte nicht ins nächstgelegene Krankenhaus gebracht werden. In Großhadern wurde, wie zu erwarten war, ein heftiges Schleudertrauma diagnostiziert. Da die Finger meiner rechten Hand vollkommen taub waren, wurde mir auch eine Kernspintomographie angeraten. Ich war ziemlich entsetzt, denn so wie es im Moment aussah, würde ich vermutlich nicht in der Lage sein, meinen nächsten Klavierabend zu spielen. Hätte ich nur auf mein Gefühl auf der Autobahn gehört. Ich schwor mir, in Zukunft noch besser auf meine Intuitionen zu achten.
Als ich schließlich mit allen Untersuchungen fertig war und mit der obligatorischen Halskrause versehen war, hatte mich Hubert schon ausfindig gemacht. Er hatte einen Leihwagen organisiert, um mich sicher zu meinen Eltern zu bringen, die ich inzwischen angerufen hatte. Ich war Hubert dankbar, denn ich hätte das alleine gar nicht alles geschafft, da ich noch ziemlich unter Schock stand. Meine Eltern waren erleichtert, als wir einige Stunden später bei ihnen eintrafen.
Es deutete alles darauf hin, dass ich eine Auszeit haben musste. Erst der Zusammenbruch nach dem Konzert und nun der Unfall. Das stimmte mich sehr nachdenklich.
Bei der Kernspintomographie wurde ein Bandscheibenvorfall festgestellt, der für meine tauben Finger in der rechten Hand verantwortlich war. Das waren keine besonders guten Nachrichten. Somit war das geplante Konzert endgültig unmöglich geworden. Außerdem war mein Auto schrottreif, so dass ich wieder einmal in meinem Leben auf dem Land festsaß. Das machte mir ziemlich zu schaffen, denn nach den end-

losen Monaten in Großhadern brauchte ich meine Freiheit beinahe so dringend wie die Luft zum Atmen.
Trotz all dieser Probleme wusste ich jedoch, dass immer alles seinen Sinn hat, und so fügte ich mich ohne zu murren in mein Schicksal.

– 32 –
Auszeit

Glücklicherweise war der Bandscheibenvorfall nicht so gravierend, dass ich operiert werden musste. Mehrmals die Woche brachte mich mein Vater zur Physiotherapie, denn ich durfte vorerst nicht so schnell wieder Auto fahren. Die Therapie war ziemlich schmerzhaft, denn neben dem Bandscheibenvorfall war auch noch mein rechter Arm samt Schulter stark in Mitleidenschaft gezogen worden. Meine rechte Schulter war nicht an ihrem Platz, und so war an Klavierspielen überhaupt nicht zu denken. Ich musste ziemlich an mir arbeiten, um nicht unzufrieden zu sein. Alles hatte so gut ausgesehen, und dann musste dieser Unfall dazwischen kommen.
Als ob es des Übels noch nicht genug wäre, wollten mich mein Rechtsanwalt und die Konzertveranstalter in Dingolfing, die gemeinsam unter einer Decke steckten, auch noch übers Ohr hauen. Zu meinem Glück wurde ich rechtzeitig hellhörig und entzog dem Anwalt das Mandat. Dank einer Empfehlung wurde mein Fall schließlich von der Anwaltskanzlei Engel übernommen, was ich als gutes Omen wertete. Ein junger, engagierter Rechtsanwalt wurde mit meinem Unfall und der Klage gegen die Veranstalter betraut. Ich war mir sicher, dass ich am Ende wieder ein Auto haben würde, vor allem, da ich Anfang des Jahres das Gefühl gehabt hatte, in diesem Jahr ein neues Auto zu bekommen. Vorahnung oder Fügung?

Trotz der Schmerzen versuchte ich so positiv wie möglich zu denken, denn ich hatte ja schließlich während der Monate in Großhadern gesehen, wie viel davon abhängt. Ende April waren Susanna und ich zu einem Musikfestival in Nordrhein-Westfalen eingeladen. Bis dahin wollte ich auf jeden Fall wieder spielen können. So lange ich nicht physisch üben konnte, wollte ich die Stücke mental vorbereiten. Das war gleichzeitig ein gutes Training für meinen Kopf.
In der Zwischenzeit besuchte mich Hubert, so oft es ihm möglich war. Immer brachte er eine wunderbare Aufmerksamkeit mit. Ich fühlte mich nicht alleine, obwohl ich den Eindruck hatte, der Welt schon wieder abhanden gekommen zu sein. Unsere Freundschaft wurde immer tiefer und inniger. Hubert und ich waren sehr glücklich darüber, litten jedoch beide unter seiner immer noch bestehenden Beziehung. Ich wollte auf keinen Fall das dritte Rad am Wagen sein, war mir aber auch nicht sicher, ob ich selbst für eine Partnerschaft bereit wäre, falls sich Hubert von seiner Freundin trennen sollte. Ich hatte mir ja eigentlich geschworen, mich nicht auf eine Beziehung einzulassen, solange ich nicht wieder komplett bei Kräften sein würde.
Kurze Zeit später hielt Hubert die Situation doch nicht mehr aus und trennte sich. Uns beiden fiel ein Stein vom Herzen. Hubert war sich sicher, dass ich die Frau seines Lebens war, doch ich wagte nicht, ihm zu glauben. Auch wenn er sich völlig anders verhielt als die Männer vor ihm, die mir das Blaue vom Himmel herunter versprochen hatten, musste ich erst Herr über meine eigenen Zweifel werden. Außerdem wollte ich abwarten und sehen, wie sich die Situation unter völlig anderen Vorzeichen weiter entwickeln würde. In meinen Augen machte es einfach keinen Sinn, von einer Beziehung in die nächste zu stolpern. Denn ohne einen wirklichen Abschluss gibt es keinen wahrhaftigen Neubeginn.
Ich selbst hatte auch viel zu große Angst, mich wieder so richtig einzulassen, nachdem ich in dieser Hinsicht bisher zu viele negative Erfahrungen in meinem Leben gemacht hatte. Ich wollte mich nicht vollkommen öffnen, solange ich mir nicht sicher war, dass der Richtige vor mir stand. Das war ich mir einfach selbst schuldig. Und schließlich hatte ich ja Zeit.

Letzter Test

Die folgenden Wochen waren ziemlich anstrengend für mich. Ich kämpfte noch immer mit starken Schmerzen, die mich daran hinderten, Freude am Üben zu haben.
Als meine Eltern und ich schließlich einen Physiotherapeuten in der Nähe von Celle empfohlen bekamen, der schon alle möglichen Hochleistungssportler nach schweren Verletzungen wieder fit gemacht haben sollte, beschlossen wir, ihn aufzusuchen. Die Fahrt war eine einzige Tortur für mich. Zum Glück hatte ich zu diesem Zeitpunkt noch keine Ahnung, dass die Behandlungen die Schmerzen während der Fahrt noch bei weitem übertreffen würden. Sonst hätte ich wahrscheinlich auf der Stelle kehrt gemacht.
Der Physiotherapeut stand selbst ziemlich unter Druck, da seine Frau Krebs hatte, womit er sehr zu kämpfen hatte. Ich hatte das Gefühl, als würde ich als ehemalige Krebspatientin etwas davon abbekommen. Meine Mutter, die ebenfalls Sitzungen bei ihm hatte, behandelte er jedenfalls völlig anders.
Die Behandlungen waren äußerst schmerzhaft, dennoch in keiner Weise vergleichbar mit den höllischen Schmerzen, die ein paar Stunden später einsetzten. Ich war am Ende. Ich bin wirklich gewöhnt, einiges auszuhalten. Als Teenager war ich fast ein Jahr von der Schule befreit, da ich eine schlimme Wirbelsäulenverletzung hatte. Nie hatte ich Schmerztabletten geschluckt, da ich wusste, ich würde bei den Schmerzen sonst abhängig davon werden. Aber dieses Mal war ich kurz davor, etwas zu nehmen, denn es war die Hölle. Ich wusste nicht, wie ich sitzen oder liegen sollte.
Während meiner größten Verzweiflung erhielt ich plötzlich einen Anruf von Hubert. Wir stellten fest, dass der Ort, an dem er gerade ein Seminar vorbereitete, nur eine knappe Stunde von mir entfernt war. Er spürte sofort, in was für einer schlechten Verfassung ich war, und beschloss noch im selben Augenblick, mich zu besuchen, sobald er frei sein würde.

Ich glaube, nie zuvor hatte ich mich so sehr über Huberts Anblick gefreut wie an diesem trostlosen Abend. Wie ein Häufchen Elend hing ich in seinen ausgebreiteten Armen. Doch er schaffte es, mir wieder Mut zu machen. Denn ich war aufgrund der Schmerzen beinahe so weit, das Konzert abzusagen. Hubert war jedoch überzeugt davon, dass ich es schaffen würde. Da ich sehr viel auf seine Meinung gab, beruhigte mich seine Aussage. Als er schließlich nachts wieder abfuhr, war ich wesentlich optimistischer gestimmt.

Nur leider hatte ich zu diesem Zeitpunkt noch nicht gelernt, die Zeichen meines Körpers in meinem Sinne zu interpretieren. Heute hätte ich mich keiner weiteren Behandlung bei besagtem Physiotherapeuten unterzogen. Doch damals war ich einfach noch nicht in der Lage zu unterscheiden, dass, was für andere gut sein mochte, für mich noch lange nicht stimmte. Es sollte noch ein langer Weg werden, bis ich das verinnerlicht hatte.

Als meine Eltern und ich nach drei Tagen wieder mit dem Auto nach Hause fuhren, gab es keine Stelle an meinem Körper, die nicht schmerzte. Ich versuchte ständig, meine Position zu verändern, doch es half überhaupt nichts. Als wir endlich in Amberg eintrafen, fühlte ich mich völlig geschunden und zerschlagen. Das Ganze hatte meinen Zustand eher verschlechtert als verbessert. Ich war froh, dass zumindest meiner Mutter die Behandlung geholfen hatte. Sonst hätte ich vermutlich überhaupt keinen Sinn in der Reise sehen können. Es war offensichtlich, dass ich lernen sollte, auf mich selbst und meine innere Stimme zu hören, doch das erkannte ich noch nicht.

Auch mit den Konzertveranstaltern und dem Unfallverursacher gab es weiterhin Schwierigkeiten, die mich ziemlich viel Zeit und Kraft kosteten. Irgendwie grenzte es fast an ein Wunder, dass ich mit den Konzertvorbereitungen dennoch rechtzeitig fertig wurde. Ich bin sicher, das Wissen, dass Hubert zu dem Festival kommen würde, hatte einen großen Anteil daran.

Meine Eltern, Susanna und ich fuhren schon am Tag vor dem Konzert los und durften wieder bei unseren Verwandten in Solingen wohnen. Susannas Freund Günther und Hubert sollten am nächsten Tag eintreffen. Unsere Anspielprobe im Konzertsaal verlief äußerst unangenehm, denn der Veranstalter verbreitete eine derart negative Stimmung, dass

Susanna ganz verunsichert wurde und ich keine Lust hatte, mehr als drei Töne auf dem Flügel auszuprobieren. Ich wusste, dass ich am Abend schon mit ihm zurechtkommen würde.

Nach dieser unerfreulichen Erfahrung war die Freude umso größer, dass Günther und Hubert schon angekommen waren, als wir wieder bei unseren Gastgebern eintrafen. Ich war sehr neugierig darauf, wie sich Hubert hinter der Bühne und nach dem Konzert verhalten würde, denn das zu erleben war entscheidend für mich, um zu sehen, ob er wirklich als Partner für mich in Frage kam. Mit den bisherigen Männern in meinem Leben hatte es damit meistens Probleme gegeben. Zuerst fanden sie es zwar spannend, eine Pianistin zur Freundin zu haben. Doch kaum stand ich auf der Bühne und hatte Erfolg, sah die Sache schon ganz anders aus. Ich hoffte, dass es mit Hubert anders sein würde.

Ich sollte Recht behalten. Er verstand es, im richtigen Moment anwesend zu sein und zu fragen, ob Susanna und ich irgendetwas bräuchten. Kaum erbeten, stand das Gewünschte schon da. Ebenso fühlte er, wann es an der Zeit war zu schweigen. Nie zuvor hatte ich mich hinter der Bühne so wohl und so gut betreut gefühlt.

Auch während des Liederabends spürte ich seine unterstützende Energie. Obwohl meine Schmerzen immer mehr zunahmen, schaffte ich es, durchzuhalten.

Am Ende war ich sehr dankbar. Zum ersten Mal in meinem Leben fühlte ich mich nach einem Konzert nicht einsam und völlig leer. Bis in die Morgenstunden hinein redete ich mit Hubert auf seinem Zimmer und genoss seine Nähe. Meiner geschundenen Seele tat es gut, wieder einmal gehalten zu werden und nicht alles alleine schaffen zu müssen. So langsam rückte die Möglichkeit einer Beziehung immer mehr in Reichweite für mich.

Im Krankenhaus hatte ich mir geschworen, mich nur noch auf den »Richtigen« einzulassen. So hatte ich eine Art Liste zusammengestellt mit all den Eigenschaften, die derjenige haben sollte. Ich war felsenfest davon überzeugt gewesen, dass ich all das testen musste, um zu wissen, ob meine Wahl in Frage kommen würde. Meine Enttäuschungen waren zu groß gewesen, als dass ich noch einmal die gleichen Fehler machen wollte. Für Hubert glich diese Zeit teilweise einem Albtraum, doch er verstand mich und wartete, denn er war sich sicher. Ich

bin ihm sehr dankbar dafür, denn ich kann nur ahnen, was ich ihm da zugemutet habe. Doch nur so hatte ich die Möglichkeit, mein Herz wieder für einen Mann zu öffnen.
Die nächsten Tage brauchte ich noch Zeit, um die neuen Erfahrungen und Empfindungen zu verdauen. Doch vier Tage später war ich schließlich so weit und fragte Hubert, ob er immer noch daran interessiert sei, eine Beziehung mit mir einzugehen. Er wusste zuerst gar nicht, wie ihm geschah. Als er endlich begriff, dass ich Ja zu ihm gesagt hatte, kannte sein Glück keine Grenzen. Und meines ebenso wenig, denn Hubert hatte auch den letzten Test bestanden, nämlich hinter der Bühne.

– 34 –

Fliegen

Der Liederabend und all die anderen Aufregungen waren doch zu viel für meinen geschwächten Körper und mein Immunsystem gewesen. Ich bekam wieder einmal hohes Fieber und wurde fast zwei Wochen außer Gefecht gesetzt.
Hubert gefiel das überhaupt nicht. Ursprünglich hatten wir überlegt gehabt, nach Berlin zu fahren, um Gustavo zu sehen, der beim dortigen »Tango-Festival« auftreten würde. Doch aufgrund meines physischen Zustandes fanden wir das nicht angebracht. Es machte keinen Sinn, uns die Nächte beim Tangotanzen um die Ohren zu schlagen. Da entstand plötzlich die Idee, ans Meer zu fliegen, so dass ich mich endlich einmal erholen könnte, und Hubert würde Recht behalten mit seinem Versprechen, noch in diesem Jahr gemeinsam mit mir zu fliegen.
Innerhalb von drei Tagen organisierte er eine Portugalreise samt Flug, Leihwagen und Hotels für uns. Ich konnte es kaum glauben, als ich am Abreisetag in meine Morgenseiten schrieb, dass ich in einer Stunde in

einem Taxi auf dem Weg zum Flughafen sitzen würde. Mich durchströmte ein Gefühl von unendlicher Dankbarkeit. Es ist mit Worten nicht zu beschreiben, was es für mich bedeutete, endlich wieder an »mein« geliebtes Meer fliegen zu können. Unzählige Male hatte ich in meinem einsamen Krankenhauszimmer davon geträumt, irgendwann wieder in einem Flugzeug zu sitzen, die Wolken zu betrachten und schließlich das Meer wieder zu sehen. Dies war einer meiner sehnlichsten Wünsche gewesen, und nun wurde er erfüllt.
Wunschlos glücklich saß ich neben Hubert in dem Flieger, der uns nach Lissabon bringen sollte. Hubert konnte sich kaum satt sehen an meiner übergroßen Freude. Mir kam das Ganze wie ein Traum vor, so dass ich Hubert bat, mich zu zwicken, damit ich wüsste, dass all dies real war. Wie sehr hatte sich der Lissabonner Flughafen verändert, seit ich vor zwölf Jahren zum letzten Mal dort gewesen war. Er war viel heller und moderner. Damals hatte ich mich fast gefürchtet, als ich knapp zehn Stunden auf den Anschlussflug nach Rio de Janeiro gewartet hatte, da mir alles so dunkel, beinahe unheimlich erschienen war.
Dieses Mal fühlte ich mich sehr wohl und freute mich, als uns der Schlüssel für unseren Leihwagen ausgehändigt wurde. Das Wetter war sonnig, so dass uns eine angenehme Fahrt in Richtung Algarve erwartete. Die Autobahn erschien uns im Vergleich zu Deutschland so gut wie leer. Es war ein fantastisches Gefühl, mit offenen Fenstern bei strahlendem Sonnenschein durch die fast karge Landschaft zu fahren. Wir waren beide überwältigt vor Glück.
Völlig entspannt erreichten wir nach einigen Stunden Portimão. Auch unser Hotel »Bela Vista« hatten wir auf Anhieb gefunden. Wie sehr genoss ich es, nach vielen Jahren endlich wieder einmal Portugiesisch zu sprechen, und die Hotelangestellten waren alle hocherfreut, da doch die wenigsten Touristen ihre Sprache sprechen. Das Hotel war hinreißend, etwas altertümlich und mit unglaublichem Flair. Es war auf einen Felsen direkt am Meer gebaut worden. Sogar ein bemalter, alter Konzertflügel stand im Salon, was mich natürlich besonders begeisterte. Auch unser Zimmer war traumhaft schön. Mit einem Balkon und Blick auf einen Palmenhain zum Meer, und die Wände waren mit Azulejos (blau-weisse Kacheln) voller Engel bedeckt. Wir schliefen sozusagen unter Engeln, die über unseren Schlaf wachten. Das war ein wahrlich

himmlisches Gefühl. Später stellte sich heraus, dass unser Zimmer das einzige mit Engeln war. Das konnte einfach kein Zufall sein.
Plötzlich übermannten mich meine Gefühle so stark, dass ich weinen musste. Obwohl ich sonst nicht so leicht »ans Wasser gebaut« bin, berührte mich all dies so tief, dass ich nicht anders konnte. Hubert verstand mich, nahm mich in seine Arme und wiegte mich sanft, bis ich mich wieder beruhigt hatte.
Danach war es endlich so weit. Wir stiegen die Treppe, die in den Felsen gehauen war, hinunter, um ans Meer zu gelangen. Ich jauchzte vor Begeisterung, als ich den Sand unter meinen Füßen spürte. Auch wenn es abends schon ziemlich kühl war, konnte ich es nicht lassen, ich musste zumindest bis zu den Knien ins Meer gehen. Ein weiteres Mal in meinem Leben erlebte ich, wie sehr mir die Energie des Meeres sofort neue Kräfte schenkte. Es war wunderbar im wahrsten Sinne des Wortes. Als wir auch noch Zeugen eines farbenprächtigen Sonnenuntergangs wurden, war unser Glück vollkommen.
In den nächsten Tagen tankten wir beide wieder auf. Obwohl das Wasser noch ziemlich kühl war, gingen Hubert und ich täglich mehrmals schwimmen. Wir sprangen in die teilweise hohen Wellen und konnten gar nie genug davon bekommen. Ich konnte mich am Anblick des Meeres überhaupt nicht satt sehen. Normalerweise genoss ich es immer, am Wasser zu lesen, und dementsprechend viele Bücher hatte ich dabei. Doch dieses Mal war mir überhaupt nicht danach zumute. Das Meer veränderte sich fortwährend, von Minute zu Minute. Ich liebte es, die Farben und Stimmungen Tag und Nacht zu beobachten. Dieses unglaubliche Wunder in Gottes Natur erfüllte mich mit großer Ehrfurcht. Was für ein Geschenk war doch das Leben. Ich hoffte, dass ich das nie mehr vergessen würde, egal, wie schwierig es erscheinen mochte.

– 35 –
Lissabon

Nachdem wir eine himmlische, unsere große Verliebtheit genießende Zeit im Süden Portugals verbracht hatten, hieß es wieder Koffer packen. Obwohl wir beide unbedingt Lissabon kennen lernen wollten, fiel es uns schwer, uns vom Meer zu verabschieden. Nach einem letzten Spaziergang, bei dem wir in den für die dortige Region so typischen Felsenhöhlen am Meer Verstecken gespielt hatten, rissen wir uns schweren Herzens von dem wunderbaren Anblick los und machten uns auf den Weg nach Lissabon.

Im Auto schworen wir uns, von nun an mehrmals im Jahr, wenn auch nur für kurze Zeit, ans Meer zu fliegen, um unsere Batterien aufzuladen. Beide hatten wir erst im Urlaub gemerkt, wie bitter nötig wir das gehabt hatten. Zudem besitzt das Meerwasser auch noch phänomenale Heilkräfte. Meine ständigen durch den Autounfall verursachten Schulterschmerzen waren wesentlich weniger geworden.

Als Lissabon von Ferne am Horizont sichtbar wurde, freuten wir uns doch, dass wir geplant hatten, uns noch zwei Tage in der »Cidade da luz«, der »Stadt des Lichts« aufzuhalten. So sehr wir beide die Natur lieben, so sehr genießen wir auch das pulsierende Leben einer aufregenden Stadt.

Mit einigen Schwierigkeiten machten wir schließlich unser Hotel ausfindig. Ich war dieses Mal von der Autofahrt so angestrengt, dass wir es uns nur noch im Hotelzimmer gut gehen ließen und dann in ein sehr schönes Restaurant zum Essen gingen.

Am nächsten Morgen waren wir dann so richtig in Stimmung, die Stadt zu erkunden. Mit der Metro fuhren wir in die Innenstadt, da wir unbedingt das berühmte Literatencafé »Café Brasileiro« finden wollten. Ganz in dessen Nähe entdeckte ich eine Kirche und verspürte den dringenden Wunsch, hineinzugehen und zu beten. Sowohl Hubert als auch ich sind keine Kirchgänger, doch es zog uns magisch in die »Basilica da Nossa Senhora dos Martires«. Es herrschte eine ganz besondere Atmosphäre in dieser heiligen Stätte. Hubert und ich beteten beide lange und zündeten schließlich Kerzen zum Dank für meine Heilung an.

Als wir aus der sehr dunklen Kirche wieder ans Tageslicht traten, verspürten wir keine Lust zu bummeln, sondern begaben uns in Richtung Tejo. Dort setzten wir uns ans Ufer und beobachteten das Anlegen und Abfahren der Schiffe. Irgendwann machte sich schließlich Hunger bemerkbar, und wir gingen zurück und setzten uns ins »Café Brasileiro«. Es war sehr alt und wunderschön, doch hauptsächlich von Touristen frequentiert, so dass die ursprüngliche Energie kaum spürbar war. Nachdem wir uns gestärkt und Postkarten geschrieben hatten, begaben wir uns in den nahe gelegenen Buchladen und deckten uns mit Paulo Coelhos Werken in der Originalsprache Portugiesisch ein. Sowohl Hubert als auch mir machte es immer große Freude, in einem fremden Land zu sein und zumindest ein wenig in dieser Sprache zu sprechen. Dadurch entsteht ein ganz anderer Kontakt zu den Landsleuten, was uns beiden sehr wichtig ist. Denn nur über die Menschen eines Landes ist es möglich, die Kultur zu verstehen. Da »Fado« für die Portugiesen das ist, was »Flamenco« für die Spanier ist, kauften wir CDs mit den unterschiedlichsten Interpreten ein, allen voran natürlich Amalia. Mir hatte diese melancholische Musik schon immer gefallen. Leider hatten wir dieses Mal zu wenig Zeit, um in eines der berühmten Fado-Lokale zu gehen. Aber wir waren überzeugt davon, dass wir nicht zum letzten Mal in Lissabon gewesen waren, denn wir fühlten uns sehr wohl dort. Die Menschen sind viel ruhiger und entspannter als in anderen südlichen Ländern. Auch herrschte in keinster Weise eine Hektik wie in München, was mich immer daran hinderte, in die Innenstadt zu fahren und mir etwas zum Anziehen zu kaufen. Da Hubert wusste, dass er mich in München nicht dazu überreden konnte, bummeln zu gehen, weil es mir dort einfach zu anstrengend war, schlug er vor, es in Lissabon zu versuchen. Es war ein riesiger Spaß. Hubert konnte sich nicht daran erinnern, je in seinem Leben so viel Freude am Einkaufen gehabt zu haben. Irgendwann meinte er, nun wolle er mir noch ein Geschenk machen, und entdeckte einen herrlichen beigefarbenen Gehrock, der mir wie angegossen passte. Völlig erschöpft, aber überglücklich landeten wir schließlich mit Tüten beladen wieder im Hotel.
Als wir am nächsten Tag im Flugzeug saßen, waren wir traurig, dass die zehn Tage so schnell vergangen waren. Andererseits war uns jedoch

bewusst, welches Geschenk diese Reise für uns beide gewesen war. Wir wussten mit jedem Tag mehr, wie wunderbar wir zueinander passten, und genossen jede gemeinsame Sekunde in vollen Zügen.

– 36 –

Auf und ab

Leider hatte ich mich im Flieger heftig erkältet und war wieder einmal ans Bett gefesselt. Ich war sehr traurig darüber, denn so konnte ich nicht zur Hochzeit von zwei sehr lieben Freunden aus den USA gehen. Ich hatte so sehr gehofft, dass mich die Zeit am Meer endlich stabiler machen würde, und war enttäuscht feststellen zu müssen, dass dies nicht der Fall war. Noch immer war ich zu blind, um zu verstehen, dass mein Immunsystem aufgrund der starken Chemotherapien völlig angegriffen war. Doch leider war ich immer nur vor einem Rückfall gewarnt und nie auf die endlosen Nachwirkungen der Therapie hingewiesen worden. Da ich felsenfest davon überzeugt war, keinen Rückfall zu bekommen, nahm ich die anderen Zeichen nicht ernst genug.
Die folgenden Monate waren nicht besonders aufregend. Gesundheitlich ging es ständig auf und ab. Ich musste wegen des Autounfalls noch immer mehrmals pro Woche zur Krankengymnastik. Auch mein sonstiger Zustand war sehr gemischt. Die einzige Beruhigung war, dass ich konstant krebsfrei blieb.
Ich glaube, ohne meine Beziehung mit Hubert wäre mein Leben zu diesem Zeitpunkt ziemlich langweilig gewesen. Susanna war immer öfter in Nizza, wo sie Engagements im Extra-Chor der Oper hatte, während ich mehr oder weniger die meiste Zeit zu Hause saß, da ich überhaupt keine Kraft hatte, irgendetwas zu unternehmen. Außerdem hatte ich einsehen müssen, dass es in meinem Zustand nicht sinn-

voll war, weiterhin Konzerte zu spielen, was auch nicht dazu beitrug, meine Laune zu heben.

Meine Eltern fuhren nach vielen Jahren endlich wieder in Urlaub, da Hubert mich an ihrer Stelle unterstützen konnte. Während der folgenden Tage verschlechterte sich mein Zustand immer mehr. Seit Beginn der Chemotherapie hatte ich mit heftigsten Bauchkrämpfen zu kämpfen gehabt, die mittlerweile so schmerzhaft wurden, dass ich mich nur noch krümmte. Sobald ich etwas aß, wurden die Schmerzen noch schlimmer. Hubert und ich waren verzweifelt. Ich bat Gott und die Engel um irgendein Zeichen, denn ich war mit meinem Wissen am Ende. Plötzlich erinnerte ich mich an ein Ayurveda-Buch, das wir auf Anraten von Otto vor mehr als einem Jahr gekauft, jedoch im Bücherregal vergessen hatten. Schon als ich es aufschlug, wusste ich, dass es meine Rettung sein würde. In kürzester Zeit las ich das gesamte Buch und verstand, warum mir so viele Nahrungsmittel noch größere Schmerzen verursachten. Beim Ayurveda gibt es nicht eine einzig richtige Ernährung für alle, sondern die Menschen werden in verschiedene Gruppen unterteilt, die sogenannten ayurvedischen Konstitutionstypen Vata, Pitta und Kapha. Mir wurde klar, dass ich dringend meine Ernährung umstellen musste. Hubert war ebenso davon überzeugt und machte sich sofort auf den Weg, um die wesentlichen Nahrungsmittel, Gewürze und Tees zu besorgen, was sich als kein leichtes Unterfangen herausstellen sollte. Wir waren ja nicht in München, sondern hüteten das Haus meiner Eltern auf dem Land. Dennoch machten schon wenige Veränderungen einen Unterschied, so dass wir beide wieder aufatmen konnten und wussten, dass wir endlich auf eine Lösung gestoßen waren. In der Zwischenzeit hatte auch mein Rechtsanwalt Erfolg gehabt und bei der Versicherung des Unfallverursachers eine beträchtliche Summe für mich durchgefochten, so dass ich mir wieder ein sicheres Auto kaufen konnte. Der Name »Engel« war tatsächlich ein gutes Omen gewesen, und langsam schien es wieder bergauf zu gehen.

Wunderbares Geheimnis

Mit der Entdeckung des Ayurveda bin ich auch wieder auf Yoga gestoßen. Theoretisch hatte ich zwar von klein auf gewusst, welche hervorragenden Wirkungen Yoga hatte, denn ich hatte ja das beste Beispiel dafür vor Augen. Mein Vater praktizierte seit seinem dreizehnten Lebensjahr täglich den Sonnengruß und wirkte wesentlich jünger und fitter als mancher Altersgenosse. Dennoch, von ein paar nicht weiter erwähnenswerten Versuchen abgesehen, hatte ich mich bis dahin nicht eingehender damit beschäftigt. In all den Ayurveda-Büchern waren die vielseitigen Auswirkungen von Yoga auf Körper, Geist und Seele so klar geschildert, dass ich endlich verstand, warum es viel mehr war als bloße Gymnastik. Da ich zu schwach war, einen Kurs zu besuchen, begann ich mir mit Hilfe von Büchern einfache Asanas beizubringen und diese täglich zu üben. Innerhalb kürzester Zeit konnte ich schon eine positive Veränderung meines Allgemeinzustandes feststellen.
Etwa zur selben Zeit begann ich, mir auch Ayurveda-Massagen geben zu lassen. Das war alles andere als ein Vergnügen. Während der Ölmassagen wurde viel Dreck aus meinem Körper zutage gefördert. Es war, als ob dreckiger Sand aus meinem Inneren an die Hautoberfläche gedrungen wäre. Die Therapeutin hatte nie zuvor etwas Ähnliches erlebt, und ich war danach für Tage noch erschöpfter. Erst etwa eine Woche danach war offensichtlich, dass die Massage zu einer Entschlackung beigetragen hatte, woraufhin sich mein Körper langsam besser anfühlte. So beschloss ich, mich vorerst einmal pro Monat dieser hilfreichen Strapaze zu unterziehen.
Während ich versuchte, langsam wieder zu meinen Kräften zurückzufinden, war Hubert oft wochenlang mit verschiedenen Künstlern als Tourmanager unterwegs, was für uns beide nicht gerade einfach war. Hubert litt, wenn er in gesundheitlich schwierigen Phasen nicht bei mir sein konnte, und ich vermisste seine Gesellschaft, da ich auf dem Land bei meinen Eltern doch ziemlich einsam war. Um mir das Leben

zu versüßen, schrieb mir Hubert an jedem einzelnen Tag einen wunderschönen Brief. Es war unglaublich. Meistens lag schon Post von ihm auf meinem Platz, wenn ich zum Frühstück erschien. Welch wunderbares Gefühl, so sehr geliebt zu werden. Mir war bewusst, unter welchen Bedingungen Hubert es möglich machte, mir täglich zu schreiben. Er hatte auch ohne diese »zusätzliche Aufgabe« meist nur Zeit, zwischen drei und fünf Stunden zu schlafen. Umso mehr bedeuteten diese Briefe. Es war und ist bis heute ein kostbares Geschenk. Ich besitze eine Kiste mit hunderten von Briefen, und es werden immer noch mehr.

Anfang Dezember war Hubert mit dem Giora-Feidman-Quartett in Memmingen, also gar nicht allzu weit von uns entfernt. So konnte ich ihn nach vier Wochen endlich wieder sehen und auch gleich in ein inspirierendes Konzert gehen. Wie sehr genoss ich es, vor dem Konzert und in der Pause mit Giora und seinen Musikern, die mich mit offenen Armen empfingen, im Künstlerzimmer zu sitzen und über Musik zu reden. Es erinnerte mich an alte Zeiten, in denen ich selbst mit befreundeten Musikern und Tänzern unterwegs gewesen war. Auch das Konzert »Tango Klezmer« begeisterte mich. Es tat gut, endlich wieder einmal etwas Schönes außerhalb der eigenen vier Wände zu erleben. Als Hubert und ich Giora schließlich ins Hotel gebracht hatten, zogen wir uns, glücklich, endlich ein bisschen Zeit für uns alleine zu haben, in unser Hotelzimmer zurück. Plötzlich stellten wir fest, dass wir beide die Idee gehabt hatten, wie wunderbar es wäre, wenn wir uns verloben würden und somit ein Zeichen setzen würden, dass wir wirklich ernsthaft miteinander verbunden waren. Es erfüllte uns mit tiefer Freude, dass wir dies beide empfanden. Wir überlegten sofort, wo der ideale Ort für unsere Verlobung sein könnte: Paris, Barcelona – und da war es auf einmal … Lissabon, die Stadt des Lichts, die wir beide so geliebt hatten. Noch in derselben Nacht buchte Hubert von unserem Hotelbett aus unseren Flug nach Portugal. Überglücklich lagen wir in unseren Kissen und beschlossen, dieses süße Geheimnis für uns zu behalten und unseren Eltern und Freunden nur zu erzählen, dass wir über Sylvester nach Lissabon fliegen werden.

Vorfreude

In den folgenden Wochen war ich voller Vorfreude und konnte es kaum erwarten, mit Hubert nach Portugal zu fliegen. Unser Vorhaben erfüllte mich mit so viel Kraft, dass es zum Jahresende gesundheitlich endlich wieder richtig bergauf ging. Wie wunderbar war doch mein Leben. Ich hatte den Krebs besiegt und in Hubert einen wahren Engel an meiner Seite.
Nach sehr besinnlichen Weihnachtstagen auf dem Land war es endlich so weit. Mein Koffer war gepackt, und meine Eltern brachten mich an den Münchener Flughafen, wo Hubert schon auf mich wartete. Dankbar verabschiedeten wir Uschi und Gero und checkten ein. Als wir schließlich im Flieger saßen, waren wir so überwältigt von unserem Glück, dass wir uns schweigend an den Händen hielten.
Auf einmal kam eine Durchsage, dass wir erst später starten könnten, da Luft in den Reifen fehlen würde. Es machte uns nichts aus, im Flugzeug zu warten, da wir beide sehr gerne fliegen und jede Minute in einem Flieger genießen. Wir nutzten die Zeit, um zu beten und zu meditieren.
Nach einer Stunde war es dann so weit und es konnte losgehen. Während des Fluges überlegten wir, was wir uns in Lissabon anschauen wollten. Es gab viel zu sehen, doch uns war klar, dass wir nicht alles schaffen würden, da ich noch immer nicht so ganz bei Kräften war.
Als der Pilot schließlich in Lissabon zur Landung ansetzte, gab es erneut einen Zwischenfall, so dass er das Flugzeug wieder durchstarten musste.
Nach all den Ereignissen waren Hubert und ich doch erleichtert, als wir mit beinahe zweistündiger Verspätung auf sicherem Boden standen. Wir fanden sofort ein Taxi, das uns zu unserem Hotel im Stadtzentrum bringen sollte, und waren sehr gespannt, was uns erwarten würde.
Als wir an der Rezeption das Fax mit unserer Zimmerreservierung abgaben, konnten wir es kaum glauben, dass uns der Schlüssel für eine Suite ausgehändigt wurde, obwohl wir nur ein Doppelzimmer reser-

viert hatten. Wir fragten noch einmal nach. Tatsächlich, wir bekamen eine Suite zum Preis eines Doppelzimmers. Wir konnten unser Glück kaum fassen und deuteten es als gutes Omen für unseren weiteren gemeinsamen Lebensweg. Völlig begeistert betraten wir die Suite und machten uns daran, unsere Sachen auszupacken. Wir hatten so viel Platz, dass wir in zwei verschiedenen Räumen sogar gleichzeitig unsere Yogamatten ausbreiten konnten.

Nachdem wir uns gemütlich eingerichtet und frisch gemacht hatten, fuhren wir mit der Metro in die Baixa, einen Stadtteil von Lissabon. Wir hatten in Deutschland keine gemeinsame Zeit mehr gefunden, um nach Verlobungsringen zu suchen, und hofften nun, unser Glück in der Stadt des Lichts zu machen. Hubert hatte in unseren Reiseführern gelesen, dass es in der Rua do Ouro, der Straße des Goldes, nur so von Juwelieren wimmelte. Also begaben wir uns dorthin. Wir klapperten ein Geschäft nach dem anderen ab, wurden aber keineswegs fündig. Als schließlich die Läden geschlossen wurden, waren wir ziemlich enttäuscht. Am nächsten Tag wollten wir unsere Verlobung feiern, und wir hatten noch immer keine Ringe. Um wieder auf bessere Gedanken zu kommen, machten wir uns auf den Weg ins berühmte »Café Luso«, in dem einst die berühmteste Fado-Sängerin aller Zeiten, Amália Rodrigues, aufgetreten ist, denn wir wollten uns für den nächsten Abend einen Tisch reservieren lassen. Wir wurden sehr freundlich auf Englisch begrüßt. Hubert bat um einen besonders schönen Tisch für zwei. Als sich herausstellte, dass wir uns am Sylvestertag in Lissabon verloben wollten und auch noch Portugiesisch verstanden, wurden wir gleich wie alte Bekannte behandelt. Danach gingen wir in ein stimmungsvolles Restaurant, das wir noch von unserem letzten Aufenthalt in bester Erinnerung behalten hatten. Nach dem Essen wanderten wir gemütlich zurück zu unserem schönen Hotel und baten die Engel, uns am nächsten Tag bei unserer weiteren Suche nach zwei passenden Ringen beizustehen.

Beide waren wir sehr aufgeregt, was den folgenden Tag betraf. Zu unserem Glück waren wir jedoch von der Reise und dem langen Tag so erschöpft, dass wir nur noch in die Kissen sanken und sofort einschliefen.

- 39 -
Verlobung

Am nächsten Morgen standen wir zeitig auf, um in Ruhe nach unseren Verlobungsringen suchen zu können, bevor die Läden am Sylvestertag schließen würden. Nach einer kurzen Yogasession und einem ausgiebigen Frühstück nahmen wir uns ein Taxi und fuhren zu einem der größten Einkaufszentren Lissabons, in der Hoffnung, dort mehr Glück zu haben.
Aber es war wie verhext. Beinahe in jedem Laden gab es einen sehr schönen Ring, aber die Größen passten immer nur einem von uns beiden. Schließlich wurde uns das Phänomen erklärt. Um diese Zeit hatten wohl mehrere Menschen die gleiche Idee wie wir. Deshalb war das Sortiment so gut wie ausverkauft. Erst Mitte Januar sei mit neuer Ware zu rechnen. Das trug wahrlich nicht zu unserer Begeisterung bei.
Nach mehreren Stunden aussichtslosen Suchens fuhren wir wieder ins Stadtzentrum und stärkten uns erst einmal.
Plötzlich hatte ich das Gefühl, dass wir nicht weiter nach Ringen Ausschau halten sollten. Wir waren uns einig, dass wir nicht wegen der Ringe nach Portugal gekommen waren, sondern, weil wir uns hier verloben wollten. Obwohl wir beide selten in die Kirche gehen und es vorziehen, zu Hause oder in der Natur zu beten, hatten wir das Bedürfnis, uns einen geweihten Ort für unser Ritual zu suchen. Wir erinnerten uns an die wundervolle Kirche, die wir im Mai entdeckt hatten, die »Igreja da Nossa Senhora dos Martirios«. So machten wir uns auf den Weg dorthin. Voller Andacht betraten wir den heiligen Ort und beschlossen, uns vor einer herrlichen Weihnachtskrippe niederzulassen und unsere Zeremonie abzuhalten. Jesus Christus brachte eine so wunderbare, bis heute gültige Botschaft über die Liebe zu uns Menschen, dass es für uns keinen schöneren Platz als seine Krippe gab, um unsere Liebe füreinander zu besiegeln. Zuerst beteten wir still um eine erfüllte Zukunft, bis wir uns voller Inbrunst an den Händen fassten und uns tief in die Augen sahen. Mit seiner so innigen Stimme sagte Hubert: »Was auch immer geschehen möge, ob du gesund bist oder wieder in

Lebensgefahr sein solltest, was auch immer das Schicksal uns bringen möge, ich stehe an deiner Seite, unterstütze dich und liebe dich.«
Mit Tränen in den Augen vor tiefer Rührung antwortete ich, dass auch ich ihn immer lieben und unterstützen würde, ganz egal, was in unserem gemeinsamen Leben passieren würde. Noch lange saßen wir da, in tiefer Andacht versunken.
Wir hatten jegliches Zeitgefühl verloren, als wir wieder aus der Kirche traten. Einer Eingebung folgend begaben wir uns zur »Praca Dom Pedro 4«. Dort gab es noch zwei Juweliere. Wir beschlossen, dass dies unser letzter Versuch sein sollte. Ersterer hatte herrlich antike Ringe anzubieten, die jedoch keinem von beiden uns passten. Voller Aufregung betraten wir den »letzten« Laden. Und siehe da, es gab wunderschöne, schmale goldene Ringe in unseren Größen, genau so, wie wir es uns vorgestellt hatten. Wir waren sprachlos vor Glück. Der Juwelier packte sie uns in eine sehr hübsche Schachtel, und Hubert bewahrte sie in der Innentasche seines Jackets, direkt an seinem Herzen auf. Es war wirklich unglaublich, kaum hatten wir uns verlobt, wurden wir geführt und fanden das Gewünschte mit Leichtigkeit. Das beschlossen wir zu feiern und setzten uns in die berühmte »Pasteleria Suiça«, um uns das Leben auch auf diese Weise noch zu versüßen.
Ziemlich erschöpft, jedoch überglücklich fuhren wir schließlich zurück in unser Hotel. Wir verteilten die Geschenke, die wir füreinander aus Deutschland mitgebracht hatten, um die Schachtel mit den Ringen auf unserem Bett. Immer abwechselnd öffneten wir ein Geschenk nach dem anderen. Lustigerweise schenkten wir uns beide jeweils ein Parfum, ein Buch und eine Musik-CD. Schließlich war es so weit. Hubert öffnete das kostbare Schmuckkästchen und holte den Ring für mich heraus. Voller tiefer Liebe steckte er ihn mir an meinen Ringfinger und wiederholte noch einmal die wunderbaren Worte von vorher. Dann war ich an der Reihe. Ich nahm Huberts Hand und streifte den für ihn bestimmten Ring behutsam über seinen Ringfinger. Auch ich erneuerte ein weiteres Mal mein Versprechen. Wir küssten uns leidenschaftlich und verbrachten den restlichen Nachmittag im Hotel.
Nachdem ich mich mit einer Nudelsuppe, die Hubert für mich gekocht hatte (wir reisten immer mit Kochplatte, da ich manches immer noch nicht essen konnte), gestärkt hatte, und wir uns beide in Schale gewor-

fen hatten, fuhren wir mit dem Taxi zum »Café Luso«. Es war ein herrlicher, allein stehender Tisch ganz in der Nähe der Bühne für uns reserviert worden. Sobald unsere Gläser gefüllt waren, kamen die Besitzer zu uns und gratulierten uns zu unserer Verlobung und stießen mit uns an. Auch alle Kellner wünschten uns der Reihe nach Glück.
Es sollte ein unvergesslicher Abend werden. Das Menü war sehr fein, und der Fado erwärmte unser Herz, wenngleich die Sänger natürlich nicht mit Amália Rodrigues verglichen werden durften. Die Stimmung war ausgelassen und heiter, umso mehr, als es auf Mitternacht zuging. Hubert und ich ließen uns davon jedoch nicht stören, sondern genossen unseren romantischen Abend. Die Menschen schienen zu spüren, dass wir für uns sein wollten, und machten keine Versuche, mit uns zu scherzen oder zu tanzen. Um Mitternacht gingen wir auf die Straße und betrachteten die Sterne am Firmament und sandten alle Wünsche für das kommende Jahr zum Himmel. Was für ein himmlisches Ende für 2002 und welch traumhafter Beginn für 2003! Wir konnten es kaum erwarten, unseren Eltern am nächsten Morgen von der großen Neuigkeit zu erzählen.

– 40 –

Neuer Lebensabschnitt

Mit den Ringen an unseren Fingern erwachten wir erst gegen Mittag, da wir beide sehr müde gewesen waren. Das erste, was wir an diesem Neujahrstag übereinstimmend feststellten, war, dass wir uns völlig anders fühlten als zuvor. Wir waren uns auch vor der Verlobung sicher gewesen, dass wir zusammen bleiben wollten und es nicht einfach nur gemeinsam versuchen wollten, dennoch hatte das Ritual alles verändert und uns gemeinsam in eine neue Richtung gebracht. Wir fühlten

uns einander so viel näher, als wir es noch einen Tag zuvor empfunden hatten.
Nachdem wir in unserer Suite gefrühstückt hatten, machten wir uns an die fälligen Anrufe. Zu unserer großen Freude reagierten sowohl Huberts als auch meine Eltern begeistert auf die Neuigkeit unserer Verlobung. Beide Elternpaare wollten dies noch auf besondere Art mit uns feiern. Es war schon ein sehr schönes Gefühl zu wissen, von den Eltern des jeweiligen Partners akzeptiert zu werden. Vor allem mir bedeutete das sehr viel, denn ich hatte schon miterlebt, dass Eltern mit der Wahl der schon einmal an Krebs erkrankten Schwiegertochter überhaupt nicht glücklich waren. Huberts Eltern unterstützten unsere Verbindung jedoch aufs Herzlichste. Der erste Kommentar von Huberts Vater über mich, als er mich noch nicht einmal kannte, aber über meine musikalische Laufbahn Bescheid wusste, war: »Eine Celibidache-Schülerin, die nehmen wir!«
Dementsprechend hatte er sich von Anfang an verhalten, ebenso seine Frau. Dass sie sich nun auch über unsere Verlobung so glücklich zeigten, hinterließ eine große Erleichterung in mir.
Zu guter Letzt riefen wir noch meine liebe Freundin Tilde an. Sie kannte mich nun seit vierzehn Jahren und hatte mein ganzes Leid in Bezug auf die Männerwelt mitbekommen. Umso mehr freute sie sich nun über die wunderbare Nachricht, denn auch sie hatte Hubert ins Herz geschlossen.
Wir trödelten noch eine ganze Weile herum, bevor wir schließlich das Hotel verließen. Es regnete leicht, war jedoch keineswegs kalt, und wir bummelten stundenlang durch die schönen Straßen Lissabons und fühlten uns durch den Regen wie frisch getauft in einem Leben, das soeben auf wunderbare Weise begonnen hatte. Wir waren so überwältigt von einem unendlichen Glücksgefühl, dass wir teilweise vollkommen schweigend, nur mit einem strahlenden Lächeln im Gesicht, durch die Stadt liefen.
Irgendwann machte sich dann doch unser Körper bemerkbar, der trotz unseres Glückes noch irdische Nahrung brauchte, und wir fanden ein indisches Restaurant.
Uns blieben dann noch drei weitere herrliche Tage in Lissabon, die wir in vollen Zügen genossen. Auch wenn wir nur einen Bruchteil der Dinge

anschauen konnten, die wir uns vorgenommen hatten, da ich immer wieder mit meinem körperlichen Zustand zu kämpfen hatte, sahen wir doch die für uns besonders bedeutungsvollen Orte. Wir besuchten die »Casa Museu Amália Rodrigues«, das ehemalige Wohnhaus der Ikone des Fado. Es war eine besondere Erfahrung, mit vier anderen Menschen durch die privaten Räume von Amália geführt zu werden, mehr über ihr Leben zu erfahren, alte Aufnahmen von ihr zu hören, ihre traumhaften Kleider und mit Perlen bestickten Schuhe zu bewundern, ihre kostbaren antiken Möbel zu betrachten, und dennoch fühlten wir uns ein bisschen wie Voyeure, die in die Intimsphäre eines sehr empfindsamen und auch verletzlichen Wesens eindrangen. Mit etwas gemischten Gefühlen verließen wir dieses beinahe märchenhafte Haus. Natürlich »mussten« wir mit der berühmten nostalgischen Eléctrico (Trambahn) Nummer 28 durch die schönsten Viertel der »Cidade da luz« fahren. An Orten, die besonders einladend auf uns wirkten, stiegen wir aus und erkundeten die Umgebung zu Fuß.

An einem der Abende begaben wir uns noch auf die Suche nach einem Tangosalon, denn wir hatten schon länger nicht mehr getanzt. Zum einen weil ich einfach nicht fit genug gewesen war, andererseits weil wir uns in München, seit wir ein Paar waren, in der Tangoszene nicht mehr so wohl gefühlt hatten. Die Gastgeber begrüßten uns sehr herzlich. Wir genossen es sehr, von niemandem angesprochen zu werden und die ganze Nacht in enger Umarmung mit großer Passion zu tanzen. Alejandro, der DJ, legte viel Pugliese auf, für den Hubert und ich ein besonderes Faible haben. Teilweise war die Tanzfläche ziemlich leer, so dass wir mit langen, weit ausholenden Schritten durch den herrlich altertümlichen Saal »flogen«. Mit schmerzenden Füßen, aber vollkommen inspiriert, stiegen wir nach vielen Stunden Tanzens am frühen Morgen in ein Taxi, das uns wieder zurück in unser Hotel brachte.

Voller Glück, gemischt mit ein bisschen Wehmut, begaben wir uns nach einer Woche wieder zum Flughafen und hinterließen das Versprechen, nicht das letzte Mal in dieser für uns so besonderen Stadt gewesen zu sein.

– 41 –

Böses Erwachen

Trotz unseres großen Glücks ging es mir in den folgenden Monaten nicht besonders gut. Ich verbrachte immer wieder mehrere Wochen im Bett, kämpfte mit Fieber und scheußlichen Bauchschmerzen. Da die Krebsnachsorgeuntersuchungen nie Anlass zur Sorge boten, machten wir uns keine weiteren Gedanken über meinen Zustand. Wir führten es einfach auf die Nachwirkungen der Chemotherapie zurück und hofften, dass sich dies im Laufe der Zeit geben würde. Wir erkannten die Vorzeichen leider nicht.
Ein besonderes Ereignis hellte meine gedrückte Stimmung wieder auf. Der lang ersehnte Klavierabend von Ivo Pogorelich in der Münchner Philharmonie. Er hatte sich genau in den Jahren, in denen ich nur schwer ins Konzert hätte gehen können, zurückgezogen und war nun zu meiner Freude wieder auf größerer Tournee in Deutschland unterwegs. Hubert hatte Ivo Pogorelich noch nie live gehört, und so war ich neugierig, was er von dessen Klavierspiel halten würde. Mich berührte seine Art, Klavier zu spielen, zutiefst. Stücke, die ich oft gehört hatte, erschienen mir unter seinen Händen wie neugeboren. Es war, als würde ich sie zum ersten Mal vernehmen, denn Pogorelich entdeckte jede noch so verborgene Stimme eines Werkes.
So war auch dieser Klavierabend wieder unvergesslich. Vor der Pause spielte er die »Sonate in c-moll, op. 111« von Ludwig van Beethoven, die ich ganz besonders liebe. Obwohl ich sie schon mehrmals von Pogorelich im Konzert gehört hatte, war ihm eine weitere Steigerung gelungen. Es ist mit Worten nur schwer zu beschreiben. So kraftvoll er den ersten Satz spielte, so überirdisch gelang ihm das Finale der Arietta. Es war nicht mehr von dieser Welt. Wir waren sprachlos, es hatte unsere kühnsten Erwartungen übertroffen.
In der zweiten Hälfte folgten dann Werke von Liszt und Rachmaninoff. Besonders die »Moments musicaux, op. 36« von Rachmaninoff bezauberten mich im wahrsten Sinne des Wortes. Ich vergaß meine Umgebung vollkommen und tauchte ein in eine Welt voller Licht und Farben.

Mein ganzer Körper vibrierte und sog jeden einzelnen Klang in sich auf. Am Ende des Konzertes fühlte ich mich so reich beschenkt, dass mich eine tiefe Freude durchdrang, die, wie ich wusste, noch tagelang andauern würde.
Im Anschluss an das Konzert warteten wir hinter der Bühne auf Ivo Pogorelich. Er freute sich sehr, meine Eltern, Hubert und mich zu sehen. Besonders glücklich war er darüber, mich so gesund vorzufinden, denn er wusste von meiner Erkrankung. Schließlich gingen wir gemeinsam hinunter in die Tiefgarage. Als wir uns verabschiedeten, meinte er zu mir: »Wir müssen solch schwere Zeiten in unserem Leben durchmachen, um näher zu Gott zu finden.«
Lange noch zehrte ich von dem hinreißenden Konzert und unserer Unterhaltung. Zu diesem Zeitpunkt hatten wir nicht die leiseste Ahnung, dass mir mein Körper bald wieder einen Strich durch die Rechnung machen würde.
In meiner näheren Umgebung häuften sich die Nachrichten von Bekannten, die an Krebs oder auch »nur« an den Nachwirkungen der Chemotherapie wie Leber- oder Nierenversagen starben. Es war sehr deprimierend, besonders, da sich mein eigener Zustand täglich auf alarmierende Weise verschlechterte, obwohl die Krebsnachsorge wieder keine auffälligen Ergebnisse geliefert hatte.
Als ich eines Morgens dann große Mengen Blut spukte, wusste ich, dass ich mich wieder in Lebensgefahr befand. Ich bekam es mit der Angst zu tun, da ich keine Ahnung hatte, was ich tun sollte, aber ich wusste, ich musste einen anderen Weg als den konventionellen finden, um am Leben zu bleiben.
Etwa zwei Wochen, nachdem ich angefangen hatte, Blut zu spucken, wollten Hubert und ich nach Frankreich in den Urlaub fliegen. Normalerweise hätte ich mich unter solchen Umständen, zudem noch mit ziemlich hohem Fieber, nie in ein Flugzeug gesetzt, doch irgendwie waren wir uns einig, dass ich unbedingt ans Meer musste. Es war, als hätten sowohl meine Eltern, Hubert und ich als auch Tilde geahnt, dass dort meine Rettung zu finden war.
Mir war wahrhaftig elend zumute, und ich weiß bis heute nicht, wie ich es geschafft habe, zu packen und zum Flughafen zu fahren. Doch als ich schließlich zusammen mit Hubert im Flugzeug nach Marseille

saß, spürte ich eine große Erleichterung. Irgendwie war Fliegen für mich etwas Wunderbares. Ich fühlte mich dem Himmel, Gott, immer näher als auf der Erde.

Von Marseille fuhren wir mit dem Leihwagen nach Sanary-sur-Mer, wo wir im berühmten Hotel »De la Tour« wohnen wollten, in welchem auch schon Thomas Mann abgestiegen war.

Ich war ziemlich erschöpft, als wir im Hotel anlangten. Das Fieber war auch wieder gestiegen, doch der Blick aus dem Fenster auf den kleinen Hafen versöhnte mich mit der Welt. Wir beschlossen, mit dem Auto an den nächstgelegenen Strand zu fahren, damit ich sofort in die Energie des Meeres würde eintauchen können. Es war unglaublich, kaum tauchte ich in das kühle Nass, fühlte ich mich wie neugeboren. Ich verbrachte so viel Zeit wie möglich im Wasser. Interessanterweise hatte ich danach kein Fieber mehr, was uns sehr glücklich machte, denn es war zwei Wochen lang kaum gesunken.

Doch wir freuten uns zu früh. Am Abend war es wieder da. In den nächsten Tagen beobachteten wir täglich das gleiche Spiel. Kaum war ich eine Weile im Meer gewesen, war das Fieber verschwunden, und ich fühlte mich wesentlich besser. Wenige Stunden später jedoch war die Temperatur wieder sehr hoch. Ich hatte zum Glück aufgehört, Blut zu spucken, dennoch war uns bewusst, dass mit mir irgendetwas überhaupt nicht stimmte. In München hatte ich nichts Weiteres unternehmen können, da die Ärzte, zu denen ich Vertrauen gehabt hätte, verreist waren. Und meine innere Stimme hatte mir eindeutig davon abgeraten, jemand anderen aufzusuchen.

Während ich schwamm, kam mir plötzlich der Gedanke, dass mir Susanna erzählt hatte, sie hätte von einem Arzt in Südfrankreich gehört, der schon einige Erfolge mit Krebskranken zu verzeichnen hatte. Sobald ich aus dem Wasser stieg, berichtete ich Hubert davon, denn wir wollten einige Tage später nach Nizza fahren und Susanna besuchen. Er war auch der Ansicht, dass wir gleich am nächsten Tag, wenn wir bei Susanna in Nizza ankommen würden, Genaueres herausfinden sollten.

Die Fahrt nach Nizza war eine einzige Tortur für mich. Es war schrecklich heiß, und das Auto hatte keine Klimaanlage. Ich hatte das Gefühl zu ersticken, denn ich bekam kaum mehr Luft vor unerträglicher Hitze. Es war ein einziger Albtraum.

Als wir nach etwa drei Stunden endlich bei Susanna eintrafen, fiel ich nur noch apathisch auf das Bett des Apartments, das Susanna für uns gemietet hatte. Sie erkannte sofort, wie es um mich stand, und besorgte auf der Stelle die Telefonnummer des besagten Arztes. Da sie fließend französisch spricht, baten wir sie, anzurufen und so schnell wie möglich einen Termin für mich zu vereinbaren. Aufgrund der dringlichen Situation bekamen wir einen für den folgenden Tag.

Voller Dankbarkeit, aber auch ziemlich nervös, machten Hubert und ich uns am nächsten Morgen auf den Weg, denn wir wussten, dass die Nachrichten, die wir erhalten würden, alles andere als beruhigend sein würden. Ich bat Hubert, auf mich zu warten, denn ich wollte alleine mit dem Arzt sprechen. Wie froh war ich, einem sympathischen Mann mit einer wunderbar positiven Ausstrahlung gegenüberzusitzen. Nach einer langen Anamnese ging er zu den Untersuchungen über. Ich war innerlich äußerst angespannt, denn ich ahnte Schlimmstes. Er stellte fest, dass ich ganz knapp vor einem Leberversagen stand und dass mein Magen und meine anderen inneren Organe kaum mehr arbeiteten. Ich wusste, dass diese Diagnose ein zweites Mal mein Todesurteil bedeuten konnte, denn gerade vor wenigen Wochen war die Freundin einer Bekannten an Leberversagen gestorben, obwohl diese eine wesentlich schwächer dosierte Chemotherapie erhalten hatte als ich.

Ich atmete tief durch. Dann fragte ich, was wir tun könnten, denn ich wollte auf keinen Fall zurück in die Klinik. Der Arzt meinte, meine einzige Chance sei, mich einer intensiven Entgiftungskur zu unterziehen, die alles andere als angenehm sein würde. Ansonsten würde das Gift, das sich noch immer in meinem Körper befand, auch die weiteren Organe angreifen. Ich spürte, dass er Recht hatte, und ließ mir genau erklären, was ich zu tun hatte. Als erstes musste ich meine Ernährung noch einmal komplett verändern, denn mein System war kaum in der Lage, schwerere Nahrungsmittel zu verarbeiten. Ferner nannte er mir verschiedene Präparate, die mich entgiften würden. Da ich kein Geld hatte, um mich der Kur in Südfrankreich zu unterziehen, wusste ich, dass ich es mit Hilfe von Hubert und meinen Eltern zu Hause machen würde. Es war die einzige Möglichkeit, die mir blieb.

Albtraum

Als wir nach Deutschland zurückgekehrt waren, begannen wir sofort mit der Entgiftungskur.
Was dann in den nächsten Monaten folgte, war der reinste Albtraum. Es ist mit Worten kaum zu beschreiben und war um ein Vielfaches schlimmer als die Nebenwirkungen der Chemotherapie. Das Gift, das sich in bestimmten Organen festgesetzt hatte, begann zu zirkulieren. Ich hatte ständig höllische Schmerzen ohne Unterlass. Meine Augen, die von der Chemotherapie besonders angegriffen gewesen waren, begannen zu eitern wie bei neugeborenen Kätzchen, und es war kein Weiß mehr in meinen Augen zu sehen. Ich konnte wochenlang kaum etwas sehen. Es war wahrlich die Hölle. Ich vegetierte nur mehr vor mich hin. Dennoch wollte ich unter keinen Umständen zurück in eine Klinik, da dort zu viele Menschen in ähnlichen Situationen gestorben waren.
Dieses Mal bat ich meine Eltern, Hubert und die wenigen Menschen, die um meinen Zustand wussten, nicht mit anderen darüber zu sprechen. Denn ich wusste, dass ich sonst nur negative Energien spüren würde, die es mir erschweren würden, positive Ergebnisse zu manifestieren. Da jeder Gedanke wie ein Magnet wirkt, der noch mehr von der gleichen Energie anzieht, konnte ich keine angst- und sorgenvollen Gedanken von anderen brauchen. Es genügte schon, mit meinen eigenen zurechtkommen zu müssen.
Ich bin mir sicher, wenn ich nicht die ganze Zeit über Huberts unendliche Liebe zu mir gespürt hätte, wäre ich versucht gewesen aufzugeben. Ich lag im heißesten Sommer monatelang im verdunkelten Zimmer und konnte einfach nichts tun, auch keinen Besuch empfangen, da ich viel zu schwach war. Es war wirklich schwierig, dabei nicht in negativer Stimmung zu versinken.
Wieder waren die Bücher von Louise L. Hay mein Lebensanker. Sobald sich meine Augen ein bisschen erholt hatten (ich sah immer noch wie ein Alien aus, konnte zum Glück aber wieder besser sehen), verschlang

ich »Gesundheit für Körper und Seele«, »Wahre Kraft kommt von innen« und »Das Leben lieben« der Reihe nach. Wieder beobachtete ich den ganzen Tag über aufmerksam meine Gedanken und verwandelte sie mit Hilfe von positiven Affirmationen, wenn sie zu negativ waren. Das war ziemlich anstrengend, denn mein Körper war viel schwächer als drei Jahre zuvor, dem Zeitpunkt, als Leukämie diagnostiziert worden war.

Wenn es kaum mehr auszuhalten war, malte ich mir immer aus, was Hubert und ich noch alles gemeinsam unternehmen würden, sobald ich ganz gesund sein würde. In meiner Vorstellung reiste ich zusammen mit ihm an die wunderbarsten Orte dieser Welt. Diese Phantasiereisen unterstützten mein inneres Wohlergehen ungemein. Irgendwie wusste ich, dass sich diese Träume irgendwann erfüllen würden. Es war, als ob mir ein Engel ins Ohr flüsterte, dass meine Zeit noch nicht abgelaufen sei.

– 43 –

Erleichterung

Schließlich verbesserte sich mein Zustand wieder, und der Entgiftungsprozess schien zu wirken.

Nach drei Monaten war es wieder so weit. Wir mussten uns auf den Weg nach Südfrankreich machen, um mich erneut durchchecken zu lassen. Wieder war es ein beinahe unmögliches Unterfangen für mich, zu packen und an den Flughafen zu gelangen. Doch irgendwie schaffte ich es.

Es war wirklich verrückt, kaum saßen Hubert und ich in Nizza im Taxi und ich sah das Meer an meiner rechten Seite, war ich ein anderer Mensch. Es war, als würden mich Wellen von Energie durchströmen.

Innerhalb von Minuten tankte ich auf. Da wurde mir einmal mehr bewusst, warum meine Sehnsucht nach dem Meer immer so groß war.
Da mein Arzttermin erst ein paar Tage später geplant war, verbrachten Hubert und ich die nächsten Tage fast ausschließlich am Meer. Wir beide hatten Erholung von den vergangenen schrecklichen Monaten mehr als nötig. Stundenlang verbrachte ich täglich im Wasser und war sehr dankbar, es zumindest wieder so weit geschafft zu haben.
Noch größer war aber die Freude, als bei meinem Arzttermin nach stundenlangen Untersuchungen schließlich herauskam, dass ich nicht mehr in Gefahr schwebte. Der Arzt sagte ganz leise: »Ich bin so froh, Sie in diesem Zustand wieder zu sehen. Bei Ihrem letzten Besuch war ich mir nicht sicher, Sie noch einmal lebend zu sehen. Dies verdanken Sie Ihrem außergewöhnlichen Mut. Jemand anderem hätte ich diese Rosskur nicht verordnen können.«
Vor Erleichterung hätte ich Rotz und Wasser heulen können.
Dennoch war natürlich klar, dass es immer noch viel Geduld brauchen würde, bis ich wieder in der Lage sein würde, das Leben eines »normalen« Menschen leben zu können. Aber das konnte unsere Hochstimmung nicht trüben, denn ich wusste, dass es mir an Geduld nicht mangeln würde.
Als ich einige Wochen später zur üblichen Krebsvorsorge nach Großhadern fuhr, war von dem ganzen Spuk nichts mehr zu sehen, was einmal mehr bewies, dass ich dank innerer Führung den richtigen Weg gewählt hatte. Gott und den Engeln sei Dank.

– 44 –
Konzertvorbereitungen

Kaum verspürte ich wieder ein wenig mehr Energie, begann ich erneut, Klavier zu üben. Susanna und ich hatten schon vor eineinhalb Jahren ein Angebot von einer angesehenen Wuppertaler Konzertreihe bekommen, das ich unbedingt einhalten wollte. Auch wenn ich mich täglich mehrere Stunden ins Bett legen musste und infolge weiterhin bestehender Schwäche nur wenig Zeit am Klavier verbringen konnte, dürstete meine Seele danach, endlich wieder ein Konzert zu spielen. Ich musste es unter allen Umständen schaffen, bis Anfang Februar 2004 so weit zu sein. Da ich noch immer schnell außer Atem kam, wusste ich, dass ich mich dringend täglich mit Yoga- und Atemübungen beschäftigen musste, um das Konzert durchhalten zu können.

Zu Weihnachten schenkte mir Hubert daraufhin das Buch »Yoga für die Seele« von Ursula Karven, welches ich gleich auf dem Flug nach Nizza zu lesen begann. Wieder einmal waren wir auf dem Weg zur Kontrolle bei meinem Arzt, und da Susanna nie mehr als ein oder zwei Tage frei hatte, war es ausschließlich möglich, zusammen in Nizza zu proben, was uns natürlich sehr gelegen kam. Unser einjähriger Verlobungstag stand bevor, und diesen wollten wir gerne am Meer in Nizza verbringen.

Das Buch von Ursula Karven inspirierte mich dermaßen, dass ich sofort am ersten Morgen in Nizza mit einem neu daraus zusammengestellten Yogatraining begann. Schon drei Tage später merkte ich, dass mein Energieniveau anstieg. Ich war derart begeistert, dass ich Hubert bat, sofort in einem Buchladen in Deutschland anzurufen und mir die dazu passende DVD zu bestellen. Leider war die DVD aufgrund einer Fernsehshow, in der Ursula Karven aufgetreten war, komplett ausverkauft und musste erst wieder produziert werden. Das konnte einfach nicht wahr sein. Ich wusste, ich brauchte diese spezielle DVD dringend, um für unser Konzert fit zu werden. Mein Arzt hatte mir strengstens davon abgeraten, in meinem Zustand einen Yogakurs zu besuchen, da ich aufgrund meiner Beweglichkeit versucht sein würde, alle Übungen mitzumachen, auch wenn es viel zu anstrengend für mich sein würde. Mit einer DVD konnte ich das Training jedoch jederzeit unterbrechen oder auch einzelne Übungen auslassen. Meine innere Stimme sagte mir auf einmal, dass ich einen Weg finden würde, die ersehnte DVD zu bekommen, und so ließ ich erst einmal alle weiteren Gedanken daran los.

Wie erwartet verbrachten wir einen herrlichen Verlobungstag in Nizza. Tagsüber machten wir bei strahlendem Sonnenschein einen langen Spaziergang am Meer. Wie sehr genoss ich es, die geliebte Meeresluft einzuatmen. Es war wunderbar, am Leben zu sein, in Hubert einen wahren Engel an meiner Seite zu haben, der, so wie er es ganz zu Anfang unserer Freundschaft versprochen hatte, auch in äußerst schwierigen Zeiten zu mir stand, und bald auch wieder auf der Bühne zu stehen. Meine Dankbarkeit kannte keine Grenzen.

Nach einem herrlichen Abendessen in einem indischen Restaurant trafen wir uns mit Susanna und ihrem Freund Dario. Die beiden kamen gerade aus der Sylvestervorstellung und freuten sich auf einen gemütlichen Abend mit uns. Obwohl wir Dario gerade erst einmal einen Tag lang kannten, fühlten wir uns zu viert schon wie die besten Freunde. Wir sprachen drei Sprachen, Französisch, Italienisch und Deutsch, durcheinander und hatten schon alleine deswegen viel zu lachen. Normalerweise vermied ich es zu dieser Zeit, mich mit anderen Menschen zu verabreden, da es mir zu anstrengend war, mich ständig erklären zu müssen. Dario hingegen hatte dank Susannas Erzählungen über mich mehr verstanden, als viele Leute, die mich wesentlich länger kannten. Daher fühlte ich mich so entspannt, dass wir bis in die frühen Morgenstunden miteinander den Anbruch des neuen Jahres feierten.

Unsere Proben in den nächsten Tagen verliefen sehr zu meiner Zufriedenheit, so dass ich mir sicher war, dem Konzert gerecht werden zu können. Als dann mein Arzt, den wir natürlich aufsuchten, auch noch meinte, er könne das Konzert durchaus verantworten, schien alles in bester Ordnung zu sein. Das Konzert sollte in der Tat ein Wendepunkt werden, wenngleich nicht auf die Art und Weise, wie wir alle annahmen.

Zurück in Deutschland überlegte ich fieberhaft, wie ich an die DVD von Ursula Karven kommen könnte. Nachdem ich bereits mehrere

Buchläden erfolglos nach einem Restexemplar angefragt hatte, kam mir plötzlich die Idee, Ursula Karven persönlich eine Email zu senden. Ich setzte mich an den Computer und begann ihr augenblicklich zu schreiben. Ich erzählte nichts von der Leukämie, sondern beschrieb nur, wie sehr mich ihr Buch berührt hatte und dass ich so gerne mit ihrer DVD arbeiten würde. Ich fragte, ob es vielleicht vor März eine andere Möglichkeit als über den Buchhandel gäbe, in den Besitz von dieser zu gelangen. Es dauerte keine Woche, und ich erhielt eine sehr freundliche Nachricht von einer Dame der Produktionsfirma der DVD. Sie schrieb, sie würden die Unannehmlichkeiten entschuldigen und würden mir gerne ein Exemplar schenken. Ich müsste ihr nur kurz meine Anschrift mailen, dann sei die gewünschte Aufnahme in Kürze bei mir. Bereits drei Tagen später hielt ich die DVD in meinen Händen. Ich konnte es kaum erwarten, damit zu trainieren.

Einmal mehr wurde mir bewusst, dass nichts unmöglich ist, wenn wir es uns aus tiefstem Herzen wünschen. Voller Dankbarkeit schrieb ich ein weiteres Mal an Ursula Karven.

– 45 –

Enttäuschung

Gezielt bereitete ich mich mit Yoga und Klavierüben auf das Konzert vor, und mein körperlicher Zustand verbesserte sich zusehends. Dennoch konnte ich höchstens eineinhalb bis zwei Stunden am Flügel üben, da ich sonst sofort wieder mit Fieber zu kämpfen hatte. Mein System war durch die Leukämie, die Chemotherapie, deren Nebenwirkungen und durch die Entgiftungskur so geschwächt worden, dass es einfach viel Zeit und Geduld brauchte, wieder zu Kräften zu kommen.

Vier Tage vor unserem Liederabend konnte sich Susanna endlich frei nehmen und nach Deutschland kommen. Da wir, außer in Nizza, nicht miteinander hatten proben können, gab es noch einiges zu tun. Ich spürte, dass die Proben an meine Substanz gingen, schaffte es jedoch nicht abzubrechen. Als wir im Auto Richtung Wuppertal saßen, hatte ich längst wieder Fieber, was ich allen verschwieg, um keine Angstgefühle bei den anderen auszulösen. Ich wollte dieses Konzert unter keinen Umständen absagen, da ich mir einfach beweisen musste, dass ich nach knapp zwei Jahren Konzertpause immer noch »Pianistin« war.

Am Konzerttag quälte ich mich durch mein Yogaprogramm, doch ich wusste, es war notwendig. Ich versuchte, so wenig wie möglich mit Susanna zu proben, um meine Kräfte für den Abend zu schonen. Zudem hatte ich immer noch mit Eiter zu kämpfen, der aus meinen Augen lief. Ich konnte am Nachmittag kaum die Noten lesen. Es war wirklich schrecklich. Wieder einmal blieb mir einzig und allein übrig, auf Gott und die Engel zu vertrauen, dass ich im entscheidenden Augenblick genügend sehen würde. Zudem hatte ich Gustavo gebeten, mich während des Konzertes energetisch zu unterstützen.

Schließlich war es so weit. Das Konzert begann. Vor lauter Schwäche zitterten mir die Beine, so dass es gar nicht einfach war, das Pedal zu treten. Zum Glück konnte ich jedoch wieder besser sehen als noch am Nachmittag. Während ich auf Susanna hörte und versuchte, sie so gut wie möglich zu unterstützen, schickte ich ein Stoßgebet zum Himmel, mir bitte zu helfen, das Konzert durchzuhalten, denn ich wusste, dass ich es alleine nicht schaffen würde. Mir ging es wesentlich schlechter als zwei Jahre zuvor bei meinem Klavierabend. Zudem saßen auch noch mein Oberarzt aus Großhadern, der inzwischen in Köln arbeitete, seine Sekretärin und der Regisseur des damaligen Portraits über ihn, im Publikum, was nicht gerade dazu beitrug, mein Stresslevel zu senken.

Selten zuvor war ich so erleichtert, es bis zur Pause geschafft zu haben. Als mir dann auch noch meine Eltern mitteilten, dass Professor Hallek, seine Sekretärin und auch der Regisseur begeistert seien, wusste ich, dass ich den zweiten Teil würde genießen können.

Interessanterweise erzählte mir Gustavo später, dass er während seiner Energieübertragung genau gespürt hatte, dass ich im ersten Teil mit

meiner physischen Schwäche zu kämpfen gehabt hatte, während er wusste, dass ich die zweite Hälfte genießen konnte.
Am Ende des Liederabends begrüßte mich Professor Hallek schließlich herzlich und sagte: »Ich bin so glücklich, Sie endlich Klavier spielen zu hören. Das war immer mein Wunsch gewesen, als Sie in der Klinik lagen. Dieses Konzert hilft mir, weiterzumachen und nicht aufgrund der vielen deprimierenden Todesfälle aufzugeben. Ich danke Ihnen von ganzem Herzen für Ihre Kraft und Stärke!«
Ich wollte sein Glück nicht schmälern und erzählte nicht, unter welchen Umständen ich gespielt hatte.
Die Euphorie, es geschafft zu haben, überdeckte meinen eigentlichen Zustand. Noch lange feierten Susanna, Hubert, meine Eltern und ich in dieser Nacht mit unseren Verwandten in Solingen, bei denen wir wieder wunderbar untergebracht waren.
Die Heimfahrt am nächsten Tag war eine einzige Tortur. Das Fieber stieg und stieg. Ich war furchtbar enttäuscht, meinen Erfolg auf diese Weise bezahlen zu müssen.
Als ich dann in den folgenden zwei Monaten mehr oder weniger das Bett hüten musste, war es um meine Moral nicht gerade so besonders gut bestellt. Ich hatte mir zwar bewiesen, dass ich immer noch Konzerte spielen konnte, was für mein Selbstwertgefühl essentiell wichtig war. Zusätzlich hatte ich eine sehr gute Kritik in der Zeitung bekommen, in der unter anderem von meiner Professionalität gesprochen wurde, und das, obwohl ich seit beinahe zwei Jahren auf keiner Bühne mehr gewesen war. Doch war es das wert gewesen? Ich wusste es nicht.

Wendepunkt

Da sich mein Zustand überhaupt nicht besserte, wussten Hubert und ich, dass wir auf dem schnellsten Weg wieder nach Südfrankreich fliegen mussten, um meinen dortigen Arzt aufzusuchen. Da unsere Geldvorräte aufgrund der vielen Reisen und der selbst zu bezahlenden Präparate allmählich zur Neige gingen, hatte uns Susanna angeboten, dass wir in ihrer Wohnung bleiben könnten, während sie bei Dario wohnen würde. Dankbar nahmen wir das Angebot an, denn so musste ich nicht quer durch Nizza laufen, um ans Meer zu gelangen, sondern brauchte nur die Straße zu überqueren und war schon am Wasser.

Wieder weiß ich nicht, wie wir überhaupt nach Nizza gekommen sind. Bis zu meinem Arzttermin verbrachte ich nur schmerzvolle Tage in Susannas Bett. Ich war kaum in der Lage zu lesen, da ich mich die meiste Zeit vor Schmerzen krümmte. Es war Hubert ganz angst und bange, denn er kannte mich gut genug, um zu wissen, dass ich entsetzlich leiden musste, wenn ich keine Kraft mehr zum Lesen aufbrachte. Schließlich hatte ich sogar in Großhadern Klavier gespielt.

Wie erwartet, war der Arzt entsetzt über meinen Zustand. Wir hatten zwar mehrfach telefoniert, doch da ich niemand war, der jammerte, war es für mein Gegenüber immer schwer einzuschätzen, wie es eigentlich um mich stand.

Die Überanstrengung durch das Konzert hatte mich einmal mehr in Lebensgefahr gebracht, was mich ziemlich deprimierte. War doch die Musik mein Lebenselixier und hatte mir in Großhadern geholfen, durchzuhalten und zu überleben. Zum Glück war mir in diesem Moment nicht bewusst, welch schwere Entscheidung ich bald würde treffen müssen.

Dank einer Kräutermischung, die mir der Arzt verordnete und die meine inneren Organe wieder aktivierte, war ich zwei Tage später wieder in einer besseren Verfassung und konnte die restliche Zeit in Nizza zumindest ein wenig genießen.

Kaum zurückgekehrt, standen unsere beiden Geburtstage vor der Tür. Wie im Jahr zuvor war ich zu schwach, um zu feiern. Ich spürte, dass ich zum ersten Mal in meinem Leben kurz davor war, in Depression zu verfallen. Ich hatte das Gefühl, als würde mich eine Wolke aus vollkommener Dunkelheit überrollen, die kein Erbarmen mit mir kannte. Es fühlte sich an, als befände ich mich in den Klauen der schwärzesten Nacht, aus der es kein Entrinnen mehr gab. Von sieben Tagen der Woche verbrachte ich seit Monaten sechs Tage liegend im Bett. Das war einfach kein Leben mehr. Seit Jahren hatte ich keine Kraft mehr, meine Freunde zu sehen. Alles war ein einziger Überlebenskampf. Ich wollte und konnte nicht noch mehrere Jahre so weiter leben, sonst würde ich durchdrehen. Ich wusste, es war dringend an der Zeit, einen anderen Weg einzuschlagen. Voller Verzweiflung rief ich an meinem Geburtstag meine Freundin Tilde an. In wenigen Sätzen teilte ich ihr mit, wie es um mich stand, und erklärte: »Das Einzige, was mir nach allen Versuchen der vergangenen vier Jahre noch bleibt, um nicht ewig so weiterzumachen, ist, aufzuhören, Klavier zu spielen, um mich nicht weiter zu überanstrengen und näher zu Gott und den Engeln zu kommen. Mein Arzt in Frankreich hat mir klare Meditationsanweisungen gegeben, die ich nun täglich in die Tat umsetzen werde. Nur so sehe ich eine Chance, irgendwann wieder meine ursprüngliche Kraft zu finden. Alles andere ist nur ein weiterer Tropfen auf den heißen Stein.«

Tilde hörte mir voller Schmerz zu, denn sie wusste, dass es die härteste Entscheidung meines Lebens war, vorerst keine Taste mehr anzurühren. Sie stimmte mir jedoch in jeder Hinsicht zu. Ihr war ebenso bewusst wie mir, dass ich nicht hobbymäßig Klavier spielen konnte. Dafür brannte die Leidenschaft für die Musik einfach zu stark in meinem Herzen.

Ich fragte sie, ob es noch irgendetwas gäbe, was sie mir empfehlen würde. Sie meinte, sie hätte von der wunderbaren EMF Balancing Technique® gehört, die das menschliche Energiefeld klären und somit zu mehr Energie und Wohlbefinden führen würde. Ich war jedoch alles andere als begeistert, schon wieder etwas, das niemand aus persönlicher Erfahrung kannte, auszuprobieren. Doch Tilde hatte sich schon zu einer EMF-Sitzung angemeldet und wollte mir danach davon berichten, was mich sogleich milder stimmte. Noch hatte ich keinerlei Ahnung, welch große Bedeutung die EMF Balancing Technique® schon bald in meinem Leben haben würde.

TEIL III

Spiritueller Weg

– 47 –

Neue Energie

Wenige Tage später erhielt ich einen Anruf von Tilde. Begeistert erklärte sie: »Die EMF Balancing Technique® ist etwas Wunderbares, und ich weiß, dass es das Richtige für dich ist.«
Auf meine Frage hin, wie so eine Sitzung verlaufen würde, erwiderte sie: »Das ist mit Worten nur schwer zu beschreiben. Man muss es einfach selbst erleben.«
Da ich durch das Telefon eine besondere Energie gespürt hatte, griff ich sofort erneut zum Telefonhörer und rief Manuela, Tildes EMF Balancing Technique® Practitioner, an, um ihr zu sagen, dass ich, sobald es mir ein bisschen besser gehen würde, auch eine EMF-Sitzung bei ihr buchen wollte. Sie war mir sehr sympathisch, und ich konnte es kaum mehr erwarten, so schnell wie möglich mit Hubert nach Augsburg zu fahren.
In der Zwischenzeit bestellte ich mir das Buch »Potenziale der inneren Kraft«, das Peggy Phoenix Dubro, die Begründerin der EMF Balancing Technique®, zusammen mit David Lapierre, einem Physiker und Geophysiker, geschrieben hatte. Vor allem die von Dubro geschriebenen Kapitel faszinierten mich. Auf einmal wusste ich, dass ich hier dank Tilde auf etwas gestoßen war, das mir mit Sicherheit weiterhelfen würde.
Etwa zur selben Zeit entdeckte ich auch verschiedene Bücher von Doreen Virtue. Ganz besonders hat mich »Dein Leben im Licht« angesprochen.
Seit einigen Monaten meditierte ich regelmäßig und konnte nachts auch ein wenig schneller einschlafen. Doch der wirkliche Durchbruch kam mit der »Morgen- und Abendmeditation für Lichtarbeiter« und der »Meditation zur Chakra-Reinigung und -Harmonisierung«, wie sie im Teil 2 des Buches »Dein Leben im Licht« von Doreen Virtue beschrieben wird. Schon am ersten Morgen sah ich beim Reinigen der Chakras das Dritte Auge geöffnet vor mir. Ich war außer mir vor Freude.

Nachdem ich längere Zeit täglich mit der Chakra-Reinigung und der Abendmeditation gearbeitet hatte, konnte ich plötzlich leicht einschlafen. Das war wirklich ein Wunder für mich, denn seit einem Unfall im Alter von zwölf Jahren, bei dem meine Wirbelsäule großen Schaden erlitten hatte, lag ich oft Stunden, und häufig die ganze Nacht, wach im Bett. Ich hatte viele verschiedene Dinge ausprobiert, um besser schlafen zu können, doch nichts hatte augenscheinliche Besserung gebracht. Umso größer war meine Dankbarkeit, als ich mich nun abends ins Bett legen konnte und nach Abendmeditation und Gebet mit Leichtigkeit einschlafen konnte.
So weit gestärkt, konnte ich es mir endlich zumuten, mit Hubert nach Augsburg zu Manuela zu fahren. Während der Autofahrt war ich sehr aufgeregt, denn ich spürte, dass diese EMF-Sitzung von großer Bedeutung für mein weiteres Leben sein würde.
Als ich Manuela sah, bestätigte sich mein Eindruck vom Telefon: eine sympathische junge Frau. Wir verstanden uns sofort blendend. Sie erzählte mir viel von Peggy Phoenix Dubro, da sie alle Ausbildungen bei ihr persönlich gemacht hatte. Schon bevor ich mich auf den Massagetisch legte, wusste ich, dass ich selbst diese Trainings bei Peggy machen würde. In mir war ein tiefes Bedürfnis, anderen Menschen zu helfen, nachdem ich in den letzten Jahren selbst so viel Hoffnungslosigkeit gesehen hatte. Nicht umsonst hatte ich überlebt, obwohl in meiner nächsten Umgebung sehr viele Menschen an Krebs und dessen Folgen gestorben waren. Ich hatte noch etwas zu tun auf dieser Erde. Das war mir so bewusst wie nie zuvor.
Die Sitzung war wie ein Traum. Auch ich habe große Schwierigkeiten, das Erlebte in Worte zu fassen. Ich spürte, wie plötzlich eine sanfte und zugleich kraftvolle Energie durch meinen Körper floss. Zum ersten Mal seit Jahren erinnerte ich mich an meine ursprüngliche Kraft. Zudem sah ich beinahe die ganze Zeit ein strahlendes Licht in den Farben violett und gold.
Am Ende der Sitzung, während des Ausrichtens des Hohen Herzzentrums, erschien plötzlich eine wunderschöne weibliche Lichtgestalt vor mir. Ich wusste, dass es Ahnya war, die geistige Partnerin von Peggy Phoenix Dubro bei der Entwicklung der EMF Balancing Technique®. Mich durchströmte ein Gefühl unendlicher Wärme und Glückseligkeit. Ich fühlte mich auf wunderbare Weise neugeboren.

Als ich danach auf das Auto zuging, in dem Hubert auf mich wartete, fragte er: »Was ist denn mit dir passiert? Du siehst ganz verändert und viel besser aus!«
Ich war nicht in der Lage, groß darauf zu antworten, da ich mich noch in einer anderen Welt befand. Doch Hubert war klar, dass er bei unserem nächsten Termin ebenfalls eine Sitzung haben wollte.

– 48 –

Von Feen und Engeln

Eine Woche später saßen wir wieder im Auto und fuhren nach Augsburg. Wie immer war die Fahrt sehr stressig für Hubert, denn seit meinem Autounfall zwei Jahre zuvor war ich eine kaum genießbare Beifahrerin. Bei jeder Kleinigkeit zuckte ich zusammen und hatte Angst, dass uns ein unachtsamer Autofahrer anfahren würde. Es war wirklich absurd. Während meiner gesamten Krankheitsgeschichte hielten sich meine Ängste in Grenzen, aber sobald ich nicht selbst fuhr und somit keine Kontrolle über das Fahrzeug hatte, war ich völlig angespannt.
Hubert hatte den ersten Sitzungstermin, und ich wartete indessen in Manuelas Wohnung. Vollkommen begeistert kam er nach einer guten Stunde wieder zu mir in die Küche und meinte, dass er sich viel besser fühlte.
Ich konnte es kaum erwarten, selbst auf dem Massagetisch zu liegen. Wieder war es eine wunderbare Sitzung. Doch weit phänomenaler war, was danach passierte. In der zweiten Phase der EMF Balancing Technique® geht es um die Transformation unserer Lebensgeschichte und Traumata. Es wird sozusagen der Teil der Vergangenheit geklärt, den die innere Weisheit des jeweiligen Klienten zum Zeitpunkt der zweiten

Sitzung für angemessen hält. Jedenfalls stieg ich nach der besagten zweiten Phase in unser Auto und hatte auf einmal keine Angst mehr, auf dem Beifahrersitz zu sitzen. Sowohl für mich als auch für Hubert war das eine immense Erleichterung. Die Wirkungen von EMF waren wirklich beeindruckend. Trotz finanzieller Schwierigkeiten waren wir uns einig, dass wir beide alle acht Phasen buchen wollten, denn wir wussten, das würde uns helfen, leichter mit den Herausforderungen unseres Lebens fertig zu werden.
Auf einmal verspürte ich in mir ein neues Gefühl. Ich hatte das dringende Bedürfnis, so viel Zeit wie möglich in der Natur zu verbringen. Etwa gleichzeitig begann ich das Buch »Die Heilkraft der Feen« von Doreen Virtue zu lesen, und es wurde mir klar, warum es mich plötzlich so stark nach draußen zog. Ich hatte den Ruf der Feen vernommen. Spricht man mit den unterschiedlichsten Menschen, stellt man meistens fest, dass eine Mehrzahl von ihnen an Engel glaubt, selbst wenn die Existenz von Gott bestritten wird. Doch Feen sind für die meisten Leute immer noch Phantasiewesen, die höchstens in Märchen vorkommen.
Im Park gegenüber von Huberts Wohnung versuchte ich, Kontakt mit den Feen aufzunehmen. Es dauerte nicht lange, und ich vernahm mehrere zarte Stimmen, die mir ihre Freude darüber übermittelten, dass ich endlich verstanden hätte, wie real sie seien. Wie im Chor riefen sie: »*Wir möchten dich ebenso wie die Engel auf deinem weiteren Genesungsweg unterstützen.*«
Es war kaum zu glauben, doch ich konnte ohne größere Anstrengung mit den Feen kommunizieren.
Plötzlich fiel mir in hohem Bogen die Perle meines rechten Ohrrings vor die Füße. Es war, als hätte eine Fee ihn angestupst. Ich bin mir sicher, es war ein solches Zeichen, in dem sie mir ihre Gegenwart zeigen wollten und zugleich halfen, den Ohrring nicht zu verlieren. Die Perle war bereits locker in der Fassung gesessen. Als ich schließlich am späteren Nachmittag den Park verließ, fühlte ich mich wunderbar leicht und erholt.
Einige Tage später kurz vor dem Einschlafen, es war schon dunkel im Zimmer, erschien mir eine zarte Fee mit herrlich blondem Haar und einem lilafarbenen Kleidchen. Ich sah sie nur und hörte nichts, doch es

durchströmte mich ein himmlisches Gefühl. Voller Dankbarkeit schlief ich ein und genoss einen tiefen Schlaf.

Am nächsten Tag saß ich im Garten von Ruth. Sie war unser neuer EMF Practitioner, da Manuela selbst inzwischen keine Zeit mehr für Sitzungen hatte. Während ich wartete, bis Huberts Sitzung abgeschlossen war, versuchte ich Verbindung zu den Feen aufzunehmen. Plötzlich vernahm ich eine anmutige Stimme: »*Ich bin Leila, deine persönliche Fee. Ich grüße dich. Es ist wichtig, dass du ein paar Menschen loslässt, denn im Moment hast du keine Kraft, dir Zeit für sie zu nehmen. Jedes Schuldgefühl bindet Energie. Beginne mit Oliver. Atme tief durch ... Stelle dir eine große Seifenblase vor und setze Oliver darauf. Atme ... Nun lasse deine Eltern los. Atme ... Siehe noch zwei weitere Seifenblasen vor dir und setze sie darauf. Siehst du, sie können ALLEINE fliegen! Manchmal bedarf es vielleicht noch eines kleinen Schubsers, doch mehr brauchst du nicht zu tun.*«

Ich setzte noch ein paar mehr Menschen auf Seifenblasen und sah, wie sie voller Anmut und Leichtigkeit entschwebten.

In diesem Moment fühlte ich mich so befreit, dass ich vor Freude beinahe geweint hätte. Ich war so glücklich, denn von diesem Augenblick an konnte ich, wann immer ich wollte, mit Leila sprechen.

Am übernächsten Tag bekam ich während meiner morgendlichen Chakra-Meditation die Anweisung, noch am selben Tag mit dem Channeln zu beginnen. Also bereitete ich mich mit dem »Goldenen Wirbelwind«, einer Energiemeditation von Peggy Phoenix Dubro, vor und verabredete mich für 15.15 Uhr mit den Engeln. Ich war sehr aufgeregt, da ich keine Ahnung hatte, was passieren würde. Nicht einmal Hubert erzählte ich davon, als er mittags von unterwegs anrief, denn falls nichts dabei herauskommen sollte, wäre ich einfach zu beschämt gewesen. Zur Einstimmung las ich noch einmal das Kapitel über Automatisches Schreiben in »Das Heilgeheimnis der Engel« von Doreen Virtue. Voller Lampenfieber füllte ich schließlich Sandelholzöl in die Duftlampe, legte die CD »The Silent Path« von Robert Coxon auf, setzte mich an den Computer, nahm meinen großen Bergkristall in die linke Hand und umgab mich mit weißem Licht. Ich rief Gott, Jesus Christus, den Heiligen Geist, meine Engel und Geistführer und den Erzengel Michael zu mir. Schon verdichtete sich die Luft. Nie zuvor hatte ich etwas Ähnliches erlebt. Genau um 15.15 Uhr begann ich eine Stimme zu hören und fing an zu schreiben. Es war unglaublich. Die Botschaft war wunderbar, liebevoll und tief bewegend. Eine dreiviertel Stunde schrieb ich ohne Unterlass. Danach war ich so erfüllt von Glück wie selten in meinem Leben zuvor. Auf einmal wusste ich, warum ich durch all die schwierigen Zeiten hatte durchgehen müssen. Ich war vollkommen in Frieden mit meiner Geschichte und spürte, dass die Engel, so wie sie gesagt hatten, noch viel mit mir vorhatten. Besonders freute ich mich über die Nachricht, dass es nur mehr sieben Monate dauern sollte, bis ich wieder voller Lebenskraft sein würde und arbeiten könne.

Ich konnte es kaum erwarten, Hubert von dieser großartigen Neuigkeit zu berichten. Als er schließlich nach Hause kam, erzählte ich ihm von dem unerwarteten Erlebnis und gab ihm den Text, den ich geschrieben hatte, zu lesen. Er war zutiefst beeindruckt, denn ihm war völlig klar, dass nicht ich diese Worte verfasst haben konnte. Wir fühlten beide, dass unser Leben mit meiner neuen Gabe leichter werden würde.

– 49 –

Erzengel Michael

Als ich einige Wochen später meinen Mut zusammennahm und einer Freundin von meinen Erlebnissen mit dem Channeln erzählte, war die Reaktion alles andere als begeistert. Sie meinte, ich solle aufpassen, dass keine negativen Geister durchkommen würden. Es sei sehr gefährlich, was ich da mache. Ich versuchte sie zu beruhigen, indem ich ihr sagte, dass ich immer Erzengel Michael an meine Seite rufen würde, der dafür bekannt ist, als Schutz gegen niedere Energien und Wesen zu wirken. Doch sie ließ sich davon nicht überzeugen. Ich war nach dem Gespräch sehr traurig. Natürlich wusste ich, dass sie nur

Angst hatte und mein Bestes wollte, dennoch hingen mir ihre Worte noch länger nach.
Plötzlich wurde mir jedoch klar, dass auch dies wieder ein Test für mich war. Meine Aufgabe war es, auf die Botschaften »von oben« zu vertrauen, selbst wenn diese von anderen angezweifelt werden.
Am nächsten Morgen sprach plötzlich Erzengel Michael mit kraftvoller und zugleich liebevoller Stimme zu mir. Er meinte, die Reaktion meiner Freundin sei in der Tat ein Geschenk gewesen, um mir bewusst zu machen, dass ich fähig sei, Botschaften von Engeln zu erhalten und ihnen vollkommen zu vertrauen und um zu lernen, mich nicht mehr von den Meinungen anderer Menschen beeinflussen zu lassen. Seine Energie war so strahlend und mächtig, dass ich beinahe das Gefühl hatte, mein Herz würde in meiner Brust zerspringen. Ich fühlte mich danach vollkommen frei und freute mich auf die Dinge, die noch kommen würden, denn mir war klar, dass dies erst der Anfang war.
In der fünften EMF-Sitzung erschien Erzengel Michael erneut. In dem Augenblick, als Ruth den Punkt an meinem Körper berührte, der für Freiheit stand, sah ich das bereits vertraute royalblaue Licht, und Erzengel Michael begann mit seiner machtvollen Stimme zu sprechen: *»Wann immer Menschen, Situationen, Dinge oder dergleichen dich daran hindern möchten, deine Freiheit zu leben, rufe mich zu dir, und ich durchtrenne mit meinem Schwert der Wahrheit alle hinderlichen Fäden.«*
Wie beim Channeln hatte sich der Luftdruck durch seine Anwesenheit vollkommen verändert. Plötzlich vernahm ich einen Krach, und Ruth schien über einen Stuhl gestolpert zu sein. Da sie keine Anstalten machte, die Sitzung zu unterbrechen, dachte ich nicht weiter darüber nach. Bevor Erzengel Michael sich wieder verabschiedete, hörte ich ihn noch sagen, dass ich meine Schwingung inzwischen so weit erhöht hätte, dass ich mich nur in meine »Channel-Verfassung« zu begeben bräuchte und ihm direkt Fragen stellen könnte, denn er sei sehr häufig in meiner Nähe. Ich war überwältigt und bekam vom Rest der Sitzung kaum mehr etwas mit.
Nach der Sitzung fragte mich Ruth, was ich denn gespürt hätte. Ich sagte, mein rechter Arm hätte ganz besonders stark gekribbelt. »Nein«, erwiderte sie, »da war eine Energie im Raum, die ich noch bei keiner

Sitzung gespürt habe! Sie war so viel stärker als ich, dass ich nach hinten und über den Stuhl gefallen bin. Was war das?«
»Ich glaube, ich weiß, was du meinst ... Erzengel Michael war hier.«
Ruth meinte, das würde zu ihrem Erlebnis passen. Woraufhin ich erzählte, was während des Berührens meines Freiheitspunktes passiert war. Sie war fasziniert und zweifelte überhaupt nicht an meiner Aussage. Das freute mich, denn ich war immer noch sehr vorsichtig, bevor ich mit jemandem über diese neuen Dinge in meinem Leben sprach.
Tags darauf bereitete ich mich wieder auf mein wöchentliches Channeling vor. Allein die Vorbereitung dauerte beinahe zwei Stunden. Doch sie war dringend notwendig, um so klar, leer und rein wie möglich zu sein. Sobald ich so weit war, um mit dem Schreiben zu beginnen, hörte ich Erzengel Michaels vertraute Stimme: »*ICH BIN Erzengel Michael. Du hast mich gerufen, und hier bin ich. Sei gegrüßt, du wunderbarer Engel auf Erden. Wir in den himmlischen Gefilden verfolgen voller Glück deinen Weg. Du hast ihn wahrlich gefunden. Wir sind unendlich dankbar.*«
Ich fühlte mich umhüllt von einer Wolke voller bedingungsloser Liebe. Erzengel Michael fuhr noch eine Stunde lang fort und teilte mir mit, was ich tun könnte, um meine Genesung weiter voranzubringen, gab mir genaue Essensanweisungen und erklärte mir, dass ich endlich nicht mehr in Gefahr schwebte. Hubert und ich waren so erleichtert, dass wir erst in diesem Augenblick wahrnahmen, unter welchem Druck wir die ganze Zeit gelebt hatten.

# Bekennen

Immer noch kämpfte ich ständig mit erhöhter Temperatur, wenngleich ich seit meiner Entscheidung, nicht mehr Klavier zu üben, immerhin kein hohes Fieber mehr gehabt hatte, was nach vier Jahren schon einen gewaltigen Unterschied machte. Doch selbst die kontinuierlich leicht erhöhte Temperatur schwächte mich.
Außerdem fehlte mir das Klavierspielen immer mehr. Ich konnte keine CDs mit Klaviermusik mehr hören, da ich den Schmerz, nicht spielen zu dürfen, sonst kaum hätte ertragen können. Doch ganz tief in mir wusste ich, dass die schweren Herzens getroffene Entscheidung die richtige war, und so stürzte ich mich immer tiefer in meine spirituelle Arbeit.
Eines Morgens, während der Meditation, erschien plötzlich ein riesiger, wunderschöner Engel, der von smaragdgrünem Licht umgeben war, vor mir. Ich war vollkommen überwältigt von seiner Erscheinung und wusste augenblicklich, dass es Erzengel Raphael, der Engel der Heilung, war. Ich war überglücklich, denn ich hatte mir sehr gewünscht, mit diesem Erzengel arbeiten zu dürfen. Ich war mir sicher, es würde eine große Erleichterung für meinen weiteren Genesungsweg bedeuten.
Mit liebevoller Stimme riet er mir: »Gehe auf die deutsche Website der EMF Balancing Technique®. Dort befindet sich ein Link mit hervorragenden Nahrungsmittelergänzungen, die dir weiterhelfen können.«
Sobald ich gefrühstückt hatte, setzte ich mich an den Computer und fand den Link zur Homepage von Gematria. Ich bestellte den Produktkatalog und wollte beim nächsten Channeling fragen, welche Präparate für mich in Frage kamen.
Es dauerte keine zwei Tage, und der Gematria-Katalog kam mit der Post. Ich studierte ihn in aller Ruhe, bevor ich das nächste Mal channelte. Raphael verordnete mir schließlich drei Nahrungsmittelergänzungen, unter anderem Immune Boost zur Stabilisierung meines immer noch schwachen Immunsystems.

Es war wirklich erstaunlich, denn nach etwa vier Wochen war auch die erhöhte Temperatur verschwunden. Ich konnte es kaum fassen, denn bisher hatte einfach gar nichts geholfen. Ich fühlte mich schlagartig besser, auch wenn mein gesamter Verdauungsbereich noch einer ziemlichen Katastrophe glich. Ich hatte immer noch ständig Bauchschmerzen und konnte mich einzig und allein mit einer strikten Diät über Wasser halten.

Meine Sehnsucht nach dem Meer wuchs täglich, und ich hoffte aus tiefstem Herzen, dass wir irgendwie das Geld auftreiben würden, um Susannas Angebot annehmen zu können. Dario und sie waren im Sommer für einige Wochen mit dem Opernchor in der Provence, so dass ihre Wohnung leer stand. Ich betete immer wieder um ein Wunder, worauf die Engel meinten: »*Lasse los und vertraue! Zur rechten Zeit tauchen die entsprechenden Mittel schon auf.*«

In der Zwischenzeit entdeckte ich im Internet ein neues Buch von Doreen Virtue. »Angel Medicine« (»Medizin der Engel«) war an meinem diesjährigen Geburtstag herausgekommen. An jenem Tag, an dem ich beschlossen hatte, mich bewusster auf meinen spirituellen Weg zu begeben. Das konnte kein Zufall sein. Ich musste dieses Buch unbedingt haben. Kaum hielt ich es in meinen Händen, zog es mich vollständig in seinen Bann. Ich konnte es kaum mehr aus der Hand legen. Innerhalb von wenigen Tagen hatte ich es gelesen und spürte, dass ich dringend auch mit der dazugehörigen CD und der »Chakra Clearing CD« arbeiten musste.

Dann stand der Geburtstag meiner Mutter vor der Tür. Ich wollte meinen Eltern so gerne von meinen neuen Fähigkeiten erzählen. Obwohl sich beide seit ihrer Jugend mit Spiritualität beschäftigten, wusste ich nicht, wie sie darauf reagieren würden, wenn ich ihnen erzählen würde, ich könnte Feen und Engel hören und teilweise auch sehen. Ich war sehr nervös, bis ich auf die Idee kam, Erzengel Michael zu kontaktieren. Er riet mir, mich mit Erzengel Raguel in Verbindung zu setzen, der in persönlichen und beruflichen Beziehungen für Harmonie sorgt. Kaum rief ich Erzengel Raguel, hörte ich auch schon eine mir unbekannte Stimme. »*Ja, ich bin hier. Fühlst du mich?*«

»Ja, ich spüre eine sanfte Energie.« »*Das bin ich. Sei gegrüßt. Es ist überhaupt nicht wichtig, dir zu überlegen, was du deinen Eltern heute*

Abend erzählst. Bitte schlicht um unsere Anwesenheit, und die richtigen Worte kommen ganz von selbst. Fühle dich sicher und geliebt. Sei ruhig und vertraue, die richtigen Worte kommen. Und so sei es.«
Vollkommen eingehüllt in diese liebevolle Energie waren all meine Sorgen verflogen.
Abends war es dann ein Leichtes, die Worte zu finden, die meine Eltern verstehen konnten. Beide waren tief berührt und hatten vor Freude Tränen in den Augen. Sie kannten mich gut genug, um zu wissen, dass ich die Wahrheit erzählte. Mir fiel ein Stein vom Herzen, denn da ich noch immer bei ihnen wohnte, wäre es schon sehr schwierig gewesen, all diese Eigenschaften zu verheimlichen. Ich war ein weiteres Mal unendlich dankbar, welch wunderbare Eltern ich hatte.

– 51 –

Mein Auftrag

Nach und nach lernte ich einen Erzengel nach dem anderen persönlich kennen. Als ich mehrere Tage hintereinander mit der Violetten Flamme und Saint Germain gearbeitet hatte, tauchte plötzlich Erzengel Zadkiel beim nächsten Channeling auf. Mit Tränen in den Augen vor Rührung fragte ich ihn: »Wie ist es möglich, dass ich plötzlich direkt mit Euch Erzengeln kommunizieren darf und kann?« »Du hast alles getan, damit dies möglich wurde. Wir sind zutiefst berührt und glücklich, denn wir hoffen schon so lange, dass du ein Übermittler unserer Botschaften wirst. Und nun ist es so weit, weil du alle nötige Arbeit getan hast.« »Wieso habe ich nicht früher bemerkt, dass Ihr in Kontakt mit mir treten wolltet?« »Es lag daran, dass du Angst davor hattest. Es gab eine Zeit, 1993, wo wir versucht haben, dein Drittes Auge, deine Hellsichtigkeit wieder zu öffnen. Doch es war nicht der richtige Zeitpunkt,*

da du nicht genug Liebe um dich herum gespürt hast und noch nicht die entsprechenden Bücher gefunden hattest, die dir Sicherheit gegeben hätten. Wir waren jedoch immer in deiner Nähe, denn wir warteten auf den Tag, an dem wir uns Gehör bei dir verschaffen konnten. Lass deine Tränen laufen, das tut dir gut. Erinnerst du dich, als deine Bekannte Martha dich gefragt hat, ob du wüsstest, was deine Lebensaufgabe sei? Es hat dich innerlich zutiefst getroffen, denn du WUSSTEST, dass Klavierspielen nur ein Teil davon war. Deshalb hat dich die Frage damals auch so sehr geschmerzt.« »Ich erinnere mich nur zu gut daran.«
»Wir, die Erzengel, und viele Legionen von Engeln und Lichtwesen waren um dich, als du im Krankenhaus warst, denn wir wollten dich für die Welt retten, da du dem Vertrag zugestimmt hattest, ein Botschafter von uns auf Erden zu werden.«

Mittlerweile hatten Hubert und ich unseren Flug nach Nizza reserviert, hatten aber noch immer keine Ahnung, mit welchem Geld wir die Reise bezahlen sollten. Da rief auf einmal Tilde an, was so gut wie nie vorkommt, denn normalerweise bin immer ich es, die zum Hörer greift. Ich war sehr überrascht. Sie hatte eine Frage an mich und wollte außerdem gerne wissen, wie es uns denn ginge. Ich erzählte ihr von unseren Reiseplänen und auch von unseren Geldproblemen, worauf sie meinte: »Nun weiß ich, wieso ich zum ersten Mal in meinem Leben zu viel Geld auf meinem Konto habe. Bitte, gib mir Huberts Kontonummer, und ich überweise euch den nötigen Betrag.«
Ich war so überrumpelt, dass es mir erst einmal die Sprache verschlug. »Tilde, das können wir auf gar keinen Fall annehmen!«
Doch Tilde erwiderte: »Mir ist mit meinem Haus gerade auf so wunderbare Weise geholfen worden, dass ich euch nun nur allzu gerne unterstützen möchte.«
Ich stammelte ein Dankeschön nach dem anderen ins Telefon und bat Hubert um seine Kontodaten. Er war ebenfalls sprachlos. Das war es also, wovon die Engel gesprochen hatten, als sie meinten, zur rechten Zeit würden die entsprechenden Mittel schon auftauchen. Zwei Tage vor unserer geplanten Abreise traf das versprochene Geld auf dem Konto ein, und unserer Reise stand nun nichts mehr im Wege.

Noch vor unserem Abflug erhielt ich eine sehr bedeutungsvolle Botschaft von Erzengel Raphael, dessen Name bedeutet »Er, der heilt«. Er betonte, wie wichtig unsere Reise nach Nizza war. »*Es ist gut, dass ihr euch so bald nach Nizza begebt, denn dort ist es leichter, gewisse Energien ins Spiel zu bringen.*« »Wie meinst du das?« »*So, wie ich es sage. Dort ist das Meer und die Bucht der Engel. Sie trägt nicht umsonst diesen Namen. Sei dir dessen bewusst. Dort wimmelt es nur so von Engeln. Je mehr Engel in der Nähe sind, desto leichter kann dir geholfen werden. Gehe dort jeden Schritt mit den Engeln. Und Wunder sind möglich. Du wirst sehen. Bitte die Engel immer wieder, um dich zu sein. Sie lieben es, dürfen es jedoch nur, wenn du fortwährend ihren Kontakt suchst. Denke also immer daran, dich mit Engeln zu umgeben. Nutze die Energie des Meeres, der Sonne, des Mondes und der Sterne und des Sonnenuntergangs. Falls es dir möglich ist, auch des Sonnenaufgangs. Diesen heiligen Elementen wohnt eine bedeutsame Heilkraft inne, die du wunderbar nutzen kannst. Kontaktiere mich immer wieder, um in allem das richtige Maß zu finden. Du kannst mich immer rufen. Scheue dich nicht, so oft zu fragen, wie es für dich notwendig ist. Wir werden einen genauen Plan aufstellen, mit welchen Farben von Licht du zu bestimmten Zeiten arbeitest. Versuche alles, was du tun wirst, im Einklang mit deiner göttlichen Führung zu tun. Treffe keine Entscheidungen, ohne im Kontakt mit uns zu sein. Das ist unerlässlich für deine Heilung. Empfange Tag für Tag die notwendigen Botschaften und ALLES IST MÖGLICH.*«
Es schien so, als ob diese Reise nach Nizza auch von höheren Mächten geplant worden sei. Was würde uns wohl dieses Mal dort erwarten?

– 52 –
Meerengel

Wieder einmal wurde es mir ganz warm ums Herz, als wir mit dem Taxi vom Flughafen an der »Baie des anges«, der »Bucht der Engel«, entlang fuhren. Wie viel war seit unserem letzten Besuch vor drei Monaten geschehen! Hätte mir damals jemand gesagt, ich würde in den nächsten Wochen anfangen, Engel und Feen zu hören und auch zu sehen, hätte ich die jeweilige Person vermutlich für verrückt erklärt. Erst in diesem Moment wurde mir die unglaubliche Geschwindigkeit meiner Veränderung bewusst. Es war großartig, dass Hubert all dem so offen gegenüberstand und begeistert bemerkte, welche Fortschritte meine Gesundheit gemacht hatte, seit Leila und die Erzengel als meine Ratgeber fungierten.
Welches Wunder die Engel wohl meinten, das in Nizza möglich sei? Ich war natürlich neugierig, erhielt jedoch keine Antwort auf diese Frage. Ich versuchte, alle Gedanken daran loszulassen, was mir schließlich gelang, als ich in das herrliche Meerwasser eintauchte. An keinem Ort der Welt fühle ich mich wohler als im Meer. Es ist, als wäre ich mit diesem Element auf ganz besondere Weise verbunden.
Die ersten beiden Tage genossen Hubert und ich es einfach nur, fern von unserem Alltag zu sein, bis mir auf einmal siedend heiß einfiel, dass ich ganz vergessen hatte, die Meerengel zu begrüßen. Ich hatte in Doreen Virtues Buch »Die Heilkraft der Feen« gelesen, dass es Meerengel, die so genannten Erzengel der Meere und Ozeane, gibt, die aussehen wie Meerjungfrauen mit Engelsflügeln. Ganz tief in mir hatte ich sofort die Wahrheit dessen gespürt. Nur zu gut konnte ich mich an meine heftigen Emotionen erinnern, als ich im Kindheitsalter das Märchen »Die kleine Meerjungfrau« von Hans Christian Andersen vorgelesen bekommen hatte. Nur wenige Märchen hatten eine derart tiefe Wirkung auf mich gehabt.
Als ich mich endlich an die Gegenwart der Meerengel erinnerte, rief ich voller Enthusiasmus: »Hallo, liebe Meerengel, ich möchte Euch von Herzen begrüßen.«

Woraufhin mir mehrere aufgeregte Stimmen antworteten: »*Das wird aber auch höchste Zeit. Schließlich weißt du, dass wir existieren und bist schon seit Tagen hier und hast uns noch nicht begrüßt. Was soll denn das?*«
Ganz beschämt entschuldigte ich mich auf der Stelle, denn sie hatten Recht. Sogleich besänftigt vernahm ich eine einzelne kristallklare Stimme: »*Wir wollen dir helfen, deine Organe vollständig zu entgiften und eine wunderbare Heilung zu vollbringen, unter der Bedingung, dass du bekannt machst, dass nicht nur Engel im bekannten Sinne, sondern dass auch wir existieren. Verspreche uns, dass du ein Buch über all das schreibst, und wir beginnen auf der Stelle mit deiner Heilung.*«
Völlig überrascht, doch ohne auch nur eine Sekunde zu zögern, stimmte ich diesem Vertrag zu. Schließlich hatte ich schon so wunderbare Erfahrungen mit den Erzengeln gemacht, dass ich auch den Meerengeln aus tiefsten Herzen vertraute.
Sie teilten mir mit, dass ich von nun an all ihren Anweisungen folgen müsste. Nur so sei ein Wunder möglich. Selbstverständlich erklärte ich mich bereit, und schon konnte die Arbeit beginnen.
Zuerst war die Reinigung meines Magens an der Reihe. Ich wurde gebeten, mich auf den Rücken zu legen und mich im Meer treiben zu lassen, da die Meerengel das restliche Gift aus meinem Magen ziehen wollten. Verschwommen nahm ich wahr, dass irgendwelche Fäden aus meinem Magen gezogen wurden. Es war abenteuerlich, aber wirksam, wie ich später sehr schnell feststellen konnte.
Danach sollte ich wieder eine Runde schwimmen. Und so ging es abwechselnd dahin. Es fühlte sich toll an, war aber gleichzeitig auch sehr anstrengend. Als ich nach langer Zeit schließlich aus dem Meer kam, erzählte ich Hubert, was ich erlebt hatte. Er zweifelte keine Sekunde an meinen Worten. Wir beschlossen, allen Anweisungen so gut wie möglich Folge zu leisten.
Noch mehrmals begab ich mich an diesem Tag ins Wasser, um die Meerengel an mir arbeiten zu lassen. Am Abend teilten sie mir mit, dass mein Magen nun vollständig entgiftet sei. Spätestens nach dem Abendessen hatte ich die Bestätigung, dass es stimmte. Zum ersten Mal nach mehr als vier Jahren hatte ich keine Bauchschmerzen nach dem Essen.
Zusätzlich zu der Arbeit im Meer hatte ich auch für die übrige Zeit ge-

naue Anweisungen erhalten. Mir war ans Herz gelegt worden, täglich morgens und abends die »Chakra Clearing«-CD von Doreen Virtue zu hören. Ferner gehörten der »Goldene Wirbelwind« von Peggy Phoenix Dubro und die CD »Angel Medicine« von Doreen Virtue zu meinem täglichen Programm. »Angel Medicine« liebte ich ganz besonders. Es war herrlich, in der Nachmittagssonne am Strand zu liegen, das Rauschen des Meeres wahrzunehmen und mich dank Kopfhörern in der Stille des Atlantischen Heilungstempels aufzuhalten. Jedes Mal genoss ich es, auf den Stufen des Tempels von den Erzengeln mit offenen Armen empfangen zu werden und in die heilige Atmosphäre des Heilungstempels zu treten, mich auf das kühle, doch wunderbar einladende Kristallbett zu legen und mich von den Erzengeln und den acht hinreißenden Priesterinnen heilen und reinigen zu lassen. Es war, als würde ich mich in einer parallelen Realität aufhalten und Heilung auf einer anderen Ebene erfahren. Ich konnte es kaum erwarten, gesund und kraftvoll zu werden, um nach Kalifornien fliegen zu können und die »Angel Therapy Practitioner® Ausbildung« bei Doreen Virtue zu machen, doch die Meerengel flüsterten mir zu, dass ich mich noch ein wenig gedulden müsste. Aber es sei sicher, dass ich diese so sehnlichst gewünschte Reise unternehmen würde. Mein Herz klopfte bereits in freudiger Erregung.
Nun zurück zu meinem Tagesablauf. Mein tägliches Yoga durfte ich, wenn ich wollte, ausfallen lassen, da ich mich genügend im Wasser bewegte. Meine Tage waren wie bei einer Kur vollkommen ausgefüllt. Mir blieben nur etwa sechs Stunden Schlaf pro Nacht, wenn ich alles tun wollte, was mir aufgetragen wurde. Urlaub war das wahrlich nicht. Doch ich zahlte gerne diesen Preis für meine Heilung.
Zu den Meerengeln gesellte sich noch Coventina, die keltische Göttin allen Wassers. Sie ist bekannt dafür, allen Heilung zu schenken, die im Wasser schwimmen und sie um Hilfe bitten. Auch ihre Stimme konnte ich hören, worüber ich sehr glücklich war, sie machte mir Mut, durchzuhalten, denn die »Behandlung« im Meer war mehr als anstrengend. Meine Leber war noch immer am meisten betroffen. Sie hatte wohl besonders viel von der Chemotherapie aufgenommen. Zur Reinigung und Entgiftung der Leber wurde mir himmelblaues Licht von den Meerengeln und Coventina gesandt. Ich sah es im Sonnenlicht schimmern

und fühlte, wie es in meinem Körper arbeitete. Völlig erschöpft kam ich an diesem Tag aus dem Wasser. Mir wurde versichert, dass es noch ein bisschen dauern würde, bis sich meine Leber beruhigen würde. Dennoch schlugen mir die Engel vor, von nun an gelbe und auch ein bisschen rote Paprika zu essen. Hubert war ganz entsetzt und fragte: »Wie soll ich denn Paprika so kochen, dass du es auch verträgst?« Die Frage war nicht so abwegig, denn ich hatte jahrelang nach jedem Bissen Paprika Bauchkrämpfe bekommen. So gab ich die Frage an die Engel weiter und hörte ganz klar: »*Koche mit Leila!*« Wenn das keine klare Antwort war.

Nachdem Hubert Paprika besorgt hatte, stellte ich mich also an den Herd und fragte Leila, wie ich nun das Gemüse zubereiten sollte. Die Anweisungen kamen klar und deutlich mit genauen Angaben über die Menge, die ich von den vorgeschlagenen Gewürzen jeweils in das Essen geben sollte. Heraus kam ein sehr leckeres Gericht, das sowohl Hubert als auch mir das Wasser im Munde zusammenlaufen ließ. Das Schönste daran war, dass ich es auch bestens vertragen konnte.

Trotz der vielen Arbeit im Meer baten mich die Engel, mich auch weiterhin regelmäßig zum Channeln an den Computer zu setzen. Wieder meldeten sich Erzengel Michael, Erzengel Raphael und auch Erzengel Haniel zu Wort. Sie zeigten sich alle sehr zufrieden über meine Disziplin, vor allem Raphael meinte jedoch, ich sollte mir zwischendrin einmal einen Tag Urlaub gönnen, ganz so, wie auch »normale« Menschen ihre Zeit verbringen würden: ausschlafen, mit Hubert essen gehen, gemütlich am Strand in der Sonne liegen, ausspannen. Es mag komisch klingen, doch es fiel mir sehr schwer, einfach »nichts« zu tun, wusste ich doch, dass die Zeit in Nizza begrenzt war und die Meerengel noch eine Menge Arbeit zu tun hatten.

Am Morgen des Tages, als ich meinen Arzt aufsuchen wollte, teilten mir die Meerengel Folgendes mit: »*Magen, Leber und Galle sind inzwischen gereinigt und entgiftet, nur der ganze Darmbereich ist noch schwer in Unordnung. Doch mache dir keine Sorgen, denn wir haben schließlich noch eine gute Woche Zeit für die restliche Heilung.*«

Äusserst gespannt machten Hubert und ich uns am Nachmittag auf den Weg zum Arzt. Ich war sehr neugierig, was er mir nach seinen Untersuchungen mitteilen würde. Natürlich erzählte ich ihm nichts von meinen Erfahrungen mit den Engeln, Feen und Meerengeln. Das Ganze war für mich selbst noch viel zu neu. Außerdem wollte ich nicht unbedingt für verrückt gehalten werden. Jedenfalls zeigte er sich hocherfreut über meinen verbesserten Zustand. »Ich bin begeistert, denn es geht Ihnen viel besser, als ich erwartet hätte. Im April hatte ich wahrlich ein weiteres Mal Angst um Sie. Ihr Zustand war erschreckend, und ich bin wirklich verwundert, wie es möglich ist, dass Sie in so kurzer Zeit derartige Fortschritte gemacht haben. Sowohl Ihr Magen als auch Ihre Leber und Ihre Galle sind völlig in Ordnung. Nur Ihr Darm ist noch sehr in Mitleidenschaft gezogen.«

Nur mit Mühe und Not konnte ich mir ein Grinsen verkneifen.

»Ihr Körper ist jedoch extrem müde, da Ihre Organe sämtliche Energie zur Heilung absorbiert haben. Ursprünglich hätte ich noch mit ein bis zwei Jahren gerechnet, bis Sie sich wieder richtig wohl fühlen, doch vermutlich sind Sie etwa in einem halben Jahr so weit. Dieser Fortschritt grenzt wirklich an ein Wunder!«

Ich nickte voller Zustimmung, wusste ich doch genau, wie es dazu gekommen war. Innerlich überlegte ich mir, ihm vielleicht in ein paar Jahren die ganze Geschichte zu erzählen.

Als ich ihm dann noch berichtete, dass auch meine Schlafstörungen nach 22 Jahren endlich verschwunden waren, meinte er lapidar: »Dann meditieren Sie richtig!«

Er hatte mir nämlich ein halbes Jahr zuvor ans Herz gelegt, am besten täglich zu meditieren. Denn er war überzeugt, dass damit meine Schlafstörungen, die aufgrund einer heftigen Wirbelsäulengeschichte in meiner Jugend aufgetreten waren, behoben werden konnten. Die zweimonatige tägliche Morgen- und Abendmeditation und das Chakra Clearing hatten endlich den Durchbruch gebracht.

– 53 –
Fehler des Ego

Als ich am nächsten Tag im Meer liegend plötzlich vor meinem inneren Auge und schließlich mit bloßen Augen einen wunderschönen Meerengel wahrnehmen konnte, war meine Freude unbeschreiblich. Ich sah ein wunderschönes Wesen mit langen dunkelbraunen, lockigen Haaren, einem dunkelgrünen metallisch schimmernden Fischschweif und riesigen weißen Engelsflügeln an meiner linken Seite und war überwältigt von so viel Schönheit. Nie zuvor hatte ich eine derart hinreißende und faszinierende »Frau« gesehen. Ganz leise, um diese wundervolle Erscheinung nicht zu erschrecken, fragte ich: »Wie heißt du wunderschöner Meerengel?« Mit anmutiger Stimme antwortete sie: »*Mein Name ist Zeraphira, und ich arbeite immer an deiner linken Seite.*« »Welch herrlicher Name. Sag mal, liebe Zeraphira, wie viele von Euch arbeiten an mir?« »*Es sind sechs an der Zahl. Doch wir arbeiten nicht immer alle gleichzeitig. Heute möchte ich dir noch Joyclyn und Gwynefere vorstellen. Joyclyn arbeitet an deinem Kopf und Gwynefere ist neben mir, näher bei deinen Beinen.*«
Ich konnte mein Glück kaum fassen, diese von mir so geliebten Märchengestalten als reale Wesen kennen zu lernen. Ich wünsche mir so sehr, dass immer mehr Menschen erfahren, dass sie niemals alleine sind, wie dramatisch eine Situation auch zu sein scheint.
Mit leuchtenden Augen sprang ich aus dem Wasser und lief auf Hubert zu. Voller Enthusiasmus schilderte ich ihm die betörende Schönheit von Zeraphira.
»Wie schön! Ich möchte sie unbedingt auch irgendwann einmal sehen«, meinte er voller Begeisterung.
In den nächsten Tagen lernte ich auch noch Dane, Pauline und Claudine kennen. Jeder der sechs Meerengel war von unbeschreiblicher Schönheit. Dane befand sich an meiner rechten Seite gegenüber von Zeraphira. Sie hatte braunes, glattes längeres Haar, ein edles, ovales Gesicht und einen grünen Fischschwanz. Pauline, die gegenüber von Gwynefere arbeitete, hatte mittelbraunes glattes Haar und einen

ähnlich grünen Fischschweif wie Dane. Claudine hingegen, die sich zu meinen Füßen befand, war hellblond und besaß einen hinreißend türkisfarbenen Fischschwanz, der mit den Farben des Meeres zu konkurrieren schien.
Auch Joyclyn und Gwynefere nahm ich schließlich wahr. Joyclyn wirkte, als hätte sie irisches Blut in ihren Adern. Sie besaß herrliche blonde Locken mit einem rötlichen Schimmer darin, die immer um ihren Kopf herum tanzten, wenn ihre liebliche Stimme erklang. Es schien immer, als ob eine Harfe ertönte, während sie lachte oder sprach. Ihr Fischleib war von einem herrlich metallisch schimmernden Blau. Gwynefere hingegen war umgeben von einer priesterlichen Aura. Mittelbraunes lockiges Haar umrahmte ihr herzförmiges Gesicht, von dem ein inneres Leuchten auszugehen schien. Ich konnte mich kaum satt sehen an meinen neuen so überirdisch schönen Freundinnen. Auch wenn ich sie nicht immer mit meinen Augen wahrnehmen konnte, so war es mir doch möglich, von diesem Moment an ihre verschiedenen Energien zu unterscheiden. Obwohl die Heilungsarbeit sehr an meine körperlichen Kräfte ging, war ich doch jedes Mal froh, mich mit Coventina und den herrlichen Meeresgeschöpfen unterhalten zu können.
Leider ließen Hubert und ich uns plötzlich von unseren Egos leiten. Schließlich lag nur noch eine Woche in Nizza vor uns, und bei meinem Darm gab es noch so viel zu tun. So dachten wir, dass ich extrem oft ins Meer gehen sollte, damit die Meerengel an mir arbeiten könnten, denn wir wollten unbedingt, dass ich vollständig entgiftet und geheilt nach Deutschland zurückkehren würde. Hätten wir nur auf den Rat von Erzengel Raphael gehört, der mir vor unserer Abreise mitgeteilt hatte, ich solle jeden Schritt, sei er auch noch so banal, mit Leila oder ihm absprechen. Jedenfalls ging der Schuss vollkommen nach hinten los. Ich krümmte mich vor heftigen Bauchkrämpfen, hatte Durchfall, dröhnende Kopfschmerzen und hohes Fieber. Ich war so schwach, dass ich es kaum vom Bett zur Toilette schaffte. Auch die Sommerhitze in der Wohnung machte mir schwer zu schaffen, so dass ich letztlich nur noch vor mich hin vegetierte. Hubert und ich waren furchtbar unglücklich, denn uns war bewusst, dass wir an dieser Situation selbst schuld waren.
Am zweiten Abend meines Unwohlseins meinte schließlich Erzengel Raphael, dass ich versuchen sollte, nun, wo die Hitze etwas abgekühlt

hätte, mich mit Huberts Hilfe die paar Schritte über die Straße ans Meer zu begeben, um mich von dem kühlen Nass des heilsamen Meerwassers reinigen zu lassen. Etwas besorgt machten Hubert und ich uns auf den kurzen Weg, der mir jedoch unendlich lange erschien. Kaum befand ich mich im Meer, fühlte ich mich um ein Vielfaches besser. Die Meerengel waren sofort zur Stelle und trösteten mich. Sie meinten: »*Deine Aktion, die Heilung vorantreiben zu wollen, ist alles andere als sinnvoll gewesen, doch auch das war wohl nötig. Denn so kannst du die Menschen überzeugen, wie wichtig es ist, voll und ganz auf unsere Botschaften zu hören. Diese Fehler verursacht ihr Menschen immer selbst, und zwar dann, wenn ihr euch von eurem Ego leiten lasst.*«
Ich hoffte sehr, dass mir das von nun an eine Lehre sein würde. Doch ganz so weit war ich noch nicht.

Ferner teilten mir meine herrlichen Freundinnen mit, dass meine Heilung in Nizza immer noch geschehen könnte, sofern ich lernen würde, meine Gedanken zu kontrollieren und zu verändern. Gewisse Gedanken, die mir in den letzten Jahren große Dienste erwiesen hatten, wie zum Beispiel »Ich esse nur die Dinge, die ich vertrage«, dürfe ich nicht mehr denken, denn sie würden meine vollständige Heilung verhindern. In den vorhergehenden Jahren waren sie jedoch notwendig gewesen, um nicht ständig unter grässlichen Magen- bzw. Bauchkrämpfen zu leiden. Sie vermittelten mir, dass meine Gedanken ebenso wichtig waren wie ihre Arbeit an mir. Ich nahm mir das sehr zu Herzen und beschloss, mich wieder von morgens bis abends zu beobachten, so wie ich es in Großhadern getan hatte. Ich wusste, es würde mir auch dieses Mal wieder gelingen, meine Gedanken zu kontrollieren. Erleichtert und nicht mehr ganz so schwach stieg ich schließlich aus dem Wasser, wo Hubert mich bereits mit einem wärmenden Handtuch erwartete.

Altes Karma

Zwei Tage später setzte ich mich wieder einmal an den Laptop, um zu channeln. Ich hatte zwar den Eindruck, dass ich meine Gedanken besser unter Kontrolle hatte und auch meine Heilung weitere Fortschritte gemacht hatte, doch eine Angelegenheit beunruhigte mich sichtlich.
Kurz bevor Hubert und ich aus Deutschland abgereist waren, tauchten plötzlich dunkle Flecken an den verschiedensten Stellen meines Körpers auf. Ich sah aus, als sei ich auf das Heftigste verprügelt worden. Wir konnten uns das nicht erklären. Auch mein Arzt in Frankreich konnte sich keinen Reim darauf machen. Mithilfe des Meerwassers waren die Flecken ein kleines bisschen heller geworden, doch eigentlich nicht der Rede wert. Ich hoffte von ganzem Herzen auf eine Erklärung von den Erzengeln.
Hubert verließ wieder einmal die Wohnung, damit ich mich ganz ungestört in »meinen« Channeling-Zustand hinein begeben konnte. Kaum hatte ich mich mit meinem Laptop gemütlich am Esstisch niedergelassen, mich mit Kristallen, Blumen und sanfter Musik umgeben, ging es auch schon los. Glücklich vernahm ich Erzengel Raphaels warmen Bariton, denn er lobte meine Willens- und Tatkraft und meinte, ich könne stolz auf mich sein. Auch hätten sich meine Gedanken schon verbessert. Dennoch müsste ich noch Geduld mit mir und meinem vollständigen Genesungsprozess haben, auch wenn meine Organe am Ende des Aufenthalts vollkommen entgiftet sein würden. Auf die Heilung folge noch die Zeit der Regeneration, die dringend notwendig sei. Er betonte noch einmal, dass unser »Fehler«, den Heilungsprozess vorantreiben zu wollen, dringend notwendig gewesen sei, um alte Verhaltensweisen von uns zu erkennen und loslassen zu können. Zudem sei die Erkenntnis unerlässlich, dass wir den Engeln vertrauen sollten, wenn wir um ihre Hilfe gebeten haben und diese offensichtlich auch erhalten, anstatt mit unserem Ego dagegen zu arbeiten.
Einmal mehr erklärte mir Raphael, dass es ganz einfach darum ging, mein Ego zu überwinden, um später nicht nur für mich und die Men-

schen in meiner nächsten Umgebung, sondern für viele Menschen ein klarer Kanal für himmlische Botschaften sein zu können. Daher verlangten die Engel von mir, auch nicht die kleinste Entscheidung selbst zu treffen, sondern mich in *allen* Dingen von ihnen führen zu lassen. Zuerst war mir dies sehr schwer gefallen, bin ich doch von meinem Naturell her ein äußerst autonomer Mensch. Doch da ich verstanden hatte, dass es nicht darum ging, mich zu »brechen«, sondern über die Hingabe zu noch größerer Freiheit zu gelangen, konnte ich mich immer leichter daran halten, nichts mehr selbst zu entscheiden, selbst wenn es einfach nur darum ging, an welcher Stelle ich die Straße zum Meer überqueren sollte.

Voller Dankbarkeit blieb ich zurück, nachdem Raphael sich auf das Herzlichste verabschiedet hatte. Plötzlich fühlte ich eine wunderbar weibliche Energie im Raum und fragte: »Jophiel, bist du das?«

»Wie schön, dass du mich erkennst. Ja, ich bin Erzengel Jophiel.« Auf einmal erschien ein riesiger, herrlich anzusehender Engel über meinem Laptop und nahm den ganzen Raum bis zur Decke ein. Braune lange, etwas wellige Haare umrahmten ein bezaubernd schönes Gesicht. Mir stockte der Atem vor Überwältigung, denn die Luft hatte sich stark verdichtet, seit Jophiel erschienen war. Da sprach Jophiel weiter: *»Es ist mir eine große Freude, endlich in direkten Kontakt mit dir treten zu können. Ich bin schon ganz lange Zeit um dich und habe dich eingehüllt mit meiner Energie. Ich war es, die dir geholfen hat, in Großhadern deine ganzen positiven Affirmationen zu formulieren und in allem das Positive zu sehen.«*

Mir liefen die Tränen über die Wangen, hatte ich doch immer gespürt, dass ich in meinem Krankenhauszimmer nicht alleine war.

»Ja, ich war immer da, und daher ist es so schön, nun wirklich mit dir sprechen zu können. Obwohl es dir nicht bewusst war, dass ich dir ständig Anweisungen »gesendet« habe, hast du wunderbar mit ihnen gearbeitet, was mich sehr glücklich gemacht hat. Doch um wieviel schöner ist es, nun zu wissen, dass du mich bewusst hören kannst!«

Mit tränenüberströmtem Gesicht antwortete ich: »Danke, danke, liebe Jophiel, ich wusste wirklich nicht, dass Du immer so nah warst. Aber nun weiß ich, dass ich Dich ganz oft in meinem Krankenhauszimmer gespürt habe.«

»*Ja, so ist es*«, vernahm ich ihre lachende Stimme.
Nachdem wir uns noch eine Weile unterhalten hatten, kam ich auf die Frage zu sprechen, die mir so sehr auf dem Herzen lag. Ich ahnte, dass Jophiel nicht dafür zuständig war, denn ich vermutete, dass die »Male« auf meinen Armen mit einem früheren Leben, einer anderen Inkarnation zu tun hatten. Dem war auch so. Erzengel Raziel erschien und begann zu erzählen: »Die Male an deinen Armen und deinem restlichen Körper stammen aus einem anderen Leben, in dem du der Hexerei angeklagt worden bist. Bevor du umgebracht worden bist, wurdest du noch grausamst gefoltert. Das sind noch letzte Reste von den Brandmalen, die dir auf den Leib gebrannt worden sind. Das ist auch der Grund, warum du so viel Angst hattest, wieder hellzusehen, denn das konntest du in besagtem Leben. Und es hat dich dein Leben gekostet.«
Es schüttelte mich von Kopf bis Fuß. Ich konnte kaum mehr die von Raziel gesprochenen Worte in den Computer tippen. Doch eine Frage brannte mir noch auf der Seele: »Wo war das?«
Ich ahnte schon, welchen Namen ich sofort zu hören bekommen würde. Den Namen des Dorfes, in dem ich vor meiner Leukämieerkrankung gewohnt hatte. Raziel bestätigte mir, dass ich mich deshalb dort immer so entsetzlich und von allen beobachtet gefühlt hätte. Das Schütteln meines Körpers hörte überhaupt nicht mehr auf. Es war, als wenn ich von etwas Unsichtbarem durchgerüttelt werden würde. Ich fiel fast vornüber. Es war richtig unheimlich. Da erinnerte ich mich an Erzengel Michael und rief: »Komm sofort und hilf mir!«
Auf der Stelle beruhigte sich mein Körper, und ich konnte wieder den Worten von Erzengel Raziel lauschen. »*Ich verstehe, dass dich das ganz schön mitnimmt. Aber durch dein Wissen können diese Flecken nun auch geheilt werden. Ich bin sehr stolz auf dich, dass du nach mir hast rufen lassen, denn dir war bewusst, dass du nichts Schönes würdest zu hören bekommen. Auch dies wird dazu beitragen, dass deine von Gott geschaffene Gesundheit in Kürze wieder dein ist. Sei gegrüßt. Ich bin Erzengel Raziel.*«
Völlig am Ende schwankte ich zum Fenster und gab Hubert das verabredete Zeichen. Kurz darauf war er bei mir und hörte sich mit großen Augen an, was ich zu berichten hatte. In weniger als einem Tag waren die Flecken auf meinem Körper verschwunden.

Erfolgreiche Heilung

Die letzten Tage in Nizza waren weiterhin sehr anstrengend. Die Meerengel »zogen« nicht nur schädliche Energien aus meinem Körper, sondern arbeiteten mit verschiedenen Farben von Licht. Besonders viel benutzten sie hellblaues Licht, das zur Reinigung und Entgiftung dient. Zur endgültigen Darmheilung ließen sie jedoch auch violettes und weißes Licht in meinen Körper fließen. Nachdem diese Behandlung jeweils abgeschlossen war, sollte ich mich so ins Meer legen, dass mein Bauch der Sonne zugewandt war, so dass ich das goldene Sonnenlicht transformiert durch die Hände meiner Heilerinnen empfangen konnte. Dies war besonders angenehm. In Gedanken stellte ich des Öfteren die Verbindung zwischen der goldenen Sonnenenergie und goldenem Licht her. Letzteres wird häufig auch mit der Christusenergie in Verbindung gebracht, welche mir seit meiner Kindheit sehr nah ist.

Schließlich war es so weit. Auch mein Darm war wieder hergestellt. Da erschien Erzengel Raphael und sandte mir sein wunderbares smaragdgrünes Licht zur Versiegelung der Organe. Ich fühlte mich wie im siebten Himmel. Ich konnte mich kaum mehr erinnern, wann ich mich zuletzt so gut gefühlt hatte. Für Hubert und mich war es das reinste Fest. Meinen Arzt suchte ich nicht noch einmal auf, da ich wusste, dass alles in Ordnung war.

Die restliche Zeit ließ ich mich von den Meerengeln verwöhnen. Wir genossen es sehr, noch ein wenig Ruhe zu haben, uns ausführlicher zu unterhalten, denn in den vergangenen zwei Wochen war eine sehr innige Beziehung zwischen den sechs Meerengeln, Coventina und mir entstanden. Mein Herz war erfüllt von unendlicher Dankbarkeit, dass sie mir ihre Möglichkeiten der Heilung zur Verfügung gestellt hatten. Das war nun also das Wunder, von dem Erzengel Raphael gesprochen hatte. Ich hätte mir nie zu träumen gewagt, dass so etwas passieren würde. Natürlich glaubte ich an Wunder, doch dass es auf diese Weise mit Hilfe von hinreißend schönen Meerengeln geschehen würde, das hätte ich mir beim besten Willen nicht vorstellen können.

Schließlich stand unsere Abreise vor der Tür. Ein letztes Mal ging ich voller Wehmut zum Schwimmen ins Meer, um mich von den Meerengeln und Coventina zu verabschieden. Zum Glück wusste ich zu diesem Zeitpunkt nicht, dass ich das Meer erst eineinhalb Jahre später wieder zu Gesicht bekommen würde, sonst hätte mich vermutlich eine unendliche Traurigkeit übermannt, da ich wusste, dass ich mit den Meerengeln nur am oder im Meer kommunizieren konnte. Zu meinem Trost hatte ich jedoch in der Zwischenzeit erfahren, dass ich mit Coventina, da sie sowohl eine Göttin der Ozeane als auch der Flüsse und Seen ist, sprechen konnte, wann immer ich mich in der Nähe von einem natürlichen Gewässer befinden würde, was mich zumindest ein wenig beruhigte.

Coventina war die erste der sieben »Damen«, die mir noch eine Botschaft mit auf den Weg gab, um meine Heilung weiterhin zu unterstützen. Sie legte mir ans Herz, dass es dringend notwendig für mich sei, auch wenn kein Meer in der Nähe sei, mich täglich in die Natur zu begeben.

»Auch wenn die Sonne nicht scheint, ist es unerlässlich für dich, frische Luft zu tanken. Beachte zudem die Mondzyklen und gehe des Abends spazieren, um die verschiedenen Energien des Mondes und der Sterne zu beobachten und deren Möglichkeiten ebenfalls in deine Heilung einfließen zu lassen. Die Natur ist von großer Wichtigkeit für euch. Sie möchte immer einen großen Platz in eurem Leben und im Leben der Menschen einnehmen, denn indem ihr euch mit der Natur verbindet, entsteht gleichzeitig eine Verbindung mit dem Göttlichen, auch dem Göttlichen in euch. So habt ihr jegliche Chance, Eins zu werden mit allem und, wie in deinem Falle, auch vollständig gesund zu werden.«

Ich versicherte ihr, dass ich mir ihren Rat zu Herzen nehmen würde.

Danach kam Zeraphira an die Reihe. Während sie ihre wunderschönen Locken schüttelte, meinte sie, dass es sehr wichtig für mich sei, viel Olivenöl zu essen und auch damit zu kochen.

Als nächstes sprach Dane: *»Ich weiß, wie viel dir das Meer bedeutet. Ebenso sehr ist mir bewusst, dass du es sehr vermissen wirst. Doch bitte besorge dir zu Hause reines Meersalz, mische es mit ätherischen Ölen, falls du Lust darauf hast, und bade darin. Es wird dir helfen, auch daheim eine Art von Wohlbefinden zu erzeugen, das dich auf wunder-*

bare Weise an das Schwimmen im Meer erinnern wird. Zudem reinigt es dich gleichzeitig von physischen und psychischen Toxinen. So verbindest du das Angenehme mit dem Nützlichen.«
Joyclyn hingegen war der Ansicht, dass es dringend notwendig sei, dass ich wieder anfangen würde, Musik zu machen.
»Dies kostet dich nicht nur Kraft, sondern stellt dir gleichzeitig eine besondere Energie zur Verfügung, mit welcher du dich mit dem göttlichen Universum verbinden kannst und somit wunderbare Heilenergie erhalten wirst. Natürlich darfst du nicht über deine Grenzen gehen, denn sonst erschöpft dich das Klavierspielen zu sehr. Dein Körper ist sehr müde und braucht noch einige Monate, um sich von allen Anstrengungen erholen zu können. Doch Musik ist unerlässlich für dich und deine vollständige Heilung.«
Auch diesen Rat wollte ich mir zu Herzen nehmen, wenngleich ich dabei die Gefahr der Überanstrengung fürchtete.
Plötzlich tauchte Gwynefere aus dem kühlen Nass auf und erstrahlte in voller Schönheit. Ich hatte immer das Gefühl, als sei sie von einer heiligen Aura umgeben. Als sie schließlich zu mir sprach, schienen sich meine Ahnungen zu bestätigen: »Meine liebe Isabelle, ich möchte dich daran erinnern, dass du einst Priesterin in Avalon warst. Ich weiß, dass dir das auf der Seelenebene bereits bewusst ist. Du warst dort dein Leben lang mit Heilung beschäftigt. Ich bitte dich, beschäftige dich mit Avalon, um wieder an dein altes Wissen zu kommen, denn dieses beinhaltet weitere Möglichkeiten für deine vollständige Genesung.« Tief in mir spürte ich eine große Resonanz. Ich wusste, dass Gwynefere die Wahrheit sprach. Voller Dankbarkeit versprach ich ihr, mich auf die Suche zu machen. Wieder einmal hatten sich meine Vermutungen bestätigt. Ein paar Tage zuvor, als ich die CD »Angel Medicine« gehört hatte, wusste ich plötzlich in meinem Inneren, dass ich als Priesterin auf der Insel Avalon gelebt hatte.
Ich war tief bewegt durch die Ratschläge meiner wunderbaren Freundinnen. Da meldeten sich die beiden lebenslustigeren der Meerengel, Claudine und Pauline, zu Wort. Claudine meinte, es sei sehr wichtig, dass ich nicht in tristen Farben angezogen sei, sondern in weiß oder leuchtend bunten, südländischen Tönen, denn das würde dazu beitragen, dass mein Körper über mehr Energie verfügen würde. Zudem

würde ich selbst dadurch bessere Laune haben. Last but not least sagte Pauline: »*Meine Liebe, mein Ratschlag ist eher profan, doch nicht weniger bedeutsam wie die anderen. Sorge gut für deinen Körper im Sinne von Wellness. Nimm dir die Zeit, ihn regelmäßig zu pflegen, einzucremen und einzuölen. Das wird im wahrsten Sinne des Wortes dazu beitragen, dich wohl in deiner Haut zu fühlen, was unerlässlich für dein allgemeines Wohlbefinden ist.*«

Mit Tränen in den Augen bedankte ich mich bei allen Sieben für die herrlichen Botschaften und versprach, sie Teil meines Lebens werden zu lassen. Ich fühlte mich auf einmal von vielen Engelsflügeln umarmt. Ein tiefes Gefühl der Geborgenheit stieg in mir auf.

Zum Schluss legten sie mir noch ans Herz, dass ich mich, sobald ich zu Hause sei, um meine Anmeldung zu Peggy Phoenix Dubros letztem persönlichem Training der EMF Balancing Technique® für die Phasen I – IV kümmern sollte. Ich sei nun so weit. Ich glaubte meinen Ohren nicht zu trauen, war dies doch ein ganz großer Wunsch von mir. Voller Überraschung fragte ich, wie ich denn das Geld dafür zusammenkriegen sollte. »*Das soll nicht deine Sorge sein. Es wird sich schon finden*«, lautete ihre schlichte Antwort.

Ein letztes Mal dankte ich Coventina und den Meerengeln, meinen wunderbaren Freundinnen, und stieg mit einem lachenden und einem weinenden Auge aus dem Wasser.

Spannende Erlebnisse

Nachdem wir Susannas Wohnung geputzt und unsere Koffer fertig gepackt hatten, riefen wir uns per Telefon ein Taxi zum Flughafen. Glücklich über das großartige Wunder, das wir erleben durften, doch auch ein wenig traurig, diesen schönen Ort verlassen zu müssen, saßen wir im Taxi und versuchten noch jeden möglichen Blick auf das Meer zu ergattern.
Wir waren etwas nervös, hatten wir doch eine Menge an Übergepäck. Doch dann fiel uns wieder ein, dass wir jedes Gepäckstück mit Ganesha, dem indischen Elefantengott, in Form von Bildchen oder kleinen Messingstatuen versehen hatten. In Nizza hatte ich das Buch »Archanges & Maîtres Ascensionnés« (»Erzengel und wie man sie ruft«) von Doreen Virtue gelesen. Darin beschreibt sie, dass sie an Flughäfen häufig Schwierigkeiten mit den Sicherheitskontrollen gehabt hätte und ihr Handgepäck beinahe jedes Mal durchsucht worden sei, bis zu dem Zeitpunkt, als sie eine kleine Ganesha-Statue in ihre Taschen steckte. Ganesha ist bekannt dafür, dass er Menschen hilft, Hindernisse zu überwinden.
So standen wir also in der Schlange vor dem Check-In und baten Ganesha um seine Hilfe. Kaum waren wir an der Reihe und unser erstes Gepäckstück wurde gewogen, funktionierte der Drucker für die Bagage-Tags nicht mehr. Die junge Dame am Check-In mühte sich nach Kräften, die Sache wieder in den Griff zu bekommen, musste jedoch passen. Sichtlich verzweifelt bat sie per Telefon um Hilfe. Wir versuchten sie mit einem freundlichen Lächeln zu beruhigen. Ein smarter junger Kollege eilte ihr zu Hilfe und hatte den Schaden in Kürze behoben. Zu unserer Freude war unser erster Koffer schon unterwegs gewesen und dessen Gewicht aufgrund des Problems nicht mitgerechnet worden, so dass wir nun gänzlich ohne Übergepäck eincheckten.
Die nächste Überraschung sollte im Flugzeug folgen. Als Hubert und ich unsere Plätze eingenommen hatten und unsere Sicherheitsgurte schlossen, stellte ich fest, dass auf meiner Schnalle »UTA«, der Name einer amerikanischen Fluglinie, stand. Ich konnte es kaum fassen, war

ich mir doch sicher, noch nie ein Wort auf einer Sicherheitsgurtschließe gesehen zu haben. Voller Aufregung ließ ich mir Huberts Schließe zeigen. Wie erwartet, stand auf seiner nichts, ebenso wenig wie auf der unseres Nachbarn. Das konnte einfach kein Zufall sein. Uta war der Name meiner geliebten verstorbenen Tante, die auf mysteriöse Weise ums Leben gekommen war. Wollte sie mir etwas mitteilen? Ich vermutete es, ahnte jedoch nicht, was sie mir sagen wollte. Vielleicht bedeutete es auch nur, dass sie an meiner Seite ist. Nachdenklich machte ich es mir auf meinem Sitz gemütlich und ließ die letzten zwei Wochen noch einmal Revue passieren.

Zu Hause angekommen hatte ich natürlich das Bedürfnis, meine Erlebnisse mit den Meerengeln mitzuteilen. Doch überraschenderweise reagierten die Menschen anders als erwartet. Verschiedene Freundinnen, die ich spirituellen Dingen gegenüber besonders offen eingeschätzt hatte, verhielten sich eher distanziert. Johanna hingegen, die für einen Tag auf der Durchreise in München war, zeigte sich völlig offen, und das, obwohl sie in Spanien von meiner Entwicklung der letzten Monate nur sehr wenig mitbekommen hatte. Das war wirklich überraschend für mich. Wieder einmal zeigte sich, dass die Dinge nicht so sind, wie sie scheinen.

An einem herrlichen Sommerabend hatte ich Johanna an der S-Bahnstation Rosenheimer Platz abgeholt. Nachdem wir noch ein paar Kleinigkeiten im Bio-Markt eingekauft hatten, setzten wir uns in die wunderschöne Abendsonne vor dem Restaurant »Sahib« und aßen leckeres indisches Essen. Johanna lauschte aufmerksam meiner Geschichte und meinte schließlich: »Das wundert mich alles überhaupt nicht. Kannst du dich denn nicht daran erinnern, dass dir Martina schon 1995 oder 1996 gesagt hat, dass du eigentlich hellsichtig bist und eben solche Fähigkeiten wie sie selbst besitzen würdest?«

Kopfschüttelnd antwortete ich, dass ich das vollkommen vergessen hätte. Johanna ließ sich gar nicht mehr bremsen und erzählte: »Weißt du noch, wie wir vor Ewigkeiten in meiner schäbigen Küche in Johanneskirchen saßen und du mir von deinen nächtlichen Erscheinungen erzählt hast, als plötzlich, wie von Geisterhand bewegt, das Radio anging. Und das war keines dieser neumodischen Dinger, die einen Timer haben und sich plötzlich einschalten können, sondern eines, dessen Schalter sich

nur mit einiger Kraft bewegen ließ. Uns beiden war damals bewusst, dass dies irgendwie mit dir zusammenhing.«
»Du hast Recht, ich erinnere mich, hatte es aber die ganze Zeit über vergessen.«
Wir saßen noch stundenlang zusammen und redeten, bis wir schließlich Hubert trafen und den Abend gemeinsam ausklingen ließen.
In dieser Zeit bekam ich noch meine letzte EMF-Sitzung von Ruth, die Phase VIII, die dazu dient, das Lichtmuster der Unendlichen Weisheit zu aktivieren. Ich fand es sehr passend, dass sich mit meiner Heilung in Nizza auch mein EMF-Zyklus schloss, war doch wirklich etwas zu einem Ende gekommen und eine Art Neubeginn stand vor der Tür. Voller Hingabe zelebrierte Ruth die Sitzung, und ich genoss es, mich ein letztes Mal auf diese wunderbare Weise entspannen und in andere Dimensionen führen zu lassen.
Inzwischen war auch die Kassette »Past-Life Regressions With The Angels« von Doreen Virtue, die ich auf Anweisung der Engel bestellt hatte, in München angekommen. Ich konnte es kaum erwarten, mich ins Bett zu legen, den Kopfhörer aufzusetzen und mich in andere Leben zurückführen zu lassen. Als ich endlich Zeit und Ruhe dafür fand, war ich voller Neugier und auch ein wenig Anspannung, da ich nicht wusste, was auf mich zukommen würde. Bisher war ich meist ohne Vorwarnung in einer alten Zeit gelandet und hatte meist nicht allzu schöne Bilder zu sehen bekommen. Ich hoffte sehr, dass es dieses Mal anders sein würde, wollte ich doch auf mein Leben in Avalon stoßen, was mir Gwynefere so dringend ans Herz gelegt hatte.
Bei den vertrauten Klängen von Doreen Virtues Stimme fiel es mir leicht, mich zu entspannen. Nach einer längeren Einleitung war es endlich so weit. Ich sah mich barfuss in einem langen weiten Kleid mit langen, offenen blonden Haaren. Ich war 25 Jahre alt, Priesterin und in der Heilkunst bewandert. Ich sah einen glasklaren See und hoch gewachsene Bäume, die sich im Wind bewegten. Die Energie fühlte sich klar und rein an. Ich war sehr glücklich und zufrieden mit meinem dortigen Leben in der Gemeinschaft der Frauen, erkannte jedoch in den wenigen Ausschnitten, die mir gezeigt wurden, niemanden aus meinem jetzigen Leben.
In Avalon war ich auf tiefste Weise mit den Mondzyklen vertraut, repräsentieren sie doch das Weibliche. Ich sah herrliche Bilder von unzähligen

Sternen am Himmel und dem Lauf des Mondes. Die Heilbotschaft, die ich für mein derzeitiges Leben erhielt, war folgende: Ich solle mir eine schöne Glasflasche oder Karaffe kaufen, in die ich Wasser und einen oder mehrere Steine füllen möge. Zur gegebenen Zeit wüsste ich, welcher Stein der richtige sei. Dann möge ich diese Flasche in der Nacht vor Vollmond ins Mondlicht stellen. Sie würde am nächsten Tag mit kostbarer Heilenergie aufgeladen sein. Dieses Wasser sollte ich dann langsam zu mir nehmen, die Flasche jedoch immer wieder auffüllen, bevor sie ganz leer sei, um die kraftspendende Mondenergie darin zu erhalten.

Leider war die Zeit auf der Kassette dann um und ich ahnte nur noch, dass ich wohl eines sanften Todes gestorben bin. Denn ich sah nur noch das Grün eines herrlichen Waldes, bevor ich zurück in die Gegenwart kam. Wie schön, dass ich nun eine Möglichkeit gefunden hatte, mich selbst bewusst in andere Leben zurück zu begeben, um die Zusammenhänge meines jetzigen Lebens besser verstehen zu können. Wieder einmal war ich dankbar dafür, die Führung der Engel so klar und deutlich hören zu können.

– 57 –

Arnaldo

Wie groß war meine Freude, als ich von Arnaldo Cohen, meinem phänomenalen Klavierprofessor, erfuhr, dass er in Kürze in für mich erreichbarer Nähe, nämlich in Bozen, ein Konzert spielen würde. Wir hatten uns zuletzt kurz vor Ausbruch meiner Erkrankung in Kalifornien gesehen. Das lag inzwischen mehr als vier Jahre zurück. Ich konnte es kaum erwarten, ihn endlich wieder zu sehen und Klavier spielen zu hören.

Wie vor jedem seiner Konzerte begann ich, die Partitur des Werkes, das Arnaldo spielen würde, zu studieren, um mit ihm über seine Art, dieses Konzert zu spielen, reden zu können.
Endlich war es so weit. Hubert und ich saßen bei herrlichem Wetter im Auto und machten uns auf den Weg Richtung Bozen. Ich war sehr aufgeregt, da mir dieses Wiedersehen viel bedeutete. Je mehr wir uns Bozen näherten, desto intensiver kamen all die alten Erinnerungen wieder zum Vorschein. Vor dreizehn Jahren hatte in Bozen alles angefangen.

Während meiner Studienzeit an der Hochschule für Musik in München hatte ich mir eine chronische Sehnenscheiden- und Nervenentzündung zugezogen und musste für einige Zeit mit dem Klavierspielen pausieren. Als ich schließlich wieder zu üben anfing, reiste ich zu einem Internationalen Sommer-Meisterkurs nach Frankreich. Ich hoffte, dass mir dieser Kurs helfen würde, wieder in Form zu kommen. Zuerst sollten sich meine Hoffnungen bestätigen. Ich genoss es, in einem Häuschen, in der Natur gelegen, in der Nähe von Paris täglich mehrere Stunden zu üben und mich alle zwei Tage in einem schlossähnlichen Gebäude im Unterricht zu präsentieren. Nach knapp einer Woche zeigte meine rechte Hand jedoch wieder heftige Ermüdungserscheinungen, so dass ich nicht in der Lage war, beim Abschlusskonzert zu spielen. Die japanische Pianistin und Leiterin des Meisterkurses für Pianisten meinte: »Dein Talent ist zwar groß, aber mit dieser Hand hörst du besser heute als morgen auf, Klavier zu spielen. Dieses Problem wirst du nicht mehr los, und damit ist eine Karriere als Pianistin eigentlich hinfällig.«
Ich war am Boden zerstört. Ich saß auf dem Rasen und hämmerte voller Verzweiflung auf das Gras ein, während mir die Tränen nur so über das Gesicht liefen.»Irgendwo auf dieser Welt gibt es einen Lehrer, der mir die richtige Technik beibringen kann, so dass sich meine Hand wieder erholt. Das weiß ich, und ich werde ihn finden!«
Tief in mir ließ ich ein Bild entstehen, das mich mit gesunder Hand und einem phänomenalen Klavierprofessor zeigte. Ich glaubte fest daran.
Was dann wenige Tage später passierte, glich einem Wunder.
Ziemlich niedergeschlagen flog ich von Paris nach München zurück, fuhr weiter zum Hauptbahnhof und setzte mich in den Zug nach Bozen, um

meine Freundin Susanna bei ihren Eltern zu besuchen. Während der Reise arbeitete mein Gehirn auf Hochtouren, wie ich es denn schaffen sollte, diesen einen Lehrer zu finden.
Ziemlich erschöpft kam ich schließlich in Bozen an, wo mich Susanna, deren Eltern und auch meine Mutter, die zusammen mit Susanna von München nach Bozen gefahren war, herzlich empfingen. Sie waren entsetzt über meine Nachrichten. Susanna war jedoch ebenso wie ich überzeugt, dass es irgendeinen Weg geben müsse.
Am Abend machten wir einen Spaziergang zum berühmten Bozener Konservatorium, wo auch in diesem Jahr wieder der renommierte »Internationale Busoni-Klavierwettbewerb« stattfinden sollte. Wir wollten uns über den Zeitplan informieren, da wir vorhatten, beim Wettbewerb zuzuhören, da ein Freund von mir, Eduardo Monteiro aus Brasilien, teilnahm.
Als wir schließlich vor der Tafel mit den Ankündigungen standen, las ich, dass der berühmte brasilianische Pianist Arnaldo Cohen in der Jury sitzen würde. Ich war wie elektrisiert. Ein Jahr zuvor war ich aufgrund eines Stipendiums drei Monate in Rio de Janeiro gewesen. Dort hatte ich im Haus der Klavierprofessorin Myrian Dauelsberg gewohnt. Ihr Sohn Claudio, ebenfalls Pianist, hatte mir damals viel von Arnaldo erzählt. Als ich ihm später von meinen Handproblemen berichtete, meinte er, falls ich irgendwo »Senhor Cohen« finden könnte, wäre es wunderbar, denn er könne meine Hand mit Sicherheit »retten«. All das hatte ich vergessen, es fiel mir jedoch siedend heiß wieder ein, als ich den Namen Arnaldo Cohen las. Ich konnte mein Glück kaum fassen, dass ich mich drei Tage nach meinem Zusammenbruch in derselben Stadt befand wie mein potenzieller »Retter«. Aufgeregt erzählte ich Susanna von meinen Erkenntnissen. Wir begannen augenblicklich Pläne zu schmieden, wie wir Arnaldo Cohen am besten kennen lernen könnten. Voller Enthusiasmus kamen wir nach Hause zurück und berichteten von den neuesten Entdeckungen. In dieser Nacht war ich kaum in der Lage, ein Auge zuzumachen, denn schließlich hing mein weiteres Klavierleben davon ab, Arnaldo Cohen zu treffen.
Am nächsten Morgen zogen Susanna und ich uns besonders schön an, da wir einen guten Eindruck machen wollten, sollten wir Arnaldo Cohen treffen. In dem Konzertsaal mit ein paar Hundert Stühlen suchten wir

uns Plätze, von denen aus wir die Jury gut im Blick haben würden. Als die Juroren den Saal betraten, blickten Susanna und ich uns an, denn wir waren uns sicher, Arnaldo Cohen erkannt zu haben. In diesem Moment drehte sich eben dieser äußert interessant und jugendlich wirkende, gut aussehende Mann zu uns um und sah uns an, und wir waren uns sicher, dass er uns wahrgenommen hatte. Begeistert lauschten wir daraufhin all den jungen Pianisten. In der Mittagspause kreuzte sich unser Weg mit dem von Herrn Cohen (wir nahmen immer noch an, dass er es war). Er lächelte uns freundlich an. Wir waren zufrieden, denn wir hatten beide das Gefühl, dass einem Kennenlernen nichts mehr im Weg stand.

Am nächsten Tag stellte sich heraus, dass wir mit unseren Vermutungen Recht gehabt hatten. Eduardo, der brasilianische Freund von mir, stand abends gerade bei Herrn Cohen, als Susanna und ich aus dem Saal kamen. Wir wollten die beiden nicht stören und an ihnen vorbei gehen, als Eduardo uns zu sich rief. Er stellte uns vor, und Arnaldo Cohen war sichtlich erfreut, uns kennen zu lernen. Nach einem kurzen Smalltalk fragte er, ob wir nicht alle Lust hätten, gemeinsam Essen zu gehen. Hinter Eduardos Rücken zwinkerten Susanna und ich uns verstohlen zu. Das ließ sich noch besser an als erwartet. Bei herrlicher Abendsonne saßen wir im »Hotelrestaurant Greif« auf dem Waltherplatz und genossen italienisches Essen. Arnaldo Cohen war völlig entspannt, in keiner Weise arrogant oder überheblich. Einmal mehr wurde mir bewusst, warum ich die Brasilianer so sehr liebe. Wir redeten über Musik in allen Facetten, hatten viel zu lachen und beschlossen, uns in den nächsten Tagen wieder zu treffen. Völlig beschwingt liefen Susanna und ich an diesem Abend nach Hause, waren wir doch meinem Ziel einen großen Schritt näher gekommen.

Cohen hatte anscheinend den gemeinsamen Abend ebenso genossen wie wir, denn er lud uns während der nächsten Tage oft ein, mit ihm zu essen. Täglich hörten wir uns den Wettbewerb an und lernten die verschiedensten Pianisten aus aller Welt kennen.

Einmal standen Susanna und ich während einer kurzen Wettbewerbspause im Foyer des Konservatoriums, als plötzlich Arnaldo zu uns trat, was er nie zuvor getan hatte. Das, was in diesem Moment passierte, werde ich nie vergessen. Innerhalb von Sekunden verstummte jegliches

Gespräch von mehreren hundert Personen und sämtliche Augen waren auf uns Drei gerichtet. Es war so, als ob alle im Dornröschenschlaf erstarrt wären. Um nicht von allen gehört zu werden, mussten wir flüstern. Es glich wahrlich einer Filmszene, dabei hatte Arnaldo uns nur mitteilen wollen, dass wir uns heute erst später als besprochen treffen könnten, da er noch mit der Jury verabredet war. Erst als Arnaldo die Szene wieder verließ, nahmen die anderen ihre Gespräche wieder auf. Es war abenteuerlich. Vermutlich lag es daran, dass Arnaldo eine stadtbekannte und beliebte Persönlichkeit war, hatte er doch mit 24 Jahren auf sensationelle Weise den Busoni-Wettbewerb gewonnen. Vor allem die weibliche Gesellschaft Bozens schien Arnaldo mehr oder weniger zu Füßen zu liegen. Wann immer er sich durch das Publikum bewegte, war er sofort von unzähligen Frauen umringt, die versuchten, ihm nahe zu sein und ihn auf irgendeine Art und Weise zu berühren. Er hat einfach das gewisse Etwas, das Frauen so sehr lieben. Mir war bewusst, dass er mit seinen funkelnden Augen sicherlich schon so manches Herz gebrochen hatte.

Auf einmal konnte ich mir den Tumult, der bei jedem Auftreten des berühmten Pianisten und Komponisten Franz Liszt entstanden sein soll, in den lebhaftesten Farben vorstellen. Wahrscheinlich wären die Damen in Bozen ebenfalls in Ohnmacht gefallen, hätten sie noch eng geschnürte Korsetts unter ihren Gewändern getragen. Jedenfalls wurde jeder Schritt von Arnaldo wie mit Argusaugen beobachtet. So glich es einer Sensation, dass er sich seinen Weg zu zwei jungen Frauen bahnte, die niemand kannte. Susanna hatte Bozen schon vor längerer Zeit verlassen und war daher niemandem mehr bekannt. Hinter vorgehaltener Hand wurde getuschelt. Arnaldo, Susanna, ich und auch meine Mutter, die sich in der Nähe von uns befand, amüsierten uns köstlich. Noch Stunden später, als wir beim Abendessen zusammen saßen, hielten wir uns die Bäuche vor Lachen.

An eben diesem Abend wagte ich es schließlich, Arnaldo zu fragen, ob ich ihm vorspielen dürfte, da ich große Probleme mit meiner rechten Hand hätte und gerne einen Rat von ihm hören würde. Trotz der inzwischen entstandenen Vertrautheit zwischen uns hatte es mich große Überwindung gekostet, diese Frage zu stellen, die mir so sehr am Herzen lag, da mir bewusst war, welcher Koryphäe ich gegenüber

saß. Mit großen Augen sah mich Arnaldo daraufhin an und fragte eindringlich: »Wie alt bist du?«
»Ich bin 21.«
»Das ist entschieden zu alt.«
Ich war wie vor den Kopf geschlagen. Daraufhin erklärte er mir, dass meine Handprobleme mit größter Wahrscheinlichkeit von falscher Technik kommen würden.
»Um diese noch einmal umzustellen, bist du einfach zu alt. Kein Mensch widmet sich in deinem Alter ein bis zwei Jahre nur der Technik, ohne ein Musikstück anzurühren. Das ist völlig unmöglich. Es macht daher keinen Sinn, dich anzuhören.«
Voller Verzweiflung rief ich aus: »Und wenn ich mich zwei Jahre in ein Kloster zurückziehen muss, niemanden sehen darf und nur Technik üben muss, bin ich bereit, es zu tun!«
Lachend wandte sich Arnaldo an Susanna und meinte: »Kein Mensch schafft das.«
Doch Susanna antwortete überzeugt: »Isabelle schafft das. Sie hat einen eisernen Willen und eine enorme Disziplin. Bitte höre sie dir an.«
Das schien Arnaldo derart zu überraschen, dass er mir vorschlug, ihn am nächsten Morgen in aller Früh vor Wettbewerbsbeginn im Konservatorium zu treffen und ihm vorzuspielen.
In dieser Nacht konnte ich kaum schlafen, da ich ahnte, wie viel von meinem Vorspiel am kommenden Tag abhing. Ich hatte den ersten Satz der Beethoven-Sonate, op. 110, und die »Etüde in dis-moll, op. 8/12« von Alexander Skrjabin vorbereitet. Die Skrjabin-Etüde hatte mein Professor an der Hochschule für Musik in München für sensationell befunden. Arnaldo konnte ich damit nur ein müdes Lächeln abgewinnen.
»Deine Technik ist wirklich sehr schlecht. Wenn ich nicht wüsste, welch außerordentliches musikalisches Gehör und Gespür du hast, würde ich sagen, dass es absolut keinen Sinn macht, mit deinen Handproblemen weiter Klavier zu spielen. Da du mir aber in den letzten zehn Tagen bewiesen hast, was du hörst, indem du mir deine Meinung zu den Wettbewerbsteilnehmern kundgetan hast, weiß ich, dass du wirklich Talent besitzt. Ich werde dir nun ein paar grundlegende Dinge über die Basis der Klaviertechnik vermitteln.«

Ich war immer realistisch gewesen, und so trafen mich Arnaldos Worte nicht wirklich, sondern ich war vielmehr erleichtert, dass er mich für würdig befand, mit mir zu arbeiten. Alles, was er mir dann in den nächsten zwei Stunden über Klaviertechnik erzählte, hatte ich nie zuvor gehört. Dennoch klang es absolut logisch und einleuchtend. Er hatte sofort erkannt, weshalb ich Probleme mit meiner Hand hatte. Erschöpft, aber sehr glücklich traf ich danach auf meine Mutter und Susanna, die mich bereits im Foyer erwarteten. Ich wusste, es lag ein steiniger Weg vor mir, wenn ich meine Technik vollständig umstellen wollte, doch für mich bedeutete es die Welt, denn schließlich hieß das, ich musste nicht mit Klavierspielen aufhören. Natürlich wusste ich, dass ich diesen Weg nur mit Arnaldo gehen konnte. Bevor er jedoch gewillt sein würde, mich als Schülerin zu akzeptieren, musste ich ihm erst noch beweisen, dass ich mental stark genug dafür war. Seine Bedingung hieß, innerhalb der nächsten zwei Monate das Programm für meine Zwischenprüfung fertig zu üben und diese mit dem Wissen, dass ich eigentlich ziemlich schlecht spiele, zu bestehen.

Langsam kehrte ich aus meinen Erinnerungen wieder in die Realität zurück und bemerkte, dass Hubert bereits auf Bozen zusteuerte. Da ich so sehr in meine Erinnerungen vertieft gewesen war, hatte ich kaum bemerkt, wie viel Zeit inzwischen vergangen war. Wir hatten ein Apartment in Eppan in der Nähe von Bozen gemietet, da ich noch immer vorsichtig mit dem Essen sein musste und wir daher nicht ständig zum Essen gehen konnten. Als wir uns schließlich Eppan näherten, stellten wir fest, dass sich unser Apartment im Ortsteil Sankt Michael befand. Das konnte nun wirklich kein Zufall sein. Voller Freude genossen wir den Blick auf die Südtiroler Berge, als wir auf unserem Balkon saßen. Schließlich erreichte ich auch Arnaldo, der inzwischen in Bozen eingetroffen war. Ich konnte es kaum erwarten, ihn am nächsten Tag endlich wieder zu sehen.
Abends, als ich im Bett lag, sah ich plötzlich den Tag meiner Zwischenprüfung wieder vor mir. Voller Nervosität stand ich vor dem Kleinen Konzertsaal der Münchener Hochschule für Musik und wartete darauf, endlich aufgerufen zu werden. Ich wusste, dass vom Gelingen meiner Prüfung abhing, ob Arnaldo mir weiterhin Unterricht geben würde.

Dieses Gewicht lastete schwer auf meinen Schultern. Endlich war es so weit, und ich wurde in den Saal gerufen. Ich fühlte starken Druck und konnte zunächst nicht besonders frei spielen. Zudem spürte ich negative Energie von zwei Professoren, die mich nicht mochten. Einer der beiden bat mich schließlich, die Fuge aus der Beethoven-Sonate, op. 110, zu spielen. Ich wusste, dass man mich damit vor eine besonders schwierige Aufgabe stellte, denn ich hatte miterlebt, dass selbst beim Internationalen Musikwettbewerb der ARD viele Pianisten in diesem Satz ausgestiegen waren. Was die Prüfer jedoch nicht ahnten, war, dass ich diese Fuge erst nach dem Unterricht bei Arnaldo zu üben begonnen hatte und sie somit das beste Stück von mir war. Voller Intensität holte ich alles aus diesem Satz heraus. Erstauntes Schweigen erfüllte danach den Raum, bis ich schließlich die Stimme meines Klavierprofessors vernahm, der mir mitteilte, dass ich selbstverständlich bestanden hätte. Wie in Trance verließ ich den Saal. Mir zitterten die Knie. Ich war einem Nervenzusammenbruch nahe. Die Spannung, die während der letzten beiden Monate Besitz von mir ergriffen hatte, forderte ihren Tribut. Ich konnte mich gerade noch bis zur nächsten Sitzgelegenheit retten, sonst wäre ich umgekippt. In meinem Kopf rasten die Gedanken umher, wie ich auf dem schnellsten Weg Arnaldo erreichen könnte, denn ich hatte keine Telefonnummer von ihm, wollte jedoch keineswegs warten, bis er mich anrufen würde, wie er versprochen hatte. Ich wollte und konnte einfach keinen weiteren Tag mehr mit falscher Technik vergeuden. Am nächsten Tag versuchte ich, Arnaldos Nummer herauszufinden. Wie ich erwartet hatte, konnte man ihn über die Auskunft nicht finden. Da erinnerte ich mich an meine Freunde in Brasilien. Einer von ihnen konnte Arnaldos Nummer in London kennen. Ich konnte es kaum erwarten, ihm mitzuteilen, dass ich bestanden hatte.
Schließlich fand ich jemanden, der die ersehnte Nummer hatte, und rief Arnaldo an. Er freute sich über meinen Erfolg und meinte, wir könnten uns zwei Wochen später in Amsterdam treffen, um alles Weitere zu besprechen. Denn dort sollte Arnaldo wieder Mitglied der Jury eines Klavierwettbewerbs sein.
Aus tiefstem Herzen wünschte ich mir, dass er mich als Schülerin akzeptieren würde. Zu meiner großen Freude wollte mich Susanna nach Holland begleiten.

Wir beide reisten das erste Mal nach Amsterdam und waren sofort begeistert von dieser herrlichen Stadt mit den vielen Brücken und schönen Häusern. Nachdem wir in unserem Hotel eingecheckt hatten, machten wir unseren ersten Rundgang durch die Stadt. Es dauerte keine halbe Stunde, und wir liefen Arnaldo über den Weg, obwohl wir keine Ahnung hatten, in welchem Hotel er abgestiegen war. Wenn das kein Zeichen war! Er freute sich sehr, uns zu sehen, und lud uns in ein Café ein. Wir redeten über alles Mögliche, nur nicht über den Grund, weshalb ich nach Amsterdam gekommen war. Dies machte mich zusehends nervöser, so dass ich mir, obwohl ich normalerweise alles andere als schusselig bin, den ganzen Milchkaffee über meine hellblaue Jeans schüttete. Peinlich berührt verließ ich das Café, um mich umzuziehen. Ich hoffte sehr, dass Arnaldo nach dem Wettbewerb am Nachmittag nicht mit der Jury essen gehen, sondern sich mit uns verabreden würde. Voller Anspannung lauschte ich den Pianisten und war sehr erleichtert, als Arnaldo uns am Ende aufforderte, ihn zu begleiten. Wir saßen kaum im Restaurant und hatten unsere Getränke bekommen, als ich mich nicht mehr zurückhalten konnte. Ich fragte Arnaldo, ob er nun bereit sei, mich als Schülerin zu nehmen.
»Meine Liebe, das ist nicht so einfach, denn ich bin die meiste Zeit auf Konzertreisen unterwegs. Auch wenn ich eine Professur in England habe, bedeutet das nicht, dass ich regelmäßig dort bin. Es macht daher keinen Sinn, dass du nach London ziehst. Außerdem brauchst du jemanden, der dich überwacht, während du deine Klaviertechnik umstellst. Ich habe einen Freund, der Professor in Essen ist. Er ist Russe und ein hervorragender Pianist und Lehrer. Ich werde ihn fragen, ob er sich deiner annehmen kann.«
»Das will ich nicht«, brach es in ungewohnter Heftigkeit aus mir hervor. »Diese Arbeit kann ich nur mit dir machen. Du selbst hast in Bozen gesagt, dass du dir nicht vorstellen kannst, dass ein Mensch in meinem Alter es schaffen kann, seine Technik komplett umzustellen. Ich weiß, dass ich es schaffen kann – jedoch nur mit dir. Denn dir vertraue ich sowohl als Lehrer als auch als Mensch.«
Arnaldo lächelte Susanna an. »Sie ist sehr clever, so mit mir zu reden.« Mit Tränen in den Augen rief ich aus: »Ich bin nicht clever. Das ist einfach nur die Wahrheit!«

Völlig überrascht sah er mir tief in die Augen, ohne ein Wort zu sagen. Plötzlich streckte er mir seine rechte Hand über den Tisch entgegen. »Ich nehme dich als Schülerin an, jedoch vorerst nur ein halbes Jahr auf Probe, da ich nicht weiß, ob es möglich ist, dir ohne regelmäßigen Unterricht eine vollkommen neue Technik beizubringen.«
Nun ließ ich den Tränen meiner Erleichterung ihren Lauf, denn ich hatte erreicht, was ich mir seit Monaten so sehnlichst gewünscht hatte.

Langsam wurde mir wieder bewusst, dass ich mich nicht in Amsterdam, sondern in Sankt Michael befand. Glücklich und dankbar betrachtete ich Hubert, der neben mir lag und schon schlief. Wie wunderbar, dass ich einen Mann an meiner Seite hatte, der die Musik auf ähnliche Weise liebte wie ich. Ich freute mich sehr, dass er nun Arnaldo kennen lernen würde, nachdem ich ihm schon so viel von diesem für mein Leben so bedeutsamen Menschen erzählt hatte.
Immer wieder tauchten Fetzen der Erinnerung vor meinem Auge auf, so dass ich nur schwer einschlafen konnte. Dementsprechend unausgeschlafen wachte ich am nächsten Morgen auf.
Nach dem Frühstück auf dem Balkon holte ich meine Nagelschere, um meine Nägel zu schneiden. Auch wenn ich derzeit nicht Klavier spielte, behielt ich doch meine lebenslange Angewohnheit bei, meine Nägel kurz zu tragen.
Schließlich war es so weit. Hubert und ich fuhren nach Bozen und setzten uns ins Café des »Hotels Città« am Waltherplatz. Mit Hubert ins Gespräch vertieft, sah ich plötzlich eine vertraute Silhouette. Arnaldo kam vorsichtig um die Hotelecke, und wir entdeckten uns im selben Moment. Da gab es nichts mehr, was mich zurückhalten konnte. Ich sprang auf und hätte beinahe einen Ober umgerannt. Arnaldo lief mir geradewegs in die Arme. Wir umarmten uns, ließen uns los und umarmten uns wieder. Die Wiedersehensfreude war gar so groß. Nachdem wir uns etwas beruhigt hatten, stellte ich Hubert vor. Arnaldo war begeistert und teilte Hubert sofort mit, wie sehr er sich freue, dass ich endlich den Richtigen gefunden hätte, habe er doch so viele meiner Enttäuschungen in Bezug auf Männer miterlebt. Es dauerte keine fünf Minuten, bis er meine Hände nahm und sie von allen Seiten betrachtete.

»Bin ich froh, dass du immer noch kurze Nägel trägst. Ich hatte schon Angst, dass du nicht mehr wie eine Pianistin aussiehst. Ich habe versucht, dich zu entdecken, bevor du mich sehen solltest, da ich nicht wusste, wie gezeichnet du von der langen Krankheit sein würdest und ich mir nichts anmerken lassen wollte. Zu meiner großen Erleichterung bist du jedoch schöner denn je. Es ist nicht zu fassen, wie du so aussehen kannst, nach allem, was du hinter dir hast! Das spricht sehr für Hubert.«

Arnaldo überschlug sich beinahe vor Begeisterung. Es war wunderbar, ihn wieder zu sehen und zu wissen, dass unsere Verbindung noch immer so intensiv und herzlich war wie vor meiner Erkrankung. Auch war meine Angst unbegründet gewesen, dass er denken würde, ich sei faul, da ich im Augenblick nicht Klavier übte. Ganz im Gegenteil, er meinte, das Allerwichtigste sei, dass ich endlich wieder zu Kräften kommen würde. Klavierspielen könnte ich noch mein ganzes Leben lang. Ich war sehr erleichtert, denn auch wenn er inzwischen ein sehr enger Freund war, so kannte er normalerweise, was das Klavier betraf, kein Pardon. In dem Moment, wenn ich am Flügel saß, verwandelte sich dieser lässige und entspannte Brasilianer in einen äußerst strengen Lehrer, der mir meistens mehr Angst einflößte als jedes Konzertpublikum. Als ich ihn einmal darauf angesprochen hatte, meinte er nur: »Wenn du meinen Unterricht nicht durchhältst, schaffst du es auch nicht, als Solistin auf die Bühne zu gehen. Pianist zu sein, bedeutet, mental stark zu sein. Bin ich zu nett zu dir, wirst du niemals diese Stärke entwickeln.«

Umso verwunderter war ich nun, sein Verständnis für meine Situation zu erleben.

Plötzlich klingelte Arnaldos Handy. Es war Ann, seine Frau, die unbedingt wissen wollte, wie es mir ging und wie ich aussah. Ich sprach kurz mit ihr und war tief bewegt zu spüren, welche Anteilnahme sie mir entgegen brachten.

Kurz danach musste Arnaldo sich verabschieden, da er noch einen anderen Termin hatte. Hubert und ich schlenderten noch gemütlich durch Bozen. Ich war so glücklich, Arnaldo wieder gesehen zu haben. Er war viel mehr als nur mein Freund und Mentor. Doch noch immer realisierte ich nicht, wie viel ich ihm tatsächlich zu verdanken hatte. Das sollte mir erst zwei Tage später klar werden.

Am nächsten Morgen brachte mich Hubert zur Orchesterprobe ins Auditorium Haydn. Ich hatte zwar die Partitur des ersten »Konzertes für Klavier und Orchester« von Brahms dabei, doch ich wollte nicht von den Noten abgelenkt sein, sondern jeden einzelnen Ton voll und ganz in mir aufnehmen. In dem Moment, als Arnaldo zu spielen begann, bekam ich eine Gänsehaut von Kopf bis Fuß. Mein Herz öffnete sich wie eine Blume. Mit jeder Faser meines Körpers spürte ich diese Musik. Wie war es nur möglich, dass ich vergessen hatte, wie phänomenal Arnaldo spielt. Wahrscheinlich musste das so sein, denn sonst hätte ich es gar nicht ausgehalten, ihn so lange nicht zu hören. Obwohl er über eine einzigartige Technik verfügt, dient diese nie zum Selbstzweck, sondern hilft nur, die Architektur eines jeden Stückes herauszumeißeln und gleichzeitig alle Emotionen bis ins Letzte auszuspielen. Es war äußerst aufregend für mich, wieder einmal wahrzunehmen, dass Arnaldo Aspekte aus dem Brahms-Konzert herausholte, die ich nie zuvor gehört hatte, obwohl ich es sehr gut kannte. Ich konnte es kaum erwarten, nach der Probe endlich mit ihm zu sprechen. Doch wie in alten Zeiten war er schon wieder von diversen Damen umringt, so dass ich mich im Hintergrund halten wollte, was Arnaldo jedoch nicht zuließ. Er kam zu mir, nahm mich beim Arm und fragte, ob ich mit ihm und einer alten Bozener Bekannten Mittagessen gehen wolle. Natürlich hatte ich Lust dazu. Die Dame war auch Pianistin, jedoch von der alten Schule. Sie hatte vieles überhaupt nicht gehört, obwohl sie das Konzert wohl selbst vor vielen Jahren gespielt hatte. Ich hielt mich zurück und hoffte, noch mit Arnaldo unter vier Augen sprechen zu können.
Arnaldo hatte wohl den gleichen Wunsch, denn er wollte wissen, ob ich ihn noch zum Üben begleiten wolle. Nichts lieber als das. Zurück im Auditorium Haydn setzten wir uns erst einmal gemütlich nebeneinander und plauderten wie in alten Zeiten. Anhand der Partitur erzählte ich ihm, wie er gespielt hatte und was mich ganz besonders beeindruckt hatte. Arnaldo meinte daraufhin: »Es tut so gut, endlich wieder einmal mit dir zu sprechen, einem Menschen, der wirklich versteht, wie bedeutsam jeder einzelne Ton für mich ist, der all das hören kann, was ich versuche auszudrücken. Weißt du, natürlich ist es großartig, in den Staaten mit berühmten Dirigenten und Orchestern zu arbeiten und hervorragende Kritiken zu bekommen, doch manchmal schmerzt

es mich, dass kaum jemand da ist, der das wahrnimmt, was du hörst.« Diese Worte berührten mich zutiefst. Etwas melancholisch hingen wir den vielen gemeinsamen Erinnerungen nach. Da Arnaldo immer so viel auf Konzertreisen war, hatte ich ihn nur ab und zu in London zum Klavierunterricht getroffen. Die meiste Zeit hatten wir uns unterwegs verabredet. So hatte ich unter anderem im Musikverein in Wien und der Tonhalle in Zürich Unterricht gehabt. Wir hatten beide die gemeinsame Zeit immer sehr genossen. Ich durfte bei sämtlichen Proben, beim Üben und jedem Konzert dabei sein und bekam zwischendurch immer wieder Unterricht. In keiner Hochschule hätte ich lernen können, was ich auf diesen Reisen gelernt habe. Jedes Mal musste ich auf einem Flügel spielen, den ich nicht kannte. Zudem saß ich bis zur letzten Minute, bevor Arnaldo auf die Bühne ging, neben ihm und habe seine Konzertvorbereitungen bis ins letzte Detail mitbekommen. Auch dass ich ihm beim Üben zuhören durfte, hat mich auf eine Weise bereichert, die bis heute nachwirkt. Noch immer kann ich von diesen Erfahrungen zehren. Am Anfang meiner Studien bei Arnaldo hatte ich mich immer wieder gefragt, wie ich ihm jemals das zurückgeben könnte, was er für mich tat. Als meine Eltern ihm vor vielen Jahren dafür danken wollten, meinte er: »Es ist mir eine große Freude, mit Isabelle zu arbeiten, denn sie versteht so genau, was ich meine. Ich werde sie unterrichten, bis sie mit eigenen Flügeln fliegen kann.«
Mir selbst sagte er eines Tages nach einem Konzert in Rio de Janeiro: »Weißt du, dass ich die besten Konzerte spiele, wenn du da bist, weil ich in unseren Gesprächen nach den Proben von dir immer noch erfahre, was ich aufgrund der jeweiligen Saalakustik verändern muss.«
Von diesem Moment an wusste ich, dass ich ihm etwas zurückgab. Als ich in Bozen ähnliche Worte aus Arnaldos Mund vernahm, war ich sehr glücklich, denn nun wusste ich, dass für Arnaldo diese gemeinsamen Reisen ebenfalls etwas Besonderes gewesen waren. Voller Wehmut stellten wir fest, dass diese Zeiten mit seinem baldigen Umzug in die Vereinigten Staaten unwiederbringlich der Vergangenheit angehören würden. Um nicht noch trauriger zu werden, meinte Arnaldo, es sei nun an der Zeit, eine Runde zu üben. Ich setzte mich neben ihn auf die Bühne und lauschte mit einem lächelnden und einem weinenden Auge, wusste ich doch, dass ich dies so schnell nicht wieder erleben würde.

So viele Jahre waren vergangen, seit wir das letzte Mal nebeneinander an einem Flügel gesessen waren, doch es war so vertraut, als sei es gestern gewesen.

Plötzlich vernahm ich die Stimme eines Engels, der mir sagte, ich sollte Arnaldo bitten, mir noch ein paar Fingersätze für ein Prélude von Rachmaninoff zu zeigen. Erst wusste ich nicht so Recht, ob ich Arnaldo beim Üben stören sollte, doch dann überwog mein Vertrauen in die Engel. Arnaldo reagierte mehr als erfreut. Sofort fragte er mich, ob ich die Noten dabei hätte. Ich bejahte, und schon war er bereit. Während er sich mit den Fingersätzen beschäftigte, fiel ihm auf einmal ein, dass er vor kurzem ein neues Übungskonzept entdeckt hatte, bei dem weniger Energie verbraucht wurde. Plötzlich schaute er mir tief in die Augen und sagte: »Vielleicht ist es genau das, was du brauchst, um langsam wieder mit dem Üben beginnen zu können. Lass es mich dir zeigen.«

Schon machte er mir Platz auf der Klavierbank. Es dauerte nicht lange, bis ich das Konzept erfasst hatte und die ersten Töne auf die neue Art und Weise ausprobierte. Arnaldo freute sich sehr, dass ich trotz meiner Pause sofort wieder konzentriert bei der Sache war. Völlig begeistert bedankte ich mich.

»Wer hätte gedacht«, sagte er, »dass ich dir sogar hier unter diesen Umständen wieder eine kleine Klavierstunde gebe.«

Dann bemerkte er, dass ich vor Anstrengung blass geworden war. Besorgt fragte er mich, ob er mich irgendwohin bringen solle. Ich verneinte und sagte, dass ich nur Hubert anrufen müsste, der um die Ecke in einem Café saß. Dennoch ließ es sich Arnaldo nicht nehmen, meine Notentasche zu tragen, während er mich zum Bühnenausgang begleitete. Ich glaubte, meinen Augen nicht zu trauen, hatte mir Arnaldo doch früher nie auch nur die kleinste Schwäche durchgehen lassen. Er kannte mich wohl gut genug, um zu wissen, was ich hinter mir hatte und in welcher physischen Situation ich mich noch immer befand. Tief bewegt umarmten wir uns. Hubert, der um die Ecke kam, sah sofort meine Erschöpfung und brachte mich auf dem schnellsten Weg nach Sankt Michael, so dass ich mich hinlegen konnte. Für meine Verhältnisse war dies ein sehr langer Tag gewesen. Zudem waren durch die Musik so viele Emotionen und Erinnerungen an die Vergangenheit aufgewühlt worden, was mich auch viel Kraft kostete. Einmal mehr war ich dankbar, mit wie viel Verständnis sich Hubert um mich kümmerte. Wie oft hatte ich Arnaldo erzählt, wie sehr ich mir einen Mann wünschte, der meine Liebe zur Musik verstehen könnte. Und nun war dieser Mann an meiner Seite und würde morgen gemeinsam mit mir in ein Konzert von Arnaldo gehen, so wie ich es mir immer erträumt hatte.

Am nächsten Morgen beschloss ich, die Generalprobe nicht zu besuchen, da ich meine Kräfte für den Abend sparen wollte. Ich versuchte, etwas länger zu schlafen, hörte »Angel Medicine« und tankte Sonne auf dem Balkon unseres Apartments. Am Nachmittag fuhren Hubert und ich dann wieder nach Bozen, um Susanna, Dario und meine Eltern bei Susannas Eltern zu treffen. Susannas Mutter hatte einen kleinen Imbiss für uns alle bereitgestellt, so dass wir uns vor dem Konzert noch stärken konnten. Arnaldo hatte es tatsächlich geschafft, für uns alle Freikarten zu organisieren. Ich konnte kaum etwas essen, so aufgeregt war ich. Manchmal hatte ich auch Lampenfieber, wenn nicht ich, sondern ein mir wichtiger Mensch auf die Bühne gehen musste. Dieses Mal lag es mit Sicherheit auch daran, dass mir das Konzert so besonders wichtig war, da es mich mit der Vergangenheit vor der Leukämie, die ich so sehr geliebt hatte, verband. Zusammen mit Hubert ging ich noch schnell zum Bühneneingang, um eine Grußkarte für Arnaldo zu hinterlegen. Leider waren unsere Plätze auf der rechten Seite des Auditorium Haydn. Im letzten Moment schafften wir es jedoch noch, auf die linke Seite hinüber zu wechseln, so dass ich Arnaldos Hände sehen würde. Nach einem Orchesterstück betrat Arnaldo endlich die Bühne. Aus der Ferne wirkte er immer noch so jung wie vor dreizehn Jahren. Nach einer Orchesterexposition kam sein Einsatz. Ich spürte, wie Hubert neben mir vom ersten Ton an wie elektrisiert war. Mir selbst erging es ähnlich. Arnaldo spielte noch leidenschaftlicher als in der Probe am Tag zuvor. Jeder einzelne Ton war ein Erlebnis. Für mich war dieses Brahms-Klavierkonzert so aufregend wie für andere Leute ein Fußball-Endspiel. Mein ganzer Körper bebte vor Spannung. Arnaldo gab und riskierte wirklich alles. Plötzlich sah ich, dass die Tastatur mit Blut verschmiert war. Ich betete, dass Arnaldo nicht abrutschen würde. Wann immer er eine kurze Spielpause hatte, wischte er mit seinem Taschentuch über die

Tasten. Doch Arnaldo war durch und durch professionell. Vermutlich merkte der Großteil des Publikums gar nicht, dass sich Arnaldo aufgrund seines kraftvollen Spiels verletzt hatte. Zwischen den Sätzen murmelte Hubert nur noch »unglaublich« vor sich hin. Ich wurde von den unterschiedlichsten Emotionen gepackt. Wieder einmal konnte ich es kaum fassen, wie es einem Pianisten möglich sein konnte, so viele Facetten aus einem einzigen Stück herauszuholen. Voller Dankbarkeit wurde mir einmal mehr bewusst, welches Glück ich hatte, diesen Meister als meinen Lehrer bezeichnen zu dürfen. Als Arnaldo den Schlussakkord gespielt hatte, folgten endlose Ovationen. Nie vorher hatte ich Hubert so enthusiastisch klatschen gesehen. Ein Blick in seine Augen genügte, um mir zu zeigen, dass er restlos begeistert war. Als wir uns auf den Weg zum Künstlerzimmer machten, meinte er: »Ich wusste ja von dir, dass Arnaldo herausragend Klavier spielen muss, doch dieses Brahms-Konzert hat meine kühnsten Erwartungen übertroffen. Es grenzt ans Unmögliche, mit welcher Leichtigkeit und Klarheit er die komplexesten Stellen enthüllt, die man nie zuvor wahrgenommen hat. Ich kenne dieses Konzert wirklich gut, doch es hat mich ernsthaft verblüfft, wie viele Phrasen ich noch nie bis ins Detail ausgespielt gehört hatte. Arnaldo gehört wirklich zu den Größten seines Fachs.«
»Ich weiß, nicht umsonst wird er in den Fachkreisen oft als das bestgehütete Geheimnis der klassischen Musikszene bezeichnet«, erwiderte ich. Susanna und Dario waren inzwischen zum Künstlerzimmer nachgekommen, doch Arnaldo war nicht in Sicht. Vermutlich war er gar nicht so weit gekommen, sondern war längst von begeisterten Fans umringt. Nach einer Weile vergewisserten wir uns, wollten uns jedoch nicht unter die Masse mischen. Schließlich kam er sichtlich erschöpft zum Solistenzimmer. Sein Finger blutete immer noch. Hubert und ich hatten zum Glück Arnika Globuli dabei und gaben ihm ein paar. Innerhalb kürzester Zeit stoppte die Blutung, worüber Arnaldo sehr überrascht und dankbar war. Danach konnten wir endlich voller Enthusiasmus gratulieren. Schließlich drückte Arnaldo mich ein letztes Mal fest an sein Herz und meinte, wie froh er sei, dass ich auf einem guten Genesungsweg sei. Hubert und ich müssten seine Frau und ihn unbedingt in der neuen Heimat besuchen kommen, sobald ich wieder reisefähig sei. Ich spürte, dass uns beiden der Abschied sehr schwer fiel.

Wir verabschiedeten Susannas Eltern, die müde waren, und setzten uns noch ins »Café Città« am Waltherplatz und genossen die laue Spätsommernacht. Meine Eltern waren überglücklich, Arnaldo wieder einmal gesehen und gehört zu haben. Sie erzählten mir noch, dass Arnaldo zu ihnen gesagt hatte, dass er sich nun keine Sorgen mehr um mich machen müsste, denn er wisse, dass ich es schaffen würde, wieder ganz gesund zu werden. Ich sei so stark. Dies zu hören, freute mich ganz besonders. Auf der Rückfahrt im Auto erzählte mir Hubert noch ausführlich, wie sehr ihn Arnaldos Klavierspiel berührt hatte. Ich war so froh, denn es ist einfach ein wunderbares Gefühl, ein solches Erlebnis teilen zu können. Früher war mir das nur mit Susanna und Johanna möglich gewesen. Doch nie hatte ich so etwas auch mit einem Mann erleben können. Noch lange lag ich wach im Bett und konnte mich gar nicht beruhigen. Plötzlich sah ich mich in Arnaldos Haus in London an seinem Flügel sitzen. Er selbst saß auf einem Stuhl rechts neben mir. Ich hatte schon seit mehr als sechs Stunden Unterricht, ohne auch nur etwas zu trinken zu bekommen, auf die Toilette gehen zu dürfen oder dergleichen. Langsam fing mein Kreislauf an zu streiken. Ich begann zu frieren und bat Arnaldo um eine kurze Pause. Seine Antwort werde ich *nie* vergessen: »Wenn du Pianistin werden willst, muss es dir möglich sein, Klavier zu spielen, selbst wenn du im Sterben liegst.«
Mit Tränen in den Augen biss ich meine Zähne zusammen und spielte weiter.
Auf einmal fiel es mir wie Schuppen von den Augen. Genau dieser Satz hatte letztlich in hohem Maße dazu beigetragen, dass ich überlebt hatte. Ohne die eiserne Selbstdisziplin, die Arnaldo von mir gefordert hatte, wäre ich niemals in der Lage gewesen, im Klinikum Großhadern Klavier zu üben und auch während der heftigsten Situationen weiter durchzuhalten. Da fiel mir auch wieder ein, dass mir mehrere Ärzte in Großhadern erzählt hatten, dass es meistens Spitzensportlern oder Musikern gelänge, von lebensbedrohlichen Krankheiten zu genesen, da diese eine viel stärkere Selbstdisziplin besitzen als andere Menschen. Als mir dies bewusst wurde, kannte meine Dankbarkeit Arnaldo gegenüber keine Grenzen mehr. Er war nicht nur ein großartiger Lehrer und Freund, sondern er hatte auch einen besonderen Anteil daran, dass ich die Leukämie überlebt hatte.

Als ich Arnaldo wenige Tage später anrief, um ihm noch einmal für die Zeit und das Konzert in Bozen zu danken, erzählte ich ihm von meiner Entdeckung. Er war vollkommen entsetzt, dass er so etwas zu mir gesagt hatte. Doch ich meinte, das sei prophetisch gewesen und hatte so sein müssen, denn nur auf diese Weise war es mir möglich gewesen, mich in absoluter Lebensgefahr an mein Keyboard zu setzen und zu üben, was mir letztlich das Leben gerettet hatte. Arnaldo fehlten die Worte, während mir das Herz überquoll vor Dankbarkeit.

– 58 –

Aufbruch in mein neues Leben

Es dauerte eine ganze Weile, bis ich mich von den Erlebnissen in Bozen erholt hatte. Mein Körper war zwar schon stabiler, doch ich brauchte noch immer sehr viele Pausen über den Tag verteilt, um mich nicht zu überanstrengen. Trotz des neuen Konzeptes von Arnaldo war es mir nur selten möglich, mich an meinen Flügel zu setzen und zu üben.
Umso mehr beschäftigte ich mich stattdessen mit der EMF Balancing Technique®, denn das Training bei Peggy Phoenix Dubro rückte näher. Wieder einmal hatten die Engel Recht behalten, dass ich nur vertrauen sollte, und das Geld dafür würde schon auftauchen. Ich war mir so sicher, dass es klappen würde, denn schließlich war es nicht nur mein persönlicher Wunsch, sondern auch die Meerengel hatten gesagt, dass ich diese Ausbildung unbedingt machen sollte.
Zwei Wochen vor Kursbeginn hatte ich es geschafft. Freunde von mir hatten mir völlig unerwartet einen großen Betrag geschenkt, da sie meine positive Haltung während dieser schwierigen Zeit so sehr bewunderten. Zudem hatte ich mich erinnert, dass ich von meiner Zeit in Kalifornien noch ein paar Traveller Checks übrig hatte, die ich umtau-

schen konnte. Es grenzte wieder einmal an ein Wunder, wenn man bedenkt, dass ich zwei Monate vorher nicht einen Cent für den Kurs zur Verfügung gehabt hatte und auch nicht arbeiten konnte. Doch es ist alles möglich, wir Menschen müssen nur daran glauben.
Am Tag vor unserer Reise nach Österreich ging ich wieder einmal in den Esoterischen Buchladen in der Sedanstraße, um mir noch ein Buch zum Entspannen während des EMF-Trainings zu kaufen. Eigentlich hatte ich viel zu wenig Geld dabei, da wir alles für Salzburg und Eugendorf auf die Seite gelegt hatten. Als ich gerade wieder gehen wollte, da ich nichts Passendes gefunden hatte, sprach mich die Inhaberin des Ladens an und meinte, sie wolle mich etwas fragen.
»Ich habe hier ein Buch, das ich dringend lesen müsste, habe jedoch keine Zeit dazu. Ich dachte, da Sie so viel lesen, hätten Sie vielleicht Lust, es an meiner Stelle zu lesen und mir anschließend davon zu berichten. Selbstverständlich müssen Sie das Buch nicht bezahlen. Sie bringen es mir einfach in zwei Wochen wieder vorbei. Was meinen Sie?«
Ich war zuerst einmal sprachlos. Wieder einmal hatten die Engel mich überrumpelt. Ich war losgezogen, um mir ein Buch zu kaufen, hatte aber mit meinem menschlichen Verstand eigentlich genau gewusst, dass es mit dem bisschen Geld, das ich in der Tasche hatte, gar nicht möglich war, dennoch hatte ich mich nicht davon abhalten lassen, denn schließlich brauchte ich etwas für unterwegs. Und nun bekam ich ein Buch angeboten, das ich nicht einmal bezahlen musste. Nachdem ich mich von meiner ersten Überraschung erholt hatte, willigte ich begeistert ein, das Buch zu lesen, denn es klang sehr interessant. Vollkommen beschwingt verließ ich den Buchladen. Auf dem Weg zu Huberts Wohnung kam mir plötzlich der Gedanke, dass dieses Buch mir etwas sagen wollte. Ich fragte die Engel, was es denn sei, was sie mir damit mitteilen wollten.
»*Wenn du aus Eugendorf zurückkommst und das Buch zurückbringst, fragst du Frau Feßler (die Inhaberin des Buchladens), ob sie eine Praxis kennt, in der du ab Januar 2005 arbeiten kannst.*«
Ich war ganz begeistert von dieser Idee, denn sie fühlte sich richtig an. Einmal mehr wurde mir bewusst, wie wichtig es ist, auf die Zeichen zu achten.
Nach stundenlangem Packen fuhren wir am nächsten Abend nach Österreich in ein Dorf in der Nähe von Eugendorf bei Salzburg. Völlig

erschöpft kamen wir schließlich mitten in der Nacht an, waren aber immer noch in der Lage festzustellen, dass wir uns inmitten von Natur und Stille befanden, worüber wir sehr glücklich waren. Denn so würde ich mich von den langen Trainingstagen viel leichter erholen können. Am nächsten Morgen fuhren wir zum Kongresszentrum nach Salzburg, um an dem dort stattfindenden KRYON-Event teilzunehmen, das drei Tage vor dem EMF-Training geplant war. Ich konnte es kaum erwarten, Peggy Phoenix Dubro zum ersten Mal live zu erleben. Hubert und ich waren nie zuvor auf einem spirituellen Kongress gewesen. Irgendwie fühlten wir uns nicht ganz wohl in unserer Haut, denn wir waren beide keine Freunde von so großen Veranstaltungen. Es waren um die 1400 Teilnehmer. Das Erstaunliche daran war jedoch, dass in dem Moment, als Peggy Phoenix Dubro zu sprechen begann, um den Tag zu eröffnen, die Menschenmenge zu einer Art Einheit wurde. Ich war wirklich beeindruckt. Zudem war die Energie der Liebe, die sie ausstrahlte, tief berührend. Wie sehr freute ich mich, in wenigen Tagen die EMF-Ausbildung bei ihr zu machen.

Außer Peggy Phoenix Dubro waren Lee Carroll, der Kanal von KRYON, Jan Tobler, Dr. Todd Ovokaitys, Robert Coxon und Fred Sterling (Medium von »KIRAEL«) mit von der Partie. Neugierig wartete ich auf den Vortrag von Dr. Todd Ovokaitys, hatten mir doch die von ihm entwickelten Nahrungsergänzungen, vor allem »Immune Boost«, auf spektakuläre Weise geholfen. Als Dr. Todd Ovokaitys schließlich die Bühne betrat, traf mich so etwas Ähnliches wie ein elektrischer Schlag. Ich wusste, dass ich diesen Mann schon seit Ewigkeiten kannte, obwohl ich ihn in diesem Leben noch nie gesehen hatte. Gebannt lauschte ich seinen Worten. Er sprach über seine Zeit beim Internationalen AIDS-Kongress in Südafrika, über seine Forschungsergebnisse und erklärte anhand von Beispielen die Wirkungen seiner Nahrungsmittelergänzungen. Es gelang ihm mit Leichtigkeit, schwierige medizinische Konzepte auf eine Art und Weise zu vermitteln, dass sie für jedermann verständlich waren. Das gesamte Publikum war begeistert von seinem charismatischen und sympathischen Vortrag und seinen unglaublichen Erfolgen. Während ich dasaß und zuhörte, passierte etwas Merkwürdiges. Einerseits befand ich mich ganz real zwischen all den Zuschauern, andererseits hatte ich das Gefühl, das Ganze von oben zu betrachten.

Plötzlich sah ich mich selbst mit Dr. Todd Ovokaitys auf der Bühne stehen. Da ich schon des Öfteren Visionen in meinem Leben gehabt hatte, wusste ich, dass es sich um ein Bild in der Zukunft handelte. Mir war klar, dass ich auf jeden Fall mit Dr. Todd, wie er genannt wurde, sprechen musste. Als ich Hubert davon erzählte, war er ebenfalls davon überzeugt und meinte, es sei auch wichtig, dass ich ihm von meiner Geschichte mit Immune Boost erzählen würde.

Nach seinem Vortrag war Pause. Innerhalb von Minuten war er im Foyer von einer Menschentraube umringt. Es war ganz ähnlich wie bei einem bekannten Künstler, der von seinen Fans erwartet wird. Da ich mich auf keinen Fall unter die Menschenmenge mischen wollte, bat ich die Engel, mir zu helfen, einen Moment zu finden, in dem Dr. Todd möglichst alleine war, um in Ruhe mit ihm zu sprechen. Ich spürte ihre Unterstützung und ließ daraufhin jeden Gedanken daran los.

Als es abends eine längere Pause gab, besorgten Hubert und ich uns ein Taxi und baten den Taxifahrer, uns zum nächsten indischen Restaurant zu bringen. Wir landeten in einem gemütlichen Lokal mit dem Namen »Taj Mahal«. Das Essen war sehr lecker. Gestärkt machten wir uns auf den Rückweg zum Kongresszentrum. Als wir im Foyer anlangten, waren schon fast alle Leute in den Saal gegangen. Nur vereinzelt standen noch ein paar Menschen an den Büchertischen. Da sah ich Dr. Todd im Gespräch. Etwa im gleichen Moment schien auch er mich zu entdecken. Ich gab Hubert ein Zeichen, dass ich versuchen wollte, nun mit Dr. Ovokaitys zu sprechen. Es dauerte nicht lange, und er verabschiedete seine Gesprächspartner. Als ich auf ihn zuging, kam er mir schon entgegen. Er musste wohl gespürt haben, dass ich mit ihm reden wollte. Freundlich begrüßten wir uns. Dann kam Hubert hinzu, und ich stellte ihn vor. Aus tiefstem Herzen sprach ich meinen Dank aus und erzählte ihm, dass ich Leukämie gehabt hatte und wie sehr mir Immune Boost geholfen hatte, endlich fieberfrei zu sein. Dr. Todd freute sich offensichtlich sehr und meinte, es sei unvorstellbar, dass ich Leukämie gehabt hätte. Man würde es überhaupt nicht sehen. Da erklang zum letzten Mal der Aufruf, dass der letzte Teil des Tages beginnen würde. Dr. Todd wollte erst in den Saal gehen, nachdem ich ihm versprochen hatte, ihm einen Teil meiner Geschichte zu schreiben inklusive meiner Erfahrungen mit Immune Boost. Das ganze Gespräch war sehr intensiv

gewesen. Sowohl Hubert als auch ich waren äußerst beeindruckt von der Bescheidenheit dieses großen Forschers.
Das folgende KRYON-Channeling durch Lee Carroll war sehr bewegend. Beglückt fuhren wir zurück zu unserem Apartment nach Eugendorf. So schnell wie möglich machten wir uns zum Schlafen bereit, denn es war bereits nach Mitternacht. Doch trotz meiner physischen Müdigkeit war es mir unmöglich zu schlafen. Mein Geist bewegte sich in immer höhere Welten. Ich sah Lichtgestalten im Zimmer, wurde von Engelsflügeln sanft berührt und fühlte mich unendlich geborgen.
Obwohl ich kaum ein Auge zugetan hatte, fühlte ich mich am nächsten Morgen himmlisch, so gut wie schon lange nicht mehr. Hubert war begeistert, als er sah, wie fit ich mich fühlte, denn wir waren uns zuerst nicht sicher gewesen, ob das KRYON-Event vor der Ausbildung nicht vielleicht zuviel für mich sein könnte. Nun waren wir vom Gegenteil überzeugt.
Auch der zweite Tag hielt wundervolle Überraschungen für uns bereit. Dr. Todd stellte die von ihm entwickelte Pineal Toning Technique™ vor. Intuitiv von ihm entdeckte Töne und Silben stimulieren dabei die Zirbeldrüse und dienen als eine Art »Eingangstor« in höhere Dimensionen. Nachdem er mit seinen Ausführungen fertig war, gab er eine Kostprobe dieser Töne zum Besten. Es war unglaublich, was dabei mit mir passierte. Mein Körper begann zu vibrieren. Es fühlte sich an, als würden meine Zellen anfangen zu summen. Gleichzeitig verspürte ich eine größere Öffnung meines Kronenchakras und eine mir neue Wachheit des Geistes. Danach fühlte ich mich völlig enthusiastisch, bemerkte ich doch, dass sich mein Körper viel kraftvoller als zuvor anfühlte. Hatte mich in der letzten Zeit immer wieder ein leiser Zweifel gestreift, ob ich in der Lage sein würde, ein einwöchiges Training bei Peggy Phoenix Dubro durchzuhalten, war dieser nun restlos beseitigt. Bevor Lee Carroll und Fred Sterling zum letzten Channelling ansetzten, sagte Lee Carroll, dass wir alle umgeben seien von Engeln und geliebten Verstorbenen. Es dauerte nicht lange, und ich spürte plötzlich meine geliebte Tante Uta rechts neben mir. Ihr vertrauter Duft stieg mir in die Nase, und ich hörte ihre liebevolle Stimme: *»Ja, meine Liebe, du hast dich nicht getäuscht, dass ich dir über den Verschluss des Sicherheitsgurtes im Flugzeug eine Botschaft senden wollte. Seit längerer Zeit bin ich an deiner Seite und begleite*

deinen spirituellen Weg, denn du hast es dir zur Aufgabe gemacht, die Gaben, die sowohl in deiner Großmutter als auch in mir walteten, weiter zu entwickeln und vielen Menschen ein spiritueller Begleiter zu sein.«
Tief berührt lauschte ich ihren Worten. Noch eine Weile verblieben wir in einem leisen Zwiegespräch, während auf der Bühne das Channeling stattfand.
Langsam ging das Event zu Ende, und Hubert und ich machten uns auf die Suche nach Dr. Todd, da er mich am Abend zuvor gebeten hatte, noch Kontaktdaten mit ihm auszutauschen. Obwohl eine lange Schlange hinter uns war, ließ sich Dr. Ovokaitys Zeit mit uns. Nach einer herzlichen Umarmung rief er mir noch nach, dass er mir wünsche, dass ich gesund bleibe und Tag für Tag fitter werde. Tief in mir spürte ich, dass ihm mein Wohlergehen wirklich am Herzen lag. Ich war sehr glücklich darüber, denn irgendwie wusste ich dadurch, dass er mir bei meinem weiteren Genesungsweg helfen würde. Einmal mehr wurde mir bewusst, was für ein Glück ich hatte, immer wieder Menschen auf meinem Weg zu treffen, die mir weiterhelfen konnten. Im Stillen dankte ich Gott, den Engeln und allen Lichtwesen für ihre wundervolle Unterstützung. Hubert und ich gingen noch einmal ins »Taj Mahal« und ließen es uns gut gehen. Voller Begeisterung ließen wir die beiden letzten Tage noch einmal an uns vorbeiziehen. Interessanterweise hatten uns die gleichen Dinge berührt. Wie schön war es doch, all dies mit dem Partner teilen zu können. Wir freuten uns sehr, dass wir auch den spirituellen Weg gemeinsam gehen konnten. Doch unsere größte Freude war es, dass dieses Event ein weiteres Puzzle auf meinem Genesungsweg war. Obwohl das Wochenende ziemlich anstrengend gewesen war, fühlte ich mich hervorragend. Ich konnte mich nicht erinnern, wann das zuletzt nach so einer Anstrengung der Fall gewesen war. Besonders die Pineal Toning Technique™ hatte dazu beigetragen. Am liebsten hätte ich mich für die nächsten beiden Tage zu einem Intensiv-Seminar bei Dr. Todd angemeldet. Doch dies war nicht möglich, da ich sonst den ersten Tag des EMF-Trainings verpasst hätte. Außerdem war ein freier Tag dringend notwendig für mich.

Nachdem wir endlich einmal wieder so richtig schön ausgeschlafen und gemütlich gefrühstückt hatten, fuhren wir zum Wallersee, der ganz in der Nähe war. Wir tauchten ein in eine traumhafte Herbststimmung. Die Sonne schien, und ihre Strahlen tanzten auf den bunt gefärbten Blättern der Bäume. Der See glitzerte in den Farben des Regenbogens und war von Enten bevölkert. Ich spürte wieder, welch reinigende Wirkung Wasser auf mich hat. Voller Ruhe schlenderten wir am Ufer des Sees entlang, genossen die Wärme der Sonne und beobachteten die Enten. Als wir uns auf eine Bank direkt am Wasser setzten, vernahm ich plötzlich Coventinas Stimme. Nie zuvor war es mir so leicht gefallen zu channeln. Ich sprach Coventinas Worte sogleich laut aus, damit Hubert Anteil daran haben konnte. Sie bestätigte, dass es mir ab Januar 2005 möglich sein würde, wieder mit dem Arbeiten zu beginnen, da meine Gesundheit bis dahin so weit stabilisiert sein würde, wenn ich mich weiter an die Anweisungen der Engel, insbesondere der von Erzengel Raphael hielt. Zudem meinte sie, wir sollten lernen, zu sein wie das Wasser, denn dieses kennt keine Blockaden. Es findet immer einen Weg. Wenn wir wirklich mit dem Leben fließen würden, sei alles ganz einfach. Um die Energie des Wassers immer mehr in uns aufzunehmen, sei es notwendig, so oft ans Wasser zu gehen wie möglich. Nach ihren Worten war mir klar, weshalb ich schon immer den dringenden Wunsch verspürt hatte, irgendwann am Wasser zu wohnen.

Am folgenden Tag begann die Ausbildung, die einen Wendepunkt in meinem Leben bedeuten sollte: das EMF Balancing Technique® Training für die Phasen I – IV bei Peggy Phoenix Dubro. Ich war in aller Früh aufgestanden, um mich gebührend mit Yoga, Meditation und dem »Goldenen Wirbelwind« energetisch darauf vorzubereiten. Heute waren mehr Leute anwesend, da der erste Tag der Ausbildung, der das Universal Calibration Lattice® behandelte, gleichzeitig auch ein Ein-Tages-Workshop war. Sobald Peggy Phoenix Dubro zu sprechen begann, war wieder die Wärme im Raum zu spüren, die ich schon in Salzburg wahrgenommen hatte. Ich fühlte mich sofort wohl. Da ich mich in den letzten Monaten schon intensiv mit dem Buch »Potenziale der inneren Kraft« und allen CDs von Peggy Phoenix Dubro auseinandergesetzt hatte, kam mir vieles bekannt vor.

Am nächsten Morgen hatte ich, da ich überpünktlich im Seminarhotel »Gastagwirt« in Eugendorf eingetroffen war, die Gelegenheit, mit Peggys Mann Stephen Dubro zu sprechen, der noch mit dem Aufstellen der Massagetische beschäftigt war. Ich erzählte ihm kurz, wie sehr mir die EMF-Sitzungen und auch der »Goldene Wirbelwind« nach meiner Leukämie-Erkrankung geholfen hatten, wieder in Kontakt mit meiner eigentlichen Energie zu kommen. Auch dankte ich ihm, denn mir war bewusst, welchen Anteil er vermutlich an Peggys Arbeit hatte. Er war sichtlich bewegt und freute sich sehr über meinen Dank. Inzwischen waren nur die knapp zwanzig Personen übrig, die das gesamte Training machen wollten. Ich hatte das Glück, neben Irina, einer bezaubernden Rumänin, zu sitzen. Wir verstanden uns auf Anhieb blendend. Von nun an war auch Renata Ash als Übersetzerin anwesend, die zusammen mit ihrem Mann Steven die EMF-Essenzen entwickelt hatte. Es war ein Vergnügen, Peggy und ihr zu lauschen, denn ihre Energien passten hervorragend zusammen.

In einer Pause lief ich Peggy direkt in die Arme, worauf ich ihr kurz auf ähnliche Weise wie ihrem Mann dankte. Sie blickte mich aus sanften Augen an und meinte, sie sei sehr glücklich, dass ich kräftig genug sei, an diesem Training teilzunehmen. Sie werde alles tun, dass es mir am Ende noch um ein Vielfaches besser gehen würde.

Als ich später mit geschlossenen Augen auf dem Tisch lag und die erste Phase bekam, spürte ich immer deutlich, wenn Peggy in der Nähe war, denn ihre Energie unterschied sich so eindeutig von allen anderen. Mehrmals führte sie die Bewegungen an mir vor, so dass ich in direkten Genuss der EMF-Energie durch sie kam. Ich war sehr dankbar dafür, denn ich wusste, dass sie mir damit helfen wollte.

Überglücklich stieg ich am Abend zu Hubert ins Auto und berichtete ihm von den wunderbaren Geschehnissen des Tages. Ich fragte ihn auch, ob er einverstanden sei, wenn ich mir die EMF-Essenzen kaufen würde. Er meinte daraufhin, dass ich die Engel fragen solle, denn eigentlich hätten wir wirklich keine 84,00 Euro dafür übrig. So sprach ich also mit Erzengel Raphael, der antwortete, dass ich erst einmal den vorletzten Tag des Kurses abwarten sollte. Verwundert beließ ich es dabei.

Obwohl die Tage für mich sehr lange und auch ziemlich anstrengend waren (noch eine Woche vor dem KRYON-Event wäre ich überhaupt nicht in der Lage gewesen, so etwas auch nur durchzuhalten), machten Hubert und ich täglich lange Abendspaziergänge. Wir genossen es, von herrlicher Natur umgeben zu sein, und nahmen täglich Kontakt mit den

Naturwesen auf. Auch die Stille in unserem Apartment trug dazu bei, dass ich mich in den relativ kurzen Nächten sehr gut erholte.
Tag für Tag kam mehr Stoff dazu, doch wie auch zu Schul- und Studienzeiten fiel mir alles sehr leicht, obwohl ich mich eigentlich auf unbekanntem Terrain bewegte. Es war, als würde ich mich an etwas erinnern. Ich war sicher, dass mich die Engel sehr stark unterstützten.
Eines Nachmittags machte Peggy früher Schluss, da eine andere Gruppe unseren Raum brauchte. Hubert holte mich wie immer ab. Da es noch nicht dunkel war, beschlossen wir, Coventinas Rat zu befolgen und noch einmal an den Wallersee zu fahren. Es war eine ganz andere Stimmung als vier Tage zuvor. Ab und zu tauchten leichte Nebelschwaden auf und ließen den See fast verzaubert wirken. Ich musste an Avalon denken und hoffte, mich im Laufe der Zeit mehr an mein dortiges Leben erinnern zu können. Ganz langsam ging die Sonne unter, und es erschien ein leuchtend roter Ball am Horizont. Andächtig genossen wir das Schauspiel der Natur. Es ist immer wieder faszinierend festzustellen, dass sich die Natur je nach Licht und Tageszeit fortwährend verändert. Es gibt nicht zwei gleiche Augenblicke. Es grenzt an Magie. In diesen Momenten fällt es vielen Menschen leichter, an eine höhere Kraft zu glauben. Ich hoffe sehr, dass dieses Wissen immer mehr zugänglich wird.
Als es plötzlich ganz schnell dunkel zu werden begann, machten Hubert und ich uns auf den Rückweg zu unserem Auto. Als ich einstieg, stellte ich entsetzt fest, dass ich meinen wunderschönen Rosenquarzanhänger, den ich in Sankt Michael gekauft hatte, verloren hatte. Aus materiellen Gesichtspunkten war er nicht besonders wertvoll, doch für mich war er sehr kostbar, da ich ihn in Zusammenhang mit meinem Wiedersehen mit Arnaldo gekauft hatte. Ich war beinahe untröstlich, da ich wusste, dass wir ihn in der Dunkelheit auf dem steinigen Weg ohne Taschenlampe nicht wieder finden konnten. Da kam Hubert auf die glorreiche Idee, dass ich doch Erzengel Chamuel fragen könnte. Gesagt, getan. Unmittelbar darauf hörte ich Chamuels sanfte und angenehme Stimme: »*Fahrt auf der Stelle zurück zum Hotel »Gastagwirt« und geht an die Rezeption!*«
Nachdem ich Hubert diese Botschaft mitgeteilt hatte, fuhren wir schleunigst zurück. Ich rannte beinahe zur Rezeption. Interessanterweise war

nur ein Hausmädchen dort zu finden. Dennoch teilte ich ihr mit, dass ich einen Rosenquarzanhänger verloren hätte. Noch bevor ich den Satz beendet hatte, fiel sie mir ins Wort und meinte, sie hätte vorher im Seminarraum gestaubsaugt. Im letzten Moment hätte sie einen derartigen Anhänger vor dem Sog des Staubsaugers retten können. Sie öffnete eine Schublade und hielt mir den geliebten Rosenquarzanhänger entgegen. Überglücklich bedankte ich mich und lief zu Hubert zurück. Wieder einmal hatten uns die Engel auf phänomenale Weise geholfen. Ich selbst wäre nie auf die Idee gekommen, dass sich die Kette schon während des Trainings gelöst hatte.

Obwohl die Ausbildungstage lang und anstrengend waren, fühlte ich mich täglich kraftvoller. Peggy hielt, was sie versprochen hatte. Sie unterstützte mich, wo sie nur konnte. Am vorletzten Tag rief sie mich plötzlich zu sich und sagte: »Ich weiß, was du in den letzten Jahren geleistet hast, um wieder so weit zu kommen. Ich bin sehr beeindruckt von deiner positiven Haltung deiner Geschichte gegenüber. Deshalb möchte ich dir ein Geschenk machen und dich damit noch weiter unterstützen.«

Fast andächtig überreichte sie mir eine Box mit allen sieben EMF-Essenzen. Ich glaubte meinen Augen nicht zu trauen, hatte nicht Erzengel Raphael gesagt, dass ich bis zum Kursende abwarten sollte, bis ich mir ernsthaft überlegen würde, die Essenzen zu kaufen. Wieder einmal war ich überwältigt von der Präzision der Engel. Vollkommen begeistert nahm ich das wunderbare Geschenk von Peggy entgegen und bedankte mich noch einmal in aller Herzlichkeit für ihre großartige Arbeit. Ich konnte es kaum erwarten, Hubert von den wundervollen Neuigkeiten zu berichten.

Am letzten Tag lernten wir schließlich, mit der Phase IV zu arbeiten. Voller Vorfreude legte ich mich auf den Massagetisch, war doch die vierte Phase meine Lieblingsphase. Sie dient dazu, uns für unser wahres Potenzial zu öffnen. Zudem konnte ich meinen Wunsch, eine für mich perfekte Praxis zu finden, in der ich im Januar zu arbeiten beginnen würde, während dieser Sitzung in die vorderen Informationsfasern hineingeben. Ich wusste, dass dies Früchte tragen würde. Lustigerweise passierte während der Sitzung etwas für mich völlig Unerwartetes. Erzengel Michael sprach plötzlich zu mir. Er sagte, dass ich bei meinem nächsten Kontrollbesuch in Großhadern meinem Oberarzt von der EMF Balancing Technique® erzählen sollte. Ich glaubte, meinen Ohren nicht zu trauen, und fragte mich, ob ich das wirklich wagen sollte. Schließlich war besagter Professor auch in der Forschung tätig und durch und durch Mediziner. Ich konnte mir kaum vorstellen, dass er sich für EMF interessieren würde. Doch als mir in der folgenden Pause eine Kursteilnehmerin von einer ganz besonderen Begegnung mit einer Ärztin im Flugzeug nach Salzburg erzählte, wusste ich, dass dies ein Zeichen war und ich mich dem Gespräch stellen musste.

Leider verging der letzte Tag viel zu schnell. Nachdem Peggy jedem einzeln das Zertifikat überreicht hatte, ging es ans Verabschieden. Besonders schwer fiel mir der Abschied von Irina. Ich war ein bisschen traurig, dass ich aufgrund meiner Situation nicht genügend Kraft gehabt hatte, einmal mit ihr und allen anderen essen zu gehen. Andererseits jedoch war es so auch eher typisch für mich, war ich immer schon ein Einzelgänger und kein Gruppenmensch gewesen. Meine Freiheit war mir einfach zu wichtig.

Im Gegensatz zu vielen anderen fuhren Hubert und ich nicht am selben Abend zurück nach Hause, sondern blieben noch eine weitere Nacht in unserem Apartment, denn wir wollten die Nacht von Samhain, wenn der Schleier zur geistigen Welt besonders dünn ist, in der Natur verbringen.

Nach einem herzhaften Abendessen zogen wir uns warm an, denn es war ziemlich kalt draußen, und machten uns auf den Weg durch Wiesen und Wälder der näheren Umgebung. Auch wenn Hubert bisher meist noch nichts »sehen« konnte, sah er die Lichter der Aura der Naturwesen in dieser Nacht des 31. Oktober. Er war begeistert. Auch der Wald, durch den wir liefen, wirkte wie verzaubert. Es hingen vereinzelt Nebelschwaden in der Luft, die gleichsam die Verbindung mit den anderen Welten darstellten. Selbst das Rauschen des Baches klang ganz anders als sonst. Es war wie glockenhelle Musik in meinen Ohren. Auf einmal wurde es mir sehr warm, und ich wusste, dass Erzengel Michael ganz in der Nähe war. Plötzlich nahm eine Stimme Besitz von mir, und Erzengel Michael sprach mit kraftvoller Stimme durch mich. Da ich halb in Trance war, bekam ich nicht alles bewusst mit, ich weiß nur, dass er eine wunderbare Botschaft für die Welt überbrachte. Als er geendet hatte, war Hubert voller Erfurcht, dass wir Anteil an etwas so Großartigem haben durften. Doch dem war nicht genug. Kaum war ich wieder zu Atem gekommen, spürte ich Haniels weibliche und nährende Energie. Sie meinte, sie sei sehr glücklich, dass wir in der letzten Woche die Energie der Nacht so sehr genossen hatten. Dies habe uns zu sehr tiefem und erholsamem Schlaf verholfen. Auch wenn es zu Hause nicht so einfach sei, möchte sie uns dennoch raten, weiterhin diese besondere Energie, vor allem in den Vollmond-, Neumond- und Halbmondnächten, zu nutzen. Beide spürten wir, wie sie uns mit einer Wolke aus liebevoller Energie einhüllte, beinahe wie eine Mutter, die voller Liebe für ihre Kinder sorgt. Tief berührt liefen wir immer noch weiter in die Nacht hinein. Komischerweise war uns überhaupt nicht kalt. Es fühlte sich an, als ob wir noch eine Ewigkeit weiter laufen könnten. Da nahm ich eine weitere Präsenz voller Sanftheit wahr. Es war die chinesische Göttin Kwan Yin. Auch sie begann durch mich zu sprechen, was nie zuvor geschehen war. Ihre Botschaft war voller Liebe und Mitgefühl für uns beide. Mir liefen Tränen über die Wangen, so tief berührten mich ihre Worte, die ich beinahe vollständig hören konnte. Nachdem sie geendet hatte, kam eine unglaubliche Stille über uns. Wir fühlten beide vollkommenes Einssein. Nach einer Ewigkeit machten wir uns auf den Rückweg und dankten aus der Tiefe unseres Herzens für diese himmlische Nacht.

Am nächsten Morgen packten wir in aller Ruhe und fuhren zurück nach München. Wir konnten es kaum fassen, dass seit unserer Abfahrt nicht mehr als zehn Tage vergangen waren. Das KRYON-Event und die Ausbildung hatten so viele Veränderungen mit sich gebracht, dass es uns schien, als seien wir vor langer Zeit in München losgefahren, um uns auf eine große Reise zu machen. Wieder einmal wurde uns bewusst, wie relativ Zeit doch ist.

Vorbereitungen

Kaum waren wir einen Tag zurück, beschloss ich, dem Zeichen der Engel zu folgen und Frau Feßler im Esoterischen Buchladen aufzusuchen. Ich hatte zwar das Buch noch nicht ganz ausgelesen, doch ich wollte sie fragen, ob sie jemanden kennt, der einen Praxisraum vermietet. Als ich in ihrem Laden ankam, lag ein Infoblatt mit ihren Veranstaltungen aus. Ich traute kaum meinen Augen, als ich las, dass drei Tage zuvor eine Frau über die EMF Balancing Technique® gesprochen und Mini-Sitzungen gegeben hatte. Das war natürlich der perfekte Einstieg. Ich erzählte Frau Feßler von meiner Ausbildung bei Peggy Phoenix Dubro. Sie war begeistert. Als ich ihr schließlich sagte, dass ich einen Praxisraum suchte, meinte sie, eine Bekannte von ihr sei gerade dabei, eine neue Praxis zu eröffnen. Es könnte gut sein, dass sie noch einen Raum zu vermieten hätte. Sofort suchte sie mir die Telefonnummer heraus. Ich konnte es kaum erwarten, nach Hause zu kommen und besagte Frau Kappl anzurufen. Frau Kappl war mir am Telefon auf Anhieb sympathisch, und wir vereinbarten gleich einen Termin zur Praxisbesichtigung. Sie sagte mir, dass es durchaus möglich sei, einen Tag in der Woche in ihrer Praxis zu arbeiten. Ich konnte mein Glück kaum fassen, dass ich scheinbar mit meinem ersten Anruf schon einen Treffer gelandet hatte. Einige Tage später lief ich zu Frau Kappls Praxis in Haidhausen. Schon von außen gefiel mir das Haus sehr. Es war in einem schönen, dunklen Rot gestrichen mit weiß umrandeten Fenstern und Löwen-, Widder- und Engelsköpfen über den Fenstern. Ich musste sofort an Erzengel Ariel denken, deren Name »Löwin Gottes« bedeutet. Sie ist der Erzengel für Mut, Vertrauen und Manifestation, und ich hatte sie gebeten, mir beim Manifestieren der Praxis zu helfen. Als Frau Kappl schließlich kam und ich die Praxis betrat, war ich begeistert. Die Räume im Jugendstilhaus waren sehr schön, hoch, mit herrlichen alten Türen und goldenen Türgriffen, einem wunderschönen Bad, Parkettboden und vielen anderen fantastischen Details. Nicht in meinen kühnsten Träumen hatte ich mir eine derart schöne Praxis vorgestellt. Frau Kappl war hingerissen von meiner Begeisterung. Dennoch vereinbarten wir eine Bedenkzeit. Obwohl dies noch kein definitives Ja war, besichtigte ich keine weitere Praxis, denn ich wollte in dieser traumhaften Umgebung arbeiten.

Wieder einmal zahlte sich mein Vertrauen aus. Nach etwa zwei Wochen rief Frau Kappl mich an und sagte, sie würde mich gerne als Untermieterin in ihrer Praxis haben, und ich könnte ab Januar 2005 zu arbeiten beginnen. Die Geschwindigkeit dieser Manifestation grenzte wieder einmal an ein Wunder. Ich war überglücklich.

Bis zum neuen Jahr hatte ich noch viel zu tun. Ich gab meinen Eltern, Hubert, Tilde und verschiedenen Freunden mehrere EMF-Sitzungen, denn ich wollte bis Januar sehr gut vorbereitet sein. Tilde, die schon von mehreren Menschen EMF-Sitzungen bekommen hatte, war ganz entzückt, denn sie spürte wesentlich mehr, als ich sie behandelte. Sie war es auch, die mir meinen ersten zahlenden Klienten in die Praxis schicken sollte.

Zudem gab es viel für die Praxis zu besorgen und zu organisieren. Ich war die ganze Zeit sehr beschäftigt. Zum ersten Mal seit Jahren war ich überhaupt wieder in der Lage, so viel zu tun.

Zwischendurch schrieb ich noch eine Zusammenfassung meiner Krankheitsgeschichte für Dr. Todd Ovokaitys. Diese muss ihn derart bewegt haben, dass er mir noch am selben Tag zurück schrieb und mir anbot, mich von nun an auf meinem weiteren Genesungsweg zu unterstützen. Wieder einmal war ich überwältigt vor Glück, war mir doch bewusst, welche Ehre dies war. Von diesem Tag an berichtete ich ihm mindestens einmal monatlich, wie es mir ging, und er gab mir unbezahlbare Ratschläge. Ich wusste, dass nun meiner endgültigen Genesung nichts mehr im Weg stand.

Etwa zur selben Zeit begann ich an meinem Buch zu schreiben, wie ich es den Meerengeln versprochen hatte. Ich begann mit den Anfängen meiner Krankheitsgeschichte. Das war nicht sehr angenehm, denn um diese Zeit wirklich beschreiben zu können, musste ich mich in die damalige Energie zurück versetzen. Es fühlte sich beinahe so an, als würde ich alles noch einmal erleben. Doch ich hatte mit den Meerengeln einen Vertrag abgeschlossen, und ich würde mich daran halten, koste es, was es wolle.

Schließlich stand wieder einmal der Kontrolltermin in Großhadern vor der Tür. Etwas nervös machte ich mich auf den Weg. In der Wartehalle

fragte ich Erzengel Michael, ob ich wirklich von der EMF Balancing Technique® erzählen sollte.
»*Selbstverständlich*«, war seine Antwort.
»Aber wie soll ich das dem Professor erklären? Ich bin doch nicht in der Lage, die wissenschaftlichen Erkenntnisse dahinter zu präsentieren!«
»*Das ist überhaupt kein Problem. Erzähle ihm einfach, wie es dir damit ergangen ist!*«
Etwas vertrauensvoller begann ich mich auf meinen Atem zu konzentrieren, um in Ruhe sprechen zu können. Als ich in den Behandlungsraum gerufen wurde, waren die Ergebnisse der Blutuntersuchung schon da, doch von dem Oberarzt war keine Spur. Ich schielte zu dem Computerausdruck hinüber und stellte fest, dass meine Blutwerte besser denn je waren. Da ging die Tür auf und Professor Haferlach kam ins Zimmer. Er konnte sich einen Ausruf des Erstaunens nicht verkneifen: »Was ist denn mit Ihnen passiert? Sie sehen so blendend und strahlend aus, dass ich es fast nicht aushalte, Sie anzuschauen!«
Konnte ich mir einen besseren Einstieg wünschen?
Wie mir Erzengel Michael geraten hatte, begann ich ihm zu erzählen, dass mir eine Freundin die EMF Balancing Technique® empfohlen hätte. Da mir die Sitzungen nach vielen erfolglosen Versuchen mit anderen Methoden endlich geholfen hatten, langsam wieder meine eigentliche Energie zu spüren, hätte ich mich entschieden, selbst die Ausbildung zum EMF Balancing Technique® Practitioner zu machen. Ab Januar sei es dann so weit, und ich würde in einer Praxis zu arbeiten beginnen. Nachdem Professor Dr. Haferlach zugehört hatte, meinte er: »Wie gut, dass sich meine Patienten nicht wie ich zwanzig Stunden in der Klinik befinden, sondern noch andere Dinge in der Welt mitbekommen. Ich freue mich sehr für Sie, denn es ist offensichtlich, dass es Ihnen viel besser geht als beim letzten Mal.«
Daraufhin fragte ich, ob ich damit meine Kontrolltermine beenden könnte, denn ich wollte nicht länger als Krebspatient angesehen werden, sondern als gesunder Mensch. Ich wusste, dass dies zu meiner weiteren Genesung beitragen würde. Eigentlich hätte Professor Haferlach dem gerne zugestimmt, doch für die Studie und auch für mich sei es wichtig, die Fünf-Jahres-Grenze zu überschreiten. Ich solle in einem halben Jahr noch ein letztes Mal kommen.

Überrascht und erleichtert verließ ich schließlich das Behandlungszimmer. Ich hätte mir nie träumen lassen, dass dieses Gespräch so einfach sein würde. Was mich jedoch noch mehr verblüffte, war der Arztbrief, den Professor Haferlach zwei Wochen später an meinem Hausarzt schrieb. Darin stand, dass ich mich in einem sehr guten Allgemeinzustand befinden würde. Zudem hätte ich mir eine neue berufliche Perspektive eröffnet und würde im Rahmen einer Praxis anderen Klienten die EMF Balancing Technique® anbieten. Ich konnte es kaum fassen. Wieder einmal hatten mir die Engel bewiesen, dass die Dinge nicht so sind, wie sie scheinen.

Ein ganz besonderes Erlebnis kündigte sich für den Heiligen Abend an. Ein paar Tage vorher bekam ich in der Meditation die Anweisungen, mich vorzubereiten, so dass ich am Weihnachtsabend in der Lage sei zu channeln. Ich dachte, vielleicht wollte Jesus Christus durch mich zu uns allen sprechen. Denn einige Wochen zuvor war ich während des Meditierens plötzlich in einer anderen Dimension gelandet. Vor mir öffnete sich die Tür zu einem wunderbar hellen Raum, an dessen Ende sich ein Tisch befand. Ich trat immer näher und glaubte meinen Augen nicht zu trauen. Die Gestalt, die dort saß, erinnerte mich in ihrem Aussehen und vor allem in ihrer Ausstrahlung an Jesus Christus. Noch bevor ich fragen konnte, hörte ich seine Stimme: »*Tritt näher, meine Liebe, ich bin es wirklich!*«

Voller Ehrfurcht verharrte ich an meinem Platz und wollte in eine Verbeugung sinken, doch wieder kam er mir zuvor und sagte: »*Du bist nicht weniger als ich. Du bist ebenso wie ich und alle anderen Menschen ein Kind Gottes. Es gibt keinen Grund, dich vor mir zu verneigen. Es ist mir eine große Freude, zu dir zu sprechen und dir mitzuteilen, wie glücklich ich bin, dass die Menschheit endlich dabei ist, die Botschaft der Liebe zu verstehen, die ich vor über 2000 Jahren überbracht habe. Es wird noch eine geraume Weile dauern, bis alle Menschen dafür bereit sind, doch der Samen ist dabei aufzugehen. Deine Aufgabe ist es, immer mehr Liebe und Mitgefühl zu verbreiten. Wir alle unterstützen dich dabei.*«

In diesem Moment erschien Kwan Yin an seiner Seite. Vermutlich stand mir die Verwunderung ins Gesicht geschrieben, denn Jesus sprach: »*Ich sehe, dass du dich wunderst, uns beide nebeneinander zu sehen. Doch genau darum geht es. Wir alle sind EINS. Es gibt keine Trennungen. Kwan Yin lehrt ebenso wie ich die Botschaft der Liebe und des Mitgefühls. Das ist wichtig für dich zu wissen, denn es werden dich immer wieder Menschen ansprechen und fragen, wieso du nicht nur über das Christentum sprichst, obwohl du doch Christin bist. Ein Teil deiner Aufgabe ist es zu vermitteln, dass alles nur unterschiedliche Wege zum selben Ziel sind. Es gibt so viele Wege wie es Menschen gibt. Es gibt nicht nur einen EINZIGEN, auch wenn das noch immer viele Menschen glauben. Doch die Zeiten und vor allem die Menschen werden sich ändern, so dass eines Tages wieder ein Goldenes Zeitalter vor euch ersteht.«*

Während seiner Worte fühlte ich mich umgeben von einer Liebe, die alles übertraf, was ich bisher erlebt hatte. Ich spürte vollkommene Seligkeit in mir und verabschiedete mich voll tiefer Dankbarkeit. Aufgrund dieses Erlebnisses hatte ich angenommen, dass vielleicht Jesus durch mich sprechen wollte. Doch als Hubert und ich am Heiligen Abend zusammen mit meinen Eltern vor dem hell erleuchteten Christbaum saßen und ich die Weihnachtsgeschichte aus der Bibel vorlas, spürte ich die vertraute Präsenz von Erzengel Michael rechts neben mir. Nachdem ich mit dem Lesen fertig war, ging es auch schon los. Meine Stimme veränderte sich, und Erzengel Michael sprach durch mich. Wieder kann ich mich nur undeutlich erinnern, da ich mich in einer Art Halbtrance befand. Doch ich weiß, dass er über das Wunder und die Energie der Weihnacht sprach und uns ans Herz legte, immer mehr den Weg der Liebe zu gehen, alle Vorurteile und Begrenzungen hinter uns zu lassen und den Himmel auf Erden für uns zu schaffen. Als ich endete, hatten alle Tränen in den Augen. Wir waren uns einig, dass diese Botschaft von Erzengel Michael unser schönstes Weihnachtsgeschenk war. Ich war besonders glücklich, dass meine Eltern es so empfanden, war es doch das erste Mal, dass sie etwas Derartiges von mir erlebt hatten.

Praxisbeginn

Das neue Jahr kam schneller, als es mir lieb war. Irgendwie war es schon sehr aufregend, diesen völlig neuen Abschnitt in meinem Leben zu beginnen. Wenn mir jemand nur zwei Jahre vorher gesagt hätte, ich würde in kurzer Zeit anfangen, in einer Praxis mit Menschen zu arbeiten, hätte ich geantwortet, dass dies gänzlich unmöglich sei. Schließlich ist die Musik mein Leben. So schnell ändern sich die Zeiten. Das bedeutet jedoch in keinster Weise, dass die Musik inzwischen weniger bedeutsam für mich ist, nur habe ich wohl noch eine weitere Aufgabe.
Vor lauter Vorbereitungsstress verriss ich mir den Rücken. Ich spürte, dass ein Nerv eingeklemmt war. Mein Kopf ließ sich kaum zu den Seiten drehen. Diese Art von Schmerzen kannte ich zur Genüge, denn ich hatte als Teenager aufgrund eines Unfalls beinahe ein Jahr in der Schule gefehlt. Fieberhaft überlegte ich, was ich tun könnte, wollte ich doch am nächsten Tag noch zu Ikea fahren und die letzten Dinge für die Praxis besorgen. Ich kannte niemanden, von dem ich mich in diesem Moment behandeln lassen wollte, also fragte ich Erzengel Raphael, ob es eine andere Möglichkeit gab. Er sagte, ich sollte versuchen, in der Meditation in einen Heilungstempel zu gehen und die Maya-Göttin Ixchel zu treffen. Dies könne Wunder bewirken. Da ich Raphael vertraute, ließ ich es auf einen Versuch ankommen. Zu Ixchel hatte ich dank der »Goddess Guidance Oracle Cards« (»Orakel der Göttinnen«) von Doreen Virtue schon länger eine besondere Verbindung, die ich mir nicht so ganz erklären konnte. So holte ich mir jedenfalls meinen CD-Walkman, legte eine CD mit entspannender Musik ein, machte es mir auf dem Bett gemütlich, und die Reise konnte losgehen.
Innerhalb von Sekunden landete ich in einer anderen Welt. Ich sah mich einen geschwungenen Pfad entlang laufen, als vor meinen Augen eine Pyramide erschien, die in türkisfarbenes Licht getaucht schien. Da tat sich vor mir eine Öffnung auf, und ich konnte die Pyramide betreten. Im Inneren war sie um ein Vielfaches größer, als ich von außen

vermutet hatte. Es schien, als würde sie eine ganze Welt beherbergen. Ich sah marmorne Säulen, ein riesiges Wasserbecken mit türkisfarbenem Wasser, himmlische Gärten, die sich aus dem Nichts erstreckten, und vieles mehr. Ich konnte mich gar nicht satt sehen, doch was mich am meisten berührte, war das strahlende Licht, das alles umgab. Andächtig stand ich da und wartete, was passieren würde. Plötzlich tauchte Amai, der atlantische Engel der Selbstliebe, auf. Dieser Engel war mir schon aus anderen Meditationen vertraut. Da ich die Energie dieses Engels als weiblich empfinde, bezeichne ich Amai als sie. Amai sah wunderschön aus in ihrem türkis- und silberfarbenen Gewand, an dem kostbare Edelsteine in denselben Tönen funkelten. Erfurchtsvoll verbeugte ich mich vor ihr. Da hob sie mein Kinn an und blickte mich mit leuchtenden Augen an. Sie sagte: »*Liebes Kind, verbeuge dich nicht. Du bist selbst ein Engel in Menschengestalt. Lass dich ansehen. Du hast Schmerzen. Ich werde dich zuerst einmal mit der türkisfarbenen Flamme von Atlantis reinigen, dann schwimmst du mit dem Delphin Samuel, deinem atlantischen Begleiter, und zum Schluss wirst du eine Behandlung von Ixchel erfahren.*«

Dankbar wartete ich auf weitere Anweisungen. Amai brauchte die türkise Flamme nur zu rufen, und schon befand sie sich in ihrer Hand. Es fühlte sich sehr angenehm an, als Amai diese über meine Aura tanzen ließ, um mich auf energetische Weise von allen Schlacken zu reinigen. Ich spürte sofort eine Erleichterung auch auf physischer Ebene. Als Amai fertig war, reichte sie mir einen Badeanzug, ein Handtuch und einen Bademantel in herrlich schimmernden Blautönen und sagte, es sei Zeit, dass ich mich ins Wasser begeben würde. Kaum hatte ich mich umgezogen, hörte ich die vertrauten Töne des Sonars von Samuel. Und schon sprang er in hohem Bogen aus dem Wasser, um mich zu begrüßen. Da hielt mich nichts länger, und schon war ich bei ihm und legte meine Arme um seinen Kopf. Nur ein Blick in seine Augen genügte, um mein Herz vor Freude überquellen zu lassen. Die Liebe, die von ihm ausging, war so intensiv, dass sich meine Augen mit Tränen der Freude füllten. Nachdem wir uns eingehend begrüßt hatten, gab er mir ein Zeichen, dass wir nun schwimmen sollten. Obwohl ich vorher den Eindruck gehabt hatte, dass es nur ein Wasserbecken sei, stellte ich fest, dass wir nach wenigen Schwimmzügen im offenen Meer gelandet waren. Voller Übermut tollten wir zusammen herum. Ich vergaß, dass ich Rückenschmerzen hatte. Nach einer Weile gab mir Samuel durch Bilder, die er mir übersandte, zu verstehen, dass ich mich nun auf dem Rücken liegend im Wasser treiben lassen sollte. Während ich dies tat, sprang er in einer Art Spirale mehrmals über meinen Körper, nachdem er mich zuvor mit seinem Sonar abgetastet hatte. Es fühlte sich unglaublich an. Als er fertig war, bedeutete er mir, dass wir nun wieder in die Pyramide zurückschwimmen sollten. Damit ich mich von der Behandlung erholen konnte, bot er mir an, mich auf seinen Rücken zu nehmen. Es war ein wundervolles Gefühl, auf diesem so leuchtenden Tier zu sitzen. Beinahe etwas wehmütig ließ ich mich in der Pyramide wieder von seinem Rücken ins Wasser gleiten, um mich in voller Dankbarkeit zu verabschieden. Amai stand schon bereit und reichte mir mein Handtuch und den Bademantel. Nachdem ich mich abgetrocknet hatte, wickelte ich mich in den herrlich flauschigen Bademantel ein, und Amai geleitete mich zu einer Lichtung, auf der mich die Maya-Göttin Ixchel bereits erwartete. Mir stieg sofort der vertraute Geruch von verbrannten Kräutern in die Nase, als Ixchel auf mich zukam und mich begrüßte. Sie sah großartig aus. Ihre braune Haut schimmerte, und ihr Körper war wunderbar geformt. All ihre Muskeln waren sehr schön modelliert. Es ging eine unglaubliche Kraft von ihr aus. An ihrem Hals und ihren Armen hingen goldene, mit feinen Mustern überzogene Reifen. Ich war zutiefst beeindruckt von ihrer Ausstrahlung. Da bat sie mich, auf einer Liege, die mitten in der herrlichen Natur stand und mit den exotischsten Blüten geschmückt war, Platz zu nehmen. Ich wollte mich noch von Amai verabschieden, doch sie war bereits verschwunden, ohne dass ich es gemerkt hätte. So nahm ich klopfenden Herzens auf der Liege Platz, und Ixchel deckte mich mit einer aus Pflanzen geflochtenen Decke zu, die angenehm süßlich roch. Noch bevor ich etwas fragen konnte, begann Ixchel mit ihrem Ritual. Ich nahm wahr, wie sie mit anmutigen Verbeugungen die verschiedenen Himmelsrichtungen, Mutter Erde, Vater Himmel und den Geist im Inneren begrüßte. Dann begann sie den Tisch, auf dem ich lag, zu umtanzen und in einer fremdartigen Sprache zu singen. Sie schien gewisse Silben immer wieder zu wiederholen. Ich merkte, wie das eine beinahe magische Wirkung auf mich ausübte. Es fühlte sich an, als sei ich in einer Art Trance. Nach einer Weile gab sie mir zu verstehen, dass ich mich auf den Bauch legen sollte, damit sie an meinem Rücken arbeiten konnte. Es schien, als würde Ixchel etwas aus meiner Wirbelsäule ziehen. Vor meinem geistigen Auge sah ich dunkle Energien, die aus meinem Rücken kamen. Wieder begann Ixchel zu singen. Ich spürte, wie sich mein Nacken und mein ganzer Rücken immer mehr entspannten. Als Ixchel mit der Behandlung fertig war, grüßte sie noch einmal alle Himmelsrichtungen, Mutter Erde, Vater Himmel und den Geist im Inneren. Danach half sie mir, mich wieder aufzurichten und von der Liege zu steigen. Ich fühlte mich hervorragend und bedankte mich überschwänglich, worauf sie mit einem angedeuteten Lächeln meinte, ich kenne nun den Weg und könne sie jederzeit wieder aufsuchen. Nachdem ich mich von ihr verabschiedet hatte, kam ich noch einmal an dem Wasserbecken vorbei, wo mich Samuel ein letztes Mal grüßte. Auch Amai ließ sich noch einmal blicken und lud mich ein, bald wieder zu kommen. Ein letzter Blick zurück, und bevor ich mich versah, stand ich wieder auf dem Weg vor der Pyramide.

Plötzlich nahm ich das Bett unter mir wahr und befand mich wieder in Huberts Wohnung in München. Als ich aufstand, versuchte ich meinen Nacken zu drehen. Ich war begeistert, denn ich hatte erheblich weniger Schmerzen als vor meiner »Reise«. Ich konnte es kaum erwarten, Hubert davon zu erzählen. Uns war beiden klar, dass ich damit auf etwas sehr Machtvolles gestoßen war. Am nächsten Morgen machte ich mich ein weiteres Mal auf zu Ixchel. Es gelang mir ebenso leicht, in die Heilungspyramide zu kommen. Als ich wieder im Hier und Jetzt anlangte, waren meine Schmerzen wie weggeblasen, und ich konnte mich mit meiner Freundin Heike auf den Weg zu Ikea machen. Wir hatten großen Spaß dabei, verschiedene Decken, Kissen und andere Dinge für die Praxis auszusuchen. Nach unserem Einkauf lud mich Heike noch zu einer Tasse Tee bei sich ein. Ich erzählte ihr gerade, dass ich darauf vertraute, dass sich noch ein, zwei zahlende Klienten für meinen ersten Praxistag in vier Tagen anmelden würden, da klingelte mein Handy. Es war ein Journalist, der über Tilde von mir erfahren hatte. Seine erste Frage war: »Hilft EMF auch, wenn man nicht an so etwas glaubt?«

»Mein Verlobter würde diese Frage mit Ja beantworten«, erwiderte ich schmunzelnd. »Aber Sie können ja zuerst einmal eine Sitzung ausprobieren und danach entscheiden, ob Sie alle vier Phasen erhalten möchten.«

Das fand er in Ordnung und machte eine Sitzung an meinem ersten Praxistag aus. Heike, die Zeugin dieses Anrufs gewesen war, lachte aus vollem Herzen. Wieder einmal hatte sich mein Vertrauen ausgezahlt. Als ich schließlich nach Hause kam, teilte mir Hubert mit, dass inzwischen noch Heinz, der Mann meiner an Leukämie verstorbenen Freundin Heidi, angerufen hätte, und ebenso an einer Sitzung interessiert sei. Ich war begeistert, hatte ich doch gewusst, dass die Praxis ohne Schwierigkeiten anlaufen würde, da es schließlich den Engeln am Herzen gelegen hatte, dass ich die EMF-Ausbildung machte.

Vier Tage später war es dann so weit, mein erster Praxistag stand vor der Tür. Ich war überpünktlich in der Praxis, um alles in Ruhe vorbereiten zu können. Es war schon eine gewaltige Herausforderung, dass mein erster Klient scheinbar nicht an Derartiges glaubte. Ich wusste, ich musste gelassen bleiben, egal, was passieren würde. Schließlich klingelte es, und ich öffnete die Tür. Es war Herr Riemann, der besagte Journalist. Er sah sehr männlich aus, wirkte aber auch ziemlich nervös. Das konnte spannend werden. Ich führte ihn in den Behandlungsraum und erklärte ihm zuerst einmal, was die EMF Balancing Technique® ist. Er hörte sehr aufmerksam, jedoch auch äußerst skeptisch zu. Schließlich bat ich ihn, sich auf die Liege zu legen. Sein Gesicht war vollkommen angespannt, und er hatte wohl zuerst auch nicht genügend Vertrauen, um die Augen zu schließen. Ich ließ mich davon nicht aus der Ruhe bringen, da ich wusste, dass ich gut vorbereitet war und die Sitzung ihre Wirkung tun würde. Ich ging kurz in mich, bevor ich mit der energetischen Körpervorbereitung begann. Nach relativ kurzer Zeit fing Herr Riemann an, sich zu entspannen. Er schloss die Augen, und ein zaghaftes Lächeln umspielte seinen Mund. Ich fühlte mich immer wohler, und es kam mir so vor, als hätte ich diese Art von Arbeit schon seit Ewigkeiten getan. Es war eigenartig, irgendwie schien das in Zusammenhang mit der Praxis zu stehen, denn bei meinen vielen Übungs-Sitzungen hatte ich mich nicht so gefühlt. Vermutlich war der Schritt vom Privaten ins Öffentliche notwendig gewesen, um mich daran zu erinnern, dass ich in vielen anderen Leben bereits energetisch gearbeitet hatte und mir dies mehr als nur vertraut war.

Die Sitzung verging wie im Flug. Als Herr Riemann am Ende die Augen wieder öffnete, wirkte er sehr bewegt. Ich war wirklich neugierig, was

er sagen würde. Er konnte sich einen Ausruf des Erstaunens nicht verkneifen: »Ich hätte nie geglaubt, dass dies möglich ist, aber ich habe während der Sitzung zum ersten Mal in meinem Leben meine Aura bewusst gespürt. Es war unglaublich! Wann kann ich zur nächsten Sitzung kommen?«
Ich war hocherfreut und gab ihm sofort Termine für die nächsten drei Phasen. Es lief noch besser an, als ich erwartet hatte.
Auch Heinz, der am Nachmittag kam, war begeistert und wollte unbedingt wieder kommen. Es freute mich ganz besonders, ihn wieder zu sehen, hatten wir doch eine so intensive gemeinsame Vergangenheit. Ich war tief berührt, auf welche Weise er es geschafft hatte, mit dem Tod von Heidi umzugehen. Viele Menschen wären einfach daran zerbrochen, insbesondere, wenn die Liebe so groß gewesen ist, wie es bei Heidi und Heinz der Fall gewesen war. Auch bewunderte ich ihn sehr dafür, dass er kein Problem damit hatte, dass es mir möglich gewesen war zu überleben, während Heidi gestorben war. Es war eine ganz besondere Sitzung, und ich war dankbar, diese Arbeit tun zu können.
Müde, jedoch sehr glücklich kam ich am Abend zu Hubert, der schon neugierig auf meine Erzählungen wartete. Er freute sich sehr über meinen Erfolg, meinte aber auch, dass er nichts Anderes erwartet hätte, schließlich sei er selbst schon in den Genuss von Sitzungen bei mir gekommen. Es schien wirklich so, als hätte ich meine zweite Berufung gefunden.
Auch mit Margareta, meiner Vermieterin, verstand ich mich blendend. Wir beschlossen, Sitzungen auszutauschen, um jeweils auch mit der Arbeit der anderen vertraut zu sein. Sie war bekannt für ihre Lomi-Lomi-Nui-Massagen. Ich war alles andere als eine Massageanhängerin, nachdem ich in meinem Leben schon so viele äußerst schmerzhafte über mich hatte ergehen lassen müssen, doch irgendwie hatte ich das Gefühl, dass es bei Margareta anders sein würde. Ich täuschte mich nicht. Voller Vertrauen legte ich mich wenige Wochen nach Praxisbeginn auf ihren Massagetisch. Bei herrlicher hawaiianischer Musik entführte sie mich mit ihrer kraftvollen und gleichzeitig auch sehr sanften Massage in eine andere Welt. Teilweise hatte ich fast das Gefühl zu fliegen. Es war einfach himmlisch.

Umgekehrt war auch sie angetan von meinen EMF-Sitzungen, so dass der gegenseitige Respekt noch größer wurde. Es war wahrhaftig ein großes Geschenk, dass ich Margareta gefunden hatte.

– 61 –

Wundervolle Erfahrungen

Die nächsten Wochen vergingen wie im Flug. Ich konnte mich nicht über einen Mangel an Klienten beklagen, obwohl ich kaum Werbung gemacht hatte. Es schien wie von alleine zu laufen. Neben der Arbeit in der Praxis hatte ich auch wieder begonnen, Klavierunterricht zu geben. Zudem versuchte ich, regelmäßig an meinem Buch zu schreiben. Nachdem ich vor einem halben Jahr noch nicht einmal hätte daran denken können zu arbeiten, war das plötzlich ganz schön viel Arbeit. Ich kam immer wieder an meine Grenzen, doch gleichzeitig war ich überglücklich, endlich wieder so weit zu sein. Sowohl Erzengel Raphael und die Meerengel als auch mein Arzt in Nizza hatten Recht behalten: Innerhalb eines halben Jahres war ich so weit gewesen, endlich wieder in ein normaleres Leben einzutreten und regelmäßig zu arbeiten.
Zur gleichen Zeit rief mich mein Vater an und erzählte mir von einer ehemaligen Schülerin, Sabine, die er am Wochenende beim Einkaufen getroffen hatte. Sie hatte eine heftige Trennung hinter sich, worunter vor allem ihre kleine Tochter extrem litt. Die Kleine war fünf Jahre alt und sollte eigentlich im Herbst eingeschult werden, doch daran war überhaupt nicht zu denken. Sabine hatte meinem Vater erzählt, dass sie schon so viel ausprobiert hatte (Therapie, Reiki und vieles mehr), doch nichts hatte wirkliche Veränderungen gebracht. Das Mädchen sei vollkommen verstört und könne nicht alleine in den Kindergarten gehen, da sie Angst vor Menschen habe. Jeden Morgen gab es endlose

Tränen. Zudem sei sie so leichenblass, dass alle fragen würden, ob Julia ernsthaft krank sei. Nachdem mein Vater wohl eine ganze Weile zugehört hatte, erzählte er Sabine ganz vorsichtig von meiner EMF-Arbeit. Sie war sofort hoch interessiert und wollte mich umgehend anrufen, was sie auch tat. Lange unterhielten wir uns. Es war vollkommen klar, dass die beiden unmöglich nach München kommen konnten. So besprachen wir, dass ich, sobald es mir möglich wäre, mitsamt meinem Massagetisch zu ihnen kommen würde. Nur wenn Julia Vertrauen zu mir haben würde, machte es auch Sinn, ihr eine EMF-Sitzung zu geben.

Wenige Wochen später machte ich mich zusammen mit meinem Vater dann auf den Weg zu Julia. Ich war mir der Herausforderung, die darin lag, voll und ganz bewusst. Doch ich bat Gott und die Engel, das Richtige für Julia geschehen zu lassen. Kaum hatten wir geklingelt, kamen uns Sabine und ihre beiden Kinder schon auf der Treppe entgegen. Verstohlen musterten sie vor allem mich. Ich war wirklich neugierig, was da auf mich zukam. Mit Sabine verstand ich mich auf Anhieb sehr gut. Mit großen Augen sahen Julia und ihr kleinerer Bruder Andreas zu, wie ich zusammen mit meinem Vater die Massageliege aufbaute. Nachdem sich mein Vater wieder verabschiedet hatte, begann ich Sabine, ihrer Mutter, Julia und Andreas ein bisschen über die EMF Balancing Technique® zu erzählen. Julia hörte mit großen Augen zu. Als ich schließlich die EMF-Essenzen erklärte, kam sie immer näher und wollte dann auch gleich welche auswählen. Nie zuvor hatte ich jemanden gesehen, der so genau wusste, welche Essenzen er haben wollte. Es war beeindruckend. Da fragte ich sie, ob sie Lust auf eine Sitzung hatte. Sie antwortete mit eindeutigem Kopfnicken. Ich half ihr auf die Liege und deckte sie sanft mit einer Decke zu. Erwartungsvoll sah sie mich an. Auf die Frage, ob sie so viel Vertrauen zu mir haben würde, dass ihre Mama, ihre Oma und ihr Bruder uns alleine lassen könnten, antwortete sie mit einem deutlichen Ja. Sowohl ihre Mutter als auch ihre Großmutter schienen ihren Ohren nicht zu trauen, so überrascht waren sie. Doch Julia sagte ihnen noch einmal: »Ihr könnt ruhig in Omas Wohnung gehen. Das macht mir nichts aus.« Nachdem ich mit Julia alleine war, legte ich Musik zum Entspannen auf und sagte: »Wenn du möchtest, kannst du die Augen während der Sitzung schließen. Wenn es dir aber lieber ist, sie offen zu lassen, ist das genauso in Ordnung. Es

wäre schön, wenn du die Zeit über ruhig sein könntest, doch wenn sich irgendetwas nicht gut für dich anfühlt, kannst du das jederzeit sagen.« Julia entschied sich dafür, die Augen offen zu lassen. Ich begann wie immer mit der energetischen Körpervorbereitung. Julia lag ganz still da, nur ihr Blick folgte meinen Bewegungen. Für mich war es zuerst ungewohnt, beobachtet zu werden, doch dann beschloss ich einfach, Julia zwischendurch anzulächeln, was sie ganz zaghaft erwiderte. Erst war es nicht ganz einfach, die Energie ins Fließen zu bringen, doch dann schien es, als würde der Körper diese nur so aufsaugen. An einer Stelle legte ich eine Hand unter ihren Rücken und die andere auf ihren Solarplexus und sprach davon, dass diese Energie vom Universum, von Gott ist und sie davon so viel haben kann, wie sie möchte. In diesem Augenblick schloss sie plötzlich die Augen und schien so viel Energie aufzunehmen wie nur möglich. Es war sehr bewegend. Danach öffnete sie ihre Augen wieder und sah mir zu. Sie wirkte vollkommen ruhig und langweilte sich kein bisschen, obwohl die Sitzung eine gute dreiviertel Stunde dauerte. Ich war völlig überrascht, hatte ich doch des Öfteren gehört, dass Kinder Schwierigkeiten hätten, eine so lange Sitzung über sich ergehen zu lassen.
Als ich schließlich fertig war, konnte ich es kaum fassen, wie leicht es gegangen war. Julia setzte sich im Schneidersitz auf und hatte wunderschöne rote Bäckchen. Als ich sie fragte: »Wie geht es dir?«, breitete sie ihre dünnen Arme aus und sagte: »Ich fühle mich so groß und so stark. Das war toll!«
Ich war vollkommen gerührt. Als dann Sabine, ihre Mutter und Andreas wieder nach oben kamen, konnten sie kaum fassen, dass Julia so ruhig gewesen war. Was sie jedoch noch viel mehr begeisterte, waren die roten Backen. Sabine meinte, sie könne sich nicht erinnern, wann Julia zuletzt so ausgesehen habe.
Daraufhin fragte mich Sabine, ob ich auch noch Zeit hätte, ihrer Mutter und auch ihr selbst eine Sitzung zu geben. Völlig überrascht sagte ich zu. Auch die beiden genossen ihre Sitzungen sichtlich.
Doch noch viel größer war meine Freude, als ich kurze Zeit später von meinem Vater erfuhr, der Sabine wieder einmal beim Einkaufen getroffen hatte, dass es seit der Sitzung morgens keine Tränen mehr gegeben hatte und Julia nun mit Freude in den Kindergarten ging.

Nach einer zweiten Sitzung war sie sogar so weit, mit den anderen Kindern im Kindergarten zu übernachten und gemeinsam mit den anderen ohne Mama mit dem Zug nach München zu fahren. Die Kindergärtnerin konnte die plötzliche Verwandlung von Julia überhaupt nicht nachvollziehen. Ich muss gestehen, auch ich war mehr als überrascht über den schnellen Erfolg der EMF-Sitzungen. Ein halbes Jahr später war es kein Thema, Julia einzuschulen, und die Schule bereitete ihr auch keinerlei Probleme. Es war ein wunderbares Gefühl, diese lieben Menschen auf ihrem Weg begleitet zu haben.

Wenige Tage nach der so besonderen Erfahrung mit Julia, sollte mich eine weitere Sitzung noch mehr bewegen. Ich hatte mich eingehend mit dem Buch »Crystal Therapy« (»Kristall-Therapie«) von Doreen Virtue und Judith Lukomski beschäftigt und wollte mir unbedingt einen Coelestin kaufen, um noch leichter mit den Engeln und der geistigen Welt in Kontakt zu kommen. An einem meiner Praxistage hatte ich in der Mittagspause Zeit, in den relativ nahe gelegenen Steineladen zu gehen. Das Unglaubliche daran war, dass die Besitzerin noch nie einen Coelestin in ihrem Laden gehabt hatte, aber fünf Minuten, bevor ich gekommen war, zwei wunderschöne Exemplare davon ausgepackt hatte. Wieder einmal zeigte sich mir, auf welch großartige Weise die Engel mein Leben leiteten. Noch im Laden hängte ich mir den Coelestin an einem Lederband um den Hals und spürte sofort, wie die Energie um mich herum lichter wurde.

Als ich zurück in die Praxis kam, sollte Heinz, der Mann meiner verstorbenen Freundin Heidi, mein nächster Klient sein. Er hatte in der Zwischenzeit schon die ersten beiden Phasen der EMF Balancing Technique® erhalten und spürte deutlich eine Verbesserung seines seelischen Zustandes. Da Margareta auf Reisen war, durfte ich in ihrem Raum arbeiten, der ganz besonders schön ist. Wie immer bereitete ich die Energie für die Sitzung vor, indem ich mich selbst in die Core-Energie begab, ein Gebet sprach und verschiedene Engel und Lichtwesen anrief. Dieses Mal spürte ich eine ganz besondere Intensität im Raum, die ich mir nicht erklären konnte. Da kam Heinz. Nach einem kurzen Gespräch legte er sich auf den Massagetisch, und ich begann mit der dritten Phase. Ich war gerade dabei, in aller Seelenruhe die kleineren Energiezentren zu klären, als ich plötzlich eine sehr bekannte

Stimme vernahm, die in niederbayrischem Dialekt sagte: »*Kennst du mich noch? Ich bin's, Heidi!*«

Mir lief ein heftiger Schauer den Rücken hinunter. Ich wusste erst gar nicht, wie ich weiter machen sollte, so nahe ging es mir, zu wissen, dass sie bei uns war. Da hörte ich wieder ihre Stimme, die meinte, ich solle einfach mit der Sitzung fortfahren. Sie würde mir dabei helfen. Von da an gab sie mir genaue Anweisungen, wie lange ich an jeder Stelle arbeiten sollte. Insbesondere beim Klären des Nackens von Heinz forderte sie mich auf, mir sehr viel Zeit zu nehmen.

Als ich am Ende der Sitzung Platin-Energie durch Heinz' Körper leitete, während ich spürte, dass Heidi rechts neben mir stand, begann es Heinz so heftig zu schütteln, dass er beinahe von der Liege gefallen wäre. Noch bevor ich zum Denken kam, hörte ich Heidi sagen: »*Lege sofort deine Hände auf die Fußgelenke. Sofort*«, was ich umgehend tat. Ganz langsam beruhigte sich der Körper von Heinz. Beim Ausrichten des Hohen Herzzentrums hörte ich zum letzten Mal Heidis Stimme. Sie bat mich, Heinz mitzuteilen, dass sie immer an seiner Seite sei, auch wenn er das vielleicht oft nicht bewusst wahrnehmen würde. Sie helfe ihm, seinen Weg zu gehen. Sie hätte auch dafür gesorgt, dass er von Passau zu mir nach München zu den EMF-Sitzungen kam. Auch mich würde sie von der anderen Seite unterstützen. Sie sei sehr glücklich, dass ich auf ihren Rat gehört hätte, die Chemotherapie abzubrechen. Sie sprach noch einen letzten Gruß, und dann war es so weit, Heinz zu erzählen, was passiert war.

Ich stand vor ihm und sah in seinen Augen, dass er auf irgendeine Weise mitbekommen hatte, dass etwas Außergewöhnliches geschehen war. Als ich ihm sagte, dass Heidi da gewesen sei, füllten sich seine Augen auf der Stelle mit Tränen. Auch in meinen Augen standen welche. Ich ließ ihm etwas Zeit, bis ich mit meiner Erzählung fortfuhr. Als ich berichtete, wie Heidi darum gebeten hatte, dass ich seinen Nacken ganz besonders lange klären sollte, sagte er: »Das ist verblüffend. Seit Heidis Tod war mein Nacken ständig verspannt, und jetzt fühlt er sich ganz locker an.«

Als ich alles erzählt hatte, waren wir beide nicht mehr in der Lage zu sprechen, so bewegt waren wir. Wir sahen uns lange in die Augen und fühlten beide tiefe Dankbarkeit für Heidis Besuch. Als Heinz bereit war, aufzustehen, sagte er, dass er am liebsten sofort gehen würde, um mit diesem Erlebnis alleine zu sein. Ich verstand ihn nur zu gut. Nachdem er sich verabschiedet hatte, setzte ich mich auch zuerst in der Küche auf das Sofa, um die Begegnung mit Heidi nachwirken zu lassen. Erst nach einer ganzen Weile war ich bereit, aufzuräumen und schließlich Hubert anzurufen, um mich von ihm abholen zu lassen.

Nach diesen beiden wundervollen Erlebnissen mit Julia und Heinz wusste ich wirklich, dass nicht nur die Musik, sondern auch meine neue Arbeit meine Berufung war. Ich empfand es als ein ganz großes Geschenk, dass ich schon innerhalb der ersten zwei Monate, in denen ich offiziell mit der EMF Balancing Technique® arbeitete, derartig außergewöhnliche Dinge erleben durfte.

Weitere Ausbildungen

Wie immer las ich in jeder freien Minute. Ich konnte nicht genug kriegen. Hatte ich vor zwei, drei Jahren einen Krimi nach dem anderen verschlungen, um von meinen Schmerzen abgelenkt zu sein, so war nun mein Hunger nach spiritueller Literatur unersättlich. Zudem bekam ich natürlich auch von den Engeln Anweisungen, welche Bücher für meine weitere Entwicklung wichtig waren. So kam es, dass ich »Die Abgesandten der Liebe« von James F. Twyman las. Dieses Buch berührte mich ungemein. James F. Twyman erzählt darin von seiner Begegnung mit einem bulgarischen Jungen, die ihn dazu bewegt, nach Bulgarien zu reisen und eine Gruppe außergewöhnlicher Kinder ausfindig zu machen. Er selbst konnte plötzlich Löffel verbiegen, Gedanken lesen und innere Bilder übertragen. Ich spürte, dass dieses Buch mir helfen würde, weitere meiner noch schlummernden Fähigkeiten wieder ans

Tageslicht zu befördern. Da in dem Buch steht, dass die Badewanne ein günstiger Ort ist, um Botschaften zu erhalten, da Wasser ein hervorragender Leiter, eine Art Verstärker für Energie ist, legte ich mich ins angenehm warme Wasser und entspannte mich. Ich hatte das Badezimmerlicht ausgeschaltet und ein paar Kerzen und ein Räucherstäbchen angezündet. Ich konzentrierte mich auf meinen Atem und folgte mit meinem Blick den Bildern, die der Rauch des Räucherstäbchens in die Luft zeichnete. Plötzlich hörte ich mehrere helle Kinderstimmen, die gleichzeitig auf mich einredeten. Ihre Botschaft war unmissverständlich: »*Deine Aufgabe ist es, den Menschen dabei zu helfen, ihre verschlossenen Herzen wieder zu öffnen. Indem du sie lehrst zu vergeben und zu lieben, wie du es selbst gelernt hast, wirst du eine große Veränderung bewirken. Denn jeder einzelne Mensch, der sein Herz öffnet, trägt dazu bei, dass die Erde wieder in ihr gesundes Gleichgewicht kommen kann. Deine Arbeit wird Kreise ziehen, die du dir im Moment noch gar nicht vorstellen kannst.*«

Ich war vollkommen überrascht, denn ich hatte nicht gedacht, dass es so leicht sein würde, Kontakt zu den Kindern aufzunehmen. Ich wollte gerade schon aus der Badewanne steigen, da spürte ich eine sehr vertraute Präsenz im Raum. Es war Kwan Yin. Auch sie begann zu mir zu sprechen: »*Auch ich möchte dich bitten, diese deine Aufgabe zu übernehmen. Es ist an der Zeit, dass du Magnified Healing® lernst. Dies ist eine Form der Energiearbeit, die ich euch Menschen aus den höchsten Ebenen übermittelt habe. Mache die Ausbildung zum Master Teacher, denn dann kannst du Seminare abhalten und gleichzeitig mehreren Menschen weiterhelfen. Indem du Gruppen mit der Botschaft der Liebe erreichst, bewegt sich diese viel schneller vorwärts, als wenn du nur Einzelsitzungen gibst. Das bedeutet natürlich nicht, dass du nicht weiterhin mit der wunderbaren EMF Balancing Technique® arbeiten sollst, ganz im Gegenteil, doch du kannst zusätzlich Wochenendseminare mit Magnified Healing®-Kursen abhalten. Es geht nicht darum, dass jeder deiner Seminarteilnehmer eine Heilerin oder ein Heiler wird. Magnified Healing® bringt sehr viel Selbstheilung. Viele deiner Teilnehmer werden mit dieser Technik in ihrer Familie und ihrem Freundeskreis arbeiten, somit wirkt jeder Teilnehmer wie ein Stein, den man ins Wasser wirft und um den herum weitere Kreise erscheinen. Verstehst du deine Auf-*

gabe, meine Liebe? Du gibst den Anstoß, auf dass die Botschaft immer mehr Kreise ziehen kann.«
Ganz verdattert saß ich in der Badewanne, hatte ich doch vor, in ein paar Monaten die nächste EMF-Ausbildung zu machen. Ich wusste nicht, wie ich beides schaffen sollte, spürte ich doch immer noch körperliche Schwächen. Bevor ich Kwan Yin fragen konnte, wie sie sich das Ganze vorstellen würde, antwortete sie schon: *»Meine Liebe, zuerst machst du mit der EMF-Ausbildung weiter, doch sobald du zurück bist, kümmerst du dich um Magnified Healing®.«* Erleichtert atmete ich auf. Ich konnte es kaum erwarten, aus der Badewanne zu steigen und Hubert von meinen neuesten Erlebnissen zu berichten. Nur in ein großes Badetuch gehüllt, lief ich zu ihm ins Arbeitszimmer und erzählte von den Botschaften, die ich erhalten hatte. Zum Glück wunderte sich Hubert längst über nichts mehr. Da fiel mir ein, dass ich vor ein paar Monaten einige Magnified Healing®-Flyer bei Renate mitgenommen hatte, da ich das Gefühl gehabt hatte, dass ich eines Tages etwas damit anfangen würde. Ich fand die Flyer auf der Stelle und fühlte eine starke Sehnsucht, diese Form der Energiearbeit zu lernen. Doch ich wusste, ich musste mich gedulden. Dennoch schrieb ich am nächsten Tag einer der beiden Magnified Healing® Master Teacher eine Email, um noch mehr Informationen zu erhalten. Sie schrieb sofort sehr herzlich zurück, und ich beschloss, ihren Kurs, der drei Wochen nach meiner EMF-Ausbildung stattfinden sollte, zu besuchen.
In der Zwischenzeit ging die Arbeit in der Praxis und mit meinen Klavierschülern weiter. Ich spürte, wie ich langsam an meine Grenzen kam, machte jedoch ohne Pause weiter, obwohl mir mein Körper schon eindeutige Warnsignale sendete. Doch während meiner Krankheit hatte ich lernen müssen, egal wie schlecht es mir ging, weiter zu kämpfen. Diese große mentale Stärke, die mir geholfen hatte zu überleben, sollte nun meine schwierigste Herausforderung werden. Ich sollte noch längere Zeit brauchen, bis ich lernen würde, nicht mehr über meine Grenzen zu gehen. Kaum hatten die Osterferien begonnen, warf es mich mit hohem Fieber, schwerer Bronchitis (ich hatte keine Stimme mehr), heftigem Husten, Übelkeit, Magen- und Darmkrämpfen danieder. Es ging mir wieder einmal so schlecht, dass ich nicht mehr in der Lage war zu lesen. Ich vegetierte nur noch so vor

mich hin und wusste teilweise nicht mehr, wo ich mich befand. Es war grauenvoll.

Eines Morgens saß ich, mich vor Bauchschmerzen krümmend, auf der Toilettenschüssel, als ich plötzlich scheußliche Bilder empfing. Ich sah mich selbst in einer anderen Zeit. Ich war schwanger und wurde von zwei Soldaten an den Armen festgehalten, während andere ihre Stiefelspitzen mit voller Wucht in meinen Bauch rammten und mich als Hure beschimpften, die mit dem Feind ins Bett ging. Ich wusste, dass ich keine Hure war, sondern dass ich dieses Kind, das ich in mir trug, in Liebe empfangen hatte. Die Männer traten immer heftiger mit ihren Stiefelspitzen zu, bis ich ein ganz seltsames Geräusch vernahm und aus meinem Unterleib Blut zu spritzen begann. Ich sah mich noch zusammenbrechen, dann landete ich wieder in der Gegenwart. Mir liefen Tränen über das Gesicht, so sehr hatten mich die Bilder aufgewühlt. Ganz langsam beruhigte ich mich. Dann fiel mir ein, Erzengel Raziel zu bitten, mich von diesen schrecklichen Erlebnissen zu befreien. Ich spürte, wie plötzlich eine Last von mir abfiel. Auch die Bauchschmerzen wurden erträglicher.

Es sollte noch ein paar Tage dauern, bis mir auffiel, dass ich regelmäßig an Ostern krank war. In meiner Kindheit hatte mich die Kreuzigung von Jesus Christus immer so sehr getroffen, als hätte ich sie auf irgendeine Weise miterlebt. Ich kann mich noch gut erinnern, wie oft ich bittere Tränen darüber vergossen habe. Plötzlich ging mir ein Licht auf. Vielleicht stand mein ewiges an Ostern krank sein damit in Zusammenhang. Ich rief wieder Erzengel Raziel an meine Seite, denn er ist in der Lage, uns Menschen von traumatischen Erlebnissen in diesem Leben oder anderen Zeiten zu erlösen. Auf einmal erschien die Kreuzigungsszene vor meinem geistigen Auge, und ich sah mich mitten in der Menge stehen. Die Tränen liefen mir ohne Unterlass über die Wangen. Da vernahm ich nach langer Zeit wieder einmal die Stimme von Jesus Christus: »*Es ist an der Zeit, dass ihr Menschen aufhört, über meinen Tod zu trauern. Feiert meine Auferstehung. Das ist es, worum es geht. Ich bin diesen Weg gegangen, um euch dabei zu helfen, auch aufzusteigen. Wie ich dir schon einmal gesagt habe, ist die Menschheit endlich im Begriff, meine wahre Botschaft zu erkennen. Du brauchst nicht mehr zu trauern. Feiere die Botschaft der Liebe, denn das ist es, worum es geht. Es wäre* schön, wenn die Menschen begreifen würden, dass sie sich nicht mehr mit dem leidenden Christus verbinden müssen und die Kreuze mit meinem geschundenen Körper aus ihren Häusern verbannen würden. Es geht um eine Botschaft der Liebe und der Freude und nicht um eine Botschaft des Leidens. Bitte erkläre dies den Menschen, die dafür offen sind.«

Ich fühlte eine tiefe Freude in mir aufsteigen, und gleichzeitig wusste ich, dass ich von nun an nicht mehr an Ostern krank werden würde. Wieder einmal hatte meine Krankheit dazu geführt, dass mir große Erkenntnisse zuteil wurden. Wenn uns nur immer gleich bewusst wäre, dass jede schwierige Situation gleichzeitig ein Geschenk für uns bereithält, dann könnten wir uns voller Vertrauen in jede Situation hineinbewegen. Ich hoffte, dass ich dieses Wissen täglich mehr verinnerlichen könnte, so dass mir das Leben immer leichter erscheinen würde.

Anfang Mai fuhren Hubert und ich zusammen nach Bad Orb, wo das EMF-Training für die Phasen V-VIII stattfinden sollte. Wir hatten wieder ein Apartment gemietet, da ich noch immer nicht in der Lage war, eine Woche lang jeden Tag auswärts zu essen. Hubert hatte sich frei genommen, um bei mir zu sein und für mich kochen zu können, denn wir wussten beide, dass ich den Kurs sonst nicht durchhalten würde. Ich freute mich sehr darauf, wieder in den Genuss von Peggys Energie zu kommen.

Die Phasen V bis VIII waren eine wahre Offenbarung. Ich reiste in andere Dimensionen, sah holographische Pyramiden aus strahlendstem Licht und spürte, wie meine Merkaba immer mehr aktiviert wurde. Es war unbeschreiblich. Ich konnte es kaum erwarten, nach Hause zu kommen und meine Klienten diese tiefgehende Energie fühlen zu lassen.

Auch Hubert hatte die Zeit genossen, hatte viel Yoga gemacht und gelesen. Die gemeinsamen Abende waren sehr gemütlich gewesen, da wir viel mehr Zeit zu reden gehabt hatten als zu Hause. Glücklich und zufrieden fuhren wir nach einer Woche wieder zurück nach München. Doch leider verspürte ich am ersten Tag daheim eine scheußliche Leere in mir. Nach dieser so spirituellen Woche kam mir der Alltag plötzlich ganz grau und trist vor. Ich fragte mich, ob das nach jedem spirituellen

Seminar so sein würde oder ob das Hochgefühl auch anhalten könnte. Zum Glück kam zwei Tage später Gido, mein Musical-Freund, zu einer Sitzung in die Praxis. Wir hatten uns beinahe drei Jahre nicht mehr gesehen, geschweige denn gesprochen, doch interessanterweise hatten wir in der Zwischenzeit eine ganz ähnliche spirituelle Entwicklung gemacht. Gido nahm auch Engel und andere Lichtwesen wahr und konnte mit ihnen sprechen. Es war ein Vergnügen, nach der Sitzung mit ihm essen zu gehen und über unsere unterschiedlichen Erfahrungen zu reden. Es war außerordentlich faszinierend zu hören, wie parallel unsere Entwicklung verlaufen war, obwohl wir rein äußerlich keinen Kontakt miteinander gehabt hatten. Nach diesem Erlebnis war auch meine innere Leere wieder verschwunden.

Kurze Zeit später hatte ich eines Nachts einen ganz intensiven Traum. Ich befand mich in einem Seminar von Dr. Todd Ovokaitys, das in Deutschland stattfand. Ich war ganz hingerissen von den spirituellen Konzepten, die er vermittelte. Abends ging ich auf ihn zu, um ihm zu gratulieren. Da meinte er in fließendem Deutsch (normalerweise sprechen wir Englisch miteinander), dass er ein wunderbares neues Mittel aus Kräutern für mich dabei habe, welches mich auf meinem weiteren Genesungsweg phänomenal unterstützen würde, das jedoch noch nicht im Katalog enthalten sei. Er gab mir sofort ein Fläschchen und erklärte mir die Art der Anwendung. Außerdem überreichte er mir noch eine ganz besonders energetisierte Decke, mit der ich mich beim Schlafen zudecken sollte. Mit einer herzlichen Umarmung verabschiedete er sich schließlich von mir. Ich wachte mit dem Gefühl auf, dass dies kein normaler Traum gewesen war. Daher schrieb ich auch an Dr. Todd und berichtete ihm von den Bildern, die ich gesehen hatte. Er war ganz begeistert, dass er im Traumzustand Deutsch sprechen konnte und erzählte, dass er tatsächlich an einer Formel mit Kräutern arbeiten würde. Es war wieder einmal beeindruckend, doch ich hatte keine Ahnung, als wie real sich der Traum noch erweisen würde.

Dann war es endlich so weit, und ich fuhr zu dem lang ersehnten Magnified Healing®- Seminar nach Grünwald. Kwan Yin war schon seit dem Morgen präsent, daher wusste ich, dass alles gut sein würde. Interessanterweise war ich die einzige Teilnehmerin, was ich als ganz angenehm empfand, denn so konnten wir gleich auf dem Niveau einsteigen, auf dem ich mich befand. Ich spürte sofort die sanfte und gleichzeitig kraftvolle Energie von Magnified Healing® und war sehr begeistert. Ein ganz besonders tiefes Erlebnis war die Einweihung am zweiten Tag, die zwar scheinbar von der Kursleiterin Christine Anjali Wittmann ausgeführt wurde, doch eigentlich war es Kwan Yin, die mich einweihte. Ich sah sie und fühlte ihre unnachahmliche Energie ganz deutlich. Es war, als würden andere Erinnerungen an Einweihungen vor langer, langer Zeit wieder in mir aufsteigen. Es dauerte, bis ich wieder im Hier und Jetzt ankam. Ich wusste, wie sehr ich es lieben würde, andere Menschen in die Magnified Healing®-Energie einzuweihen. Innerlich sandte ich ein großes Dankgebet an Kwan Yin, dafür, dass sie mich aufgefordert hatte, diese wunderbare Form der Energiearbeit zu erlernen.

Zur vollständigen Aktivierung der Magnified Healing®-Energie war es notwendig, das dazugehörige Ritual elf Tage hintereinander auszuführen. Das war eine Art Herausforderung, denn das Ritual dauert etwa eine Stunde, und ich war noch immer nicht so richtig fit. Dennoch war es natürlich vollkommen klar, dass ich die elf Tag durchhalten würde. Interessanterweise wurde es von Tag zu Tag leichter für mich, und ich fühlte mich auch körperlich immer besser.

Spannenderweise bekam Tilde die erste Magnified Healing®-Sitzung von mir. Sie war einfach neugierig, wie sich diese Energie anfühlen würde. Sie erzählte mir vorher nichts von irgendwelchen Beschwerden. Plötzlich sagten mir jedoch meine Hände, dass ich sie auf eine bestimmte Stelle am Rücken auflegen solle, was ich auch tat. Als ich schließlich mit der Sitzung fertig war, meinte Tilde: »Weißt du, dass du deine Hände genau auf die Stelle gelegt hast, an der ich seit Ewigkeiten scheußliche Schmerzen habe?«

Ich verneinte, war jedoch beeindruckt. Eine halbe Stunde später erzählte sie mir, dass die Schmerzen immer weniger würden. Und zwei Stunden später waren die Schmerzen verschwunden. Ich konnte es kaum fassen, dass meine erste Sitzung eine derartige Wirkung gezeigt hatte. Daraufhin begannen wir gleich bei Tilde, mein erstes Magnified Healing®-Seminar zu planen, wo ich mir doch überhaupt nicht hatte vorstellen können, jemals ein derartiges Seminar zu halten. Es ist schon verrückt, wie sich die Zeiten ändern.

Freuden und Sorgen

Kurze Zeit später fuhr ich zu meinem nächsten und vermutlich letzten Kontrolltermin in das Klinikum Großhadern. Ich fühlte mich wirklich gut, denn die vielen Selbstbehandlungen mit Magnified Healing® hatten auch noch ihre Wirkung getan. Professor Dr. Haferlach war ganz begeistert von meinen Blutwerten und sagte, dass er mich nun endgültig entlassen könnte. Nach einem völlig entspannten Abschiedsgespräch verließ ich das Krankenhaus. Ich war überglücklich, denn auch wenn mich die Kontrolltermine nicht sonderlich gestresst hatten, waren sie doch immer noch eine Verbindung zur Leukämie gewesen, und ich konnte mich nicht wirklich als gesunder, normaler Mensch fühlen. Ich wusste, dass von nun an auch meine Außenwelt anders auf mich reagieren würde. Schließlich war ich geheilt *und* musste nicht mehr regelmäßig in die Klinik. Das machte einen großen Unterschied, denn so würden mich die Menschen in meiner Umgebung mit viel weniger Sorgengedanken betrachten, was sich ebenfalls positiv auf mich auswirken würde. Ich war mir der Macht der Gedanken nur allzu gut bewusst. Auf dem Weg zur U-Bahn rief ich sofort Hubert und meine Eltern an, die sich ebenso freuten wie ich, denn nun war ein langes und heftiges Kapitel endgültig abgeschlossen. Das war wahrlich ein Grund zum Feiern! Ich hätte am liebsten vor lauter Freude die ganze Welt umarmt!
Leider machte sich etwa zur gleichen Zeit ein alter Fehler von mir wieder bemerkbar. Ich hatte schon von klein auf die Angewohnheit gehabt, mich für meine Umwelt verantwortlich zu fühlen, was an und für sich nichts Schlechtes ist. Doch in meinem Fall ging das eindeutig zu weit. Auch wenn ich definitiv gesund war, hatte mein Körper noch lange nicht seine ursprüngliche Kraft erreicht. Durch meine Geschichte und meine Arbeit in der Praxis kamen jedoch immer mehr Leute auf mich zu, die von mir erwarteten, dass ich Wunder für sie vollbringen könnte. Viele von ihnen waren an Krebs erkrankt und meinten, ich könnte sie heilen. Ich redete und redete, spürte aber gleichzeitig, wie

ich immer mehr Energie verlor, denn kaum jemand war bereit, an sich selbst zu arbeiten. Dennoch fühlte ich mich verpflichtet und war auch samstags und sonntags für die Menschen erreichbar, bis ich wieder Fieber bekam, was immer dann auftauchte, wenn ich über meine Grenzen ging. Trotzdem schaffte ich es nicht, Nein zu sagen, und machte weiter. Ich konnte mich ja täglich mit Magnified Healing® behandeln und kam dann schon irgendwie durch meinen Tag. Auch mein Schülerkonzert konnte ich nur dank meiner täglichen Selbstbehandlungen durchstehen. Eigentlich war das nicht der Sinn der Sache, aber ich wusste mir einfach nicht anders zu helfen.

Zudem war Huberts und meine finanzielle Situation äußerst angespannt, da wir für alle meine Behandlungen und Nahrungsmittelergänzungen in den letzten Jahren unendlich viel Geld gebraucht hatten. Daher traute ich mich nicht, irgendetwas abzusagen, was vielleicht weitere Arbeit bringen würde. Sowohl Hubert als auch ich waren völlig ausgebrannt und hätten dringend Urlaub gebraucht, aber es gab kein Darandenken, denn das Wasser stand uns bis zum Hals. Teilweise wussten wir nicht, mit welchem Geld wir Essen einkaufen gehen sollten. Natürlich halfen uns unsere Eltern, doch es fiel uns zusehends schwerer, über unsere Situation zu sprechen. Ich wusste, dass ich dringend das Meer brauchte, doch selbst wenn ich bei Susanna und Dario in Nizza hätte wohnen können, wäre ich nicht in der Lage gewesen, den Flug zu bezahlen. Trotzdem ließ ich mich nicht unterkriegen. Schließlich hatte ich schon ganz anderes gemeistert.

Zum Glück gab es zwischendurch immer wieder Lichtblicke und Inspirationen. Meine Freundin Tanja, ebenfalls Pianistin, kam mich mit ihrem Sohn Gabriel, meinem Patenkind, bei meinen Eltern besuchen, da Gabriel mich unbedingt endlich kennen lernen wollte. Ich hatte ihn aufgrund meiner Erkrankung nur ein einziges Mal vor acht Jahren bei seiner Taufe gesehen, woran er sich natürlich nicht mehr erinnern konnte. Er war inzwischen neun Jahre alt und ein ganz lieber, vollkommen fußballbegeisterter Junge. Mein Vater baute eine Art Torkonstruktion auf und spielte stundenlang mit ihm Fußball, während ich Tanja eine EMF-Sitzung gab. Sie hatte nie etwas Derartiges erlebt, war aber ganz begeistert und fühlte sich wunderbar entspannt danach.

Am späteren Nachmittag fuhren wir dann zu fünft, Tanja, Gabriel, meine Eltern und ich, nach Bad Wörishofen, um in das Konzert von Tanjas Mann Kilian und seiner Truppe zu gehen, das am selben Abend dort stattfand. Ich freute mich riesig auf die »Klazz Brothers & Cuba Percussion«, denn bisher war ich noch immer bestens gelaunt aus ihren Konzerten nach Hause gegangen. In den Jahren meiner Abwesenheit vom Musikbusiness hatten die fünf Musiker eine wunderbar rasante Karriere hingelegt. Sie waren inzwischen in aller Welt zu Gast, hatten mehrere Preise, darunter den Echo Klassik und den Jazz Award, verliehen bekommen, und verschiedene Stücke von ihnen waren als Filmmusik in Hollywoodproduktionen zu hören. Ihre Musik bewegt sich zwischen Klassik, Jazz und kubanischen Rhythmen und vermittelt Lebensfreude pur, was nicht bedeuten soll, dass die Musik nicht auch voller Tiefgang ist, ganz im Gegenteil. Auch in Bad Wörishofen ging mir der Rhythmus der Musik sofort unter die Haut, so dass es mir schwer fiel, ruhig dazusitzen.

Im zweiten Teil spielte schließlich Tobias, der Bruder von Kilian, seine Ballade Nr. 1 für Piano solo, von der mir meine Eltern schon öfter vorgeschwärmt hatten. Schon als er mit den ersten Harmonien begann, bekam ich eine Gänsehaut. Die Ballade erinnerte an Chopin, Liszt und Rachmaninoff und war doch ganz anders. Im Gegensatz zu der Musik vorher, war es ein sehr melancholisches Stück, das einerseits Liebe und Leidenschaft und andererseits großen Schmerz ausdrückte. Tobias spielte voller Zartheit und schien beinahe die Tasten zu streicheln. Doch dann brach eine virtuose Leidenschaftlichkeit aus ihm hervor, die mir durch Mark und Bein ging. Meine Seele wurde zutiefst berührt, so dass mir Tränen in die Augen stiegen und es mir ganz heiß und kalt wurde. Es war ein einzigartiges und unbeschreibliches Erlebnis.

Tobias' Art, Klavier zu spielen, erinnerte mich in gewisser Weise an mich selbst, versuchte ich doch auch immer die Gegensätze zwischen leisestem Pianissimo und intensivstem Fortissimo bis ins Letzte auszuspielen. Schon länger hatte mich Musik nicht mehr so tief berührt. Ich fühlte mich dadurch unglaublich inspiriert und bekam eine unendliche Sehnsucht, selbst wieder die großen Stücke zu spielen, die ich so liebte.

Tobias freute sich ganz besonders, meine Eltern und mich zu sehen. Da hatte mein Vater ganz spontan die Idee, alle Musiker nach dem Konzert zu uns einzuladen, da in der Kneipp-Kurstadt Bad Wörishofen schon ziemlich früh alle Gehsteige nach oben geklappt werden. Tobias, Tim und Elio kamen noch mit, den anderen war es zuviel. Es wurde noch ein herrlich gemütlicher Abend. Ich genoss es, mit Elio, dem Kubaner, endlich wieder einmal Spanisch zu sprechen. Es kamen viele Erinnerungen an frühere Zeiten hoch. Wie sehr hatte ich immer die inspirierenden Gespräche mit meinen Künstlerfreunden nach Konzerten, Ballettaufführungen und Flamenco-Shows genossen. Auch wenn ich inzwischen immer mehr ein Leben der Stille führte, hatte ich diese Welt doch auch immer noch im Blut. Tobias, Tim und Elio waren ebenfalls sehr glücklich, denn auch wenn sie inzwischen in fantastischen Hotels untergebracht waren, lud eine private und freundschaftliche Atmosphäre ganz anders zum Entspannen ein. Mehrere Stunden später mussten die Drei dann wirklich aufbrechen, denn am nächsten Morgen ging es weiter zum nächsten Konzertort.

Meine Eltern und ich begleiteten die Jungs noch zum Auto. Ich bedankte mich noch einmal ganz herzlich bei Tobias für seine umwerfende Ballade, da umarmte er mich ganz fest und murmelte: »Ich bin ja so froh, dass es dir wieder gut geht.«

Ganz verwundert und gleichzeitig sehr berührt erwiderte ich seine Umarmung. Obwohl wir in den letzten Jahren keinen Kontakt gehabt hatten, wusste ich plötzlich, dass Tobias innerlich an meiner Geschichte teilgehabt hatte. Immer wieder stellte ich fest, dass viel mehr Menschen an mich gedacht hatten, als ich geahnt hatte.

Danach war ich jedenfalls völlig aufgedreht und konnte in der Nacht kaum schlafen. Noch immer spürte ich die Intensität von Tobias' Ballade. Dennoch wachte ich am Morgen wunderbar fit auf, denn die Musik und die anschließenden Gespräche hatten mich mit ganz viel Energie angefüllt. Ich konnte es kaum erwarten, mich endlich wieder in aller Ruhe an meinen Flügel zu setzen. Nach einer Runde Pilates und einem schnellen Frühstück saß ich auch schon dort und begann nach kurzem Warmspielen mit Rachmaninoff-Préludes, denn das war die Musik, zu der mich die Ballade von Tobias inspiriert hatte. Ich spielte stundenlang voller Leidenschaft und war ganz glücklich, dass es trotz meiner langen Klavierpause richtig gut ging. Ich vermutete, ich war so beflügelt, dass sich einfach keine Selbstzweifel einschleichen konnten. Unter an-

deren Umständen hätte ich mich sicherlich nicht sofort wieder in meinem Element gefühlt.
Voller Energie und Tatendrang fuhr ich am Abend zu Hubert nach München. Und als wenn ich noch immer nicht genug bekommen könnte, schlug ich ihm vor, endlich wieder einmal zum Tangotanzen zu gehen. Hubert war ganz überrascht, hatte jedoch auch große Lust zu tanzen, so dass wir am späten Abend noch loszogen und zur Milonga von Martha ins Deutsche Theater gingen. Wir genossen es unendlich, wieder Tango zu tanzen, war es doch eine große Leidenschaft von uns beiden. Lustigerweise wurden wir sogar von einem Paar angesprochen, das uns für die Bundesgartenschau engagieren wollte. Es war wirklich zu komisch. Wir hatten jahrelang nicht getanzt und dennoch schien es sehr argentinisch auszusehen. Da ich jedoch an besagtem Wochenende mein erstes Magnified Healing®-Seminar abhalten wollte, gab es keinen Grund, weiter über das Angebot nachzudenken. Dennoch freute ich mich darüber. Es war auch schön, Martha nach so langer Zeit wieder zu sehen. Sie war sehr überrascht zu hören, welchen Weg ich inzwischen eingeschlagen hatte. Sie meinte, sie müsste unbedingt einmal zu mir in die Praxis kommen. Nach schönen Gesprächen und einem letzten Tango verabschiedeten wir uns und gingen sehr zufrieden nach Hause, denn endlich hatten wir einmal unsere Sorgen hinter uns lassen können.

– 64 –

Mein erstes Seminar

Auch wenn es zwischendurch immer wieder Lichtblicke gab, fühlte ich mich doch sehr ausgebrannt. Ich hatte die Grenzen meines Körpers längst überschritten und konnte mich nur mit täglicher Magnified Healing®-Selbstbehandlung über Wasser halten. Es gab keine Möglichkeit, mich auszuruhen, da wir beide immer ans Geldverdienen denken mussten.

So sah ich meinem ersten Magnified Healing®-Seminar mit gemischten Gefühlen entgegen. Einerseits konnte ich es kaum erwarten, es zu halten, da ich diese besondere Energie inzwischen so sehr lieben gelernt hatte und mich darauf freute, andere Menschen daran teilhaben zu lassen und sie durch die wunderbare Einweihung zu geleiten. Andererseits jedoch hatte ich keinen blassen Schimmer, wie ich in meinem physischen Zustand einen zweitägigen Workshop durchhalten sollte. Ich wusste, mir blieb wieder einmal nichts anderes übrig als zu vertrauen.

Es gab sechs Plätze für mein Seminar, die in kürzester Zeit vergeben waren, was ich als ein sehr positives Zeichen wertete. Mehrere Wochen vorher hatte ich daher schon die Kursunterlagen für sechs Leute bestellt. Als sie eine Woche vorher immer noch nicht bei mir angekommen waren, rief ich in Bochum bei der deutschen Magnified Healing®-Repräsentanz an, um zu erfahren, was los war. Es wurde mir mitgeteilt, dass zurzeit ein Engpass bestünde. Seit Wochen warteten sie auf eine neue Sendung aus den USA. Sollten die Unterlagen rechtzeitig eingehen, würden sie mir selbstverständlich umgehend zugesendet.

Auch das bedeutete, wieder zu vertrauen. Ich bat die Engel, mir zu helfen, dass die Unterlagen spätestens am Samstag, dem ersten Kurstag, bei Hubert eintreffen sollten. Dann ließ ich das Ganze los, denn schließlich konnte ich nicht mehr tun.

In den letzten beiden Wochen vor dem Seminar nutzte ich jede freie Minute und setzte mich, sofern das Wetter es zuließ, in den Park auf die Wiese, um mich in der Natur, umgeben von Feen und Naturwesen, auf den Workshop vorzubereiten. Ich hatte das Gefühl, dass die Vorbereitung mir draußen viel leichter von der Hand ging als im Haus. Es schien, als würden mich die Feen mit allen Kräften unterstützen.

Am Freitag vor dem Seminar waren die Unterlagen noch immer nicht angekommen. Aber ich hatte gelernt, dass es immer noch genügend Zeit gab. Ganz oft hatten sich die Dinge im letzen Jahr in allerletzter Minute zum Guten gewandelt. Ich wusste, dass es eine Art Test war. Je größer das Vertrauen ist, desto schneller manifestieren sich unsere Wünsche. Manchmal ist es hart, bis zur letzten Minute zu vertrauen,

doch ich hatte schon oft genug erfahren, dass es klappt, und so hoffte ich auch dieses Mal auf eine Lösung.
Voller Vorfreude kaufte ich wunderschöne Blumen und bereitete den größeren Raum in unserer Praxis für das Seminar vor. Ich errichtete einen Altar, platzierte die Stühle in einem Halbkreis und energetisierte den Raum. Ich fühlte eine sehr starke Präsenz und wusste, dass mich Kwan Yin und ganz viele Engel unterstützen würden, ein erfolgreiches Magnified Healing® Master Teacher Seminar abzuhalten. Nach einem letzten Gebet betrachtete ich den Raum voller Zufriedenheit und ging.
Am nächsten Morgen stand ich sehr früh auf, um mich gebührend vorzubereiten. Auch wenn ich mich sehr freute, dass es endlich so weit war, fühlte ich mich doch auch ziemlich nervös. Ich hatte schließlich noch nie ein Seminar in diesem Bereich gehalten. Außerdem wusste ich, dass bis auf Heinz alle Teilnehmer Therapeuten waren, die schon viel länger in der Welt der Energiearbeit tätig waren als ich. Es war wieder einmal eine richtige Feuerprobe.
Die erste halbe Stunde gestaltete sich daher auch nicht ganz einfach. Ich hatte das Gefühl, von manchen regelrecht durchleuchtet zu werden. Zudem war ich auch noch die Jüngste von allen. Ich versuchte, ganz ruhig zu bleiben und zu vertrauen, dass ich in der Lage war, ein für alle zufrieden stellendes Seminar abzuhalten. Ich versuchte, alle destruktiven Gedanken meines Egos zu stoppen, was mir auch gelang, sobald ich die anderen durch das Magnified Healing®-Ritual führte. Plötzlich war die Energie wie verwandelt. Die Gruppe schien zu verschmelzen. Es war ein sehr schönes Gefühl.
Daraufhin erzählte ich von der Geschichte mit den Unterlagen und dass ich immer noch darauf vertrauen würde, dass sie rechtzeitig ankommen würden, denn noch war alles möglich. Zudem brauchten wir die Arbeitsbücher sowieso erst am Sonntag.
Schließlich hatte Erzengel Ariel mir heute Morgen mitgeteilt, dass Hubert ausnahmsweise nicht vormittags zum Einkaufen gehen sollte, da die Möglichkeit existierte, dass das Packet eintreffen würde. Es sei nämlich inzwischen unterwegs. Irgendwie war das zwar eigenartig, denn normalerweise kam die Paketpost frühestens mittags, meistens sogar erst gegen 13.30 Uhr, doch Hubert und ich hatten gelernt, den Botschaften der Engel zu vertrauen. Als ich in der Mittagspause mein Handy

einschaltete, hatte Hubert mir eine SMS mit der Mitteilung gesendet, dass das erwünschte Paket um 10.00 Uhr bei ihm abgeliefert worden war. Das bedeutete, *genau* zu dem Zeitpunkt, als wir mit dem Seminar begonnen hatten. Es war wieder einmal unglaublich und ein weiteres Zeichen, dass wir Menschen die Hoffnung nie zu früh aufgeben sollten. Schon so oft hatten mir die Engel mitgeteilt, dass wir häufig etwa fünf Minuten, bevor sich etwas manifestieren würde, aufgeben, was für sie unverständlich sei. Ich versuchte, immer mehr im Jetzt zu leben und zu vertrauen. Schließlich hatte ich schon oft genug erlebt, dass das Unmögliche möglich ist. Je mehr wir lernen, in kleinen Dingen zu vertrauen, umso mehr können wir dies auch in schwierigen Situationen tun.

Jedenfalls waren alle Kursteilnehmer von der Geschichte begeistert und gingen zufrieden in die Mittagspause. Ich blieb in der Praxis, um mich nicht zu zerstreuen, sondern in der Energie zu bleiben. Große Dankbarkeit erfüllte mich, denn alle Teilnehmer hatten unabhängig voneinander, bevor sie gegangen waren, gesagt, dass sie sich in dem Kurs sehr wohl fühlten. Ich spürte, wie dadurch die Spannung von mir abfiel. Der Nachmittag ging mir daraufhin ganz leicht von der Hand. Sehr erschöpft, aber glücklich kam ich abends zu Hubert. Er meinte, er habe nichts anderes erwartet. Schließlich sei es nur in diesem Leben das erste derartige Seminar, das ich halten würde. Vermutlich hatte er wieder einmal Recht.

Den Sonntag konnte auch ich dann wirklich genießen. Vor allem die Einweihung war ein ganz besonderer, ja heiliger Moment. In dem Augenblick, als ich mich vorbereitete, die von Kwan Yin für die Einweihung gechannelten Worte vorzulesen, spürte ich, wie eine andere Präsenz Raum in mir einnahm. Ich wusste, es war Kwan Yin. Sie war es auch, die dann durch mich sprach. Die gesamte Einweihung erlebte ich wie außerhalb von mir. Alle sechs Teilnehmer, Claudia, Thea, Heinz, Silvia, Baukje und Willi, waren tief berührt. Silvia sagte, dass sie Kwan Yin ganz deutlich gesehen hatte, einerseits hinter mir, andererseits mit mir verschmolzen. Ich war sehr glücklich, dies zu hören, denn genau so hatte es sich angefühlt.

Als das Seminar zu Ende war, wurde ich von Lob geradezu überschüttet. Tief in mir spürte ich, dass dies nur der Anfang von etwas Größerem war.

Auch wenn diese Erfahrung mich sehr bereichert hatte, fühlte ich mich dennoch unendlich müde. Ich suchte mit allen Fasern meines Herzens nach einem Weg, wie Hubert und ich unseren marternden Geldsorgen entkommen könnten.

– 65 –

Neue Hoffnung

Mein Zustand wurde immer kritischer. Ich war vollkommen überarbeitet und wurde ständig mit weiteren Anfragen bombardiert. Ich hing oft, neben meiner ganzen anderen Arbeit, stundenlang am Telefon und gab Rat, natürlich kostenlos. Ich tat mich unendlich schwer, Grenzen zu ziehen, wenn mich jemand mit seiner/ihrer Not überfiel.
Auf einmal fiel mir jedoch auf, dass ich selbst wahrlich auch in schwierigen Situationen gewesen war und niemals auf die Idee gekommen wäre, von einem wildfremden oder auch nur weitläufig bekannten Menschen zu fordern, dass er oder sie sich stundenlang ohne Bezahlung Zeit für mich nahm, und dies selbstverständlich auch noch samstags und sonntags. Ich hätte dies als unverschämt empfunden, jemandem so nahe zu treten. Doch scheinbar gab es ziemlich viele Leute, die überhaupt nicht so dachten. Es war endgültig Zeit, dass ich dem einen Riegel vorschob. Ich beschloss, am Telefon nur noch über Terminvereinbarungen zu sprechen. Was die Klienten anging, fiel mir dies zunehmend leichter, doch was meine Freunde und Bekannten betraf, wurde ich immer noch dauernd um Hilfe gebeten. Seit ich mich, was meine spirituellen Fähigkeiten anbelangte, geoutet hatte, rief mich kaum mehr jemand an, um einfach ein schönes Gespräch mit mir zu führen. Ich fühlte mich nur noch als Ratgeber und Müllschlucker. Das Telefon, welches mich im Krankenhaus und der Zeit danach auf so wunderbare

Weise unterstützt hatte und meinen Kontakt zur Außenwelt dargestellt hatte, wurde immer mehr zu einem Albtraum für mich. Ich musste dringend etwas ändern.

Eines Tages im August gönnte ich mir endlich einen freien Tag und fuhr nach Berg am Starnberger See, um Angela und ihre kleine Tochter Giulia, die ich noch gar nicht kannte, zu besuchen. Angela ist die Tochter von Christine und Peter, in deren Haus Susanna und ich unsere Demo-CD aufgenommen haben. Ich hatte sie bei unserem Konzert mit den »Love Songs« im Haus ihrer Eltern kennen gelernt. Wir hatten uns auf Anhieb so gut verstanden, dass Susanna und ich sogar zu ihrer Hochzeit mit Peter wenige Monate später eingeladen worden waren.

Jedenfalls hatten Angela und ich uns drei Jahre lang nicht mehr gesehen, da ich aufgrund meiner Situation ein vollkommen zurückgezogenes Leben hatte führen müssen. Dennoch fühlte sich unser Kontakt sofort wieder ganz vertraut an, obwohl wir uns eigentlich kaum kannten. Es war ein sehr schönes Gefühl. Leider war das Wetter die Woche zuvor nicht berauschend gewesen, so dass es trotz Sommer nicht möglich war, im See baden zu gehen. Dennoch genoss ich es sehr, mit Angela und Giulia einen langen Seespaziergang zu machen. Angela und ich redeten und redeten. Ich erzählte ihr von all meinen Begegnungen mit den Engeln und auch den Meerengeln. Sie hörte mit einem ganz offenen Herzen zu. Es war wunderbar und tat mir unendlich gut. Ich spürte, wie die Nähe des Wassers eine reinigende Wirkung auf mich hatte und ich wieder neue Kraft bekam. Ganz nebenbei empfing ich eine Botschaft von Coventina, die meinte, es sei dringend notwendig, dass ich mit meinen Kräften haushalten würde, denn wenn ich so weitermachen würde, wäre ich für niemanden mehr von Nutzen. Nur weil ich mit meinen Gaben die Möglichkeit hätte, vielen Menschen zu helfen, dürfte ich nicht wieder denselben Fehler wie vor der Leukämie machen und mich ständig mehr um das Wohl der anderen Menschen kümmern als um mein eigenes. Natürlich sei es richtig, dass ich mental so stark sei, dass ich immer das Gefühl hatte, egal, wie es mir ging, noch immer mehr Power zu haben als die meisten Menschen, die Probleme hatten. Dennoch sei es nicht meine Aufgabe, meinen Körper zu überfordern, nur um anderen Leuten zu helfen. Im Gegenteil, es sei an der Zeit, mich um Huberts und meine Situation zu küm-

mern, die, weiß Gott, kein Zuckerschlecken war. Ich wusste, dass sie Recht hatte.
Wenige Tage später war ich plötzlich ganz sicher, was ich zu tun hatte. Etwa ein Jahr zuvor hatte ich das Buch »Die Weisheit der Delphine« von Ilona Selke im Esoterischen Buchladen entdeckt. Es hatte mich geradezu magisch angezogen. Schon nachdem ich die ersten Seiten gelesen hatte, war ich vollkommen in seinen Bann gezogen. Es zeigte wieder einmal, welche Macht unsere Gedanken und Vorstellungen haben. Ilona Selke erzählt darin von dem Kurs »Living from Vision« (»Leben aus der Vision«), den sie zusammen mit verschiedenen anderen Menschen entwickelt hat. Sobald ich davon las, verspürte ich den dringenden Wunsch, diesen Kurs, in dem es darum geht, Techniken zu erlernen, um sein eigenes Leben so zu gestalten, wie man es sich wünscht, zu besuchen. Ich hatte danach im Internet herausgefunden, dass man diesen Kurs sowohl innerhalb einer Gruppe als auch im Selbststudium machen kann. Da ich absolut kein Gruppenmensch bin, wusste ich, dass ich den Selbststudienkurs vorziehen würde. Doch ich hatte zu dem Zeitpunkt keine 300 Euro, um mir diesen zu bestellen.
Nun wusste ich jedoch, dass der Kurs für mich dringend notwendig war und dass ich einen Weg finden würde, ihn zu bezahlen. Ich erzählte Hubert davon, der einverstanden war, dass ich mein Geld dafür ausgeben wollte. Er bat mich jedoch, noch ein paar Wochen zu warten, bevor ich Marion Selke, die Schwester von Ilona Selke, anrufen würde, da bis dahin unsere finanzielle Situation etwas besser sein müsste. Obwohl ich seine Bitte absolut ernst nahm, spürte ich ganz deutlich, dass ich nicht mehr warten konnte. Sobald Hubert die Wohnung verlassen hatte, griff ich zum Telefon und rief Marion Selke an. Ich hatte vorher die Engel gebeten, mir bei diesem Gespräch zu helfen. Frau Selkes Stimme klang wunderbar freundlich. Ich fragte sie, wie die Bestellung des Kurses denn ablaufen würde. Sie meinte: »Zuerst überweisen Sie mir die 300 Euro auf mein Konto. Sobald der Betrag bei mir eingegangen ist, sende ich Ihnen dann den Selbststudienkurs zu.«
Ich bedankte mich für die Auskunft und erklärte: »Ich werde mich in ein paar Wochen wieder melden, wenn ich das Geld zusammen habe.« Daraufhin sagte sie: »Ich weiß nicht, warum, aber ich habe das Gefühl, dass ich Ihnen den Kurs sofort schicken muss, denn ich fahre nächste

Woche für längere Zeit weg, und ich spüre, dass Sie ihn brauchen. Ich habe das nie zuvor getan, doch in Ihrem Fall muss ich es einfach tun. Ich weiß auch ganz tief in mir, dass ich das Geld bekommen werde, sobald Sie es beisammen haben. Noch heute schicke ich das Paket an Sie los.«

Ich war vollkommen sprachlos. Es dauerte einen Moment, bis ich Luft holen und wieder sprechen konnte. Ich bedankte mich aus tiefstem Herzen und erzählte ihr dann, dass ich Leukämie gehabt hatte und dass ich das Gefühl hätte, dass mich der Kurs noch wunderbar auf meinem weiteren Genesungsweg unterstützen könnte. Daraufhin fehlten Frau Selke die Worte. Als sie wieder so weit war, sprechen zu können, meinte sie: »Jetzt möchten ich Ihnen den Kurs noch dringender sofort senden. Machen Sie sich wegen der Bezahlung keine Sorgen, sondern überweisen Sie das Geld ohne Stress, sobald es Ihnen wirklich möglich ist. Ich bin sehr berührt von Ihrer Geschichte und freue mich, dass ich Sie ein wenig auf Ihrem Weg unterstützen kann. Ich wünsche Ihnen von Herzen alles Gute und sende den Kurs noch heute los.«

Nachdem ich aufgelegt hatte, konnte ich mein Glück kaum fassen. Ich begann vor lauter Freude und Dankbarkeit in Huberts Wohnung herumzutanzen. Wieder einmal hatten mir die Engel gezeigt, dass sich unsere Wünsche erfüllen konnten, auch wenn wir scheinbar nicht das entsprechende Geld zur Verfügung hatten. Das setzte eine ganz tiefe Hoffnung in mir frei, dass sich auch Huberts und meine finanzielle Situation bald bessern würde. Ich spürte, wie sehr mein Vertrauen durch das wunderbare Erlebnis mit Marion Selke gestärkt wurde, und konnte es kaum erwarten, die Arbeitsmaterialien des Kurses »Leben aus der Vision« in meinen Händen zu halten und mit dem Selbststudium zu beginnen.

Zwei Tage später war es dann so weit. Das Paket kam an. Ich las die Einleitung und beschloss, sofort am nächsten Tag mit dem Kurs anzufangen. Die Dauer des Kurses beträgt fünf Wochen. Am ersten Kurstag erfährt man anhand einer CD die Inhalte für die erste Woche, macht Brainstorming, geführte Übungen und Vorstellungsreisen, überlegt sich vier Wünsche, die sich erfüllen sollen und vieles mehr. Jeweils morgens und abends arbeitet man dann jeden Tag je 15 Minuten anhand der Materialen an seinen Visionen. Nach einer Woche folgt dann der zweite Kurstag und so geht es fünf Wochen lang weiter. Voller Enthusiasmus stürzte ich mich in die Arbeit, denn ich wusste, so sehr mir der Kurs gefallen würde, so viel Disziplin war auch dafür vonnöten. Allein der erste Kurstag dauerte drei Stunden, nach denen ich ziemlich erschöpft war. Dennoch spürte ich innerlich sofort eine Verbesserung. Am folgenden Tag fühlte ich mich sogar körperlich besser. Und zwei Tage später bekam ich einen abenteuerlichen Anruf von einem Geschäftsmann aus Salzburg, der von einer Freundin von meinen EMF-Sitzungen gehört hatte und am liebsten auf der Stelle eine Sitzung gehabt hätte, da er sich gerade in München befand. Obwohl er noch einmal zwischen München und Salzburg hin- und herfahren musste, kam er glatt am nächsten Morgen in aller Früh vor seiner Geschäftszeit zu mir in die Praxis und buchte sofort weitere Termine. Das war ein wunderbares Zeichen, denn in der Ferienzeit hatte ich bisher kaum Klienten in der Praxis gehabt. Ich wusste, dass es langsam aber sicher finanziell wieder bergauf ging.

Meine Eltern, die um unsere Situation wussten, schenkten uns Karten für einen Klavierabend von Ivo Pogorelich in Bad Wörishofen. Wir freuten uns riesig, endlich einmal aus unserem Trott herauszukommen. Ivo spielte Klaviermusik von Frédéric Chopin, Alexander Skrjabin und Serge Rachmaninoff, alles Musik, die ich ganz besonders liebe. Wieder einmal war es verblüffend zu erleben, dass er aus Stücken, die ich bestimmt schon fünfzig- bis hundertmal gehört hatte (auch von ihm selbst), noch Nuancen herausholte, die mir nie zuvor aufgefallen waren. Hubert erging es ebenso wie mir. Es war, als würde uns in jedem seiner Konzerte eine noch tiefere Welt offenbart. An einem Klavierabend von Ivo in Augsburg vor vielen Jahren, als ich noch keine Aura oder dergleichen sehen konnte, sah ich während des Konzertes plötzlich, wie leuchtende Farben aus dem Flügel kamen. Nie zuvor hatte ich Derartiges wahrgenommen. Ich wusste, dass mehr als nur menschliche Energie im Spiel war.

Auch dieses Mal war Ivo selbst umgeben von Licht und Engeln und spielte, als wenn die Musik teilweise von ganz woanders herkam. Ich wünschte mir von ganzem Herzen, nach dem Konzert zu dem Essen eingeladen zu werden (natürlich zusammen mit Hubert und meinen Eltern), das Ivo in letzter Zeit immer nach seinen Klavierabenden in

Bad Wörishofen für einen kleinen Kreis organisieren ließ. Ich wollte ihn einfach zu gerne sprechen. Noch während des Konzertes sendete ich meinen Wunsch anhand einer Imagination à la »Leben aus der Vision« ins Universum aus. Kaum war das Konzert zu Ende, liefen wir Sebastian über den Weg, der besagte Essen organisierte. Er meinte, Ivo würde sich freuen, uns vier als seine Gäste begrüßen zu können. Ich sprach sofort ein Dankgebet aus. Gemütlich schlenderten wir zum »Kurhotel Kreuzer«. Alle vier waren wir in euphorischer Stimmung, denn das Konzert war einfach umwerfend gewesen. Wir fanden einen wunderbar kleinen Tisch für uns und ließen uns das hervorragende Essen schmecken. Nach einer Weile kam Ivo vom Konzertsaal herüber und machte einen sehr gut gelaunten Eindruck. Er plauderte mit verschiedenen Menschen, bis er sein Glas nahm und zu unserem Tisch herüber kam und fragte, ob er sich setzen dürfe. Ich war völlig begeistert. Wie es sich schon seit einiger Zeit eingebürgert hatte, sprachen wir wieder einmal Spanisch zusammen. Es schien so, als würde er es genießen, dass nicht alle Leute verstehen konnten, was wir da zu fünft redeten. Er freute sich riesig, mich in so gutem Zustand zu sehen und meinte, ich sei sehr hübsch. Wir lachten viel und unterhielten uns dennoch auch ernsthaft über die Musik und seine nächsten Konzerttourneen. Es war das erste Mal, dass wir uns in einem so kleinen Kreis derart lange unterhielten. Ob das wohl in Zusammenhang mit meiner Imagination stand? Ich vermutete schon. Völlig glücklich verließen wir schließlich das Hotel. Ich war in einer so besonderen Stimmung, dass ich, als wir an dem Bächlein, das durch die Kurpromenade fließt, entlang liefen, sofort spürte, wie mich Coventina rief. Sie meinte, ich müsste mir dringend mehr Ruhe und Zeit für mich gönnen.
Komischerweise wurde ich prompt nach dem Konzert wieder einmal krank, bekam hohes Fieber und musste alle Klienten absagen. Dadurch, dass ich mich so sehr gefreut hatte, war erst einmal alle Anspannung von mir abgefallen, so dass mein eigentlicher Zustand zutage kam. Mit täglicher Magnified Healing®-Selbstbehandlung hatte ich mich jedoch innerhalb weniger Tage wieder im Griff, so dass Hubert und ich unsere Einladung als Ehrengäste zum 10-jährigen Bestehen der »José-Carreras-Leukämie-Stiftung« im Münchner Herkulessaal wahrnehmen konnten. Natürlich waren wir nicht per Zufall Ehrengäste.

Drei Jahre vorher war ein Kontakt zu José Carreras entstanden. Meine Geschichte hatte doch eine gewisse Ähnlichkeit mit seiner. Es waren auch schon Verhandlungen im Gange, dass ich bei der alljährlichen Leukämie-Gala im Fernsehen sowohl als Pianistin als auch als ehemalige Leukämie-Patientin auftreten sollte. Ich stand in regem Kontakt mit der Regisseurin der Gala, da José Carreras persönlich sein Interesse an einem Auftritt meinerseits bekundet hatte. Der Produzent der Gala wollte gerne Filmmaterial über mich haben, das zu meiner Krankenhauszeit entstanden war. Freundlicherweise stellte mir der Regisseur, der im Krankenhaus das Portrait über meinen Oberarzt gedreht hatte, auch das gesamte ungeschnittene Material zur Verfügung. Doch scheinbar sah ich selbst im Schlafanzug und mit Kopftuch um den Schädel nicht krank genug aus. Jedenfalls lehnte mich der Produzent mit der Begründung ab, dass man mir weder in diesem Film noch auf irgendeinem Foto, das während meiner Krankenhauszeit aufgenommen worden war, ansehen würde, dass ich je lebensbedrohlich krank gewesen sei. Und nun sähe ich aus wie das blühende Leben, so dass niemand sich vorstellen könnte, dass ich tatsächlich so eine Geschichte hinter mir hatte. Es war wirklich unglaublich, dass ich mit der Begründung abgelehnt wurde, zu gut auszusehen. Mein Oberarzt Prof. Dr. Hallek regte sich damals fürchterlich darüber auf und wollte umgehend zum Hörer greifen und dem Produzenten erzählen, wie schlecht es mir in Wahrheit gegangen war.
Jedenfalls war diese damalige Begegnung der Grund, weshalb Hubert und ich als Ehrengäste eingeladen worden waren. Es war ein sehr interessanter Abend. Im ersten Teil folgte eine Rede auf die andere. Manche waren etwas langweilig, doch José Carreras' Engagement berührte mich sehr. Mit der Stiftung hatte er es geschafft, menschlichere Umgebungen für Leukämie-Patienten und deren Angehörige zu schaffen. Zudem floss viel Geld in die Forschung, da sein größter Wunsch war, dass Leukämie irgendwann einmal für jeden heilbar sein würde. Was mir insgesamt fehlte, war, dass so gut wie niemand davon sprach, dass es noch mehr gab als nur den physischen Körper. Aber was konnte ich auch in diesem Rahmen erwarten. Zumindest war die Musik im zweiten Teil etwas für die Seele. Ich hoffte wirklich, dass die Menschheit immer mehr dahinter kommen würde, dass Medizin und

Energiearbeit Hand in Hand zusammen arbeiten müssen, damit langfristig positive Ergebnisse erzielt werden können.

– 66 –

Schock

Ich nahm mir Coventinas Rat zu Herzen und versuchte, mich auszuruhen, wann immer es mir möglich war. Als Doreen Virtues lang ersehntes neues Buch »Goddesses & Angels« (»Erwecke die Heilkraft der Göttin in dir«) erschien und endlich in meinen Händen lag, hielt mich nichts mehr davon ab, mich stundenlang in den Park zu legen und zu lesen. Mit jeder Seite, die ich las, verspürte ich den Wunsch, die »Angel Therapy Practitioner®-Ausbildung« bei ihr zu machen, noch drängender in mir. Als ich dann auf ihrer Website las, dass 2006 der erste Kurs an meinem Geburtstag beginnen würde, wusste ich, dass dies ein Zeichen war und ich alle meine Kräfte zur Manifestation dieses Wunsches aktivieren musste. Zwei Tage später, während meines fünften Kurstages von »Leben aus der Vision«, war es an der Zeit, mir vier neue Wünsche auszusuchen. Natürlich wählte ich, dass Hubert und ich das Geld bekommen würden, um zu unseren Geburtstagen nach Kalifornien fliegen zu können und gemeinsam die Ausbildung zu machen, denn ich wusste, dass dies auch ein sehnlicher Wunsch von Hubert war. Eigentlich war allein der Gedanke daran bei unserer finanziellen Lage vollkommen utopisch, doch ich wusste ja inzwischen, dass ALLES möglich ist, wenn wir Menschen nur aus vollem Herzen daran glauben. Monatelang visualisierte ich jeden Morgen, wie Hubert und ich im Flugzeug saßen und nach Los Angeles flogen, im Auto entlang des Pazifik nach Laguna Beach fuhren und in einem herrlichen Hotel in Dana Point in der Ausbildungsklasse von Dr. Doreen Virtue saßen. Tief in mir wusste ich, dass es mehr als nur ein Wunsch war, es war ein Ruf, den ich vernommen hatte. Gleichzeitig spürte ich, dass die Engel alles tun würden, um mir bei der Manifestation zu helfen, wenn ich ihnen nur vertraute. Immer wieder erschien mir Doreen Virtue im Traum, was ich als weiteres Zeichen wertete, da ich ja nicht nur einmal prophetische Träume gehabt hatte.

Etwa zur gleichen Zeit bereitete mir meine körperliche Situation immer mehr Sorgen. Meine gesamte Bauchregion fühlte sich sehr merkwürdig an, und ich wurde wieder regelmäßig von heftigen Krämpfen geschüttelt. Ein Besuch bei den Meerengeln in Nizza war nur leider nicht möglich. Fieberhaft suchte ich nach einer anderen Lösung. Da fiel mir ein, dass man mit der höchsten Stufe von Magnified Healing®, der dritten Phase »Light Healing«, große Möglichkeiten hatte. Ich wollte dringend diese Ausbildung machen, denn ich war mir sehr sicher, dass ich damit viel würde ausrichten können. Doch leider musste ich feststellen, dass es kaum Leute in Deutschland gab, die das unterrichteten. Ich entdeckte eine Dame in Memmingen, die mir jedoch schrieb, dass ihr nächster Kurs erst im Januar 2006 stattfand. Mir blieb nichts Anderes übrig, als mich weiter mit der Phase I von Magnified Healing® zu begnügen, die mir zumindest half, mich über Wasser zu halten. Ich erzählte weder Hubert noch meinen Eltern von meinem Zustand, denn ich wollte nicht, dass sie sich wieder Sorgen um mich machen mussten. Dr. Todd Ovokaitys war der einzige, dem ich davon berichtete. Er meinte, es sei gut, dass wir uns bald in Hamburg sehen könnten. Ich wusste überhaupt nicht, wie ich darauf antworten sollte, denn wir hatten absolut kein Geld, um nach Hamburg zu fliegen. Als mich jedoch ein so heftiger Anfall erwischte, dass ich ihn nicht mehr vor Hubert verbergen konnte, erwähnte ich die Worte von Dr. Todd. Hubert war sofort der Ansicht, dass es überhaupt keine Frage war, ob wir nun das Geld hatten oder nicht. Es war offensichtlich, dass ich Dr. Todd dringend sehen und sprechen musste. Es würde sich schon ein Weg finden. In diesem Moment hatte ich das Gefühl, als fiele eine Zentnerlast von meinen Schultern. Endlich zeichnete sich wieder Hoffnung am Horizont ab. Interessanterweise hatte ich durch meine Arbeit in der Praxis innerhalb kürzester Zeit das Geld sowohl für unsere Flüge als auch für meine Teilnahme am »DNA Seminar« von Dr. Todd beisammen. Ich war unendlich froh und konnte es kaum erwarten, bis es endlich so weit war. In keinster Weise ahnte ich jedoch, dass mich in den vierzehn Tagen vor unserer Abreise noch zwei schockierende Nachrichten erwarten sollten.

Ich war gerade auf dem Weg zu einer Schülerin, als mich der völlig verzweifelte Anruf meiner Mutter erreichte, dass mein Vater soeben aus etwa sieben Metern Höhe von einer Leiter auf Beton gefallen war. Ich hatte das Gefühl, als würde mir der Boden unter den Füßen weggezogen. Nun war ich endlich so weit, dass ich so langsam wieder mein Leben leben konnte, und dann passierte so etwas. Es durfte nicht sein, dass ich jetzt meinen Vater verlor. Das würde ich beim besten Willen nicht überstehen. Da sich mein Vater jedoch partout weigerte, sich von einem Krankenwagen abholen zu lassen, hatte mich meine Mutter um Rat gebeten. Ich saß im Auto, das zum Glück noch auf dem Parkplatz stand, und erinnerte mich plötzlich daran, dass ich am Morgen die Magnified Healing®-Energie aktiviert hatte. Also hob ich meine Hände in Herzhöhe und scannte den Körper meines Vaters aus der Entfernung. Glücklicherweise hatte ich darin schon einige Erfahrung gesammelt, so dass ich mich auf mein Urteil halbwegs verlassen konnte. Meine Hände sagten mir, dass der Kopf meines Vaters, der untere Bereich der Wirbelsäule und das linke Bein stark verletzt waren, denn meine Hände schmerzten auf eine Art, die ich nie zuvor erlebt hatte, als sie sich in den genannten Bereichen aufhielten. Ich rief sofort noch einmal meine Mutter an und meinte, sie könnte keine Rücksicht auf den Wunsch meines Vaters nehmen, sondern müsste umgehend einen Krankenwagen rufen, da die Kopfverletzung dringend untersucht werden müsste. Danach versuchte ich Hubert zu erreichen, denn ich war mir sicher, dass er als Mann und nicht direktes Familienmitglied meinen Vater würde umstimmen können. Hubert erwischte wohl genau die richtigen Worte, denn mein Vater versprach ihm, sich abholen zu lassen. In der Zwischenzeit saß ich auf glühenden Kohlen. Ich flehte Gott und den Himmel an, meinem Vater zu helfen. Ich kam etwas zu spät zu meiner Schülerin Franzi, die ganz entsetzt war, als ich ihr von dem Unfall erzählte. Sie war Medizinstudentin und erklärte mir, wie notwendig es war, dass mein Vater unter ärztliche Aufsicht kam, denn Kopfverletzungen mussten mehrere Stunden lang beobachtet werden. Franzi meinte, wir könnten den Unterricht auch ausfallen lassen, doch das wollte ich nicht, denn so war ich wenigstens ein bisschen abgelenkt, da ich im Moment sowieso nichts anderes tun konnte als abwarten. Meine Mutter rief immer wieder an, um mich mit den neuesten Nachrichten zu versorgen. Mein Vater hatte tatsächlich Recht gehabt. Wie durch ein Wunder hatte er sich nichts gebrochen und war auch nirgends gelähmt. Die Ärzte konnten sich das überhaupt nicht erklären und meinten, da müsse er aber nicht nur *einen* Schutzengel gehabt haben. Das Ganze grenzte an ein Wunder. Ich war unendlich erleichtert, als ich das hörte. Doch die Verletzung am Kopf, ein ziemlich großes Loch, welches ich gespürt hatte, musste dringend beobachtet werden. Auch an den anderen Stellen, die ich beim Scannen gefühlt hatte, waren Verletzungen, die jedoch nicht weiter dramatisch waren. Ich sandte meinem Vater weiterhin aus der Ferne Magnified Healing®-Energie, fühlte mich aber nach jeder Behandlung wie ausgezutzelt. Nie vorher hatte ich mich nach einer Fernheilung derartig gefühlt. Als sich dann herausstellte, dass der Zustand meines Vaters nicht als kritisch zu betrachten war, beschloss ich, die nächsten zwei Tage Arbeit in München nicht abzusagen, sondern erst am Wochenende wieder zu meinen Eltern raus zu fahren.

Schon am Tag nach dem Unfall konnte mein Vater ohne Krücken gehen und zwei Tage später war er bereits entlassen, so dass Hubert und ich gar nicht mehr ins Krankenhaus fahren mussten. Ich war unendlich erleichtert, als ich meinen Vater sah, denn es ging ihm wesentlich besser, als ich den Umständen entsprechend erwartet hätte. Da fiel uns plötzlich ein, dass er sich während seiner letzten EMF-Sitzung die Woche zuvor gewünscht hatte, die Präsenz der Engel deutlicher zu spüren. Er hatte die Meisterschaftskarte »Die Welt« für diesen Wunsch verwendet. Eine stärkere Engelspräsenz als bei seinem Sturz war wohl kaum vorstellbar. Sicher hatte ihm beim Fallen geholfen, dass er seit mehr als fünfzig Jahren täglich Yoga gemacht hatte, doch ohne die Hilfe der Engel hätte er tot sein können. Er erzählte, dass er während des Fallens Angst gehabt hatte, am Boden zerschmettert zu werden. Doch dann hatte er plötzlich das Gefühl gehabt, dass sich unzählige Engelsflügel unter seinem Rücken befanden, die seinen Fall bremsten. Wir alle konnten Gott und den Engeln nicht genug für dieses weitere Wunder, das uns zuteil geworden war, danken.

Als Hubert und ich am Abend wieder im Auto saßen, überfiel mich auf einmal eine schreckliche Traurigkeit, die ich gerade noch so vor meinen Eltern verbergen konnte. Es war, als würde der Schockzustand, unter dem ich seit dem ersten Anruf meiner Mutter vor drei Tagen gestanden hatte, erst jetzt von mir abfallen. Ich weinte bitterlich und konnte überhaupt nicht mehr damit aufhören, als würde ich erst jetzt wirklich realisieren, welche Ängste ich um meinen Vater ausgestanden hatte. Mir wurde bewusst, dass ich die einzige gewesen war, die alle Nachrichten immer nur aus zweiter Hand erhalten hatte, während meine Mutter die ganze Zeit bei meinem Vater gewesen war und Hubert, um ihn zu überzeugen, auch mit ihm persönlich gesprochen hatte. Ich hatte seine Stimme nicht gehört, die mir vielleicht mehr über seinen Zustand verraten hätte, sondern hatte in meinen Händen nur die scheußlichen Schmerzen gespürt, die ihn aber wohl innerhalb kürzester Zeit verlassen hatten. Ich beschloss, mir für die Zukunft zu merken, dass ich immer die Stimme eines Menschen hören musste, um seinen Zustand besser einschätzen zu können.

Als ich schließlich in Huberts Wohnung in den Spiegel sah, stellte ich fest, dass ich quasi über Nacht mehrere graue Haare bekommen hatte. Der Schock musste richtig tief gegangen sein.

Doch damit nicht genug. Nicht einmal eine Woche später erfuhr ich anhand von Tests, die gemacht worden waren, dass sich in meinem Bauch lebensbedrohliche Viren und Bakterien befanden. Mich traf regelrecht der Schlag. Als ich Hubert davon berichtete, blieb er erstaunlicherweise äußerst gelassen. Er meinte, wir hätten schon Schlimmeres hinter uns gebracht. Er empfahl mir, mich umgehend auf eine »Reise« zu Ixchel zu begeben, was die beste Idee war, die er in diesem Augenblick haben konnte. Als ich Ixchels vertraute Stimme mit den Worten vernahm: »*Warum machst du dir solche Sorgen, wenn du doch die großartigsten Heiler wie Erzengel Raphael, Kwan Yin und mich an deiner Seite hast? Außerdem siehst du spätestens übermorgen Dr. Todd. Was soll denn da schon Schlimmes passieren?*«, war ich innerhalb von Minuten vollkommen ruhig und voller Vertrauen. Dr. Todd hatte mir zum Glück gemailt, in welchem Hotel er sich in Hamburg befand, so dass ich ihm umgehend ein Fax sandte, um ihm mitzuteilen, dass ich ihn dringend unter vier Augen sprechen musste, da ich eine unschöne

Nachricht bekommen hatte. Ich vertraute darauf, dass dies trotz seiner Verpflichtungen möglich sein würde.
Relativ gelassen machte ich mich schließlich daran zu packen.

– 67 –

Hamburg

Es war ein grandioses Gefühl, nach beinahe eineinhalb Jahren endlich wieder in einem Flugzeug zu sitzen. Erst da wurde mir bewusst, wie sehr es mir gefehlt hatte zu reisen. Hubert ging es ebenso. Es war, als würden wir einen Teil unserer Sorgen hinter uns lassen und in einen neuen Abschnitt unseres Lebens fliegen. Glücklich fassten wir uns an den Händen und genossen den Augenblick.
Als wir nachts an der Alster spazieren gingen, bestätigte Coventina unser Gefühl mit folgenden Worten: »*Ihr habt gut daran getan, diese Reise zu unternehmen. Ihr habt den Mut bewiesen zu springen, auch wenn ihr zuerst nicht wusstet, ob das Geld dafür vorhanden sein würde. Daher ist das Netz unter euren Füßen erschienen. Diese Reise markiert einen Neubeginn in eurem Leben. Von nun an wird es euch wieder möglich sein zu reisen, denn ihr habt euch in eine neue Resonanz begeben. Eure finanzielle Situation wird sich stetig verbessern. Nutzt die Energie dieser Reise, um mit dieser Schwingung neue Möglichkeiten zu kreieren. Arbeitet viel mit Visualisationen. Alles ist möglich. Besucht mich, so oft ihr könnt, während ihr in Hamburg seid. Ich grüße euch und bin Coventina.*«
Ich fand es wunderbar, endlich einmal Hamburg kennen zu lernen, nachdem mir Hubert schon so viel davon erzählt hatte. Wir hatten das Glück, die herbstlich bunt gefärbte Stadt bei Sonnenschein anzutreffen, als wenn sie sich mir im schönsten Licht präsentieren wollte. Nach-

dem wir unser Hotel gefunden hatten, war noch ein bisschen Zeit vorhanden, bis wir Renata und Steven Ash, Freunde von uns, beim »KRYON-Event« treffen wollten. Die beiden hatten dort einen Stand mit ihren Rainbow Essences®, mussten aber am selben Abend schon wieder abreisen, so dass wir am nächsten Tag keine Zeit mehr hatten, uns zu sehen. Ich war mir ziemlich sicher, dass wir dabei Dr. Todd Ovokaitys über den Weg laufen würden. Doch zuerst genossen wir noch das herrliche Wetter, gingen Essen und spazierten an der Alster entlang. Auf dem Weg zum Auditorium Maximum wollte ich plötzlich einen anderen Weg als Hubert einschlagen, folgte aber nicht meiner Intuition. Prompt rutschte ich auf einem spiegelglatten Stein aus und fiel ziemlich dumm hin. Es war relativ schmerzhaft, so dass Hubert und ich beschlossen, zuerst ins Hotel zurück zu gehen und mir Arnika-Globuli, die ich in meiner Reiseapotheke dabei hatte, zu verabreichen. Ich fragte natürlich nach dem Sinn dieses Sturzes, worauf die Antwort wie aus der Pistole geschossen kam, dass ich meiner Intuition folgen und mich nicht anderen Menschen anpassen sollte. Außerdem sollte ich in der Nähe von Dr. Todd sehr wachsam sein, denn auch in dieser Szene sei es wie in der Musikszene, dass viele Menschen nur wegen meiner Kontakte an mir interessiert seien. Am besten sei es, mich möglichst unsichtbar zu machen.
Lustigerweise war gerade Pause, als wir beim Audimax eintrafen, und Dr. Todd Ovokaitys stand von einer Menschentraube umgeben im Freien. Hubert meinte, ich sollte mich doch gleich bemerkbar machen. Doch ich hielt mich an meine Intuition, die mir eindeutig davon abriet. Dr. Todd entdeckte mich umgehend und winkte. Dennoch ging ich nicht zu ihm hinüber, da es sich nicht richtig anfühlte.
Wir fanden Renata und Steven an ihrem Stand und hatten, als das Event weiter ging, genügend Zeit, um ausführlich zu ratschen. Es war schön, die beiden endlich wieder einmal zu sehen. Auch hoffte ich, Peggy zu treffen, die ebenfalls anwesend war, doch ich hatte leider nicht das Glück, ihr über den Weg zu laufen. Daraufhin sendete ich den Wunsch aus, dass es mir in den nächsten beiden Tagen noch gelingen würde, sie zu sehen, denn sie blieb ebenso wie Dr. Todd länger in Hamburg als die anderen. Nachdem Hubert und ich auch noch kurz Michael Schäfer und seiner Freundin, die interessanterweise auch

Isabel hieß, begegnet waren, beschlossen wir, uns zu verabschieden, da ich nicht so fit war und meine Kräfte für das »DNA Seminar« schonen wollte. Nach einem magischen Mondspaziergang an der Alster, aktivierte ich noch die Magnified Healing®-Energie, um meine durch den Sturz verursachten Schmerzen zu lindern, was mir auch gelang. Dennoch war ich viel zu aufgeregt, um schlafen zu können, denn schließlich hing von meinem Treffen mit Dr. Todd immens viel ab. Trotzdem fühlte ich mich am nächsten Morgen relativ gut erholt. Dieses Phänomen war mir schon öfter begegnet, wenn ich mich nachts noch mit Magnified Healing® behandelt hatte. Da schien es wohl einen Zusammenhang zu geben.

Nach einem ausgiebigen Frühstück mit Hubert ging ich hinüber ins Logenhaus, in welchem der Workshop stattfinden sollte. Obwohl ich alles andere als spät dran war, bekam ich nur noch einen Platz relativ weit hinten. Vielleicht war das genau richtig, um nicht aufzufallen. Ich hatte die Engel gebeten, mir zu helfen, mich während des Seminars mit den richtigen Menschen zu umgeben. Kaum hatte ich mich direkt am Gang hingesetzt, hatte mich Dr. Todd schon entdeckt und kam durch den Saal auf mich zu. Er umarmte mich herzlich und war ganz begeistert, dass ich so gut aussah. Selbstverständlich würde er sich die Zeit nehmen, mit mir in aller Ruhe über mein Thema zu sprechen. Vielleicht gäbe es in der Mittagspause eine Möglichkeit. Ich war überglücklich, denn ich hätte keineswegs erwartet, dass es so einfach sein würde. Auch am Ende der nächsten Pause kam er zu mir, um mich nach meinen Erlebnissen während des Tonens der »Pineal Toning Technique™«, die er entwickelt hatte, zu fragen. Es war wirklich erstaunlich gewesen, denn ich hatte mehr als nur die gesungenen Töne wahrgenommen. Ich hatte Obertöne gehört, was mir tief unter die Haut gegangen war und ein Vibrieren in meinem Körper ausgelöst hatte. Ich fühlte mich sehr wohl und war sehr dankbar, an dem Seminar teilnehmen zu können.

Als es schließlich Zeit für das Mittagessen war, hatte ich den Eindruck, dass es nicht möglich war, mit Dr. Todd zu sprechen. So machte ich mich alleine auf den Weg. Hubert und ich hatten am Tag zuvor schon die Speisekarten der umliegenden Restaurants abgecheckt, damit ich wusste, wohin ich gehen konnte. Es gab verschiedene Möglichkeiten, doch die Engel rieten mir, in das Restaurant des »Hotels Elysee« zu gehen. Als ich durch den Eingang trat, glaubte ich meinen Augen nicht zu trauen, denn mein Blick fiel direkt auf Peggy und ihren Mann Steven. Peggy entdeckte mich ebenfalls und winkte mich zu sich. Sie begrüßte mich ganz herzlich und fragte, wie es mir denn gehen würde. Wir unterhielten uns eine Weile, bis sie meinte, sie müsste nun in Ruhe essen. Ich verabschiedete mich und suchte mir einen Platz am anderen Ende des Restaurants, denn ich wollte, dass sie wusste, dass ich den Raum respektierte, den sie dringend brauchte, um sich zu erholen. Wieder einmal war mein Wunsch, Peggy noch zu sehen, zum frühest möglichen Zeitpunkt in Erfüllung gegangen. Ich bedankte mich sofort ganz herzlich bei den Engeln für ihren wunderbaren Tipp, in die Brasserie »Elysee« zu gehen.

Es dauerte nicht lange, und die Tür ging auf, und Dr. Todd kam zusammen mit seiner Assistentin, der Übersetzerin und Isabel herein. Als die vier sich dann auch noch an den mir gegenüberliegenden Tisch setzten, konnte ich mir ein Schmunzeln nur schwer verkneifen. Dr. Todd schien auch zu lächeln. Hubert meldete sich kurz per Handy. Er war mit einem ehemaligen Kunden verabredet und hatte keine Zeit zu kommen. Als Dr. Todd aufstand, um zur Toilette zu gehen, entdeckte mich Isabel. Sie überlegte kurz, dann kam sie auf mich zu und fragte, ob ich auf meinen Partner warten würde. Als ich verneinte, lud sie mich ein, an ihren Tisch zu kommen, und wies mir den Stuhl neben Dr. Todd zu. Es war kaum zu glauben, wie perfekt der Tipp der Engel gewesen war. Dr. Todd freute sich offensichtlich, mich an seinem Tisch wieder zu finden. Als Isabel dann noch erfuhr, dass wir uns seit einem Jahr kannten und in Kontakt standen, freute sie sich umso mehr, dass sie mich an ihren Tisch geholt hatte. Auch mit Traci, der Assistentin von Dr. Todd, verstand ich mich blendend. Es war ein wunderbar entspanntes Mittagsessen. Isabel lud uns alle ein, was mich völlig überraschte, denn sie kannte mich schließlich kaum, und ich gehörte auch nicht zum Team. Auf mein Dankeschön hin meinte sie, gestern hätte sie nicht realisiert, wer ich sei. Doch heute sei ihr klar geworden, dass ihr Michael schon ganz viel von mir erzählt hatte, und somit sei ich ihr absolut vertraut. Glücklich und zufrieden gingen wir alle schließlich wieder zurück zum Logenhaus.

Der Nachmittag war teilweise etwas mühsam, da eine deutsche Ärztin Dr. Todd zwischendurch ablöste, so dass er sich von dem intensiven Tonen ein bisschen erholen konnte. Ihre Energie war der von Dr. Todd so unähnlich, dass es sich wie eine Art Achterbahnfahrt anfühlte, wenn die beiden sich abwechselten. Dieser ständige Energiewechsel war ziemlich anstrengend für mich. Als Hubert mich abends fragte, wie denn das Seminar gewesen sei, meinte ich, dass ich ernsthaft hoffte, dass Dr. Todd das Seminar am nächsten Tag alleine bestreiten würde, denn dieses Ansteigen und dann so plötzliche Abfallen der Energie machte mir ziemlich zu schaffen.

Scheinbar hatten die Veranstalter dies auch bemerkt, denn am folgenden Morgen war klar, dass nun nur noch Dr. Todd sprechen würde. Ich war sichtlich erleichtert. Der zweite Tag war einfach unglaublich. Einerseits sprach Dr. Todd über Medizin und wissenschaftliche Forschungen, andererseits arbeiteten wir weiter mit der »Pineal Toning Technique™«, um unsere DNS-Stränge in höherer Weise zu aktivieren. Ich hatte sehr tief gehende spirituelle Erlebnisse.

Während des Singens der Codes zur Aktivierung der fünften DNS-Schicht fühlte ich mich, als würde ich mich in dem Körper eines Wales am Meeresgrund befinden. Es war, als würde ich mich im Schoß von Mutter Erde wieder finden. Es fühlte sich wunderbar geborgen an. Plötzlich wurde ich aus dem Körper des Wales gestoßen. Ich sah, dass ich einen herrlichen, in allen Farben des Regenbogens schimmernden Kristall in meinen Händen hielt. Den Kristall in meinen Händen haltend, flog ich in Spiralen höher und höher, den Ozean hatte ich längst unter mir gelassen, bis ich EINS mit der Quelle wurde. Ich spürte, dass ich sowohl mit dem Grund der Erde als auch mit dem Himmel verbunden war und fühlte vollkommenes EINSSEIN mit allem. Voller Seligkeit kam ich wieder im Hier und Jetzt an und blieb noch länger verankert in dem Gefühl, dass wirklich alles miteinander verbunden ist.

Später, als wir die sechste Schicht aktivierten, sah ich mich an zwei Orten gleichzeitig. Einerseits saß ich auf meinem Stuhl und sang die entsprechenden Silben, andererseits befand ich mich außerhalb meines Körpers an der Decke schwebend und beobachtete die ganze Situation von außen. Ich hatte keine Sekunde Angst, dass ich nicht mehr in meinen Körper zurückfinden würde, denn ich wusste, dass ich von den Engeln beschützt war und alles, was geschah, meinem höchsten Wohl diente. Es war ein gigantisches Erlebnis. Als ich wieder ganz in meinen Körper zurückgekehrt war, fühlte ich mich von einer Kraft durchströmt, die ich schon lange nicht mehr gekannt hatte. Wieder einmal war ich mehr als nur dankbar, den Engeln vertraut zu haben. Doch noch immer ahnte ich nicht, welche Überraschungen mir noch bevorstehen sollten.

Am Ende des Seminars sang Dr. Todd noch einmal alleine Waltöne. Es war unbeschreiblich. Sein Walgesang war von einer Urkraft durchdrungen, wie ich sie nie zuvor erlebt hatte. Ich fühlte mich in einer Weise aufgetankt, für welche mir die Worte fehlen. Es war vollkommen einzigartig. Ich saß noch lange still auf meinem Stuhl, während die anderen Teilnehmer ihre Sachen zusammenpackten. Ich ließ mir Zeit, denn ich wusste, dass es noch eine Weile dauern würde, bis ich, wie besprochen, mit Dr. Todd sprechen konnte.

Wir hatten beim Mittagessen ausgemacht, dass er sich am Ende des Kurses Zeit nehmen würde, um mit mir über mein gesundheitliches Problem zu reden. Ich konnte es kaum erwarten, seine Antworten zu hören. Endlich, nachdem er alle Kursteilnehmer verabschiedet hatte, suchten wir uns ein ruhiges Eckchen im Raum, um uns zu unterhalten. Ich schilderte ihm noch einmal ausführlich meine Thematik bezüglich der Bakterien und Viren in meiner Bauchregion. Da erschien ein Lächeln auf seinem Gesicht. Er erzählte mir von dem Mittel, das er in diesem Jahr mit Kräutern aus dem Regenwald entwickelt hatte. Dieses war vollkommen kompatibel mit meiner Thematik. Er meinte: »Dieses Produkt gibt es noch nicht zu kaufen, aber ich habe ein paar Fläschchen aus den USA mitgebracht, die ich dir gerne schenken möchte.«

In diesem Moment fiel es mir wie Schuppen von den Augen, dass gerade in diesem Augenblick mein Traum Wirklichkeit geworden war. Wie ich im Mai geträumt hatte, übergab mir Dr. Todd bei einem Seminar, das er in Deutschland abhielt, ein neues Mittel, das aus Kräutern bestand, sich jedoch noch nicht im neuen Katalog befand. Ich war überwältigt und fragte Dr. Todd, ob er sich an meinen Traum erinnern könnte. Aus seinen Augen blitzten Erstaunen und Erinnerung, dann bejahte er. Ihn schien das ebenso wenig zu verwundern wie mich, da wir beide derartige Phänomene nur allzu gut kannten. Wir unterhiel-

ten uns noch eine ganze Weile über die verschiedensten spirituellen Themen, bis es an der Zeit war, sich ins Hotel zu begeben, um sich vor dem gemeinsamen Abendessen noch auszuruhen.
Michael hatte Hubert und mich zu dem großen Abschlussessen des Gematria-Teams eingeladen. Wir empfanden dies als eine große Ehre, da wir die einzigen Außenstehenden waren. Es wurde ein herrlicher Abend. Die Stimmung war großartig, und wir lachten viel. Dennoch waren auch tiefgehende Gespräche möglich. Es war so ganz nach meinem Geschmack, und ich fühlte mich einfach wunderbar. Die Hamburg-Reise war ein Erfolg auf der ganzen Linie, denn ich wusste, dass es mir nicht nur schon viel besser ging als zuvor, sondern dass mich das neue Mittel von der Bedrohung in meinem Bauch befreien würde.
Als es an der Zeit war, sich zu verabschieden, bedankte ich mich bei allen von ganzem Herzen, insbesondere jedoch bei Dr. Todd, denn ich wusste, dass ich ohne ihn ziemlich verloren gewesen wäre. Während er mich fest umarmte, sagte er: »Es ist eine große Freude für mich, dir helfen zu können. Es ist auch fantastisch, dass ich dieses Mal noch mehr von deiner erstaunlichen Geschichte erfahren konnte. Schreibe dein Buch. Es ist wichtig für die Welt.«
Seine Worte berührten mich zutiefst. Ich wusste, sie würden mir die Kraft geben, das Buch zu schreiben, auch wenn ich eigentlich gar nicht wusste, wie ich es zeitlich und kräftemäßig in meinem bereits überfüllten Alltag unterbringen sollte.
Am nächsten Morgen hatten Hubert und ich noch ein wenig Zeit, bevor wir uns auf den Weg zum Flughafen machen mussten. Wir statteten Coventina einen letzten Besuch ab. Ich genoss ein letztes Mal die kraftvolle und reinigende Energie des Wassers und bedankte mich bei Coventina, Gott, den Engeln und allen Lichtwesen für die vielen unbezahlbaren Geschenke, die ich in Hamburg erhalten hatte. Wieder einmal war mir gezeigt worden, dass im Vertrauen alle Möglichkeiten enthalten sind. Wenn wir vertrauen, bekommen wir Dinge geschenkt, die wir nicht bezahlen könnten. Der innere Reichtum zieht äußeren Reichtum unweigerlich nach sich. Ich nahm mir vor, mich täglich darum zu kümmern, noch mehr vertrauen zu lernen, mich vom normalen menschlichen Vertrauen zum bedingungslosen Vertrauen gegenüber den himmlischen Mächten zu bewegen.

Medium

Nachdem Hubert und ich aus Hamburg zurückgekehrt waren, nahm ich mir nach Monaten wieder die Zeit, in Ruhe für mich zu channeln. Erzengel Raphael hatte viel zu sagen: »*Schön, dass wir uns endlich wieder auf diese Weise zusammenfinden, geliebtes Engel- und Menschenwesen. Dein Weg wäre leichter gewesen, wenn du dich öfters mit uns getroffen hättest. Dennoch war es nicht verkehrt, den schwierigeren Weg zu gehen, denn dadurch hast du Erkenntnisse gewonnen, die du auf andere Weise nicht erhalten hättest. Alles ist gut und hat seine Richtigkeit. Doch nun möchte ich dich bitten, wieder dein Wohl an höchste Stelle zu setzen. Einige Zeit hast du das sträflich vernachlässigt. Wir verstehen, dass es hart ist, an sich selbst zu denken, wenn im Außen so viele Unfälle und Katastrophen passieren. DENNOCH – an erster Stelle steht DEIN Wohl. Danach kommt alles andere. Auch wenn dir das egoistisch erscheinen mag, wirst du feststellen, dass du mit mehr Kraft viel mehr Menschen weiterhelfen kannst als bisher. Deine Aufgabe ist es, ein noch wesentlich größeres Publikum zu erreichen. Dafür brauchst du aber ALL deine Kraft. Also bitte, DENKE an DICH, auch wenn es dir schwer fällt. Auf diesem Wege wirst du viel schneller vollständige Gesundheit erreichen. Und wir bitten dich aus tiefstem Herzen, daran zu denken – täglich, stündlich, minütlich. Schaffe dir einen Anker, der dich fortwährend daran erinnert. Doch nun genug davon. Ich weiß, dass du mich verstanden hast und deine Haltung verändern wirst. Deine gesundheitliche Situation war in den letzten Monaten mehr als nur bedenklich. Dennoch ist es kein Zufall, dass erst jetzt ans Tageslicht kam, was wirklich mit dir los ist. Vor wenigen Monaten hättest du nicht mit dem neuen Mittel von Dr. Todd arbeiten können, da es noch nicht genug getestet war. Dann hättest du einen anderen Weg wählen müssen, der dir nicht im selben Maße entsprochen hätte. Du siehst also, auch in diesem Falle hat alles seine Richtigkeit. Deine Intuition hat dir im Juli und August die Wahrheit vermittelt, dass du wieder in Gefahr warst. Wenn du nicht so eisern mit Magnified Healing® gearbeitet hät-*

test, wäre die Situation eskaliert. Und deine Idee war absolut richtig, so schnell wie möglich das »Magnified Healing® Light Seminar« besuchen zu wollen. Doch geht es darum, anhand deines Falles zu sehen, welche wundervollen Wirkungen dieses Mittel in sich birgt. Es wird dir helfen und dich befreien. Doch habe Geduld. Der Prozess darf nicht zu schnell vor sich gehen, sonst kippst du um. Die sanfte Version dauert etwas länger. Doch du kannst sie wunderbar mit den Engel-Kombi-Symbolen, den Ölen und Essenzen von Ingrid Auer unterstützen. Auch die Idee, dir ein persönliches Engelsymbol anfertigen zu lassen, ist goldrichtig. Je schneller es entsteht, umso mehr kannst du auf wunderbare Weise bearbeiten und hinter dir lassen. Es wird dir in vielerlei Hinsicht weiter helfen.

Nun noch zu weiteren Empfehlungen: Es ist wichtig, dass du darauf achtest, nach Möglichkeit etwa sieben Stunden pro Nacht zu schlafen. Du kommst auch mit weniger Schlaf zurecht, dennoch besteht bei sieben Stunden eine größere Chance, dich auch in tieferen Schichten zu regenerieren. Es ist richtig, dass dir das Meer fehlt, doch du kannst darum bitten, im Schlaf dorthin zu reisen, und es wird geschehen. Halte vor dem Einschlafen den Gedanken fest, dich an deinem Ort des Friedens, im türkisblauen Meer, zu erholen, und es wird geschehen. Du wirst morgens auf eine andere Weise erholt aufwachen, selbst wenn du interdimensionale Reisen hinter dir haben solltest. Die Energie des Meeres wird an dir haften.

Was das Essen betrifft, ist es wichtig, dir einerseits keine Sorgen zu machen, wenn du nicht deine gewohnte Nahrung zu dir nehmen kannst (unterwegs), andererseits jedoch zu Hause immer genau nachzufragen, was jetzt gut für dich ist, so wie du es in den letzten beiden Wochen gemacht hast. Hast du diesbezüglich noch Fragen?« »Nein, lieber Raphael. Doch bist Du sicherlich auch der Ansicht, dass es wichtig für mich ist, mich öfters in der Nähe von Wasser aufzuhalten, nicht wahr?«
»Dem ist so. Ebenso wichtig ist es, außerordentlich viel Wasser zu trinken. Lest das neue Buch von Masaru Emoto über Wasser und Gebete. Es wird euch auch noch einiges verdeutlichen. In diesem Sinne verabschiede ich mich für diesen Moment. Du bist unendlich geliebt und deine Aufgaben sind groß. Folge unseren Anweisungen, geliebtes Wesen. ICH BIN Erzengel Raphael.«

Wieder einmal bewegten mich seine Worte zutiefst. Ich schwor mir, mich ernsthaft an seine Instruktionen zu halten.

Nachdem ich das Mittel von den Kräutern aus dem Regenwald etwa einen Monat eingenommen und mich auch sonst möglichst den Anregungen entsprechend verhalten hatte, war mein Bauch frei von allen Viren und Bakterien. Wir alle waren überglücklich.

Etwa zur selben Zeit begann ich damit, immer mehr Magnified Healing® Master Teacher-Seminare zu halten, da die Nachfrage groß war. Es machte mir sehr viel Freude, Menschen dabei zu helfen, ihre Herzen zu öffnen und die ihnen innewohnende Heilkraft in ihren Händen zu aktivieren. Bei einem Kurs, den ich in Bad Wörishofen abhielt, war die Energie der Teilnehmer sehr unterschiedlich. Nicht jedem fiel es leicht, mit der Magnified Healing®-Energie zu arbeiten. In der Mittagspause überlegte ich fieberhaft, was ich tun konnte, um dies zu verändern. Da vernahm ich Kwan Yins Stimme, die mir sagte: »*Heute Nachmittag führe ich die Teilnehmerinnen und Teilnehmer durch dich in eine Meditation zur Verschmelzung mit ihrem Höheren Selbst. Du wirst sehen, danach lernen alle viel schneller.*«

»Das ist wunderbar. Doch wie soll ich das machen?«

»*Das ist ganz einfach. Du vertraust darauf, die Meditation zu hören, genau so, wie wenn du dich zum Channeln an den Computer setzt.*«

Mir war ein bisschen mulmig zumute, denn ich hatte nie zuvor etwas Derartiges vor Publikum getan.

Doch als ich nachmittags die Meditation ankündigte, fühlte ich schon, wie sich Kwan Yins Energie in mir ausbreitete. Die Teilnehmer schlossen die Augen, ebenso wie ich. Im Hintergrund lief sphärische Musik, die ich zuvor aufgelegt hatte. Und schon kamen die Worte fließend aus mir hervor. Ich selbst nahm Teil an der wunderbaren Reise, auf die uns Kwan Yin mitnahm.

Ich habe keine Vorstellung, wie lange die Meditation gedauert hat, denn wir alle befanden uns währenddessen im zeitlosen Raum. Als Kwan Yin durch mich geendet hatte, sah ich, dass alle Tränen in den Augen hatten. Von diesem Moment an waren alle wie verwandelt, und der Kurs bekam eine völlig andere Dimension. Am Ende hörte ich von den meisten Teilnehmern, dass die Meditation mit das Schönste an dem Seminar gewesen sei, was mich sehr freute.

Ganz besonders tief jedoch hatte mich berührt, dass meine Eltern diesen Workshop gemeinsam besucht hatten. Während ihrer Einweihung musste ich aufpassen, um vor innerer Bewegung nicht zu weinen. Ich empfand es als ein ganz besonderes Geschenk, Eltern zu haben, die mit Freuden kamen, um etwas von mir zu lernen.
Christine, die Tochter von Freunden meiner Eltern, hatte ebenfalls an diesem Seminar teilgenommen, denn sie hatte an ihrem Bruder gesehen, welche Kraft Magnified Healing® innewohnte. Markus litt unter Muskelschwund. Im Sommer hatte sich sein Zustand plötzlich ziemlich verschlechtert, so dass mir die Engel den Auftrag erteilt hatten, Markus regelmäßig mit Fernsitzungen zu unterstützen. Markus fühlte sich immer sofort besser, wenn ich ihm Energie sandte. Doch plötzlich schien es so, als sei seine Zeit abgelaufen. Er musste in die Klinik eingeliefert werden und hing längere Zeit am seidenen Faden. Seine Familie, meine Eltern und ich unterstützten ihn fortwährend mit Gebeten und Magnified Healing®. Meine Mutter bestellte zudem bei Ingrid Auer ein persönliches Engelsymbol für Markus. Sie erzählte nicht, wie dramatisch seine Situation war. Doch als das Engelsymbol ankam, lag ein Brief dabei, dass dieses Symbol ein Geschenk von Ingrid Auer für Markus sei. Wir alle waren tief berührt von ihrer Weisheit.
Auf einmal ging es Markus besser, und er durfte wieder nach Hause. Er trug sein Engelsymbol immer bei sich. Christine und ich unterstützten ihn weiterhin mit Magnified Healing®-Energie. Es schien so, als hätte er es geschafft. Alle waren ungemein erleichtert.
Da erreichte mich plötzlich die Nachricht, dass er gestorben war. Auch wenn ich ihn eigentlich nur aus der Ferne gekannt hatte, schmerzte mich sein Tod sehr, denn ich ahnte, welche Lücke dieser Verlust in der Familie hinterlassen würde. Obwohl Markus beinahe zwanzig Jahre seines Lebens unter dieser Krankheit gelitten hatte, war er ein absoluter Sonnenschein gewesen. Er hatte immer das halb volle und nicht das halb leere Glas gesehen. Ich war sehr traurig, dass es mir kräftemäßig nicht möglich war, zur Beerdigung zu fahren, denn ich hätte die Familie so gerne unterstützt.
In der Nacht vor seiner Beerdigung lag ich lange wach. Ich bat Erzengel Azrael, Markus' Weg ins Licht zu begleiten und seiner Familie Trost zu spenden. Weit nach Mitternacht beschloss ich, Markus noch

Magnified Healing®-Energie senden, um seinen Übergang in die geistige Welt zu unterstützen, als ich plötzlich laut und deutlich seine Stimme mit folgenden Worten hörte: »*Hallo, ich bin's, der Markus. Ich hab' eine Nachricht für meine Familie.*«
Wie elektrisiert sprang ich aus dem Bett, lief in die Küche, griff nach einem Blatt Papier und einem Bleistift und begann, seine Botschaft mitzuschreiben.
»*Es geht mir sehr gut. Ich muss nimmer leiden und hab' keine Schmerzen mehr. Sag das bitte meiner Familie!*«
Seine Worte gingen mir durch Mark und Bein.
»*Ich muss nicht mehr leiden und es geht mir gut. Ich bin bei den Engeln und es ist sehr schön hier – ganz viel Licht! Ich bin schon traurig, dass ich nimmer bei euch in Amberg bin. Aber ich bin immer da – bei jedem von euch. Ich hab' euch alle sehr lieb. Seid nicht so traurig, mir geht es gut. Denkt an mich, an den gesunden, starken Markus. Ich dank' euch für alles. Ihr seid eine tolle Familie. Danke. Bis bald.*«
Mich schüttelte es am ganzen Körper, nachdem ich seine Botschaft empfangen hatte. Ich wusste, ich musste einen Weg finden, Markus' Familie diese Nachricht zu überbringen, bevor die Beerdigung losging. Fieberhaft fragte ich die Engel, was ich tun sollte. Sie meinten, ich sollte die Botschaft abtippen und meinem Vater emailen. In der Früh sollte ich ihn dann anrufen und bitten, die Nachricht von Markus für alle Familienmitglieder auszudrucken und vor der Beerdigung vorbei zu bringen. Ein bisschen mulmig war mir dabei schon zumute, denn ich wusste nur, dass Christine und ihre Mutter an übersinnliche Begegnungen glaubten. Ich hatte keine Ahnung, wie der Rest der Familie dem gegenüber stand.
Ich war viel zu aufgewühlt, um in dieser Nacht noch ein Auge zuzumachen. Als Hubert mich am Morgen fragte, wie ich denn geschlafen hätte, erzählte ich ihm, was passiert war. Kopfschüttelnd sagte er: »Es ist schon abenteuerlich, dass ich in aller Ruhe schlafe, während in der Wohnung gerade die Post abgeht!«
Er war ebenfalls der Meinung, dass Markus' Familie die Botschaft von ihm so schnell wie möglich erhalten musste. So rief ich also meinen Vater an und berichtete, was geschehen war. Ich spürte, wie ihm die Tränen in die Augen stiegen. Er sagte, dass er die Nachricht sofort ausdrucken und vorbei bringen würde.

Den ganzen Tag über war ich innerlich mit Markus verbunden. Während der Beerdigungszeit (ich war nur gedanklich anwesend) hörte ich plötzlich Markus sagen: »*Danke, dass du meine Nachricht zu meiner Familie gebracht hast, denn ich seh', dass sie nicht todunglücklich vor meinem Grab stehen. Es wär' furchtbar für mich gewesen, das anschauen zu müssen. Danke.*«
Am späten Abend rief dann endlich mein Vater an und erzählte mir, dass die Botschaft die Trauerfeier in ein wunderbares Fest zu Markus' Ehren verwandelt hatte. Als er morgens mit der Nachricht in den Händen beim Haus angekommen war, kehrten verschiedene Familienmitglieder gerade von den Vorbereitungen auf dem Friedhof zurück. Sie wirkten alle todtraurig. Da er sie schon vorher telefonisch erreicht hatte, baten sie ihn umgehend in die Küche. Er verteilte die Ausdrucke, die er gemacht hatte, und erzählte von meinem Erlebnis in der Nacht. Nach seinen Worten waren nicht nur Christine und ihre Mutter tief bewegt. In dem Text befanden sich Sequenzen, die Markus wortwörtlich benutzt hatte, wie »Denkt an mich, an den gesunden, starken Markus …«. Alle wussten, dass ich Markus nur als ganz kleines Kind gekannt hatte, also auch nicht gewusst haben konnte, welche Worte er benutzte. Damit war klar, dass diese Botschaft echt war. Die Stimmung veränderte sich schlagartig, denn alle spürten auf einmal Markus' Nähe. Die Beerdigung wurde ein ganz besonderer Tag mit wunderbaren Gesprächen und großem Tiefgang.
Als ich um die Weihnachtszeit herum in Amberg war, hatte ich endlich die Zeit, die Eltern von Markus persönlich aufzusuchen. Sie bedankten sich überschwänglich bei mir und meinten: »Ohne dich wäre unser Leid unerträglich. Doch durch die Nachricht von dir ahnen wir nicht nur, sondern *wissen*, dass es Markus endlich gut geht. Das hilft uns so sehr!«
Ich war unendlich dankbar dafür, dass ich als Medium für Markus hatte dienen können. Einmal mehr wurde mir bewusst, wie notwendig es war, die Angel Therapy Practitioner®-Ausbildung bei Dr. Doreen Virtue zu machen, damit ich ein anerkanntes Zertifikat hatte und meine Fähigkeiten endlich mehr Menschen zur Verfügung stellen konnte. Bisher erlaubten es mir die Engel noch nicht, da sie sagten (und sie hatten natürlich Recht damit), es würde mich immer noch zu sehr auslaugen.

Würde ich jetzt auf diese Weise mit meinen Klienten arbeiten, wäre meine Gesundheit sofort wieder in Gefahr, und das sei wahrlich nicht der Sinn der Sache. Also musste ich mich noch gedulden, doch ich war mir absolut sicher, dass ich nicht mehr allzu lange warten musste, bis ich von Doreen Virtue lernen würde, meine Gaben mit noch mehr Leichtigkeit zu verwenden.

– 69 –

Weitere Herausforderungen

Immer öfter wurde ich mit heftigen Notfällen von Menschen konfrontiert, die scheinbar meine Hilfe brauchten. In mir fand jedes Mal ein innerer Kampf statt, denn eigentlich war meine eigene physische Situation alles andere als einfach. Mein Körper zeigte immer wieder Alarmzeichen, dennoch brachte ich es kaum über das Herz, jemanden abzuweisen, selbst, wenn ich eigentlich wusste, dass ich nach jeder Behandlung und jedem Gespräch noch schwächer sein würde. Hubert betrachtete die gesamte Situation mit großer Sorge.
Da kam Gido für ein paar Tage nach München, und ich hatte die Gelegenheit, ihn zu treffen. Ich erzählte ihm von meinem Dilemma. Er meinte, dass die Situationen im Außen so lange immer noch heftiger und krasser werden würden, bis ich endlich gelernt haben würde, Nein zu sagen und für mich zu sorgen. Denn nur, wenn ich auch in dramatischen Fällen erst überlegen würde, ob ich die Kraft übrig hatte zu helfen, hätte ich die Bedeutung des Neinsagens verstanden und verinnerlicht.
Auf seine Worte hin erinnerte ich mich an einen Auszug aus Doreen Virtues Buch »Goddesses & Angels« (»Erwecke die Heilkraft der Göttin in dir«), in dem sie beschreibt, wie sie selbst gelernt hatte, mit ihren

Schuldgefühlen umzugehen, wenn sie ihren Freunden und Klienten Grenzen setzte. Sie hatte in der Urtextversion des »Kurses in Wundern« gelesen, dass Jesus gesagt hat, das Medium Edgar Cayce habe sich geirrt, indem es alle Anfragen von Menschen erfüllt hatte. Cayce hätte besser auf sich selbst und seinen Körper achten sollen, um sich keinen Schaden zuzufügen. Selbst Jesus Christus, dem eine vollkommen andere Energie als uns innewohnte, hatte nicht unbegrenzt allen geholfen, weil er auch für sich selbst sorgen und sich mit Liebe behandeln wollte. Nein zu sagen, kann also bedeuten, Ja zu mir selbst zu sagen. Ich fühlte mich zunehmend erleichtert.

Als ich mich dann das nächste Mal nach einer Situation, die mich völlig aus der Bahn geworfen hatte, zum Channeln hinsetzte, wurde mir noch bewusster, welchen Raubbau ich da mit mir getrieben hatte. Erzengel Raphaels Worte sprechen für sich: *»Sei gegrüßt. Das war die Idee des Tages, dich jetzt hinzusetzen und zu channeln. Auf diese Weise können wir dir am besten helfen, geliebtes Menschen- und Engelwesen. Es musste heute alles eskalieren, damit du dir ENDLICH wahrhaftig bewusst wirst, wie ernst die Lage ist und was dein WAHRES Thema ist. Gido hat es vollkommen richtig erkannt. Im Außen werden dir immer noch tragischere Situationen präsentiert, so dass es dir unmenschlich erscheint, nicht zu helfen. Aber nur wenn du es auf diese Weise lernst, lernst du es wahrhaftig. Das ist im Augenblick noch immer lebenswichtig für Dich. Und wenn du richtig bei Kräften bist, wirst du für mehr gebraucht. Du darfst dir deine Zeit nicht nehmen lassen, sonst kannst du deine Aufgaben nicht verwirklichen. Dein Buch schreibt sich nicht von selbst. Es ist jedoch für viele Menschen lebensnotwendig. Das ist deine Aufgabe und muss neben deiner Aufgabe, deine Gesundheit wieder vollkommen herzustellen, oberste Priorität haben. Dieses Buch muss geschrieben werden – und es kann nur von dir, natürlich mit unserer Hilfe, geschrieben werden. Sei dir dessen bewusst. Wir wollen dich damit nicht unter Druck setzen, doch ist es einfach wichtig, dass du diese Aufgabe immer im Bewusstsein hast. Es muss geschrieben werden.«*

»Ich weiß.«

»Ja, wir wissen, dass du das weißt. Wenn du deine Zeit dazu verwendest, die Übungen zu machen, die DIR Kraft spenden, kommst du Stück

für Stück voran. Es ist eine sehr gute Idee, noch einmal das Buch von Doreen »I`d change my life if I had more time« (»Zeit-Therapie«) zu lesen. Du bewunderst sie so sehr dafür, dass sie so viel schafft. Aber dafür legt sie auch eine große Konsequenz an den Tag. Sie hatte dasselbe Problem wie du, nicht Nein sagen zu können. Doch, wie du siehst, hat sie es wesentlich besser im Griff. Nimm sie in dieser Hinsicht als Vorbild und nutze die Zeit, die du hast. Höre auf, dir ein schlechtes Gewissen zu machen, wenn du dich nicht »genügend« um irgendjemanden zu kümmern scheinst. Dir ist es oft nicht einmal bewusst, unter welchen Umständen du deinen Tag schaffen musst, und da denkst du immer noch an die anderen ... Du bist nicht Mutter Teresa. Deine Aufgabe ist eine andere. Das Seltsame ist, dass du dein Helfersyndrom längst überwunden hast. Du brauchst es längst nicht mehr, gebraucht zu werden. Dennoch hat sich dein Umgang mit dem Problem äußerlich nicht wesentlich geändert. Du bist nicht dafür verantwortlich, die Welt auf deinen Schultern zu tragen. Lass das bitte unsere Sorge sein. Von nun an bittest du einfach uns, dem besagten Menschen zu helfen, und machst mit dem weiter, was du zu tun hast. Ausnahmen bestätigen selbstverständlich die Regel. Aber bitte immer in Absprache mit mir, Erzengel Michael oder Kwan Yin. Hast du verstanden«?

»Ja, das habe ich.«

»Also bitte, halte dich daran. Denke endlich einmal an DICH! Glaube nicht, dass wir dir böse sind, wir schütteln nur unsere Köpfe über so viel Hilfsbereitschaft – und das in deiner derzeitigen Situation, wo du kaum selbst weißt, wie du einen Tag über die Runden bringen sollst ... Dir fehlt wahrlich eine gesunde Portion Egoismus. Nein, es ist schon gut so auf deinem Weg ins Licht.

Lange Rede, kurzer Sinn: Ab jetzt tust du wieder ALLES in Absprache mit uns, so wie letzten Sommer in Nizza. Und wenn du telefonierst, lass dir von uns ein Zeichen geben, wann es genug ist. Wenn du dich daran hältst, verändert sich deine Welt in kürzester Zeit. Also, du weißt, was du zu tun hast. Du bist unendlich geliebt, deshalb spreche ich auf so ernsthafte Weise mit dir. Denn nur so fühlst du dich nicht schlecht, wenn du Nein sagst. Schließlich tust du es auf unseren Rat hin, nicht wahr? In diesem Sinne verabschiede ich mich für den Moment. Sei gegrüßt, geliebte Schwester auf Erden. ICH BIN Erzengel Raphael.«

Es ist verrückt, Hubert hatte mir längst mit etwas anderen Worten das Gleiche gesagt, doch irgendwie hatte es nicht ausgereicht, um mir die Schuldgefühle zu nehmen. Raphaels Botschaft beruhigte mich einerseits, wühlte mich jedoch auch auf, denn ich wusste, dass ich mich nicht von heute auf morgen um 180 Grad ändern konnte. Ich würde jedoch mein Bestes tun.

Etwa zur selben Zeit bekam ich eine Email von Michael Schäfer, in der er mich fragte, ob ich mir vorstellen könnte, im Anschluss an das KRYON-Event im Herbst ein Benefizkonzert zugunsten der Forschungsarbeit von Dr. Todd Ovokaitys zu spielen. Ich fand die Idee äußerst spannend und übergab sie den Engeln. Kurze Zeit später empfing ich den Gedanken, Gido zu fragen, ob er im Fall mit von der Partie sein wollte, da sowohl die Engel als auch ich der Ansicht waren, dass für diese Art von Publikum (500 bis 1000 Leute in einer Halle) ein rein klassisches Programm nicht das Richtige sein würde. Ich erzählte Gido von meiner Idee, und er war sofort Feuer und Flamme, denn wir hatten schon vor Jahren vorgehabt, ein gemeinsames Programm einzustudieren, nachdem wir beim Aufnehmen der ersten Demo-CD von Gido festgestellt hatten, mit welcher Leichtigkeit und Übereinstimmung wir gemeinsam musizieren konnten.

Als sich Michael und Isabel auf der Durchreise befanden, setzten wir uns in der Nähe von München zusammen, um zu beratschlagen. Die Beiden waren von meinem Vorschlag, Gido in das Programm aufzunehmen, ebenfalls äußerst begeistert. Zudem baten sie mich, für das »DNA Seminar« von Dr. Todd in Salzburg ein passendes Klavierprogramm zur Umrahmung einzustudieren, so dass Dr. Todd den Workshop nicht alleine bestreiten musste. Die Musik sollte es dem Publikum erleichtern, sich zu entspannen und das Herz für die höheren Dimensionen zu öffnen.

In diesem Moment fiel mir wieder ein, dass ich knapp eineinhalb Jahre zuvor gewusst hatte, dass ich zusammen mit Dr. Todd arbeiten und auf der Bühne stehen würde. Es war wieder einmal phänomenal zu sehen, wie sich dieses innere Wissen in Wirklichkeit verwandelte, ohne dass ich selbst irgendetwas dazu getan hatte. Schon während ich noch mit Isabel und Michael zusammen saß, begann mein Gehirn zu rattern und mir die verschiedenartigsten Stücke für das Seminar vorzuschlagen. Ich erzählte von meinen Gedanken, was die Beiden sehr erfreute. Wir verblieben damit, dass ich definitiv das Seminar von Dr. Todd musikalisch umrahmen würde. Was das Benefizkonzert betraf, musste Michael erst einmal mit den Veranstaltern des KRYON-Events sprechen und deren Zustimmung einholen.

Ich freute mich sehr über die neue Herausforderung, eine Art Recitalprogramm bei einem spirituellen Event zu spielen. So kamen meine zwei Seiten, die Musik und die Spiritualität, endlich zusammen, so wie es mir die Engel prophezeit hatten.

– 70 –

Wieder alleine unterwegs

Nach vielen Jahren war ich endlich wieder so weit, alleine unterwegs und auf Reisen sein zu können. Es war, als würde ich ein großes Stück an äußerer Freiheit wieder zurückerobern. Es fühlte sich wunderbar an, war ich doch vor meiner Leukämieerkrankung ein extrem freiheitsliebender Mensch gewesen. Die meiste Zeit in meinem Erwachsenenleben war ich alleine gereist. Zeitweise hatte ich mich daher in den letzten Jahren wie eine Gefangene in meinem eigenen schwachen Körper gefühlt. Zudem war es mir nicht leicht gefallen, lernen zu müssen, die Hilfe von meinen Eltern, Freunden und von Hubert mit Leichtigkeit und nicht nur mit Dankbarkeit anzunehmen und mich dabei nicht schlecht zu fühlen. Es war sehr ungewohnt für mich gewesen, mich äußerlich in einer derartig abhängigen Position zu befinden, denn von Natur aus bin ich eine ziemliche Einzelgängerin, die ihre Probleme meistens mit sich selbst geklärt hatte.

Heute weiß ich, dass meine aktive Seite immer im Vordergrund gestanden war. Schließlich bin ich eine Kämpfernatur. Doch durch meine

Krankheit durfte ich lernen, mit Anmut die Hilfe anderer Menschen anzunehmen. Somit sind meine männliche, aktive, und meine weibliche, rezeptive Seite in viel größere Balance gekommen.

Voller Vorfreude saß ich zum ersten Mal nach sechs Jahren wieder alleine in einem Flugzeug, und zwar befand ich mich auf dem Flug nach London/Gatwick, da ich das EMF Balancing Technique® Upgrade bei Renata Ash in England machen wollte.

Es war ein phänomenales Gefühl, endlich wieder so fit zu sein, um eine solche Reise alleine zu unternehmen. Ich saß vollkommen in Glück schwelgend auf meinem Platz und konnte den Blick nicht abwenden von den Wolken, an denen wir vorbei flogen. Ich fühlte mich dem Himmel so nah, dass mein Herz überströmte vor Dankbarkeit. Plötzlich wusste ich, was ich zu tun hatte. Ich machte es mir in meinem Sitz bequem, schloss die Augen und begann mir vorzustellen, dass ich zusammen mit Hubert im Flugzeug nach Los Angeles saß. Ich fühlte ihn regelrecht neben mir. Das Glücksgefühl in mir wurde immer stärker, als ich uns den Highway One von Los Angeles Richtung Laguna Beach fahren sah. Ich konnte den Geruch des Ozeans wahrnehmen und fühlte mich unendlich belebt. Da tauchte das Bild eines herrlichen Hotels vor mir auf, und ich sah Hubert und mich hineingehen. In einem großen Saal befanden sich bereits sehr viele Teilnehmer, als Doreen Virtue den Raum betrat. Hubert und ich wussten, wir waren endlich angekommen. In diesem Augenblick tippte mir eine Stewardess an die Schulter und fragte, was ich essen wollte. Ich kam von weit her und wusste zuerst nicht, dass ich nicht im Flugzeug nach L.A., sondern im Flieger nach London saß.

Als ich wieder ganz im Hier und Jetzt angekommen war, spürte ich eine große Klarheit in mir. Es war mir vollkommen bewusst, dass ich soeben, wie es so schön in Ilona Selkes Buch »Die Weisheit der Delphine« beschrieben wird, die Realität gewechselt hatte. Tief in mir fühlte ich, dass nun die Manifestation unseres Traumes begonnen hatte. Ich hatte zwar keine Ahnung, wie das möglich sein sollte, aber ich wusste, dass es so war und dass ich nur mehr zu vertrauen brauchte.

Kaum hatte ich mich versehen, landete ich auch schon in London. Es war ein ganz merkwürdiges Gefühl, denn einerseits schien die Zeit wie im Fluge vergangen zu sein und andererseits lag eine ganze Ewigkeit hinter mir, seit ich in München in das Flugzeug gestiegen war. Wieder einmal zeigte sich, wie relativ doch Zeit ist.

Ich freute mich sehr, dass Renata und Steven mir ermöglicht hatten, in ihrem Haus zu wohnen, denn ich war noch nicht kräftig genug, um mich vollkommen alleine durchzuschlagen, wie ich es immer zu meinen Arnaldozeiten getan hatte. Als Dankeschön hatte ich versprochen, ihrem Sohn John Klavierstunden zu geben. So verbrachte ich gleich meinen ersten Nachmittag mehrere Stunden mit John am Klavier. Es machte riesigen Spaß, denn nicht oft zuvor war mir ein so junger Schüler begegnet, der einerseits schon so viel Wissen über Musik verinnerlicht hatte und andererseits auch die Fähigkeit besaß, die feinen Unterschiede im Modulieren der Töne zu hören. Wir arbeiteten an verschiedenen Stücken von Satie und Chopin. John war hellauf begeistert, seinen ersten Chopin zu lernen. Es ging ihm wohl ganz ähnlich wie mir, als sich endlich mein Traum erfüllte und ich so weit war, dass ich ein Prélude von Chopin spielen konnte. Ja, Chopin ist und bleibt meine große Liebe, war seine Musik doch der Grund, weshalb ich unbedingt Pianistin hatte werden wollen.

Irgendwann hatte John dann genug und fragte mich, ob ich nicht vielleicht etwas für ihn spielen könnte. Ich liess mich nicht lange bitten und begann »Clair de la lune« von Claude Debussy vom Blatt zu spielen. Es dauerte nicht lange, und Steven erschien im Türrahmen. Er meinte: »Wie du sicherlich gemerkt hast, war heute nicht gerade mein bester Tag, doch deine Art Klavier zu spielen, berührt meine Seele, und jetzt fühle ich mich ganz wunderbar. Ich muss unbedingt sofort Renata holen.«

Auch Renata war vollkommen begeistert, so dass ich, von den Dreien umringt, noch weitere Stunden am Klavier saß und alles spielte, was ich noch im Gedächtnis hatte. Für mich waren die Reaktionen von John, Steven und Renata auf mein Klavierspiel sehr bereichernd, denn so wusste ich, dass ich mit meinem Konzept »Musik für die Seele« für das »DNA Seminar« von Dr. Todd Ovokaitys auf dem richtigen Weg war.

Bis tief in die Nacht hinein saßen Renata und ich noch zusammen und ratschten. Es tat so gut, wieder einmal in der Nähe einer Gleichgesinnten zu sein.

Der nächste Tag war ziemlich anstrengend. Wir mussten innerhalb von acht Stunden die ersten vier EMF-Phasen in zwei Kombinationssitzungen vorführen und bekamen selbst ebenfalls diese Sitzungen. Ich kam körperlich völlig an mein Limit. Dennoch war es eine tolle Erfahrung. Wir waren zusammen mit Renata, die das Upgrade abhielt, zu fünft. Renata teilte mir Steven zu, was einerseits herrlich war, andererseits aber auch eine riesige Herausforderung darstellte, denn Steven war ein Heiler ersten Grades. Er war zwar in England geboren, hatte aber viel Zeit seines Lebens bei indianischen Medizinmännern verbracht, da sein Vater Arzt eines Indianerreservats gewesen war. Steven verfügte über ein immenses Wissen und eine ebenso bedeutsame Intuition. Ich war wirklich neugierig, was er mir nach meinen Sitzungen erzählen würde. Ich gab mein Bestes, was in einer Art Prüfungssituation und zudem auf Englisch nicht so einfach war, wie wenn ich mich mit einem Klienten alleine und in absoluter Ruhe in der Praxis befand. Dennoch fühlte ich, wie die Energie floss, und die Reaktionen von Stevens Körper sprachen Bände. Sowohl Steven als auch Renata bestätigten mir, dass Steven schon jahrelang während einer Sitzung nicht mehr so viel gespürt hatte, da die Kräfte der Heiler seiner eigenen Energie nicht ebenbürtig gewesen waren. Auch meinten beide, dass meine Fähigkeiten nicht erst aus diesem Leben stammen könnten, da sie eine Kraft besäßen, die man nicht erlernen könnte. Ich war tief berührt, diese Worte zu hören.

Bevor ich am nächsten Tag wieder abfliegen musste, hatten wir noch Zeit, ans Meer zu fahren, das nur etwa fünf Minuten mit dem Auto von Renatas und Stevens Haus entfernt ist. Ich spürte, wie ich förmlich in dem Moment, als ich das Meer sah, wieder Energie tanken konnte. Obwohl für die ganze Zeit schlechtes Wetter angekündigt gewesen war, schien an diesem Tag seit dem frühen Morgen die Sonne. Ich wäre auch im Regen am Meer entlang gelaufen, doch so war es mir natürlich wesentlich lieber. Renata und ich unterhielten uns lange über das Thema Manifestation und wie wir mit unseren Gedanken unsere Realität erschaffen. Lustigerweise lag bei Renata, Steven, John und Joy genau das Buch im Bad, das ich kürzlich zu diesem Thema gelesen hatte, nämlich »Ask and it is given« (»Wünschen und bekommen« und »Wunscherfüllung«) von Esther und Jerry Hicks. Renata und ich waren uns beide einig, dass dieses Buch uns noch einmal neue Türen zur Manifestation geöffnet hatte, denn es ging weit über das Konzept des positiven Denkens hinaus.

Nach einer Weile bat ich Renata, mich einen Moment alleine zu lassen, damit ich mich mit den Meerengeln verbinden konnte. Ich ging über einen Steg, der ins Meer hinausreichte, und setzte mich hin. In dem Augenblick, als ich Zeraphira, Dane, Claudine, Pauline, Joyclyn und Gwynefere begrüßte, hörte ich sofort alle gleichzeitig, so sehr freuten sie sich, mich nach eineinhalb Jahren endlich wieder zu sehen. Sie teilten mir mit, dass sie sehr zufrieden mit meinen Fortschritten waren, dass ich jedoch immer noch besser für mich sorgen sollte. Außerdem sollte ich die Göttin in mir noch mehr zum Vorschein bringen. Joyclyn bemerkte noch, dass sie sehr froh sei, dass ich wieder Klavier spiele und meinte ganz begeistert: »*Siehst du, wie viel Energie dir dadurch entgegen kommt!*«

Ich war vollkommen glücklich, nach eineinhalb Jahren endlich wieder am Meer zu sein, und fühlte mich völlig aufgetankt, als mich Renata schließlich zum Flughafen fuhr. Ich wusste, mit dieser Reise hatte ich einen Teil Boden unter meinen Füßen wieder zurückerobert und mir gleichzeitig neue Ufer eröffnet.

Ganz begeistert erzählte ich Hubert von all meinen Erlebnissen, insbesondere von dem Gefühl der Manifestation unserer Traumreise nach Laguna Beach zu Doreen Virtue. Da fiel mir auch wieder ein, dass ich vor ein paar Wochen geträumt hatte, dass Hubert und ich im Unterricht von Doreen gesessen waren. Dieser Traum war so real gewesen, als wäre er tatsächlich die Realität. Da ich schon oft erlebt hatte, dass sich derartige Träume auf prophetische Weise manifestiert hatten, wusste ich, dass unserer Reise nun, nach dem Manifestationserlebnis im Flugzeug, nichts mehr im Weg stand, auch wenn ich keinerlei Ahnung hatte, wie wir sie bezahlen sollten.

Manifestationen

Zwei Tage vor meiner Abreise nach England hatte ich mir an meinem Praxistag gegönnt, mittags zum Inder zu gehen. Das war so herrlich erholsam gewesen, dass ich von dem Moment an beschloss, mittags nicht mehr in die Wohnung zu hetzen, mir ein gesundes Essen zu kochen, dieses ohne Ruhe zu verdrücken und wieder zurück in die Praxis zu eilen, was alles andere als entspannend war. Natürlich hatte ich das gemacht, um zu sparen, denn schließlich gab es so viel zurückzuzahlen. Doch an besagtem Mittwoch war mir bewusst geworden, dass ich mir mit dieser Haltung schadete, denn ich sorgte nicht gut für mein körperliches Wohlbefinden. Außerdem war es auch eine Sache der eigenen Wertschätzung, mir etwas zu gönnen, mich verwöhnen zu lassen. So ging ich also am darauf folgenden Mittwoch wieder ins »Ganesha« und ließ es mir gut gehen.
Interessanterweise boomte meine Praxis von genau diesem Zeitpunkt an. Zuvor hatte ich immer erst ein paar Tage vor meinen Praxistagen Buchungen bekommen, und nun war ich plötzlich über die nächsten Wochen ausgebucht. Sicherlich trug mein neues Commitment, das EMF Upgrade, auch dazu bei. Dennoch bin ich mir sicher, dass der grundlegende Wandel in meinem Denken passiert ist. Ich erlaubte mir zu empfangen. Da die Veränderung stets bei uns selbst beginnt, war es notwendig gewesen, dass ich mir, unabhängig von unserer finanziellen Situation, gestattete, gut für mich selbst zu sorgen. Indem ich diese Botschaft ausstrahlte, ins Universum sandte, konnte dieses reagieren. Solange ich gedacht hatte, ich könnte es mir nicht leisten, essen zu gehen, bekam ich genau diese Rückmeldung vom Universum, nämlich dass ich zu wenig Geld verdiente. Immer wieder und immer öfter wurde mir bewusst, *wie* wichtig die Auswahl unserer Gedanken und Worte in jedem Lebensbereich ist. Ich musste an das Zitat von Jesus Christus denken, in dem er sagte: »Was zum Mund hineingeht, das verunreinigt den Menschen nicht; sondern was aus dem Mund herauskommt, das verunreinigt den Menschen (Matthäus 15, Vers 11).«

Dies ist so wahr. Ich nahm mir vor, meine Gedanken wieder ebenso bewusst zu beobachten, wie ich es während meiner Klinikzeit den lieben, langen Tag getan hatte.

Am nächsten Tag, als ich gerade auf dem Weg zu meinem Auto war, lagen fünfzig Euro vor mir im Schnee. Es war niemand in der Nähe. Ich fragte die Engel, was ich mit dem Geld tun sollte. Da hörte ich eine Stimme: »*Dieses Geld ist für dich. Es ist genau der Betrag, den du verloren hast, als sich die Dame, die dir einen zerbrochenen Zauberstab geschickt hatte, aus dem Staub gemacht hat. Du warst ihr nicht böse, sondern hast ihr auf der Stelle vergeben. Daher soll dir dieses Geld nicht fehlen. Zudem ist es ein Zeichen für dich, dass Fülle tatsächlich aus unbekannten Quellen kommen kann.*«

Ich war sprachlos. Dankbar hob ich den Geldschein auf und legte ihn zum Trocknen in mein Auto.

Als ich abends wieder zu Hause war, dachte ich noch einmal über die Botschaft der Engel nach. Ich spürte, dass dieser Fund wahrlich ein Zeichen für etwas Größeres war. Wie täglich bedankte ich mich auch an diesem Abend vor dem Einschlafen für all die wunderbaren Dinge, die in meinem Leben waren, denn ich wusste, dass Dankbarkeit *der Schlüssel zur Manifestation und Fülle ist.* Einerseits ist es wichtig, sich für all die vielen Menschen, Situationen, Besitztümer, etc. zu bedanken, die sich bereits in unserem Leben befinden (meistens ist das viel mehr, als uns bewusst ist, bevor wir diese Übung machen), um so eine Resonanz der Dankbarkeit zu erschaffen. Andererseits können wir, was nach der ersten Übung noch kraftvoller ist, schon für alle Dinge danken, die wir uns wünschen, ganz so, als ob sie schon in unserem Leben wären. Damit steigt unsere persönliche Schwingung noch weiter an, und wir bereiten den Boden, auf welchem die Saat aufgehen kann.

Drei Tage später, genau eine Woche nach meinem Manifestationsdurchbruch im Flieger, bekam ich die Email, welche unser Leben verändern und Huberts und meine Reise nach Laguna Beach möglich machen sollte. Eine Person, die um Huberts und meinen innigen Wunsch wusste, an dem »Angel Therapy Practitioner® Certification Course« bei Dr. Doreen Virtue teilzunehmen, schrieb uns, dass sie die Kosten für die Kursgebühr für uns begleichen würde, als Geschenk sozusagen (wir hatten beide zu der Zeit Geburtstag), wenn das in unserem Sinne wäre.

Ich war gerade von einem Magnified Healing® Master Teacher-Workshop, den ich abhielt, nach Hause gekommen, als ich diese Worte las. Voller Begeisterung stieß ich einen Schrei aus. Hubert kam ganz entsetzt angelaufen, da er dachte, dass irgendetwas Schlimmes passiert sei. Ich deutete nur auf die Email und sagte: »Lies das!« Hubert war ebenso aus dem Häuschen wie ich. Wir tanzten durch die Wohnung, umarmten uns und genossen diesen einzigartigen Freudentaumel. Auch wenn wir immer noch viel Geld manifestieren mussten, um den Flug, das Hotel, das Leihauto und unsere Verpflegung bezahlen zu können, wussten wir von diesem Augenblick an, dass es uns wirklich möglich war. Ich schrieb auf der Stelle eine überschwängliche Email zurück, in der ich mich im Namen von uns beiden für das geradezu himmlische Geschenk bedankte. Ich hatte beinahe das Gefühl, mein Herz würde zerspringen, so sehr war ich von übergroßer Dankbarkeit erfüllt.

Die zwei Monate, die noch vor unserer Abreise nach Kalifornien lagen, waren geprägt von unendlich viel Arbeit, denn uns war klar, dass nicht alles Geld »vom Himmel fallen« würde.

Zur selben Zeit fiel mir auf, dass mein Geldbeutel ziemlich schäbig war, dass es eigentlich ein Unding war, diesen vor meinen Klienten zu zücken. Also machte ich mich auf die Suche nach einem schönen, irgendwie roten Geldbeutel. Rot deshalb, weil Rot die Farbe das Wurzelchakras ist, welches unter anderem für unser Vertrauen und unsere Sicherheit in Bezug auf die materielle Welt steht. Ich musste feststellen, dass derartige Geldbeutel nicht gerade billig sind. Doch die Engel meinten, ich sollte in diesem Fall nicht sparen. Nach längerer Suche entdeckte ich bei »Beck am Rathauseck« die perfekte Geldbörse für mich. Sie sah, wenn sie geschlossen war, schwarz aus. Kaum öffnete man sie jedoch, kam ein herrliches rotes Leder zum Vorschein. Sie war nicht billig, daher zögerte ich einen kurzen Moment. Doch schließlich überzeugten mich die Engel und ich kaufte sie.

Es war unglaublich. Innerhalb einer Woche, in der ich den neuen Geldbeutel in Gebrauch hatte, bekam ich von Klienten fast vierhundert Euro mehr, als ich verlangt hatte, was wesentlich mehr war, als die Geldbörse gekostet hatte. Sich in das Bewusstsein von Fülle zu begeben, zieht ganz augenscheinlich weitere Fülle nach sich. Besagte Klien-

ten gaben mir das Geld mit den Worten: »Eigentlich ist Ihre Arbeit unbezahlbar. Nehmen Sie bitte das Geld zum Zeichen meiner Dankbarkeit.«
Ich wusste kaum, was ich sagen sollte, so sehr berührten mich diese Worte. Eines war jedenfalls offensichtlich, nämlich, dass immer mehr Geld aus unbekannten Quellen in unsere Reisekasse kam. Die Affirmation von Louise L. Hay, »Ich ziehe unendliche Fülle aus bekannten und unbekannten Quellen an.«, ist immer noch eine meiner Lieblingsaffirmationen.
In dieser Zeit tauchten auch immer mehr Klienten auf, die wirklich bereit waren, an sich selbst zu arbeiten, da sie verstanden, dass Heilung immer Selbstheilung ist. Ein Energiearbeiter kann nur Anstöße geben, die Arbeit tun muss jeder selbst. Es war ein Vergnügen zu sehen, wie zum Beispiel Christian, ein Klient, nach drei Wochen gemeinsamer Arbeit zu mir kam und sagte: »Weißt du, dass ich jahrelang nicht mehr wusste, was es bedeutet, glücklich zu sein. Ich kannte das Gefühl überhaupt nicht mehr. Und nun bin ich nach drei EMF-Sitzungen bei dir so weit, dass ich einfach grundlos glücklich bin. Das ist echt der Hit!«
So wie sich die finanzielle Fülle in meinem Leben veränderte, so veränderte sich auch meine Klientel. Es war wunderbar zu beobachten. Was würde erst passieren, wenn wir aus den USA zurückkamen. Hubert prophezeite mir innerhalb kürzester Zeit endlose Warteschlangen. Ich dachte nichts ahnend: »Da übertreibt er aber maßlos!«

Kalifornien-Reise

Die Reise rückte immer näher. Hubert und ich waren beide gespannt wie Flitzebögen, denn wir wussten, dass die Zeit in Kalifornien etwas ganz Besonderes für uns sein würde. Wir zählten die Tage bis zu unserer Abreise, ganz ähnlich, wie es Kinder vor dem Heiligen Abend tun. Wir konnten es kaum erwarten, dass es endlich so weit war.
Schließlich stand Ostern vor der Tür, und unsere Geburtstage rückten immer näher. Wir begannen uns intensiv auf die Ausbildung vorzubereiten, lasen noch das angegebene Buch, aßen ausschließlich vegan (zu Hause taten wir das sowieso, nur außer Haus war das nicht immer so leicht), klärten mindestens einmal täglich unsere Chakren, meditierten und versuchten uns von negativen Medien fernzuhalten und auch unseren »Telefonkonsum« auf das Nötigste zu reduzieren. Wir spürten, wie gut uns das tat.
Und dann hieß es plötzlich nur noch packen. An Huberts Geburtstag, ganz so, wie er es sich gewünscht hatte, stiegen wir endlich in das Flugzeug, das uns nach Los Angeles bringen sollte. Beide lieben wir es ganz besonders zu fliegen. Daher fand Hubert es auch so prickelnd, an seinem Ehrentag gute zwölf Stunden im Flieger zu verbringen. Zudem hatte er schließlich aufgrund der Zeitverschiebung neun Stunden länger Geburtstag, so dass wir mit Sicherheit noch Zeit haben würden, in Laguna Beach schön Essen zu gehen.
Für mich war es, als würde sich mit dieser Reise ein Kreis schließen. Sechs Jahre zuvor war ich von Los Angeles nach München geflogen, um meinen Geburtstag nicht alleine in Kalifornien verbringen zu müssen. Nur kurze Zeit später hatte ich von meiner lebensbedrohlichen Leukämieerkrankung erfahren. Genau sechs Jahre danach war ich endlich wieder fit genug, um einen derartig langen Flug durchzustehen, und ich flog zu meinem Geburtstag von München nach Los Angeles. Tief in mir wusste ich, dass diese Reise noch die letzten Spuren der Erkrankung in mir tilgen würde. Ich ahnte noch nicht, auf welch wunderbare Weise das geschehen würde.

Während des Fluges lief bezeichnenderweise ein »Harry Potter«-Film. Welcher Film hätte auf einer Reise zu einer Ausbildung, die uns weiter in Kontakt mit unseren intuitiven, magischen Fähigkeiten bringen sollte, besser gepasst als »Harry Potter«? Sowohl Hubert als auch ich genossen es sehr, diesen Film zu sehen, insbesondere, da ich vor einiger Zeit von Erzengel Michael die Botschaft erhalten hatte, dass die Bücher über Harry Potter viel mehr als nur Geschichten sind. Ganz im Gegenteil. Als ich Michael gefragt hatte, weshalb mich der fünfte Band auf so tiefer Ebene betroffen gemacht hatte, dass ich noch fünf Tage später körperliche Auswirkungen des Gelesenen verspürte, war seine Antwort gewesen: »*Es berührt dich so tief, da der Zustand der Welt ein ganz ähnlicher ist.*«

Ich wusste, dass seine Worte symbolisch gemeint waren, und spürte die Wahrheit, die darin lag. Ein jeder Lichtarbeiter war dazu aufgerufen, Licht und Liebe auszustrahlen und somit zur Veränderung der Welt beizutragen. Wie oft hatten mir die Engel gesagt, dass wir manchmal, alleine dadurch dass wir an einem Menschen vorbei liefen, eine Veränderung in diesem bewirkten, ohne es auch nur zu ahnen.

Es ist ganz ähnlich wie die Geschichte von den zwei Zimmern, welche die Engelwesenheit Kryon in dem Buch »Ihr werdet unermesslich geliebt« (von Lee Carroll) beschreibt. In einem Zimmer herrscht Dunkelheit, während das andere von herrlichem Licht durchflutet ist. Zwischen den beiden Räumen befindet sich eine Tür, die zuerst geschlossen ist. In dem Augenblick, wo sie geöffnet wird, dringt Licht in den dunklen Raum, denn Licht ist aktiv, und der Raum wird immer heller. Da die Dunkelheit jedoch passiv ist, gelingt es ihr nicht, das helle Licht im anderen Raum auszulöschen. Das ist etwas Physikalisches und daher absolut. Das bedeutet, wir können unsere Angst bezüglich der Dunkelheit hinter uns lassen, denn Licht und Liebe sind um ein Vielfaches stärker. Je mehr Menschen sich in eine höhere Schwingungsfrequenz begeben, desto friedvoller wird es auf der Erde zugehen. Es ist noch ein weiter Weg bis zum Frieden auf Erden, doch ich weiß, *alles* ist möglich.

Obwohl wir uns natürlich riesig auf unsere Ankunft in Los Angeles, der Stadt der Engel, freuten, waren wir doch traurig darüber, wie schnell der Flug verging. Als wir landeten, bedankten wir uns bei den Engeln und Ganesh für die angenehme Reise, die bisher wie am Schnürchen verlaufen war, und baten sie sowie die Hindu-Göttin Kali, uns auch bei der Immigration-Stelle beizustehen, so dass wir auf schnellste und angenehmste Weise zu unserem Leihauto kommen würden, ganz so, wie es zu unserem höchsten Wohl war.

Kaum hatten wir uns jedoch in eine der Schlangen gestellt, brach auf einmal am gesamten Flughafen in L.A. das Computersystem zusammen, und wir steckten fest und konnten uns weder vor noch zurück bewegen. Wir standen und standen wie festgenagelt, und nichts schien vorwärts zu gehen. Langsam wurden wir genervt, da wir hungrig und müde waren. Wir begannen uns gerade zu fragen, was bei unseren Gebeten und Affirmationen wohl schief gelaufen war, als uns aufging, dass uns vielleicht dieser »Black Out« vor etwas Schlimmeren bewahrte. Wir ahnten nicht, wie Recht wir mit diesem Gedanken haben sollten. Als wir schließlich zweieinhalb Stunden später in unserem Auto von einem Freeway auf die Straße Richtung Laguna Beach fahren wollten, war diese gesperrt. Es war kein Darandenken, auf dieser Strecke nach Laguna Beach durchzukommen, da genau zu der Zeit, wo wir eigentlich an dieser Stelle hätten vorbeikommen sollen, ein sehr schwerer Unfall passiert war, bei dem viele Autos ineinander gerast waren und es mehrere Schwerverletzte gegeben hatte. Als wir dies realisierten, sendeten wir umgehend ein Dankesgebet gen Himmel, dafür, dass wir durch den Computerzusammenbruch vor Schlimmerem bewahrt worden waren. Wieder einmal zeigte sich, dass die Dinge nicht so sind, wie sie scheinen. Manchmal helfen uns die Engel mit einer scheinbar unangenehmen Situation und bewahren uns vor etwas viel Heftigerem. Oft wird es uns jedoch nicht so offensichtlich gezeigt, wie in diesem Fall in Kalifornien.

Wann immer wir Gott, die Engel oder andere Lichtwesen um Unterstützung bitten und vertrauen, wird uns geholfen, wenngleich die Hilfe nicht immer so aussieht, wie wir sie uns vorstellen.

Als wir schließlich nach einem großen Umweg endlich in unserem Hotel in Laguna Beach ankamen, waren wir völlig groggy. Doch in dem Augenblick, als wir das Meer rauschen hörten, waren wir überglücklich, machten uns nur schnell frisch und zogen los, um ein wunderbares thailändisches Restaurant aufzusuchen, welches uns von den »Angel

Therapy®-Staff-Mitgliedern« empfohlen worden war. Obwohl das »Thai Bros«, besagtes Lokal, sehr stark frequentiert und auch nicht besonders groß war, bekamen wir einen schönen Tisch für zwei Personen am Fenster. Hubert und ich ließen es uns so richtig gut gehen und schlemmten, da wir wussten, dass dieses Essen gesund war und unsere Kanäle nicht »verschmutzen« würde. Schließlich gab es allen Grund zum Feiern. Hubert hatte Geburtstag, und uns war es endlich gelungen, unseren lang ersehnten Wunsch zu manifestieren. Nachdem wir uns die Bäuche regelrecht voll geschlagen hatten, da wir aufgrund der ewigen Wartezeit in der Schlange am Flughafen in L.A. und des langen Umweges vollkommen ausgehungert gewesen waren, schlenderten wir noch gemütlich durch das nächtliche Laguna Beach. Als die Sterne immer mehr zu funkeln begannen, liefen wir ans Meer und genossen die wunderbare Atmosphäre.

Am nächsten Morgen standen wir in aller Früh auf, um uns gleich in die kalifornische Zeit einzuklinken. Dank der Reiseessenz und eines Meisteressenzenöls litten wir nicht unter Jetlag. Es gab allerhand zu besorgen. Hubert und ich waren völlig begeistert von der friedlichen und entspannten Energie in Laguna Beach. Einkaufen war so viel einfacher als in München. Überall waren die Menschen freundlich und hilfsbereit. Allein der große Bio-Markt »Wild Oats« war sensationell. Wir beide hatten in Deutschland nie etwas Ähnliches gesehen. Es gab Dinge zu kaufen, von denen wir in Deutschland nur träumen konnten. Zum Beispiel gab es riesige Behälter mit den exotischsten Müslizutaten. Man konnte sich genau so viel nehmen, wie man wollte. Da es in unserem Hotel kein »ATP® Food« (»Angel Therapy Practitioner® Food« – veganes, gesundes biologisches Essen) zum Frühstück gab, deckten wir uns mit den herrlichsten Dingen ein. Vor allem die Mangos waren legendär. Sie zergingen uns auf der Zunge und waren so billig, dass Hubert und ich fortan jeden Morgen jeweils eine Mango verzehrten. An keinem Ort zuvor war es so leicht gewesen, sich vegan zu ernähren. Es war ein Traum. Ganz Laguna Beach wirkte überhaupt nicht wie eine Stadt, denn es ruhte so in sich. Wir nannten es nur noch »Insel der Seligen« und erholten uns innerhalb kürzester Zeit von den Strapazen der Reise.

Selbstverständlich suchten wir auch die unter Insidern bekannten Geschäfte, das »Chakra Shack« und das »Sutton Place« (»the Goddess

Shop«), und fanden beide. Im »Chakra Shack« fand ich endlich den lang ersehnten Zauberstab. Seit ich Doreens Buch »Goddesses & Angels« (»Erwecke die Heilkraft der Göttin in dir«) gelesen hatte, wünschte ich mir einen. Nach der Geschichte mit dem zerbrochenen Zauberstab hatte ich die Suche jedoch aufgegeben, denn ich war der Meinung, dass »mein« Zauberstab zum richtigen Zeitpunkt auftauchen würde. Genau so war es auch. In einer wunderschönen Glasvitrine im »Chakra Shack« lagen mehrere Stäbe. Einer zog sofort meine besondere Aufmerksamkeit auf sich. Ich bat Kat, die Verkäuferin, mir diesen für kurze Zeit zurückzulegen. Beim Mittagessen fragte ich noch einmal die Engel und Göttinnen um Rat. Alle waren einverstanden mit diesem herrlichen Stab aus Bergkristall mit Rosenquarzspitze. Es fühlte sich so richtig an, diesen meinen Zauberstab auf dieser Reise zu kaufen. Es war irgendwie ein aufregendes Gefühl, ihn schließlich in meinen Händen zu halten. Ich war neugierig, was es damit wohl auf sich hatte.

Danach suchten wir das »Sutton Place« auf. Dort ging es zu wie auf einem Rummelplatz. Viele Kursteilnehmerinnen waren auf der Suche nach Kleidern und Schals für das »Goddess Meeting«, welches während der Ausbildung stattfinden sollte. Mir war das ziemlich schnell zu stressig, so dass ich mich nur schnell für einen traumhaften Schal aus violettem Samt und Seide entschied.

Nachdem wir alle Einkäufe erledigt und im Hotel verstaut hatten, packten wir unser Badezeug zusammen (das Wetter war um beinahe 20° Grad wärmer als in Deutschland) und gingen an den Strand. Ich konnte es kaum erwarten, ins Wasser zu gehen und mit den Meerengeln zu kommunizieren. Da sie die so genannten Erzengel des Wassers sind, können sie überall sein und sind an keinen bestimmten Ort gebunden. Kaum näherte ich mich dem Ozean, hörte ich auch schon ihre vertrauten Stimmen, die mich willkommen hießen. Das Wasser war nicht besonders warm, so schwamm ich nur kurz. Dennoch fühlte ich mich herrlich gereinigt. Es gibt einfach nichts, was dem gleich kommt.

Ziemlich müde, aber voller freudiger Erwartung fielen wir am Abend ins Bett.

Angel Therapy Practitioner®-Ausbildung

In aller Früh standen Hubert und ich am nächsten Tag, meinem Geburtstag, auf, um das von der Kursleitung vorgeschlagene Morgenprogramm und unsere täglichen Yogaübungen zu absolvieren. Bei herrlichem Sonnenschein saßen wir danach vor unserem Hotelzimmer und genossen unser phänomenales, selbst zusammengestelltes Frühstück. Mich erfüllte eine immense Dankbarkeit, dass dieser so tiefe Herzenswunsch, die Angel Therapy Practicioner®-Ausbildung bei Dr. Doreen Virtue zu machen, an meinem Geburtstag Erfüllung finden würde. Ich dankte Gott, den Engeln und allen anderen Lichtwesen aus vollem Herzen.
Obwohl Hubert und ich sehr früh zum »St. Regis Hotel« nach Dana Point fuhren, waren schon unzählige Kursteilnehmer vor uns eingetroffen. Das »St. Regis« war ein Traum, umgeben von einem Blütenmeer aus paradiesischen Blumen und einer herrlichen Weite. Es lag auf einem Hügel mit einem atemberaubenden Blick auf das Meer. Es war Luxus in seiner reinsten Form. Ich konnte mich überhaupt nicht satt sehen. Schließlich wurde der Saal geöffnet, in welchem der Kurs stattfinden sollte. Die Spannung stieg zunehmend, bis endlich Doreen Virtue zusammen mit Lynnette Brown den Raum betrat.
Die beiden liefen durch die Reihen, um uns zu begrüßen. Es war phänomenal zu spüren, wie sich von diesem Moment an die Energie im Saal erhöhte. Auch Doreens Mann Dr. Steven Farmer und etwa fünfzig Angel Therapy Practitioner® waren anwesend, um uns während der Ausbildung zur Seite zu stehen.
Es dauerte nicht lange, und Doreen führte uns durch unser erstes Angel Reading. Die Intensität im Raum wurde immer stärker. Ich hatte nie zuvor etwas Ähnliches erlebt. Es war unglaublich. In dieser Atmosphäre fiel es allen leicht, Informationen von den Engeln zu erhalten. Hubert war ganz glücklich, denn er hatte es sich schwieriger vorgestellt.
Der Morgen verging wie im Flug.

Am Nachmittag erzählte uns Steven von der »Release Ceremony« (Reinigungs-/Loslass-Zeremonie), die er am nächsten Tag leiten würde. Um uns darauf vorzubereiten, rief Doreen Erzengel Michael und bat ihn, jedem von uns eine Botschaft zu überbringen, damit wir wussten, was wir bei der Feuerzeremonie am folgenden Abend loslassen sollten, um uns von nun an vollkommen auf unserem Lebensweg zu befinden.

Ich glaubte meinen Ohren nicht zu trauen, als ich Erzengel Michaels vertraute Stimme mit folgenden Worten vernahm: »*Du bist frei, das Leben zu leben, welches du dir wünschst. Dafür ist es notwendig, alle Menschen loszulassen, die scheinbar ständig deine Hilfe brauchen. Entlasse sie in ihre Selbstermächtigung. Sie sind ebenso wie du mit Gott verbunden und brauchen dich nicht, auch wenn sie das glauben. Sie müssen ihre Dramen verlassen, was sie jedoch nicht tun werden, wenn du immer für sie da bist. Das ist die so genannte Verzögerungstaktik. Sage ihnen, dass sie ihre »Hausaufgaben« machen müssen. Das können sie nur selbst tun. Das kannst und darfst du niemandem abnehmen. Wann immer du bedrängt wirst zu helfen, rufe mich, und ich werde dir helfen, dich wieder frei zu fühlen. Deine Aufgabe ist es, noch viel mehr Menschen zu unterrichten, als du es bisher tust, und dafür brauchst du all deine Kraft.*«

Er nannte mir noch Namen von Menschen, die loszulassen waren. Ich wusste, dass er Recht hatte. Dennoch wurde es mir etwas bange ums Herz, als er sagte, ich müsste das von nun an auch in Worten ausdrücken. So wusste ich, dass ich auch diese Angst loslassen musste.

Als wir schließlich wieder im »Thai Bros« saßen und zu Abend aßen, war ich vollkommen erschöpft. Das Essen stärkte mich zum Glück wieder so weit, dass ich danach noch in der Lage war, die Hausaufgaben zu machen, die Teil der Ausbildung waren. Obwohl es ein fantastischer Tag gewesen war, hatte ich nicht wirklich gespürt, dass ich Geburtstag hatte. Umso mehr freute ich mich, als im Hotel zwei Faxnachrichten von meinen Eltern und Susanna und Dario auf mich warteten.

Nach nur fünf Stunden Schlaf (mehr Zeit gab es nicht) wachte ich am nächsten Morgen völlig erschlagen auf. Ich hatte das Gefühl, auch während der Nacht hart gearbeitet zu haben. Plötzlich zweifelte ich daran, ob ich wirklich schon fit genug war, um eine derartige Ausbildung durchzustehen. Während ich vor dem Spiegel stand und meine Haare föhnte, grübelte ich darüber nach, was ich tun könnte, um mich

besser zu fühlen. Da sah ich auf einmal das wunderschöne kobaltblaupurpurviolette Licht von Erzengel Michael neben mir im Spiegel. Innerhalb von Sekunden hörte ich seine liebevolle Stimme, die mir sagte, ich bräuchte keine Angst zu haben. Er würde sich hinter mich stellen, so dass mein Rückgrat gestärkt sei wie eine strahlende Säule. Zudem umhüllte er mich mit seinem blauen Mantel und meinte, er würde mich mit all der Energie unterstützen, die ich bräuchte.
Augenblicklich war ich mit Frieden und Vertrauen erfüllt, und meine Energie nahm jede Minute mehr zu. Natürlich war die Ausbildung von diesem Moment an nicht mehr erschöpfend für mich!
Vor der Feuerzeremonie hatten wir am Abend noch etwas Zeit, so dass Hubert und ich an der Bar im »St. Regis« Platz nahmen. Die Meerengel hatten mir mitgeteilt, dass wir von nun an, wann immer wir etwas besonders Schönes und Kostbares sahen, folgende Affirmation sprechen sollten: »*Danke für den Reichtum, den ihr uns beschert.*«
Auf diese Weise würden wir uns immer vertrauter mit dem Gedanken machen, dass Fülle in jeglicher Hinsicht zu unserem Geburtsrecht zählte. Daher genossen wir jede Einzelheit in der Bar und fühlten, dass wir eines Tages in nicht allzu weiter Ferne auch die finanziellen Möglichkeiten haben würden, um in einem derartigen Hotel zu übernachten.
Wunderbar entspannt liefen wir hinunter zu dem Rasen, auf welchem das Ritual stattfinden sollte. Wir wurden unseren schon vom ersten Tag feststehenden »Pods« (Gruppen) zugeteilt und wurden gebeten, nicht mehr zu sprechen. Es war eine unbeschreibliche Atmosphäre. Wir waren etwa fünfhundert Menschen, die schweigend in einem riesigen Kreis standen, in dessen Mitte ein großes Feuer brannte, während die glühende Abendsonne ganz langsam im Meer zu versinken schien. Steven erklärte den Ablauf der Zeremonie und begann danach auf dem Digeridoo zu spielen. Ganz sanft begannen verschiedene Angel Therapy Practitioner® die Trommeln zu schlagen und gingen langsam in einen immer ekstatischeren Rhythmus über, und wir liefen und tanzten immer schneller um das Feuer, bis die Trommeln uns bedeuteten, wieder an unseren Plätzen Halt zu machen.
Schließlich formten wir lauter Zweierreihen, da immer zwei Menschen gleichzeitig auf das Feuer zulaufen und dann nacheinander ihre Zettel mit den Dingen zum Loslassen ins Feuer werfen sollten.

Ich spürte, wie mein Herzschlag vollkommen eins mit dem Rhythmus der Trommeln wurde. Ich fühlte mich wie in Trance. Als ich nur noch wenige Schritte vom Feuer entfernt war, hatte ich plötzlich eine ganz starke Vision. Ein Indianer erschien über mir und sagte: »*Du liebst Kalifornien so sehr, denn du hast in früheren Zeiten hier gelebt. Du warst eine Weiße, die von den Indianern als Medizinfrau akzeptiert und hoch verehrt wurde. Das ist der Grund, weshalb der letzte Teil deiner Heilung hier auf dieser Erde in Kalifornien, die dir so vertraut ist, stattfinden muss!*«

In diesem Augenblick fühlte ich eine nie zuvor (in diesem Leben) dagewesene Verbindung zur Erde, die ich nicht mit Worten beschreiben kann.

Danach schritt ich durch das »Tor« und warf meinen Zettel, der um einen Ast gewickelt war, ins Feuer. In diesem Augenblick fiel unendlich viel von mir ab. Ich war vollkommen euphorisch, denn ich spürte unendliche Dankbarkeit, reinste Liebe und vollkommene Freiheit. In mir war ein solcher Jubel, dass ich am liebsten gesungen hätte. Doch da noch viele Menschen das Ritual vor sich hatten, genoss ich meine tiefe Freude im Stillen.

Auf der anderen Seite des Feuers standen viele Angel Therapy Practitioner®, die uns mit offenen Armen empfingen. Interessanterweise wurde ich von mehreren als Göttin begrüßt.

Hubert wartete schon auf mich und schloss mich ganz tief in seine Arme. Wir fühlten eine wunderbare Verbundenheit, für die es keiner Worte mehr bedurfte.

Das Ritual dauerte beinahe drei volle Stunden, doch es war so, als wenn wir in einer anderen Zeitdimension gelandet wären. Einerseits schien es wie im Fluge zu vergehen, andererseits befanden wir uns in der Ewigkeit. Nie zuvor hatte ich eine derartig kraftvolle Zeremonie erlebt.

Am nächsten Tag erfuhr ich, als ich mich mit meinen Pod-Mitgliedern traf, dass Eileen aus unserer Gruppe genau in dem Augenblick, in welchem ich meinen Zettel ins Feuer geworfen hatte, eine weiße Taube über meinem Kopf erblickt hatte. Als ich das hörte, bekam ich am ganzen Körper eine Gänsehaut, denn die weiße Taube ist eines meiner Krafttiere und ist ein Symbol absoluten Friedens für mich. Einmal mehr bestätigte sich die unglaubliche Tragweite der Zeremonie, die Steven uns allen ermöglicht hatte. Ich war so dankbar, denn ich wusste, dass der Kreis, der 2000 mit meiner Abreise aus Long Beach begonnen und zur Erkenntnis meiner Leukämieerkrankung geführte hatte, dabei war, sich wieder zu schließen. Ich wusste jedoch noch nicht, welches kostbare Puzzleteilchen noch fehlte.

Auch jeder weitere Kurstag brachte neue Erkenntnisse. Doreen erzählte unter anderem über die verschiedenen Erden-Engel, was äußerst aufschlussreich war. Hubert und ich lachten Tränen, als wir uns in den Beschreibungen von Doreen wieder erkannten. Ich hatte schon während der Lektüre von Doreens Büchern »Engel der Erde« und »Goddesses & Angels« das Problem gehabt, dass ich nicht wusste, wo ich wirklich hingehörte. Ich wusste ganz eindeutig, dass ich all die Sensitivität eines inkarnierten Engels in mir hatte, dass ich aber ebenso deutlich alle Elemente einer inkarnierten Weisen und Hohepriesterin in mir trug und eine ebenso starke Verbindung zum Meer hatte wie die so genannten Meermenschen. Daher nahm ich Doreens Angebot an und ging nach vorne zur Bühne, um von ihr zu erfahren, zu welchem Erden-Engel-Reich ich gehörte. Ich kam nicht einmal so weit, irgendetwas zu ihr zu sagen, als sie schon auf mich deutete und mich zu den Meermenschen schickte. Die Umstehenden waren ganz überrascht, denn vorher hatte jeder ein paar Worte mit ihr gewechselt, bevor sie das jeweilige Reich nannte. Ich bewegte mich zu der Gruppe aus Meermenschen und fühlte mich sofort »daheim«. Da die Gruppe ziemlich groß war und ich die Leiterin der Gruppe nicht verstehen konnte, sprach ich Tina, ein Staff-Mitglied, an, die ebenfalls zu den Meermenschen gehörte. Sie erzählte sehr viel von Atlantis und von ihrer Sitzung bei Chris Marmes. Sie meinte, sie könnte sich vorstellen, dass mir eine Sitzung auf Chris' Kristallbett sehr gut tun würde. In diesem Augenblick fragte ich Tina, ob die Frau, welche ich aus der Ferne für Chris Marmes gehalten hatte, diese sei, was Tina bejahte. Kaum hatten wir die nächste Pause, bat ich Erzengel Chamuel, mir zu helfen, Chris zu finden. Kurze Zeit später lief sie mir über den Weg und sagte, sie hätte in der nächsten Woche noch zwei Termine frei. Da die Sitzung natürlich nicht billig war, bat ich mir eine Nacht Bedenkzeit aus. Ich wollte mit Hubert sprechen und eine Nacht darüber schlafen. Doch so weit kam ich nicht. Als ich mich wenige Mi-

nuten später auf der Toilette befand, vernahm ich die vertraute Stimme von Erzengel Raphael, der sagte: »*Meine Liebe, da gibt es nichts zu überlegen. Gehe sofort zurück zu Chris und vereinbare einen Termin. Schließlich hast du dir damals, als du in Doreens Buch von Chris gelesen hattest, nichts sehnlicher gewünscht, als auch einmal auf diesem Kristallbett zu liegen. Außerdem ist das der letzte Baustein, der für deine Heilung notwendig ist!*«
Ich bedankte mich bei Raphael und machte mich schleunigst auf die Suche nach Chris. Ich hatte Glück und bekam noch einen Termin.
Eine halbe Stunde später erzählte Doreen dann vor allen von Chris' phänomenalen Sitzungen, so dass diese sich danach nicht mehr vor Anfragen retten konnte. Ich war Raphael einmal mehr dankbar, dass er mich gedrängt hatte, sofort zu handeln, denn am nächsten Tag hätte ich keinen Termin mehr bekommen.
Langsam rückte das Ende der Ausbildung immer näher. Hubert und ich waren beide ein bisschen traurig, diese einzigartige Atmosphäre wieder verlassen zu müssen. Wir waren uns absolut einig darüber, dass diese Woche eine der besten, wenn nicht die beste Woche unseres bisherigen Lebens gewesen war.
Zum Glück stand mir noch die Sitzung bei Chris bevor, so dass es nach dem Ausbildungsende noch etwas gab, auf das ich mich so richtig freuen konnte. Interessanterweise fielen Hubert und ich am Tag danach jedoch nicht in das bekannte energetische Loch, was mich bisher meist nach spirituellen Ausbildungen oder Kursen heimgesucht hatte. Wir waren beide so unendlich erfüllt von der hohen Engelenergie, dass wir uns teilweise wie schwebend vorkamen. Es war gigantisch.
Am Tag vor unserer Abreise brachte mich Hubert zur Praxis von Chris. Ich wusste plötzlich ganz deutlich, dass diese Sitzung der letzte Baustein zu meiner vollständigen Heilung war. Schon im Vorraum überkam mich eine wundervolle Ruhe. Als mich Chris schließlich in den Behandlungsraum holte, fühlte ich mich wie »im Himmel«, denn der Raum war erfüllt von einer unendlich kostbaren Stille, purer Liebe und Heiligkeit. Chris' Energie war ebenso einzigartig. Ich hatte das Gefühl, mich in der Gegenwart eines Engels oder einer Göttin zu befinden. Sie hatte ihr Ego schon weit hinter sich gelassen. Ich spürte, wie mein Drittes Auge pulsierte, und wusste, dass wir auf einer anderen Ebene kom-

munizierten. Chris merkte, dass ich dies wahrnahm, und meinte nur: »Wir brauchen nicht mehr viele Worte, da wir beide auf andere Weise miteinander sprechen können.«

Ich erklärte ihr kurz, welche physischen Themen noch nicht geheilt waren. Was ich schon vermutet hatte, bestätigte sich durch Chris' Abfragen. Auf allen anderen Ebenen (emotional, mental und spirituell) war ich bereits geheilt. Die physische Ebene ist jedoch die niedrigste und schwingt wesentlich langsamer. Daher dauert es länger, bis sich die Heilung auch auf dieser Ebene manifestiert. Chris war jedoch überzeugt, dass besagte Heilung mit dieser Sitzung möglich war.

Chris legte eine Art Sphärenmusik auf, die mich, sobald ich mich auf das Kristallbett gelegt hatte, augenblicklich ganz tief entspannte. Ich wurde mit einer flauschigen Decke zugedeckt und fühlte mich wie im siebten Himmel. Kaum waren die riesigen Kristalle auf meine Chakren gerichtet, spürte ich, wie mein Körper bis in die tiefsten Ebenen hinein vibrierte. Ich schloss die Augen und wurde sofort in eine andere Dimension transportiert. Erzengel Haniel erschien mir und sagte, dass ich mir eine Kette mit einem Mondstein kaufen solle, um noch mehr mit ihrer Energie und der Energie des Mondes verbunden zu sein. Ihre nährende Anwesenheit würde mir helfen, immer mehr Kraft zu haben und so zur Heilung der Weiblichkeit beizutragen. Auch Athene, Bridget und Aphrodite erschienen. Insbesondere Bridget gab mir zu verstehen, dass ich von nun an noch viel besser für mich sorgen müsste, denn die Aufgaben, die auf mich zukommen würden, seien immens. Sie sei an meiner Seite und würde mir helfen, meine Freiheit zu verteidigen. Ich sah wunderbares Licht in Gold- und Violetttönen und hatte das Gefühl, immer höher zu steigen, bis mich Chris' Stimme ganz sanft in die Gegenwart zurückholte. Sie war ganz begeistert und meinte, dass es nur noch ein altes Leben gegeben hatte, das aufzulösen war, da ich alle andere Arbeit meine Heilung betreffend schon gemacht hatte. Zudem sagte sie: »Deine Aufgabe beinhaltet, das Göttlich Weibliche wieder auf der Erde zu verankern und den Frauen ihre wahre Kraft wieder zu geben. Du wirst wissen, was zu tun ist. Du bist in deinen alten Leben durch viele Schmerzen gegangen, um die Stärke zu erlangen, diese Aufgabe erfüllen zu können.«

Ich erzählte ihr, wie sehr sich das mit meinen Erlebnissen während der Sitzung deckte. Zum Schluss umarmten wir uns noch ganz innig und blickten uns wortlos in die Augen und sagten uns viel mehr, als Worte es hätten tun können.
Ich fühlte mich so fantastisch wie nie seit der Leukämie. Überglücklich umarmte ich Hubert, der schon im Vorraum auf mich wartete.
Als wir am nächsten Tag wieder im Flieger von Los Angeles nach München saßen, konnten wir es kaum fassen, dass nur acht Tage vergangen waren, seit wir zu dieser Reise aufgebrochen waren. Wir fühlten uns so verändert, wie neue Menschen.
Die allergrößte Freude jedoch war, dass sich mit dieser Reise wirklich der Kreis geschlossen hatte und ich meine Gesundheit wieder erlangt hatte.

– 74 –

1. Internationaler Engel-Kongress

Zu Hause wartete viel Arbeit auf uns. Wir mussten noch zwei Essays verfassen, um als Angel Therapy Practitioner® zertifiziert zu werden. Außerdem galt es, innerhalb der folgenden zwei Monate, neben der ganzen anderen Arbeit, zwanzig Angel Readings abzuhalten und zu dokumentieren, um auf der Angel Therapy® Website gelistet zu werden.
Zudem überschlugen sich die Anfragen genau so, wie es mir Hubert prophezeit hatte. Ich wusste kaum mehr, wo mir der Kopf stand. Da kam es mir gerade Recht, dass ich für drei Tage nach London verschwinden konnte und dass ich für niemanden (außer Hubert) mehr erreichbar war.
Im Vergleich zu meiner Englandreise drei Monate zuvor, bemerkte ich einen riesigen Unterschied. Ich flog wieder alleine, war nun aber auch

in der Lage, mit der U-Bahn in die City zu fahren, ohne danach völlig erschöpft zu sein. Ich wohnte bei Gido, der seit ein paar Monaten am berühmten »Paladium-Theater« arbeitete, in welchem schon Größen wie Ella Fitzgerald und Frank Sinatra aufgetreten waren. Wir hatten beschlossen, endlich wieder einmal gemeinsam zu musizieren. Außerdem wollten wir zusammen zu Doreens Workshop »Goddesses & Angels« gehen, der in London stattfand.

Ich genoss es unendlich, wieder in London unterwegs zu sein, erinnerte es mich doch an meine wunderbaren Zeiten mit Arnaldo, der leider nicht mehr in London wohnte. Ich streifte durch die Straßen und fühlte, wie mich endlich wieder das so vertraute Gefühl der unendlichen Freiheit überkam, das ich auf meinen Reisen vor der Leukämie so geliebt hatte. Ich war Hubert sehr dankbar, dass er mich dieses Mal nicht begleitete. Ihm war absolut bewusst gewesen, wie wichtig es für mich war, altes Terrain wieder zu erobern. Für jemanden, der nicht eine derartig lange Auszeit hinter sich hat, ist es vermutlich kaum nachvollziehbar, was es für mich bedeutete, endlich wieder in der Lage zu sein, alles alleine tun zu können, ohne danach zusammenzuklappen.

Gido hatte mir für das Musical »Sinatra«, in welchem er mitwirkte, einen fantastischen Platz im »Paladium« reserviert. Es war ein absolutes Vergnügen, die Leute im Publikum zu beobachten. Die Menschen sahen so unterschiedlich aus. Viele Nationalitäten und Hautfarben waren vertreten. Auch die Kleidung der Anwesenden variierte in allen möglichen Stilen. Es machte richtigen Spaß, keinen Gesprächspartner zu haben, sondern jeden Augenblick ganz bewusst wahrzunehmen.

Das Musical selbst gefiel mir sehr. Insbesondere die Tanzszenen fuhren mir in die Beine. Ich wusste definitiv, dass ich wieder mehr tanzen musste. Das Tangotanzen fehlte mir schon sehr. Auch beschloss ich, mich regelmäßiger mit meiner Bauchtanz-DVD, die ich aus Laguna Beach mitgebracht hatte, zu beschäftigen. Während unserer Ausbildung hatte es auch ein »Goddess Meeting«, ein Frauentreffen, gegeben, in welchem uns Doreen über die wunderbaren Wirkungen von Bauchtanz aufgeklärt hatte. Unter anderem wurden die unteren Chakren auf fantastische Weise »durchgeschüttelt«, was so abgehobene hellhörige und hellsichtige Menschen wie ich dringend brauchen konnten, um in Balance zu bleiben.

Wie schon zu seinen Ballettzeiten war es ein Vergnügen, Gido tanzen zu sehen. Sobald er die Bühne betrat, war es, als würde ein strahlendes Licht erscheinen. Ich hätte noch lange dasitzen und zuschauen können ...
Wunderbar beschwingt holte ich ihn schließlich am Bühneneingang ab.
Wir genossen es in vollen Zügen, endlich einmal unbegrenzt Zeit miteinander zu verbringen und redeten bis in die Puppen. Es war einfach der Hit, dass wir beide in den letzten Jahren eine so ähnliche spirituelle Entwicklung erlebt hatten und zugleich auch noch gemeinsam Musik machen konnten. Wir waren beide äußerst gespannt auf unsere Probe am nächsten Tag. Schließlich hatten wir nur ein einziges Mal vor vielen Jahren zusammen musiziert, um eine Demo-CD für Gido aufzunehmen. Wir waren Michael Schäfer sehr dankbar, dass er uns durch die Idee eines Benefizkonzertes für Dr. Todd Ovokaitys auf den Gedanken gebracht hatte, dass wir nun endlich unseren alten Wunsch, ein gemeinsames Programm auf die Füße zu stellen, in die Tat umsetzen könnten.
Wir waren lustigerweise beide nervös vor der Probe, obwohl es eigentlich absolut keinen Grund dafür gab. Gido hatte den Probensaal des »Paladium« für uns reserviert. Ich fand es ziemlich heiß, dass meine erste Probe nach zwei Jahren an einem solchen Ort stattfand. Nur leider war das dortige Klavier ein ziemlicher Klapperkasten. Gido meinte nur: »Das kriegst du schon hin. Ich kenne dich doch!«
Er sollte Recht behalten. Die Probe war das reinste Vergnügen. Beide hatten wir etwa acht Songs vorbereitet und kamen sofort auf einen gemeinsamen Nenner. Wir mussten kaum etwas besprechen, sondern stürzten uns einfach in die Musik von »Tonight« über »Fly me to the moon« bis »My way« und vieles andere. Das alte Klavier war vollkommen in Vergessenheit geraten, denn wir bildeten einfach eine untrennbare Einheit. Es war wirklich verblüffend, wie das möglich war. Als Gido zwei Tage später zu seinem ziemlich bekannten Gesangscoach kam, fragte dieser, was Gido denn gemacht hätte, seine Stimme hätte nie zuvor so toll geklungen. Leider hatten wir bisher aufgrund vieler anderer Verpflichtungen keine Zeit, unser gemeinsames Projekt weiter zu verfolgen. Doch das läuft uns nicht davon.

Am nächsten Morgen machten wir uns dann auf den Weg zu Doreens Tagesworkshop. Gido hatte meinen Erzählungen über die Ausbildung in Kalifornien begeistert gelauscht, war aber dennoch etwas skeptisch, ob ihm Doreen gefallen würde. Ich hatte daran keinen Zweifel und sollte Recht behalten. Doreens Art, heilige Wesen zu beschreiben und für die Menschen aller Denk- und Glaubensrichtungen zugänglich zu machen, ist einfach einzigartig. Gido war ebenso fasziniert wie Hubert und ich. Für mich kam in dem Workshop kaum Neues zur Sprache, was jedoch nichts machte, da es immer ein Vergnügen ist, sich in der Energie von Doreens Seminaren zu befinden. Zudem wollten die Engel, dass ich diesen Workshop aus einem anderen Gesichtspunkt heraus beobachtete. Schließlich sollte auch ich mein Wissen und meine Erfahrungen mit Engeln und auch Göttinnen bald in Seminaren weitergeben.
Nach einem letzten gemeinsamen Abend flog ich wunderbar erfüllt zurück nach München und konnte mich wieder meinem Alltag und den vielen Anfragen stellen.
Knapp zehn Tage später saß ich dann schon wieder im Flugzeug, dieses Mal zusammen mit Hubert. Wir flogen zum »1. Internationalen Engel-Kongress« nach Hamburg, bei dem auch Doreen zweimal auftreten sollte.
Im Flieger fiel mir eine Frau auf. Sie erinnerte mich an jemanden. Doch ich kam nicht darauf, an wen. Als wir schließlich in Hamburg landeten und in den Bus stiegen, der uns zum Flughafengebäude bringen sollte, sah ich die Frau von vorne und war mir absolut sicher, dass es Sabrina Fox, die Engel-Bestsellerautorin, war. Sie sah mir plötzlich in die Augen und lächelte ganz freundlich. Da wusste ich, dass mein alter Wunsch in Erfüllung gehen würde.
Sechs Jahre zuvor, als ich nach meinem Ohnmachtsanfall todkrank bei meinen Eltern im Bett gelegen war und noch nichts von meiner Leukämie-Diagnose gewusst hatte, war mir Sabrina Fox' Buch »Wie Engel uns lieben« in die Hände gefallen und hatte mir viel Mut gemacht. Auch ihr drittes Buch »Die Sehnsucht unserer Seele« hatte ich geradezu verschlungen. Damals hatte ich zu Susanna gesagt: »Ich möchte Sabrina Fox unbedingt persönlich treffen. Und ich bin sicher, das klappt! Schade, dass sie nicht in Deutschland ist, denn sonst würde ich sofort versuchen, einen Termin bei ihr auszumachen.«

Am Flughafen hatte ich keine Gelegenheit mehr, sie anzusprechen. Doch ich wusste, dass sie den Engel-Kongress moderieren würde, und somit war ich absolut sicher, dass ein Gespräch zustande kommen würde. Was ich jedoch nicht erwartet hätte, war, dass wir uns schon am nächsten Tag gemeinsam mit ihr auf der Bühne des Hamburger Auditorium Maximum befinden würden. Doreen hatte nämlich am Ende ihres Vortrags darum gebeten, dass alle anwesenden Angel Therapy Practitioner® nach vorne kommen sollten. Es war ein lustiges Gefühl, vor über 1000 Zuschauern auf der Bühne zu stehen. Hubert und ich warfen uns einen viel sagenden Blick zu. Wieder einmal hatte Erzengel Michael Recht behalten. Am Abend vor unserer Abreise hatten wir ihn gefragt, ob es noch irgendetwas geben würde, was wir nach Hamburg mitnehmen sollten. Daraufhin hatte seine sehr direkte Antwort folgendermaßen gelautet: *»Hubert, packe deinen Koffer noch einmal um. Es besteht die Möglichkeit, dass ihr in der Öffentlichkeit stehen werdet. Daher rate ich dir, verschiedene Sakkos einzupacken!«*

Neben Doreen und Sabrina Fox traten noch sechs andere Referentinnen zum Thema Engel auf: Alexa Kriele aus Österreich, Angela McGerr aus England, Silvia Wallimann aus der Schweiz, Ingrid Auer aus Österreich, Cecilia Sifontes aus Schweden und Jasmuheen aus Australien. Die Vorträge, Meditationen und Readings von ihnen waren sehr unterschiedlich, so dass mit Sicherheit für jeden etwas dabei war. Aufgrund des Resonanzgesetzes wird jeder genau von dem angesprochen, was in dem besagten Moment zu ihm passt. Ich fand alles sehr interessant, hielt mich aber an den Rat der Engel, nur die Dinge für mich selbst zu übernehmen, die sich stimmig für mich anfühlten.

Nach Doreens bejubeltem Auftritt gab es unendlich viele Menschen, die ein Buch von ihr signiert haben wollten. Hubert und ich nutzten die Zeit, um ihren Mann Steven zu begrüßen. Da trat plötzlich ein älterer Herr an Steven heran und meinte, er sei ganz verwirrt. Er sei eine der Personen gewesen, für die Doreen ein spontanes Reading gegeben hätte. Er sei sehr dankbar dafür. Doch dadurch hätten sich noch weitere Fragen aufgetan. Steven hörte ihm aufmerksam zu und blickte dann suchend in die Runde. Sein Blick blieb auf mir haften, und er fragte: »Isabelle, könntest du diesem Mann noch mit einem Reading weiterhelfen?«

»Selbstverständlich«, antwortete ich und wandte mich an besagten Herrn. Ich bat ihn, mit mir nach draußen zu gehen, wo mehr Ruhe als im überfüllten Foyer war. Es war eine ziemliche Herausforderung, jemandem, der zuvor von Doreen ein Angel Reading bekommen hatte, ein weiteres zu geben. Doch ich erinnerte mich an Doreens Worte: »Wenn du nervös bist, konzentriere dich aufs Dienen.«
Ich ging kurz in mich und bat die verschiedenen Erzengel, mir zur Seite zu stehen. Sofort erhielt ich ganz klare Bilder und sah, dass er sehr traurig und alleine war. Es kam heraus, dass seine Frau an Leukämie gestorben war. Daraufhin war mir plötzlich vollkommen klar, warum Steven unter allen Angel Therapy Practitionern® ausgerechnet mich ausgesucht hatte. Auf seine Frage, ob es eine Möglichkeit gäbe, dass er die bevorstehende Reise nach Spanien nicht alleine machen müsste, hörte ich ganz klar, dass er auf dem Kongress noch eine Dame kennen lernen würde, mit welcher ein näherer Kontakt entstehen würde. Ich brauchte ziemlichen Mut, um das auszusprechen, doch ich hielt mich an Doreens Anweisung, alles zu berichten, was ich sah, hörte, fühlte und einfach wusste. Nachdem ich mithilfe von Erzengel Michael noch einige energetische Bänder gelöst hatte, fühlte sich Horst sehr viel wohler.
Am zweiten Tag wurden wir dann alle von Doreen überrascht. Sie hatte, zu ihrer eigenen Verwunderung, von den Engeln den Auftrag bekommen, das gesamte Publikum durch ein Engel Reading zu führen. Obwohl Doreen für die riesige Menschenmasse viel zu wenig Staff (vier Angel Therapy Practitioner®) hatte, wagte sie mithilfe von uns und zwei weiteren anwesenden Angel Therapy Practitionern® dieses abenteuerliche Experiment. Hubert, Sophie aus Berlin und ich wurden also völlig unvorbereitet Teil dieser großen Aufgabe. Da sich die meisten Angel Therapy Practitioner® in der Nähe der Bühne aufhielten, beschlossen Hubert und ich, in unterschiedliche Richtungen nach oben zu gehen. Ich kam nicht weit, als mich eine blonde junge Frau am Arm fasste und bat, mit ihr zu ihrer Freundin zu kommen, der es sehr schlecht ging. Besagte Freundin saß zusammengekauert auf einer Treppenstufe. Ich sprach kurz mit ihr und erklärte ihr, dass ihr während des Readings nichts passieren könnte, da ich in ihrer unmittelbaren Nähe bleiben würde. Kaum hatte Doreen mit dem Reading begonnen, packte

mich die blonde Frau wieder am Arm und bat mich um sofortige Hilfe. Ich sah, dass ihre Freundin kurz davor war, in Ohnmacht zu fallen. Ich spürte die immense Verantwortung, die auf meinen Schultern lastete, und überlegte fieberhaft, was ich tun sollte. War es meine Pflicht, einen Arzt zu rufen, musste ich Doreens Reading unterbrechen oder sollte ich selbst ein Angel Clearing vornehmen? Da vernahm ich eine ganz klare Stimme, die sagte: »*Hilf dieser Frau mit der Hilfe von Erzengel Michael und Erzengel Raphael!*«

Ich folgte den Anweisungen und sah, dass Sarah von ganz viel dunkler Energie umgeben war. Ich bekam die Vision, dass sie sich diese Energie über das Telefon zugezogen hatte. Da ich jedoch im Saal nicht mit ihr reden konnte, um das Publikum nicht zu stören, machte ich mich im Stillen daran, zusammen mit Erzengel Michael die schwarze Energie zu entfernen. Es kostete mich sehr viel Kraft. Doch dann wurde es lichter um sie herum. Gemeinsam mit Erzengel Raphael sandte ich ihr noch smaragdgrüne Heilenergie, und es dauerte nicht lange, bis sich der Druck löste, der auf dem Kopf von Sarah gelastet hatte. Sie war so dankbar und ich zutiefst erleichtert. Ein paar Stunden später lief sie mir dann noch einmal über den Weg und sagte: »Ohne Sie hätte ich nicht mehr weiter an dem Kongress teilnehmen können. Ich bin Ihnen so dankbar. Mir geht es immer besser.«

Und ihre Freundin meinte: »Ich weiß nicht warum, aber ich wusste einfach, dass ich genau Sie zu meiner Freundin bringen musste. Wir hatten am Morgen schon eine der Referentinnen um Hilfe gebeten, da sich der scheußliche Zustand schon angebahnt hatte. Doch diese hatte nicht helfen können, da sie nicht hellsichtig ist. Auch ich möchte mich noch einmal ganz herzlich bedanken, denn ohne Sie hätten wir den Kongress nicht mehr genießen können oder vielleicht sogar abreisen müssen.«

Es stellte sich dann noch heraus, dass mein Bild richtig gewesen war. Sarah legt professionell Tarotkarten und spricht mit ihren Klienten nur über das Telefon. Ich gab ihr daraufhin noch einige Tipps, wie sie sich vor der negativen Energie verzweifelter Klienten schützen konnte.

Wenig später stand dann Horst vom Abend vorher noch einmal vor mir und sagte: »Ich musste Sie einfach noch einmal finden. Stellen Sie sich vor, ich habe die besagte Dame, von der Sie gesprochen haben, inzwischen getroffen. Sie haben Recht behalten. Wir hatten schon wundervolle Gespräche und treffen uns gleich wieder. Sie überlegt ernsthaft, die Reise mit mir gemeinsam zu machen. Ich danke Ihnen von Herzen, denn ohne Ihre Worte wäre ich vielleicht nicht offen genug gewesen, diese Frau überhaupt kennen zu lernen.« Voller Begeisterung umarmte er mich noch, und weg war er. Auf der Stelle dankte ich den Engeln, dass sie mir den Rat gegeben hatten, mich jeden Morgen so vorzubereiten, als läge ein Tag voller Readings vor mir. Nur deshalb war ich in der Lage gewesen, diesen beiden Menschen ohne größere Einstimmung weiterhelfen zu können.

Als der Kongress am Abend zu Ende ging, war ich glücklich, aber auch ziemlich erschöpft. Hubert und ich hatten beinahe in allen Pausen vielen Menschen Fragen über Engel, Angel Therapy® und dergleichen beantwortet, so dass ich gar nicht mehr zum Essen gekommen war.

Ich konnte es kaum erwarten, mit Hubert in aller Ruhe Essen zu gehen. Doch bevor wir uns auf den Weg machten, verabschiedeten wir uns noch von diversen Referentinnen. Mit Sabrina Fox waren wir schon in ständigem Blickkontakt gewesen, seit wir das erste Mal auf der Bühne gestanden hatten, so dass sich das erwünschte Gespräch völlig selbstverständlich ergab. Sabrina meinte, sie sei ganz begeistert von uns als Paar. Als ich ihr dann noch erzählte, dass mich ihre Bücher während meiner Erkrankung sehr unterstützt hatten, freute sie sich umso mehr. Sie umarmte uns herzlich und meinte: »Wir sehen uns bestimmt in München, da ich ja jetzt auch wieder dort wohne.«

Wieder einmal hatte sich mein inneres Wissen bestätigt. Ich konnte mich noch haargenau an die Situation erinnern, als ich in meinem Bett sitzend felsenfest davon überzeugt gewesen war, Sabrina Fox irgendwann persönlich zu begegnen. Natürlich hatte ich damals in keinster Weise geahnt, dass ich selbst zu einer Engel-Botschafterin werden würde.

Als Hubert und ich am nächsten Tag am Hamburger Flughafen auf unseren Abflug warteten, kamen mir Erzengel Michaels Worte für mich während Doreens Meditation am ersten Tag wieder in den Sinn, nämlich dass es nun endgültig an der Zeit sei, das Schreiben meines Buches zu meiner obersten Priorität zu machen. Ich zerbrach mir den Kopf, wie ich das nur verwirklichen sollte, denn ich musste dringend Geld

verdienen und hatte kaum eine freie Minute für mich selbst. Inmitten meiner Überlegungen entdeckte ich eine Dame, die mir schon auf dem Hinflug aufgefallen war. Lustigerweise war sie während des Kongresses auch ganz in unserer Nähe gesessen. Ich vermutete, dass sie irgendwie etwas mit den Medien zu tun hatte. Während ich so meinen Gedanken nachhing, stand sie plötzlich auf, und ich flüsterte Hubert zu: »Pass auf, sie kommt jetzt bestimmt auf uns zu!«
Und so war es. Freundlich lächelnd sagte sie: »Ich habe Sie ja schon auf der Bühne und im Publikum gesehen. Als ich Sie jetzt auch noch am selben Gate nach München sitzen sah, dachte ich mir, das muss ein Zeichen sein. Könnten Sie mich bitte informieren, wenn Sie etwas zum Thema Engel in München veranstalten. Ich gebe Ihnen meine Karte«, und sie drückte mir ihre Visitenkarte in die Hand. »Und übrigens, Sie sehen selbst aus wie ein Engel. Aber das wissen Sie bestimmt bereits.« Ich bedankte mich lächelnd und schaute mir ihre Visitenkarte an, als sie wieder zurück zu ihrem Platz ging. Ich glaubte, meinen Augen nicht zu trauen, als ich las, was auf der Karte stand. Besagte Dame arbeitete im Vertrieb eines der größten Verlagshäuser überhaupt. Ein offensichtlicheres Zeichen hätten mir die Engel wirklich nicht schicken können. Ich war unendlich erleichtert und konnte dadurch endlich den Engeln meine Sorgen überlassen, wie ich Geldverdienen und Schreiben unter einen Hut kriegen sollte. Ich beschloss zu vertrauen, dass ich genügend Unterstützung von oben bekommen würde, sobald ich mich wirklich mit aller mir möglichen Intensität dem Schreiben zuwandte.
Doch zuerst sollte es anders kommen.

Ausgebrannt

Während eines Chakra Clearings stellte ich auf einmal fest, dass ich nicht nur Situationen aus diesem Leben sah, die das jeweilige Chakra meiner Klientin verschmutzt hatten, sondern dass ich Bilder aus älteren Zeiten erhielt, die eindeutig mit den derzeitigen Schwierigkeiten der Klientin zu tun hatten.
Daraufhin begann ich, diese Fähigkeit weiter zu entwickeln. Nachdem ich im privaten Kreis einige Zeit damit experimentiert hatte, stellte ich diese neue Art von Karmaauflösung auch meinen Klienten zur Verfügung. Bei vielen traten innerhalb kürzester Zeit große Verbesserungen auf, die vollkommen erstaunlich waren.
Was ich jedoch nicht realisierte, war, dass ich bei jedem Karma Clearing meinen eigenen Körper als Medium zur Verfügung stellte (in einem völlig anderen Maß als bei einem Angel Reading) und mich damit bis an den Rand der Erschöpfung brachte. Ich fühlte mich immer schwächer und wunderte mich, woher das kam. Natürlich arbeitete ich extrem viel, doch spürte ich ständig eine starke Verbindung mit Gott und den Engeln, so dass ich mir mein Ausgebranntsein einfach nicht erklären konnte.
Da traten ganz plötzlich heftige Unterleibschmerzen auf, so dass ich meine Frauenärztin aufsuchte. Diese stellte beim Ultraschall fest, dass die Zyste an meinem Eierstock, die gleichzeitig mit der Leukämie aufgetreten war, deutlich gewachsen war. Meine Ärztin war alles andere als begeistert darüber und schickte mich umgehend in die Frauenklinik zu weiteren Untersuchungen.
Während ich im Gang der Klinik darauf wartete, aufgerufen zu werden, las ich ausgerechnet in Doreens Buch »Engel der Erde«, dass inkarnierte Engel weiblichen Geschlechts zu Zysten neigen, da sie Partner haben, die große Probleme haben und denen sie, egal, wie schlecht sie behandelt werden, zur Seite stehen. Ich musste sofort an meinen Ex-Freund denken. Genau in dieser Zeit war die Zyste aufgetaucht, und aufgrund der Leukämie hatte ich ihr einfach keine weitere Bedeutung beigemessen. Nun war es wohl an der Zeit, dies zu tun.

Da ein Notfall eingeliefert worden war, verzögerte sich alles. Ich wurde immer unruhiger und hatte plötzlich das tiefe Wissen, dass meine Untersuchungsergebnisse alles andere als erfreulich sein würden.
Endlich war ich an der Reihe. Ich wappnete mich innerlich, um das, was ich zu hören bekommen würde, zu verkraften. Die Miene des jungen Arztes sprach Bände. Ich spürte, wie sich, trotz warmer Sommertemperaturen, eine eisige Kälte in mir ausbreitete. Wie durch einen Schleier hindurch vernahm ich die Stimme des Gynäkologen, der sagte: »Es tut mir leid, Ihnen mitteilen zu müssen, dass die Ultraschallbilder alles andere als gut aussehen. Vermutlich handelt es sich um einen Tumor. Da es keine Möglichkeit gibt zu sehen, ob dieser gut- oder bösartig ist, rate ich Ihnen umgehend zu einer Operation. Glauben Sie mir, ich rate nur dazu, weil es wirklich absolut notwendig ist. Zur Sicherheit hole ich jedoch noch die Meinung meines Chefs ein. Warten Sie bitte.«
In mir schrie alles: »Das darf doch nicht wahr sein! Ich helfe ständig so vielen Menschen, und dann so etwas!!!«
Völlig entsetzt zog ich mich an, bis der junge Arzt zurückkehrte.
Auch der Chefarzt war eindeutig der Ansicht, dass die Operation keinerlei Aufschub duldete. Dennoch wurde ich noch in die Ambulanz geschickt, um mich noch mit einer Frauenärztin ausführlicher unterhalten zu können. Obwohl ich das Gefühl hatte, den Boden unter meinen Füßen zu verlieren, erinnerte ich mich daran, die Engel auf der Stelle um Hilfe zu bitten. Mir war klar, dass ich mich nicht sofort unter das Messer legen würde. Schließlich hatte ich genug Werkzeug, um meinen Zustand zumindest verbessern zu können. Ich bat Erzengel Raphael, mich einer vernünftigen Ärztin zuzuteilen, mit der ich verhandeln könnte. Ich wollte mir drei Monate erbitten, um Zeit zu haben, alles Mögliche zu unternehmen.
Kaum betrat ich das Arztzimmer spürte ich, dass ich mich genau der richtigen Person gegenüber befand. Frau Dr. Eisner fragte mich zuerst nach meiner Geschichte und war äußerst aufmerksam. Zum Schluss meinte sie, da die Zyste nicht riesengroß sei und schon seit Jahren existieren würde, sähe sie keinen Zugzwang. Ich sollte jetzt erst einmal den Sommer genießen und nach einem Monat wieder kommen, außer die Schmerzen verstärkten sich. Ich hörte regelrecht, wie mir Steine vom Herzen fielen.

Als ich Hubert anrief, um ihm die Nachricht mitzuteilen, fühlte ich mich dennoch ziemlich scheußlich. Hubert hingegen nahm die Enthüllungen recht gelassen entgegen. Er meinte nur: »Das kriegen wir schon hin«, was mich in dem Moment nicht gerade besonders unterstütze. Andererseits hatte er natürlich Recht, denn es macht überhaupt keinen Sinn, sich ins Drama zu stürzen. Dennoch brauchte ich einen halben Tag, um mich von dem Schlag zu erholen. Wie ein Embryo rollte ich mich im Bett ein, um mich nicht so ausgeliefert zu fühlen. Ich war für einige Zeit nicht in der Lage, auch nur irgendetwas zu tun. Über mir lag auf einmal eine bleierne Müdigkeit, die es mir unmöglich machte, mich auch nur zu bewegen. Zum Glück trat dann nach einer Weile wie aus dem Nichts ganz plötzlich wieder die Kämpferinnennatur in mir zutage, und ich sprang aus dem Bett. Wieder einmal beschloss ich, nur meinem allerengsten Kreis mitzuteilen, wie es um mich stand, denn ich wollte keine Angst- und Sorgenenergie abbekommen.

Am Tag danach nahm ich mir endlich wieder die Zeit (nach einem dreiviertel Jahr!), für mich selbst zu channeln. Die Botschaften, die ich von Kwan Yin und Brigit erhielt, sprachen Bände. Kwan Yins Worte lauteten unter anderem: »*Deine Freiheit ist im Augenblick dein höchstes Gut, das es wahrlich zu verteidigen gibt, und zwar mit Michaels Schwert der Wahrheit und des Lichts. Es ist ein Leichtes für ihn, dich in jeder Sekunde in deine Freiheit zu entlassen, sollte dich irgendetwas oder irgendjemand daran hindern. Wisse, du bist Gott/Göttin, so wie jeder Mensch. Erlaube dir endlich, die Göttin zu sein, die du in Wahrheit bist. Gehe in deine Kraft und deine Macht, du kannst sie nicht missbrauchen, denn du hast den größten Teil deines Egos bereits hinter dir gelassen. Das ist notwendig zur Heilung deiner Unterleibsgeschichte. Ich möchte keine anderen Worte dafür gebrauchen, denn du weißt, welche Kraft Worte in sich bergen. Es gibt in dir noch einen Teil der Schmerzen, die dir Männer in diesem und in früheren Leben zugefügt haben. Es ist an der Zeit, dies in Liebe aufzulösen. Auf der mentalen und spirituellen Ebene hast du all das längst losgelassen. Doch in deinem Emotionalkörper befindet sich noch etwas davon. Morgen, wenn du mit dem Laserstrahl arbeitest, bitte darum, dass dein Emotionalkörper von all dem Missbrauch befreit wird. Mache auch die Übung aus Diana Coopers Buch »Discover Atlantis« (»Entdecke Atlantis«), in der es um das Loslassen der alten Partner* aus der Aura geht. Das ist dringend notwendig, und bitte auch da darum, dass es bis in alle alten Leben hinein wirkt. Vielleicht ist ein komplettes Clearing daraufhin nicht mehr notwendig, denn diese Bilder möchte ich dir beim besten Willen ersparen. Viel davon ist in deinem Unterleib gespeichert und trug zum Entstehen deiner jetzigen Geschichte bei. Da du darum gebeten hast, alles loszulassen, was dich von deiner vollkommenen Gesundheit trennt, musste sich dieser Teil bemerkbar machen, denn er ist von bedeutender Wichtigkeit, nicht nur für deine Gesundheit, sondern ebenso für das Heil der Frauen dieser Welt. Du hast einen Teil dieser Last auf deine Schultern genommen von Anbeginn der Zeit. Nicht umsonst warst du Priesterin in Lemurien, Atlantis, Ägypten und Avalon und trägst unbegrenztes Wissen in dir. Dein Körper hat heute wieder einmal (während des »Light Healing«) die Merkaba nachgezeichnet, um dir zu zeigen, wo du dich befindest. Du hast all das Wissen in dir und es offenbart sich dir von selbst. Du brauchst es nicht neu zu erlernen. Du musst dir nur Zeit für dich und deine Entwicklung nehmen. Channeln musste dir auch niemand beibringen, da du es in so vielen Leben bereits getan hattest. In den letzten Monaten hast du dir kaum Zeit für dich selbst genommen, und dennoch hast du dich in großer Geschwindigkeit weiter entwickelt. Doch würde es dir besser gehen, hättest du dir mehr Zeit für dich zugestanden. Die Clearings konnten dich nur deshalb so ausbrennen, weil du dir keine Regeneration danach gegönnt hast. Erinnere dich an Avalon. Siehst du die Bilder?«

»Ja.«

»Nach so harter Anstrengung hast du dich immer alleine in die Natur zurückgezogen, um aufzutanken und zu meditieren. Nachdem du dich erfrischt hattest, was Tage dauern konnte, bist du in die Gemeinschaft zurückgekehrt. Dein Körper hat es dir gedankt und war blühend und voller Gesundheit. Nun möchte Brigit zu Wort kommen. Ich bin immer an deiner Seite und begleite dich bei deiner Heilung. Sei gegrüßt, meine Süße. ICH BIN Kwan Yin.«.

Auch Brigits Worte berührten mich tief: »Es ist an der Zeit, dass du endlich etwas für dich tust und gut für dich sorgst. Ich grüße dich, du Priesterin alter Zeiten. ICH BIN Brigit. Du hast Recht, du hast mich schon die ganze Zeit im Hintergrund gespürt. Mir brennt es in der Seele. Bitte, *rufe mich noch viel mehr an deine Seite. Du brauchst genau meine Energie. Die Energie von Kwan Yin verkörperst du bereits. Du bist Mitgefühl. Wir ehren dich sehr dafür, doch für deine Aufgaben brauchst du auch die feurige Energie, die du in dir trägst, jedoch meist nur beim Klavierspielen oder Tangotanzen entfesselst. Genau diese Energie benötigst du jedoch auch für deine Mission, den Frauen dieser Welt zu helfen, wieder in ihre Kraft zu kommen. Du hast all das alte Wissen, Kwan Yin hat vollkommen Recht. Doch benutze nicht nur deine Sanftmut, sondern auch deine Passion. Sie wird dir helfen, in deine Kraft zu kommen. Bitte auch Pele um Hilfe, deine Leidenschaft auf allen Ebenen neu zu entfachen. Genieße deine Sexualität mit Hubert, tanzt, betrachtet die glühende Abendsonne. Sie regt die unteren Chakren an. Nutzt eure Zeit in Nizza und genießt das Leben in vollen Zügen. Lasst euch verwöhnen, geht essen, genießt eure Körper und ebenso die Elemente, die Sonne, das Meer, den Mond. Findet eine Balance zwischen eurem Mensch- und eurem Gottsein. Das ist es, was ihr beide dringend braucht. Um noch einmal zu deinem Thema zurück zu kommen. Erinnere dich an Avalon und deine Fähigkeit, sowohl zu dienen als auch gut für dich zu sorgen. Siehst du den Halbmond auf deiner Stirn? Du hattest die vollkommene Gabe der Hellsicht in Vergangenheit, Gegenwart und Zukunft. Du bist gerade dabei, all dies wieder zu erlangen. Doch damals hast du besser für dich gesorgt, da sich deine gesamte Umgebung der Anstrengung deiner Arbeit bewusst war. Heute hast du nur wenige Menschen um dich, die begreifen, was für eine Arbeit du da tust. Deswegen ist es so unerlässlich, dass du deine Freiheit erlangst, ganz egal, was die anderen denken. Du musst dich nicht rechtfertigen, wenn du Ruhe, Stille oder eine Auszeit brauchst. Angela kennst du übrigens auch aus Avalon, nebenbei bemerkt. Sie war auch damals an deiner Seite. Sie war deine jüngere Schwester und hat dich aus tiefster Seele verstanden. Deshalb ist es ihr ein Leichtes zu wissen, welche Arbeit du da tust. Es ist gut für euch beide, wenn ihr so viel Zeit wie möglich miteinander verbringt. Angela hilft dir mit ihrem reinen Licht, die Dunkelheit der Geschichten der vielen Menschen, mit denen du zu tun hast, hinter dir zu lassen, während du ihr dabei hilfst, sich langsam wieder zu erinnern. Eure Freundschaft ist Gold wert. Grüße sie bei Gelegenheit von mir und berichte ihr hiervon.*

Nun komme ich noch einmal auf deine Freiheit zurück. Das bedeutet, dich unabhängig davon zu machen, was auch immer irgendjemand von dir möchte, und es hinter dir zu lassen, bis der richtige Zeitpunkt gekommen ist. Hubert hat vollkommen Recht. Deshalb sind Michael und ich die Begleiter für dich, da wir genau dafür stehen. Du wirst langsam müde und so lasse ich dich, meine Liebe. Wisse, alles ist möglich, wenn du die Freiheit lebst, die jeder Göttin zusteht. Ich grüße dich und bin stolz auf dich. ICH BIN Brigit.«

Nachdem ich nach dem Channeln wieder im Hier und Jetzt gelandet war, verstand ich die Zusammenhänge und wusste, dass Heilung ohne Operation möglich war. Das Thema, um das es ging, war, meine Freiheit zu erlangen und zuerst einmal für mich zu sorgen. Ich fühlte mich äußerst erleichtert und voller Hoffnung. Ganz besonders freute ich mich darauf, in drei Wochen wieder mit den Meerengeln in der »Baie des anges« zu schwimmen. Wir hatten die Reise nach Nizza sofort am Vortag gebucht, da uns die wundervolle Heilung durch die Meerengel noch immer vollkommen präsent war. Nach einem halben Tag voller Verzweiflung wusste ich wieder, dass ALLES möglich ist.

Zur gleichen Zeit nahm ich Kontakt mit Dr. Todd Ovokaitys und Chris Marmes auf und berichtete von den Untersuchungsergebnissen. Beide reagierten nicht beunruhigt, sondern unterstützten mich, jeder auf seine besondere Weise. Dr. Todd stellte mir ein ganz spezielles Programm mit Nahrungsmittelergänzungen zusammen, während Chris Marmes alles bestätigte, was ich von Kwan Yin und Brigit erfahren hatte.

Plötzlich dämmerte mir noch etwas. Aufgrund meines neuen Berufs spielte ich nicht besonders regelmäßig Klavier, sondern war ständig für andere Menschen da. Ganz ähnlich war es gewesen, bevor ich von meiner Leukämieerkrankung erfahren hatte. Da Fabian ziemliche berufliche Schwierigkeiten gehabt hatte, musste ich immer mehr unterrichten, um das Geld für uns zu verdienen, und kam kaum mehr zum Klavierüben. Ich hatte innerlich das Gefühl, einzugehen wie eine Primel. Insbesondere weil ich eigentlich nur mit ihm in das Haus in Arnbach gezogen war, um endlich in aller Ruhe zu allen Tag- und Nachtzeiten üben zu können.

In der Klinik hatte ich mir dann geschworen, nie mehr in meinem Leben das Klavierspielen zu vernachlässigen, denn in Louise L. Hays weisem

Büchlein »Heile deinen Körper« stand bei Leukämie unter »Wahrscheinlicher Grund« der Erkrankung, dass die Inspiration brutal abgewürgt wurde, was sich eindeutig richtig anfühlte.
Wieder war ich in meinem Leben an einem ähnlichen Punkt angelangt. Ich fühlte mich für das Wohl der anderen so verantwortlich, dass ich nicht mehr das tat, was ich für mein eigenes Leben wie die Luft zum Atmen brauchte. Ich nahm mir eisern vor, dass dies das letzte Mal sein sollte, dass ich es so weit hatte kommen lassen.
Es lagen jedoch noch einige Wochen voller Verpflichtungen vor mir, die ich nicht so einfach fallen lassen konnte.
Als ich an einem Samstag nach endlosen Readings völlig erschöpft zu Hubert kam, meinte er: »Übrigens ist heute statt der »Om-CD« von Master Choa Kok Sui (Begründer der Prana-Heilung), die du haben wolltest, ein Buch von Bärbel Mohr angekommen. Erst wollte ich es sofort zurückschicken. Doch dann hatte ich plötzlich das Gefühl, dass die Engel mit dieser Verwechslung etwas bezweckt haben und dass du das Buch brauchst. Was meinst du?«, woraufhin er mir das Buch »Neue Dimensionen der Heilung« hinhielt.
Ich nahm es in die Hand und spürte augenblicklich, dass es zu mir wollte. »Ja, du hast Recht. Ich habe das gleiche Gefühl. Danke.«
Ich war jedoch zu müde, um herauszufinden, weshalb das Buch bei mir gelandet war.
Am nächsten Tag hatte ich dann etwas freie Zeit für mich. Ich packte eine Isomatte, eine Decke, eine Flasche Wasser und das besagte Buch ein und machte mich auf den Weg in den nächstgelegenen Park. Ich begann, »querfeldein« zu lesen, bis ich das Kapitel »Prana-Heilung« aufschlug. Mir sprang der Name »Angelika Hanke« regelrecht ins Auge. Angelika Hanke ist seit mehreren Jahren die so genannte Haus- und Hof-Pranaheilerin von Bärbel Mohr. Ich spürte ganz tief in mir, dass ich unbedingt einen Termin bei dieser Dame ausmachen wollte. Normalerweise passiert mir das nie. Ich gehe nach all meinen abenteuerlichen Erlebnissen mit Ärzten, Therapeuten und Heilern nur noch zu Menschen, die mir von jemandem, dem ich absolut vertraue, empfohlen worden sind. Doch irgendwie wusste ich, dass es mit dieser Frau etwas Besonderes auf sich hatte. Ich konnte es kaum erwarten, sie am folgenden Morgen, einem Montag, anzurufen, denn ich wollte unbedingt

vor meiner nächsten Untersuchung in der Frauenklinik einen Termin bei ihr. Ich vermutete, dass dies gar nicht so einfach sein würde, da ich auch noch eine Woche nach Nizza fahren würde.
Als es dann endlich so weit war, erreichte ich nur den Anrufbeantworter, hinterließ jedoch meine Nummer. Da jedoch alles in mir drängte, rief ich eine halbe Stunde später noch einmal an, was ich normalerweise nie tue. Und prompt war Frau Hanke am Apparat. Sobald ich ihre Stimme hörte, wusste ich, dass mich mein Gefühl nicht getrogen hatte. Sie lachte herzlich, als ich ihr die Verwechslungsgeschichte mit der CD und dem Buch erzählte, und meinte: »Das kann ja wirklich kein Zufall sein!«
Wir verstanden uns auf Anhieb, und ich bekam genau den Termin, den ich mir gewünscht hatte, da aufgrund der Ferienzeit etwas frei geworden war. Glücklich legte ich auf und wusste, dass ich der Heilung meiner Unterleibsgeschichte einen Schritt näher gekommen war.
Ein paar Tage später saßen Hubert und ich endlich im Flieger nach Nizza. Ich konnte es kaum erwarten, nach zwei Jahren wieder an diesem Ort anzulangen. Doch ich ahnte nicht, dass ich dort erst vor Erschöpfung zusammenbrechen würde. Kaum kamen wir in dem Apartment an, das wir gemietet hatten, war ich nicht mehr in der Lage, mich auf den Beinen zu halten. Scheinbar zeigte mir mein Körper erst in dem Moment, in dem ich nicht mehr funktionieren und meine Termine einhalten musste, wie ausgebrannt er war. Ich legte mich aufs Bett und schleppte mich nur zum Essen an den Tisch und hatte auch dabei große Mühe, mich aufrecht zu halten. Es war wirklich erschreckend, und ich war vollkommen entsetzt, was ich mir selbst wieder einmal angetan hatte. Ich konnte es nicht fassen, dass ich trotz der Leukämie, die nun alles andere als ein Pappenstiel gewesen war, noch immer nicht gelernt hatte, auf meine Energie aufzupassen, wenn um mich herum die Menschen um Hilfe riefen. Ich schwor mir aus tiefstem Herzen, dass so etwas nie wieder vorkommen würde. Auch Hubert war schockiert und sagte: »Es kann ja wohl nicht sein, dass wir jahrelang damit beschäftigt sind, dein Leben zu retten, und kaum kannst du wieder krabbeln, hilfst du Tag und Nacht anderen und gehst selbst wieder am Krückstock! Dafür haben wir nicht all die Jahre gekämpft. Jetzt ist es endlich daran, dass wir unser Leben genießen. Ich habe keine Lust mehr darauf, dass sich

deine Klienten auch an den Wochenenden in unserem Leben breit machen.«

Er hatte ja so Recht. Seine Idee, mir vor drei Tagen endlich ein privates Handy anzuschaffen, so dass ich mein anderes von Freitagabend bis Montagmorgen ausschalten konnte, brachte schon eine große Erleichterung für mich. Auch wenn ich nicht vorhatte, am Wochenende irgendwelche Beratungen oder Fernheilungen zu machen, hatte mich doch jeder Anruf aus meiner Ruhe gebracht. Zudem mussten die Menschen lernen, dass ich keine Notrufstation war.

Während all dieser Überlegungen fiel mir plötzlich ein, dass ich vor ein paar Monaten Erzengel Michael und Brigit gebeten hatte, mich vor mir selbst zu schützen. Daraufhin hatten Michaels unmissverständliche Worte gelautet: »*Wenn du nicht von selbst lernst, Nein zu sagen und gut auf deine Energie aufzupassen, kann das sehr schmerzhaft für dich werden. Ich warne dich!*«

Nun wusste ich, was er gemeint hatte. Ich war so traurig und deprimiert, dass ich meine erste Zeit in Nizza wieder einmal liegend verbrachte, so dass ich alles andere als ein angenehmer Zeitgenosse für Hubert war. Was mir besonders zu schaffen machte, war, dass ich mir all dies, trotz besseren Wissens, selbst eingebrockt hatte. Ich musste wirklich aufpassen, mich nicht vollkommen zu verurteilen.

Als ich es dann jedoch schaffte, mich ans Meer zu schleppen, und ich das herrlich glitzernde türkisblaue Wasser sah, war ich wie ausgewechselt. Ich sprang in die Fluten und begrüßte meine geliebten Freundinnen, die Meerengel. Sie umringten mich wie in einem Tanz und freuten sich offensichtlich, mich zu sehen. Von Coventina, die ich öfters am Starnberger See getroffen hatte, wussten sie schon von meiner Unterleibsgeschichte und wollten mir selbstverständlich wieder bei meiner Heilung helfen. Dane bat, mich auf dem Rücken liegend treiben zu lassen, so dass sie sofort mit der Arbeit beginnen konnten. Ich spürte und sah, wie die Meerengel negative Energien aus meiner Aura zupften und entfernten, und fühlte mich augenblicklich besser.

Am späteren Nachmittag, als ich gerade die Sonnenstrahlen auf meinem Körper genoss, vernahm ich auf einmal die Stimme von Erzengel Haniel. Sie sagte: »*Ihr Lieben, nutzt die Nächte um den Vollmond noch auf andere Weise, als ihr es bisher immer getan habt. Geht nicht nur* am Meer spazieren, sondern schwimmt und nehmt im Wasser die vielfach verstärkte Mondenergie auf. Der Mond und die Gezeiten des Ozeans sind untrennbar miteinander verbunden. Wenn ihr also zu diesen besonderen Zeiten nachts schwimmt, passiert in einer Nacht unendlich viel mehr als in vielen einzelnen Mondnächten, die ihr nicht am Meer verbringt. Es wird viel Heilung geschehen, auf physischer sowie auf seelischer Ebene. Ich bitte euch, in allen drei Nächten zu schwimmen. Wenn ihr dafür sorgt, dass ihr euch vorher und nachher warm haltet, braucht ihr euch nicht vor einer Erkältung oder dergleichen zu fürchten.«

Sofort erzählte ich Hubert von Haniels Worten. Wir waren uns auf der Stelle einig, all den Anweisungen von Haniel zu folgen.

Am nächsten Abend war es so weit. Es war die Nacht vor dem Vollmond, in welcher es möglich ist, ganz viel Energie zu tanken. Zu Hause legen und stellen wir in dieser Nacht immer alle unsere Steine, unseren Schmuck, wichtige Öle und eine Wasserkaraffe ins Mondlicht, damit sie davon aufgeladen werden. Jedes Mal bin ich wieder davon begeistert, wie anders sich alles am nächsten Morgen anfühlt. Die Steine pulsieren regelrecht vor Energie.

Jedenfalls packten wir in dieser besagten Nacht in Nizza unsere Badesachen und dicke Jacken ein und liefen durch die noch von Touristen gefüllte Stadt hinunter zum Meer. Ich war ganz aufgeregt, denn ich hatte mir schon vor vielen Jahren in Rio de Janeiro gewünscht, einmal nachts im Meer zu baden. Das war mir damals äußerst romantisch erschienen. Doch bisher hatte es sich nie ergeben.

Hubert machte den Anfang und ging ins Wasser. Auch wenn ich sein Gesicht nicht wirklich erkennen konnte, sah ich, wie sehr er es genoss. Auf einmal spürte ich wieder Haniels Gegenwart neben mir. Sie sagte: *»Halte deine Handflächen in Richtung des Mondes und lasse sie die Mondenergie aufnehmen. Du wirst spüren, wenn sie vollkommen damit aufgeladen sind. Danach platzierst du sie auf deinem Unterleib genau dort, wo sich die Zyste befindet. Der Mond und die Menstruationszyklen der Frauen sind ebenso miteinander verbunden wie der Mond und die Gezeiten des Ozeans. Daher hat Mondlicht insbesondere für Frauen eine starke heilsame Wirkung. Teile dies bitte von nun an den Frauen in deinen Kursen mit.«*

Ich tat, wie mir geheißen, hob meine Hände in die Höhe und nahm das Mondlicht mit meinen Handflächen auf. Ich spürte, wie meine Hände auf eine vertraute, jedoch ganz besondere Art zu kribbeln begannen. Als ich den Eindruck hatte, dass meine Hände nicht noch mehr Energie aufnehmen konnten, legte ich sie auf meinen rechten Eierstock und dessen Umgebung. Mein Unterleib schien sich augenblicklich zu entspannen. Es fühlte sich ganz wohlig an.

Da kam Hubert freudestrahlend aus dem Meer. Er meinte, das sei noch viel besser als am Tag zu schwimmen. Das ließ ich mir nicht zweimal sagen. In Windeseile entkleidete ich mich bis auf meinen Bikini und lief ins Wasser. In dem Augenblick, in welchem die Mondstrahlen im Meer auf mich trafen, spürte ich eine Magie, die über alles hinausging, was ich je in dieser Hinsicht erlebt hatte. Es war, als würde ich in einer anderen, paradiesischen Ebene landen. Ich schwamm und schwamm im Mondenschein und fühlte, wie ich von einer sehr sanften und zugleich äußerst kraftvollen Energie angefüllt wurde. Ich konnte gar nicht genug davon bekommen. Irgendwann siegte jedoch die Vernunft und meinte, ich sollte nun endlich wieder ans Ufer schwimmen und mich anziehen. Wunderbar erfüllt liefen Hubert und ich zurück zu unserem Apartment und fielen ganz leicht in einen tiefen, erholsamen Schlaf.

Am nächsten Morgen fiel es mir zum ersten Mal seit Ewigkeiten wieder leicht, aus dem Bett zu kommen. Ich war ausgesprochen erleichtert, denn ich merkte, wie sich die Unzufriedenheit der letzten Wochen langsam wieder auflöste. Endlich hatte ich auch Lust und Kraft, Susanna noch einmal zu sehen. Wir hatten sie und Dario am Anfang unseres Urlaubs getroffen und einen gemeinsamen Ausflug unternommen. Einerseits hatte ich mich natürlich sehr gefreut, die beiden nach zwei Jahren endlich wieder zu sehen, andererseits jedoch hatte ich gemerkt, dass ich einfach zu erschöpft war, um zu reden. Nach der magischen Mondnacht fühlten sowohl Hubert als auch ich uns jedoch derartig gestärkt, dass wir uns mit Susanna verabredeten und einen gemütlichen Nachmittag im Vieux Nice und am Meer miteinander verbrachten.

Nachts machten Hubert und ich uns dann bei Vollmond wieder auf in Richtung Meer. Dieses Mal, um Dinge loszulassen, die uns an dem Leben hinderten, das wir uns wünschten. Haniel hatte uns angewiesen, alles, was wir loslassen wollten, auf ein Blatt Papier zu schreiben, den Ozean und die Meerengel zu fragen, ob wir diese Zettel im Wasser zerreißen dürften, und dann schwimmend im Mondlicht noch einmal auszusprechen, was wir hinter uns lassen wollten, das Papier auseinander zu reißen und im Wasser davontreiben zu lassen. Haniel sagte, das sei in ähnlicher Weise kraftvoll wie das Ritual, das wir unter der Anleitung von Steven in Kalifornien erlebt hatten. Nach unserem Erlebnis in der vorhergehenden Nacht konnten wir uns das bestens vorstellen. Was wir jedoch nicht ahnten, war, dass der Prozess des Loslassens äußerst anstrengend ist, und zwar nicht nur für den physischen Körper, sondern ebenso für die feinstofflichen Körper. Nach unserem Vollmondmeerbad fühlten wir uns zuerst äußerst erfrischt und von vielen Lasten befreit, was einfach himmlisch war.

Dementsprechend früh standen wir am Tag danach auf, um keine kostbare Zeit mit Schlafen zu verplempern. Das sollte uns jedoch noch Leid tun. Am Nachmittag hatten wir plötzlich den Eindruck, als hätten wir Blei in unseren Gliedern. Wir konnten uns das überhaupt nicht erklären, daher fragten wir die Engel. Die lakonische Antwort lautete: »*Hättet ihr uns nur früher gefragt. Dann hätten wir euch dringend dazu geraten, nach der Vollmondnacht auszuschlafen. Euch ist anscheinend nicht bewusst, was für ein tief greifender Prozess bis hinein in die Zellebene stattfindet, wenn ihr eine derartig transformierende Zeremonie abhaltet. Bitte gebt allen anderen mit auf den Weg, dass sie sich den Tag nach einer solchen Reinigung frei halten und nichts planen sollen, um nur das zu tun, was der Körper braucht. Insbesondere der Schlaf nach einer derartigen Nacht ist essentiell. Merkt euch das bitte für die Zukunft.*«

Wieder einmal hatten wir eigenmächtig gehandelt, obwohl wir es doch längst besser wissen mussten. Wir waren ziemlich traurig darüber, denn unsere Urlaubswoche neigte sich dem Ende zu, und wir fühlten uns noch nicht wirklich erholt. Wir hätten beide dringend mindestens zwei Wochen Urlaub gebraucht, doch die Arbeit rief schon längst wieder. In zehn Tagen sollte mein erstes »Kommunikation mit Engeln«-Seminar in München stattfinden. Außerdem musste ich mich endlich intensiv meinem Recital-Programm für das »DNA-Seminar« von Dr. Todd Ovokaitys in zwei Monaten widmen. Des Weiteren stand auch noch der »1. Internationale Engel-Tag« vor der Tür, den Hubert und ich in München abhalten wollten.

Mein Kopf begann schon im Flugzeug nach Hause wieder zu rattern.
Der Erschöpfungszustand war einfach zu tief gewesen, als dass er sich in einer Woche hätte auflösen lassen.
Daher hoffte ich sehr, dass mir der Termin bei Angelika Hanke, der in Kürze bevorstand, entscheidend weiterhelfen würde.

– 76 –
Zeichen der Engel

Da ich nicht gerade vor Kraft strotzte, fuhr Hubert mich zu Frau Hanke. Ich war sehr neugierig, was für eine Person mich da erwartete. In den Heilerkreisen gab es die unterschiedlichsten Erscheinungen.
Als ich schließlich vor der Haustür stand, öffnete mir eine äußerst attraktive Frau, die mir irgendwie bekannt vorkam und mir auf Anhieb sehr sympathisch war. Ich fand jedoch keine Erinnerung an sie in meinem Gedächtnis, was seltsam war, denn normalerweise konnte ich mir Gesichter extrem gut merken.
Nach einer herzlichen Begrüßung schickte Frau Hanke mich die Treppe hinauf und sagte, dass sie gleich mit Tee nachkommen würde. Ich landete in einem wunderschönen Zimmer. Es lag ein himmlischer Duft in der Luft, der mich sofort in einen herrlich entspannten Zustand brachte. Auch die Energie des Raumes fühlte sich sehr rein und klar an. Ich wusste, meine Intuition hatte mich an den richtigen Ort geschickt.
Frau Hanke kam mit einer edlen Teekanne und hauchzarten Tassen zurück und bot mir einen köstlichen Tee an, der mein Wohlbefinden noch weiter verstärkte. Bevor es zur eigentlichen Prana-Behandlung kam, sprachen wir zuerst eine Stunde über meine Themen. Es war äußerst spannend, denn ich erzählte nicht, was ich beruflich machte. Doch alles, was sie anhand meines Geburtsdatums herausgefunden

hatte, deckte sich mit meinem eigenen Wissen. Sie sagte auch gleich dazu: »Eigentlich brauche ich Ihnen all das gar nicht erzählen, denn Sie wissen es bereits. Das Thema, um welches in Ihrem Leben geht, ist, Ihre Freiheit für sich selbst zu beanspruchen. Sie haben in dieser Hinsicht schon sehr an sich gearbeitet. Doch es fällt Ihnen noch immer schwer, Nein zu sagen, wenn es sich um Hilferufe, insbesondere aus Ihrem engsten Kreis, handelt. Das ist jedoch das A und O, damit Sie in den vollen Besitz Ihrer Kraft kommen.«

Ich konnte nur lachen. Sie war auch der Ansicht, dass die Unterleibsgeschichte nicht weiter dramatisch war, sondern sich verabschieden würde, sobald ich gelernt haben würde, meine Bedürfnisse an erste Stelle zu setzen.

Ich war sehr gespannt, was sie finden würde, wenn sie meine Aura abtasten würde. Schließlich hatte ich gesehen, wie die Meerengel dunkle Energien aus meinem Unterleib gezogen hatten. Dabei hatte ihr Kommentar folgendermaßen gelautet: »*Das Gefährliche ist jetzt entfernt.*«

Als Frau Hanke mein Energiefeld zu scannen begann, war sie ganz begeistert von meiner Aura. Sie meinte, es gäbe nur Schwachstellen am Sexual- und am Halschakra, was kein Wunder sei, da diese beiden Chakren in Zusammenhang miteinander stehen. Nachdem sie damit fertig war, legte sie Musik auf und bat, mich auf eine Art Diwan zu legen und für eine Weile in einem bestimmen Rhythmus zu atmen.

Sobald Frau Hanke an meinem Energiefeld zu »zupfen« anfing, spürte ich, wie die Energie in meinem Körper immer fließender wurde. Ich sah herrliche Kaskaden von kristallinem, blauem, violettem und goldenem Licht und fühlte mich, als würde ich immer leichter werden. Die glockenhelle Stimme auf der CD hatte auch großen Anteil an diesem Gefühl. Ich war beinahe traurig, als mich Frau Hanke am Ende der Sitzung wieder in die Gegenwart zurückholte. Sie scannte noch einmal sowohl meine innere als auch meine äußere Aura und sagte: »Das ist fantastisch. Sie sind derartig durchlässig, dass die Energien sofort in Ihnen zu wirken beginnen. Ihre Chakren sind jetzt ausgeglichen und Ihre äußere Aura geht bis über diesen Raum hinaus.«

Ich freute mich natürlich sehr darüber, das zu hören.

Als wir alles Wesentliche besprochen hatten, fragte Frau Hanke, ob ich noch einen Moment Zeit hätte, denn sie hätte noch einige Fragen an

mich. »Selbstverständlich«, antwortete ich, worauf Frau Hanke sagte: »Sie haben vorhin erzählt, dass sie am liebsten zu einer Heilerin nach Kalifornien geflogen wären, als Sie von der Unterleibsgeschichte erfahren haben. Dreht es sich dabei um Doreen Virtue?«
»Nein, sondern um eine Freundin von Doreen Virtue. Ich selbst jedoch habe die Angel Therapy Pracititioner®-Ausbildung bei Doreen in Kalifornien gemacht.«
Daraufhin rief Frau Hanke voller Begeisterung: »Jetzt weiß ich, woher ich Sie kenne! Sie standen zusammen mit Doreen Virtue beim »Internationalen Engel-Kongress« in Hamburg auf der Bühne. Ich war dort, denn ich wollte wissen, ob es Teil meiner Aufgabe ist, auch noch die Engel in meine Arbeit einzubeziehen. Als Doreen ihre Schüler nach vorne rief, habe ich aus der Entfernung alle Energiefelder abgescannt. Dabei war mir klar geworden, dass ich nur von Doreen selbst oder von Ihnen ein Angel Reading bekommen wollen würde. Doch irgendwie war ich der Ansicht, dass sowohl Doreen als auch Sie in den USA leben würden. So bat ich die Engel um ein anderes Zeichen, welches mir sagen würde, ob ich mich noch intensiver mit ihnen beschäftigen sollte. Als in Hamburg nichts Besonderes mehr passierte, fuhr ich leicht enttäuscht nach Hause zurück. Und jetzt stehen ausgerechnet Sie vor meiner Haustüre. Das ist einfach unglaublich!«
Ich staunte nicht schlecht über diese Enthüllungen und meinte lachend: »Jetzt weiß ich, warum das Buch von Bärbel Mohr bei mir landen musste. Nicht nur, damit ich eine schöne Prana-Sitzung bekomme, sondern auch, dass Sie endlich Ihr Zeichen bekommen!« Wir fielen uns lachend um den Hals und sagten gleichzeitig: »Ich bin aber sicher, dass wir uns nicht nur vom Engel-Kongress, sondern schon von früher (aus einem früheren Leben) kennen!«
Völlig begeistert schauten wir uns an und wussten, dass dies der Anfang einer ganz besonderen Beziehung war. Angelika bot mir daraufhin das Du an, was sie normalerweise nie nach der ersten Sitzung tut. Aber das Sie war einfach vollkommen fehl am Platz. Wir verabschiedeten uns und waren beide glücklich über diese außerordentliche Begegnung. Wenige Tage später meldete sich Angelika schon zusammen mit ihrer Mutter zu unserem »1. Internationalen Engel-Tag« an, da sie das Zeichen erkannt hatte, dass es an der Zeit war, sich tiefer mit den Engeln zu befassen.

Bis zu meinem nächsten Kontrolltermin in der Frauenklinik hatte ich noch eine Woche Zeit. Ich behandelte mich selbst viel mit Magnified Healing® und bekam auch noch eine Fernheilung von Gido, der inzwischen seine Heilerfähigkeiten auch weiter entwickelt hatte. Ebenso wie Angelika und auch ich erhielt Gido die Botschaft, dass meine Unterleibsgeschichte nicht weiter bedenklich war. Natürlich lag es an mir, ob sich mein Zustand weiterhin verbessern oder wieder verschlechtern würde. Ich musste Tag für Tag lernen, auf mich und meine Energie besser aufzupassen. Es war alles andere als leicht für mich, insbesondere da mein erstes Engel-Seminar »Kommunikation mit Engeln« bevorstand. Doch ich tat mein Bestes.

Dann war es so weit, und das Seminar stand vor der Tür. Die Teilnehmerzahl war auf acht Menschen begrenzt, da ich für jede Person da sein wollte. Es war eine besonders homogene Gruppe, so dass es eine einzige Freude war, die sechs Frauen und zwei Männer in die Welt der Engel und Erzengel und der spirituellen Kanäle einzuführen. Innerhalb kürzester Zeit entstand eine wunderbare Einheit, und die Schwingung im Raum stieg zusehends. Es war offensichtlich, dass sich alle schon vorher auf dieses Seminar vorbereitet hatten und sich an die Anregungen der Engel hielten, die ich zur Einstimmung verschickt hatte. Mit jedem Reading, das die Teilnehmer gaben, wuchs das Vertrauen in die eigenen Fähigkeiten. Die Botschaften wurden klarer, und alle waren begeistert.

Am Abend des zweiten Tages channelte ich zum Abschluss eine Meditation. Ich wusste, wie immer, nicht, was kommen würde. Es brauchte großes Vertrauen, sich einfach hinzugeben und zu warten, dass die Worte aus mir heraus fließen würden. Ich ging in mein Inneres, und schon ging es los. Die Meditation wurde zu einer Reise zur Verschmelzung mit dem Höheren Selbst sowie zu einer Begegnung mit den eigenen Schutzengeln. Da ich mich beim Channeln in einem Halb-Trancezustand befinde, verlor ich jegliches Zeitgefühl. Als ich geendet hatte, spürte ich, dass alle in eine höhere Ebene gereist waren. Alle Auren waren viel heller und strahlender. Es dauerte, bis alle Teilnehmer wieder im Hier und Jetzt gelandet waren.

Daraufhin hielt ich eine Schlussrede und bedankte mich bei allen für die wundervolle Energie, die ein jeder mitgebracht hatte. Auch alle

Teilnehmer bedankten sich der Reihe nach bei mir, den anderen und mit einem Blick gen Himmel bei den Engeln. Da vernahm ich plötzlich ein glockenhelles Lachen und hörte: »*Warum schaut ihr denn nach oben? Wir stehen doch vor euch!*«
Als ich dies mitteilte, fingen alle an, herzlichst zu lachen, und uns wurde noch einmal mehr bewusst, wie nahe uns die Engel tatsächlich sind. Voller Dankbarkeit umarmten wir uns und gingen noch gemeinsam zum Essen, um den Abend in aller Ruhe ausklingen zu lassen.
Zwei Tage später brachte mich Hubert schließlich zur Frauenklinik. Ich war vollkommen ruhig, im Gegensatz zu meinem ersten Besuch dort, und war mir sicher, dass ich positive Nachrichten erhalten würde. Als ich mich so weit ausgezogen hatte, dass ich mich zum Ultraschall auf den Stuhl setzen konnte, meinte eine der Arzthelferinnen mit einem Zwinkern in den Augen: »Wer weiß, vielleicht ist ja ein Wunder geschehen, und die Zyste hat sich in Luft aufgelöst?!«
Ich war zwar sicher, dass dies noch nicht der Fall war, aber dennoch empfand ich diesen Ausspruch als ein weiteres positives Zeichen. Auch Frau Dr. Eisner wirkte wieder äußerst Vertrauen erweckend, so dass ich ganz entspannt auf das Ergebnis des Ultraschalls wartete. Die freudige Nachricht war, dass die Zyste weniger Wände hatte. Auch eine der Ausbuchtungen war verschwunden. Frau Dr. Eisner meinte, eine Operation sei definitiv nicht notwendig. Die Entscheidung läge jedoch bei mir. Ich bedankte mich herzlich und sagte, dass ich mich gegen einen operativen Eingriff entschieden hätte. Ich war nicht nur absolut glücklich über das Untersuchungsergebnis, sondern auch darüber, dass all die Botschaften, die Angelika, Gido und ich erhalten hatten, der Wahrheit entsprachen. Einmal mehr hatte sich mein Vertrauen in die Engel, Meerengel und Göttinnen ausgezahlt.

Salzburg

Langsam rückte das »DNA-Seminar« von Dr. Todd Ovokaitys in Salzburg immer näher. Und somit war es höchste Zeit, mich intensiv mit den Stücken von Bach, Beethoven, Chopin, Satie, Granados, Rachmaninoff, Villa-Lobos und Piazzolla zu beschäftigen, die ich dafür zusammen mit den Engeln und insbesondere den Meerengeln in Laguna Beach ausgewählt hatte. Ich fuhr, so oft ich konnte, nach Berg am Starnberger See, um auf dem hinreißenden Steinway-Flügel von Angelas Eltern zu üben. Gleichzeitig nahmen Angela und ich uns den Rat von Brigit zu Herzen und verbrachten möglichst regelmäßig Zeit miteinander.
Nachdem ich jeweils mehrere Stunden an meinem Programm »Musik für die Seele« gearbeitet hatte, verabschiedete ich mich von Angelas Eltern und machte mich auf den Weg zu Angela, die nur ein paar Straßen weiter wohnt. Meistens wartete sie schon mit einem himmlischen Essen auf mich, so dass ich meine Batterien nach dem anstrengenden Üben wieder auffüllen konnte.
Da wir beide ausgesprochene Wasserratten sind, hielten uns weder Wind noch Wetter davon ab, im Starnberger See zu schwimmen, wenn schon längst niemand sonst mehr im Wasser zu sehen war. Wir genossen die absolute Stille und das Einssein mit den Elementen.
Eines Nachmittags, als es zu regnen anfing, während wir schwammen, öffnete sich plötzlich die Wolkendecke über uns und es erschien eine Art Lichtpforte am Himmel. Wir spürten, dass wir von unzähligen Lichtwesen umgeben waren. Es war, als würden wir von einem Mantel aus Liebe umhüllt werden. Danach schwebten wir beinahe aus dem Wasser und fühlten uns wunderbar gereinigt. Auch wenn Schwimmen immer eine reinigende Wirkung hat, war es dieses Mal etwas ganz Besonderes gewesen.
Drei Wochen später sollte ich nach vielen Jahren wieder ein Konzert im Haus von Christine und Peter, den Eltern von Angela, geben. Natürlich wollte ich das Programm für Salzburg ausprobieren. Ich war vorher ziemlich nervös, denn unter den geladenen Gästen saßen hauptsächlich

Musiker und Musikkenner. Zudem hatten mich einige von ihnen schon vor Jahren gehört, und ich hoffte wirklich, dass ich ihre Erwartungen nicht enttäuschen würde. Denn mir war klar, dass ich an meiner alten Virtuosität gemessen werden würde, und ich hatte doch einige Zeit pausiert. Somit war es für mich wie eine Art Feuertaufe vor Salzburg. Nachdem ich mich auf dem Steinway eingespielt hatte, zog ich mich zurück, um noch in mich zu gehen. Ich rief die Erzengel Sandalphon, Zadkiel und Michael sowie die Göttinnen Brigit, Kwan Yin und Sarasvati an meine Seite. Ganz speziell sprach ich jedoch mit Erzengel Haniel, denn sie ist diejenige, die bei Lampenfieber und hoher Sensibilität hilft. Langsam spürte ich, wie sich zur Nervosität auch eine ganz eigentümliche Ruhe gesellte.

Als endlich auch der letzte Gast eingetroffen war, setzte ich mich an den Flügel und begann zu spielen. Nach dem ersten Satz der »Mondschein-Sonate« von Beethoven wich der größte Teil der Anspannung von mir, und ich spürte, wie sehr es mir gefehlt hatte, vor Publikum zu spielen. Ich begann mich immer mehr in meinem Element zu fühlen. Die Mischung aus meditativen, stillen Werken und emotionsgeladenen Stücken schien ihre Wirkung zu entfalten. Der Beifall wurde immer intensiver. Beinahe alle Gäste teilten mir nach dem Konzert mit, dass die Musik ihr Herz oder ihre Seele berührt hatte. Das machte mich besonders glücklich, denn das war es, was dieses spezielle Programm auslösen sollte. Somit war ich guter Hoffnung, dass auch das völlig anders geartete Publikum in Salzburg von dieser Art von Musik berührt sein würde.

Besonders erleichtert war ich jedoch, als ich hörte, dass mein Klavierspiel gegenüber früher an Tiefe und Ruhe gewonnen hatte, was sich augenscheinlich in keinerlei Hinsicht negativ auf mein leidenschaftliches Temperament und meine Virtuosität ausgewirkt hatte.

Auch Hubert, der mich seit Ewigkeiten nicht mehr gehört hatte, war äußerst zufrieden. Natürlich gab es Dinge, die noch zu verbessern waren. Dennoch war ich ausgesprochen dankbar, dass ich nach mehreren Jahren endlich wieder in der Lage war, ein Recitalprogramm nicht nur durchzuhalten, sondern auch am Tag danach fieberfrei zu bleiben. Das war wahrhaftig ein großer Sieg. Ich hoffte sehr, dass mir auch in Salzburg nicht die Puste ausgehen würde, denn es war viel anstrengender,

an zwei aufeinander folgenden Tagen drei musikalische Sets zu spielen und dabei in der hohen Konzentration zu bleiben.
In den verbleibenden zwei Wochen tat ich alles, um so fit wie möglich zu sein. Ich sorgte für ausreichend Schlaf, machte ausgiebig Yoga, meditierte extrem viel, gönnte mir endlich einmal Ruhe von meinen Schülern und Klienten und übte natürlich so viel wie möglich, ohne mich dabei zu überanstrengen.
Als Hubert und ich schließlich nach Salzburg fuhren, fühlte ich mich in jeder Hinsicht gut vorbereitet. Trotzdem war ich aufgeregt, denn weder Michael Schäfer noch Dr. Todd Ovokaitys hatten mich je spielen gehört. Sie waren einfach davon überzeugt, dass ich eine tolle Pianistin sei. Dennoch war das natürlich auch ein ganz schöner Druck, der auf mir lastete, denn ich wollte die beiden auf gar keinen Fall enttäuschen. Zudem war es das erste Mal, dass ich nicht in einem klassischen Konzertrahmen, sondern bei einem spirituellen Event auftrat. Ich hatte keine Ahnung, ob ein derartiges Publikum nicht viel lieber sphärische New-Age-Klänge hören wollte.
Nachdem ich mehrere Stunden im Mozartsaal, dem Seminarraum für die nächsten Tage, auf einem sehr angenehmen Kawai-Flügel geübt hatte, fühlte ich mich schon viel gelassener. Als Dr. Todd dann beim gemeinsamen Abendessen auch noch sagte: »Ich kann es kaum erwarten, endlich dein Klavierspiel zu hören!«, während seine Augen mich anstrahlten, fiel jegliche Anspannung von mir ab. Ich freute mich von Sekunde zu Sekunde mehr darauf, am nächsten Morgen zu spielen.
Nach einer leider viel zu kurzen Nacht im schönsten Hotelzimmer, in dem ich je übernachtet hatte, stand ich wieder einmal in aller Früh auf und machte mein obligatorisches Morgenprogramm, um vollständig in meiner Mitte zu sein. Von unserem Zimmer ging eine Tür auf die Terrasse und eine herrlich grüne Wiese. Ich begab mich nach draußen und sog die kühle Morgenluft in den Hügeln von Salzburg in mich auf. Der Ausblick auf die Burg und die Berge ließ mein Herz höher schlagen und sich weiten. Ich spürte die Nähe der Feen und sah ihre Umrisse, während sie durch die Wiese tanzten. Es war wie im Paradies. Wenn ich nicht hätte spielen müssen, wäre ich den ganzen Tag auf der Wiese gesessen und hätte die wunderbare Energie in mich aufgenommen. Doch ich hatte anderes zu tun.

Gemeinsam mit Hubert ging ich aufgetankt in den Frühstücksraum. Da begann ein Forscher (Wassertechnologien und Klangphänomene), der auch zum Team um Dr. Todd gehörte, penetrant auf mich einzureden und mich auszufragen. Ich dachte wirklich: »Ich kriege die Krise.« Ich versuchte ihm zu signalisieren, dass ich in Ruhe frühstücken wollte. Doch besagter Herr bewegte sich immer mehr in meine Komfortzone hinein, so dass ich schon merkte, wie meine Energie abzufallen begann. Obwohl ich bis dahin als sanfter und eher zu liebevoller Mensch bekannt war, erklärte ich mit äußerst bestimmter Stimme: »Ich spiele nachher eine Art Konzert bei dem Seminar von Dr. Todd, und dafür brauche ich meine gesamte Konzentration und Stille. Ich bitte Sie inständig, mich ab sofort in Frieden zu lassen!«
Hubert schien seinen Augen nicht zu trauen, denn nie zuvor hatte er mich auf diese Art und Weise handeln sehen. Ich merkte zwar noch immer, dass ich nicht mehr in der Hochstimmung war, in welcher ich zum Frühstücken gegangen war, doch zumindest schwieg der Forscher von dem Moment an. Lustigerweise war er dann einer der ersten, die mir mittags gratulierten. Er meinte: »Das erste Stück, welches du gespielt hast, hat mich so bewegt, dass ich richtig weinen musste. Du spielst wunderbar. Darf ich dich umarmen?«
Doch bevor ich diese Worte zu hören bekam, dauerte es noch eine ganze Weile, in der ich mich mit komischen Gedanken und Lampenfieber herumschlagen musste. Es war auch alles andere als leicht, in einem zum Konferenzsaal mit Tischen umgebauten Konzertsaal um elf Uhr morgens bei Tageslicht eine inspirierende Atmosphäre zu spüren. Ich hoffte ernsthaft, dass es mir gelingen würde, die Seminarteilnehmer ganze zwanzig Minuten in den Bann der Musik zu schlagen.
Nachdem Dr. Todd Ovokaitys eine kurze Rede gehalten und mich vorgestellt hatte, betrat ich die Bühne. Es war ein vollkommen anderes Gefühl, vor diesen Menschen zu stehen als vor einem Konzertpublikum. Ich spürte einerseits freudige Erwartung, andererseits ziemliche Skepsis. Zum Glück hatte ich alle fünfzehn Erzengel und verschiedene Göttinnen gerufen, die mich und den Flügel umrunden sollten, so dass ich vor den vielen unterschiedlichen Gedanken der Menschen geschützt sein würde. Ich hatte schon als Jugendliche das »Problem« gehabt, dass ich, sobald ich am Klavier oder Flügel saß und vorspielte, genau spürte,

welchen Menschen meine Art zu spielen gefiel und welche Personen mein Spiel ablehnten. Ich hatte damit meistens Recht behalten. Damals hatte ich noch nicht gewusst, dass ich hellfühlig bin, was durchaus problematisch war, denn ich hatte keine Ahnung, wie ich mich einerseits für die Musik vollkommen öffnen und gleichzeitig von den Gedanken der Menschen verschont werden konnte. Ich wusste, dass mein Klavierspiel anders war und oft zu Kontroversen geführt hatte. Schon mehrmals waren Pianisten und andere Musiker für mich »auf die Barrikaden« gegangen, da sie der Ansicht waren, dass sich meine Art zu spielen von der Masse unterschied. Die einen waren verzaubert, die anderen verstört von meiner Musik. Damit hatte ich mich inzwischen längst abgefunden. Insbesondere, nachdem der berühmte Pianist und Dirigent Daniel Barenboim in einem Interview erzählt hatte: »Mit zehn Jahren spielte ich ein Klavierkonzert von Mozart in Buenos Aires. In der einen Zeitungskritik hieß es, ich sei das größte Wunderkind seit Mozart. In der anderen schrieb ein Kritiker, wie es denn möglich sei, dass man ein Kind, das überhaupt kein Verständnis für Mozart hätte, ein derartiges Werk spielen lassen könnte. Von diesem Moment an habe ich beschlossen, keine Kritiken mehr zu lesen und Kritik auch nur von Menschen anzunehmen, die mindestens so gut, wenn nicht besser sind als ich.« Dank der Erzengel und Göttinnen fühlte ich mich jedoch in einem sicheren Raum aufgehoben und konnte mich so gefahrlos öffnen. Ich begann wieder mit dem ersten Satz aus der »Mondschein-Sonate« von Ludwig van Beethoven und versuchte, die höheren Dimensionen, welche in diesem Werk enthalten sind, hörbar zu machen. Als ich geendet hatte, erklang sofort herzlicher Beifall, so dass ich mich zum Publikum drehte. Mehrere Frauen hatten schon Taschentücher gezückt und wischten sich die Augen. Da wusste ich, dass die Musik in den Herzen angekommen war. Immer mehr spürte ich, wie ich nur mehr ein Gefäß war, durch welches die Klänge ausgedrückt werden konnten. Ich vergaß, wo ich war und fühlte eine wunderbare Einheit.
Als das erste Set zu Ende war und ich mich vom Flügel erhob, spürte ich, wie sehr sich die Atmosphäre im Raum verändert hatte. Es war kein Konferenzraum mehr, sondern ein Ort voller Licht. Dr. Todd übernahm wieder das Wort und drückte das, was ich fühlte, auf wunderbare Weise aus. Ich jubilierte innerlich und dankte allen himmlischen Helfern. Als ich

schließlich Michael und seiner Partnerin Isabel gegenüber stand, leuchteten deren Gesichter. Sie umarmten mich innig und meinten: »Wir waren absolut davon überzeugt, dass du hervorragend spielst. Doch das haben wir nicht erwartet. Es übertrifft unsere Erwartungen bei weitem.«
Es kamen immer mehr Menschen auf mich zu und bedankten sich überschwänglich. Nach keinem Konzert zuvor war ich mit so vielen bedeutungsvollen Worten bedacht worden. Für mich war das Geschenk ebenso groß wie für viele der Zuhörer. Während die Musik, deren Kanal ich sein durfte, die Herzen der Menschen öffnete und teilweise auch heilte, wie mir gesagt wurde, erfüllte sich mein Traum, die Musik mit meiner spirituellen Seite zu vereinen. Die Engel hatten mir versprochen, dass dies zum richtigen Zeitpunkt der Fall sein würde.
Auf Wunsch von Dr. Todd, Michael und vielen Teilnehmern spielte ich nicht nur noch zwei weitere Sets, sondern sprach auch spontan beinahe eine halbe Stunde über meine Geschichte, meine Heilung, über positives Denken und die Bedeutung von Gematria für mich persönlich. Somit erfüllte sich die Vision, die ich zwei Jahre zuvor bei dem »Kryon-Event« gehabt hatte, als ich Dr. Todd zum ersten Mal auf der Bühne gesehen hatte. Ich stand neben ihm vor Publikum und sprach im selben Seminar, genau so, wie es wohl schon von Anbeginn geplant war. Es war unglaublich. Als ich ihm später davon erzählte, war er völlig begeistert. Auch mein Klavierspiel hatte ihn so überwältigt, dass er nach meinem letzten Set nur noch meinte: »Mir fehlen die Worte, was mir ganz selten passiert …«
Was mich jedoch ganz besonders freute, war, dass einige hellsichtige EMF Balancing Technique® Teacher im Publikum gewesen waren, die mir erzählten, dass, während ich Klavier spiele, Licht von oben in mich hinein und durch meine Hände in den Flügel fließt. Es war wunderschön zu hören, dass mein Gefühl, ein Kanal für die Musik zu sein, auf diese Weise bestätigt wurde.
Alle bedankten sich noch einmal aufs Herzlichste bei mir für meine Musik und meine Rede und baten mich, wann immer es möglich sein sollte, Teil der Seminare von Dr. Todd in Europa zu sein.
Überglücklich sanken Hubert und ich in unser Himmelbett und genossen es, zumindest in dieser Nacht unser traumhaftes Hotelzimmer samt Himmelbett auszukosten.

Am nächsten Morgen versammelte sich der enge Kern noch einmal zum gemeinsamen Frühstück. Zu meiner großen Freude war dieses Mal auch Peggy Phoenix Dubro anwesend, die zur selben Zeit wie Dr. Todd einen Workshop abgehalten hatte, den ich natürlich nicht hatte besuchen können. Sie hatte es geschafft, mein zweites Set zu hören, da sie zu diesem Zeitpunkt gerade eine Pause gehabt hatte. Ich begrüßte sie herzlich, worauf sie meinte: »Ich bin so glücklich, dich so gesund und strahlend zu sehen. Du hast einen weiten Weg bis dahin zurückgelegt. Es war mir eine besondere Freude, dich spielen zu hören. Es war wunderbar.« Nachdem sie mich fest umarmt hatte, sagte sie noch mit Tränen in den Augen: »Ich werde dich nie vergessen.«

Ich war zutiefst gerührt und bedankte mich noch einmal von Herzen für ihre phänomenale Arbeit und die EMF Balancing Technique®, die mich auf so großartige Weise begleitet.

Auch nach diesen Anstrengungen blieb ich fieberfrei, so dass wir wussten, dass ich endgültig über den Berg war. Als ich diese Nachricht wenige Tage später an Dr. Todd schickte, schien er beinahe ebenso glücklich zu sein wie wir.

Es war so weit, von nun an konnte ich meine beiden Berufungen leben.

– 78 –

Nizza

Kaum waren wir aus Salzburg zurückgekehrt, spürte ich immer mehr den Ruf von Maria Magdalena. Im Gegensatz zu vielen anderen Menschen hatte ich weder Dan Browns Bestseller »Sakrileg – The Da Vinci Code« gelesen noch den gleichnamigen Film gesehen.

Doch als ich eines Tages durch einen Buchladen im Allgäu ging, zog mich ein gewisses Cover aus der Ferne beinahe magisch an. Darauf war eine Gestalt zu sehen, die vollkommen von einem roten Umhang verhüllt war. Es schien eine Frau zu sein. Ich konnte nicht anders, ich musste einfach näher treten und den Titel lesen. Er lautete »Das Magdalena Evangelium« von Kathleen McGowan. Es durchfuhr mich ein Schauer. Eigentlich hätte ich das als Zeichen wahrnehmen müssen, doch irgendwie spürte ich, dass ich das Buch nicht an diesem Tag an jenem Ort kaufen durfte.

Am nächsten Morgen in Huberts Wohnung wusste ich plötzlich, dass ich auf dem schnellsten Weg in die Stadt fahren musste, um das Buch aufzutreiben. Es rief mich geradezu. Ich erwartete, dass es bei »Hugendubel« am Marienplatz vorrätig sein musste. Dem war zum Glück auch so, denn das Buch schien in meinen Händen nur darauf zu brennen, endlich von mir gelesen zu werden. Es ging ein derartiger Sog von ihm aus, dass ich mich kaum wehren konnte. In kürzester Zeit hat es mich in seinen Bann geschlagen, und ich spürte die tiefe Wahrheit, die in diesem Roman verborgen war. Während ich las, war es so, als würden in mir Erinnerungen, die schon längst hervorkommen wollten, endlich ans Tageslicht gelangen. Seit einiger Zeit wusste ich nun schon, dass ich tatsächlich zu Jesus Christus' Zeit gelebt hatte. Zudem hatte ich ihn auf einer anderen Ebene in einem tiefen Zustand der Meditation wahrgenommen. Seine Worte waren gewesen, dass sich die Menschen erst jetzt, 2000 Jahre später, in der Lage befanden, seine Botschaft der Liebe wahrhaftig zu erfassen. Mir fiel es wie Schuppen von den Augen. Natürlich hatte er damit auch sagen wollen, dass nun endlich die Wahrheit über die tiefe Liebe zwischen Maria Magdalena und ihm ans Tageslicht kommen würde. Auf einmal schien es so logisch, dass der Meister der Liebe die Liebe auf allen Ebenen gelebt hatte, denn im heiligen Akt der Liebe waren Mann und Frau gleichwertig und gelangten gemeinsam aus der Dualität in die Einheit, das Einssein.

Als ich kurze Zeit später in tiefer Meditation versunken war, wurde mir wieder die Gnade zuteil, die Gegenwart von Jesus Christus spüren zu dürfen. Ich fragte ihn, ob er mir mit seiner damaligen Botschaft mehr hatte sagen wollen. Er bejahte und bestätigte meine Vermutung über die wahre Bedeutung seiner Worte. Ich fühlte die Wahrheit darin mit allen Fasern meines Körpers.

Nach dieser Nachricht wusste ich, dass es nicht mehr lange dauern würde, bis Maria Magdalena zu mir sprechen würde. Als ich das nächste Mal beim Channeln am Computer saß, spürte ich plötzlich eine mir bisher unbekannte, doch andererseits zutiefst vertraute Energie hinter mir. Sie fühlte sich sowohl sanft als auch kraftvoll, voller bedingungsloser Liebe, aber auch sinnlich an. Da vernahm ich eine wunderbare Stimme, die sagte: »*Hier spricht Maria Magdalena. Du hörst ganz richtig. Sei gegrüßt, geliebte Schwester vor dem Herrn. Spürst du meine Energie, die dich wie ein Schleier umfängt. Du hast ganz richtig gefühlt, dass ich dich mit dem Buch »Das Magdalena Evangelium« gerufen habe. Der rote Schleier hat eine tiefe Erinnerung in dir hervorgerufen. Du bist eine von uns. Deshalb ist es auch so wichtig, dass du deine wahre Weiblichkeit entfaltest. Du hast die große Aufgabe, den Frauen in deiner Umgebung zu vermitteln, was es bedeutet, GANZ zu sein. Chris (Marmes) hat das schon angedeutet. Ich möchte dich weiter daran erinnern. Verbinde dich täglich mit der großen Liebe, die du in dir trägst, und der Liebe, die wir dir entgegen bringen und sende diese aus in die Welt, insbesondere an die Frauen dieser Welt. Denn nur wenn die Frauen beginnen, ihre wahre Kraft zu erkennen und diese auf reinste und purste Art zu leben, wird Frieden auf Erden möglich sein. Dies ist deine Aufgabe. Erfülle sie mit freudvollem Herzen. Damit ist dein Beitrag viel größer, als wenn du einzelnen Personen hilfst, wenn du keine Kraft dafür hast. Es ist kein Egoismus, wenn du dich abgrenzt. Nur so kommst du in deine wahre Kraft und kannst nacheinander all die Aufgaben erfüllen, die deiner warten. Ich merke, du wirst müde. Fühle noch einmal meine Energie, so dass du mich jederzeit erkennst. Ich grüße dich aus tiefstem Herzen. ICH BIN Maria Magdalena.*«

Es fühlte sich an, als hätte ich eine vertraute Freundin nach Ewigkeiten wieder gefunden. Mir fehlen die Worte, um dies genauer zu beschreiben.

Von diesem Zeitpunkt an wich Maria Magdalena nicht mehr von meiner Seite. Ich spürte ihre Gegenwart fortwährend. Es war offensichtlich, dass ich mein nächstes Seminar konzipieren musste, ein »Göttinnen-Retreat« für Frauen.

Nach all diesen spannenden Erlebnissen wollten Hubert und ich Anfang November noch einmal für eine Woche nach Nizza reisen. Wir hatten die Flüge am Tag nach meinem Konzert in Berg gebucht, da wir wussten, dass nach Salzburg dringend Erholung angesagt war. Zum ersten Mal hatten wir kein Apartment gemietet, sondern beschlossen, uns ein Hotel zu gönnen. Denn Erzengel Haniel hatte uns bei unserem letzten Mondspaziergang gesagt, wenn wir noch mehr Fülle in unserem Leben manifestieren wollten, sei es notwendig, dass wir uns ein schönes Hotel leisten, damit wir uns leichter in die Schwingung begeben können, die Reichtum anzieht. Außerdem würden wir in einem Apartment wieder nur einkaufen gehen und kochen müssen, was nicht gerade zur Erholung förderlich ist.

Obwohl wir eigentlich nicht besonders viel Geld zur Verfügung hatten, beschlossen wir, wieder einmal zu vertrauen. Es gelang uns, via Internet ein Vier-Sterne-Hotel direkt neben dem weltberühmten »Hotel Negresco« zu einem erschwinglichen Preis zu buchen. Wir waren vollkommen begeistert.

Als wir dieses Mal im Flugzeug saßen, spürte ich schon, dass sich etwas verändert hatte. Ich konnte meine Arbeit endlich hinter mir lassen, da ich wusste, dass ich alles vorher, mein erstes Engel-Seminar, den »1. Internationalen Engel Tag«, das Konzert in Berg und meine Auftritte in Salzburg, zu meiner Zufriedenheit geschafft hatte. Auf einmal fühlte ich mich unendlich leicht, ganz so, als könnte ich jederzeit abheben. Es war wunderbar.

Als wir nach unserer Ankunft dann noch mit dem Taxi vor dem »West-End-Hotel« vorfuhren, war mein Glück perfekt. Ein weiterer Traum erfüllte sich. Wir würden eine phänomenale Woche in einem herrlichen Hotel verbringen, das nur durch eine Straße vom Meer getrennt war. Schon als wir die Hotelhalle betraten, schlug mein Herz vor Freude höher. Überall standen riesige, stilvolle Vasen mit paradiesischen Blumensträußen. Ich spürte die Energie der Feen, die mit den Blumen ins Haus gekommen waren. Auch die Einrichtung war sehr schön und erinnerte mich an Jugendstil, den ich besonders liebe. Ich fühlte mich sofort uneingeschränkt wohl.

Schließlich wurden wir von einem Hotelpagen zu unserem Zimmer gebracht. Es war zwar nicht besonders groß, aber sehr geschmackvoll in Blau- und Gelbtönen eingerichtet. Das Beste daran war jedoch die Aussicht. Von unserem Bett aus sahen wir nur Wasser und unendliche

Weite. Es war genau so, wie ich es mir immer gewünscht hatte. Wir konnten uns beide kaum satt sehen.
Nachdem wir das Nötigste ausgepackt hatten, gingen wir so schnell wie möglich hinunter ans Meer, um es zu begrüßen sowie Coventina und unsere geliebten Meerengel. Die Wiedersehensfreude war auf allen Seiten äußerst groß. Obwohl es schon Anfang November war, beschlossen Hubert und ich, in den nächsten Tagen auf jeden Fall zu schwimmen.
Und wieder hatten wir das Glück auf unserer Seite. Jeden Tag wurde das Wetter noch schöner, so dass wir täglich viele Stunden am Strand liegend verbrachten und auch immer wieder schwimmen konnten.
Innerhalb von wenigen Tagen teilten mir Coventina und die Meerengel den gesamten Ablaufplan für mein »Göttinnen-Retreat« mit. Nie zuvor war dies so einfach gewesen. Natürlich war mir klar, dass es dennoch noch einige Monate der Vorbereitung bedurfte, bis ich den Plan im Sinne der Göttinnen würde erfüllen können. Doch diese Arbeit wollte ich von Herzen gerne leisten.
Da wir das Meer direkt vor unserer Nase hatten, erlaubten Hubert und ich uns endlich auch, einmal in Ruhe auszuschlafen. Wir hatten ein ziemliches Schlafdefizit, da wir beide über lange Strecken nur Zeit gehabt hatten, etwa fünf bis sechs Stunden pro Nacht zu schlafen. Es war herrlich, endlich wieder einmal ausgeschlafen aufzuwachen und sich dann an die Balkontür zu setzen, aufs Meer zu schauen und dabei zu frühstücken. Wir genossen diesen Luxus in vollen Zügen.
Auch gingen wir beinahe jeden Abend so richtig schön essen und ließen uns verwöhnen. Zum ersten Mal seit Jahren fühlte es sich wieder so richtig nach Urlaub an. Als uns dann noch bewusst wurde, dass wir, seit wir uns kannten, noch nie erlebt hatten, dass ich mich, außer zu den normalen Schlafenszeiten und zu leidenschaftlichen Liebesfreuden, nicht mehr hinlegen musste, weil ich endlich fit und gesund war, fühlte sich unser Glück vollkommen an. Nach langen Jahren des endlosen Durchhaltens waren wir mit der Hilfe von unzähligen Menschen und noch mehr Engeln und himmlischen Begleitern endlich angekommen in einem Leben, das wir ohne Angst auf Rückschläge genießen konnten.

– 79 –
Göttinnen-Retreat

Sobald wir aus Nizza zurückkamen, begann ich mich voller Enthusiasmus dem Schreiben meines Buches (dieses Buches) zu widmen, so wie ich es den Meerengeln bei unserer ersten Begegnung vor mehr als zwei Jahren versprochen hatte. Auch wenn meine Begeisterung dafür sehr groß war, war es alles andere als ein einfaches Unterfangen, denn einmal mehr musste ich mich mit meiner Vergangenheit auseinandersetzen. Daher war das Schreiben ziemlich anstrengend, noch dazu hatte ich ja bereits mit meinen Klavierschülern, Klienten und Workshops einen Fulltimejob. Dennoch versuchte ich alles, um mein Wort zu halten.

Die Zeit verging wie im Fluge und schon stand mein erstes »Göttinnen-Retreat für Frauen« vor der Tür. Wenige Monate zuvor war mir eines Nachts, als ich im Bett lag und nicht einschlafen konnte, erneut Maria Magdalena erschienen. Kaum wurde ich ihrer Erscheinung gewahr, vernahm ich auch schon eine sanfte und zugleich kraftvolle Stimme: *»Ich bin es, Maria Magdalena, deine vertraute Schwester vor dem Herrn.«*

Ich freute mich sehr über ihren Besuch. Ferner teilte sie mir mit, dass ich zu Jesu Zeit ihre Freundin Sarah gewesen war und auch an den geheimen Versammlungen um Jesus teilgenommen hatte.

Plötzlich wurde ich in eine andere Zeit versetzt und sah eine finstere Gasse in Jerusalem vor mir. Ich selbst war tief verhüllt und bewegte mich vorsichtig wie ein Tier, das nicht gefangen genommen werden möchte. Ich schien auf dem Weg zu einer dieser Versammlungen zu sein.

Auf einmal verschwand die Vision wieder, und Maria Magdalena sprach noch einmal zu mir: *»Geliebte Schwester, es ist unendlich wichtig, deine weibliche Energie vollkommen zu entfalten, um immer mehr Frauen helfen zu können, wieder ihre wahre Kraft anzunehmen und zu leben.«*

Ich blieb tief berührt zurück, angefüllt von der bedingungslosen Liebe, die sie ausstrahlt.

Anschließend hatte ich mich monatelang unter ihrer Führung der Vorbereitung für das »Göttinnen-Retreat« gewidmet, unzählige Bücher gelesen, die passende Musik für jede der für mich besonders bedeutsamen Göttinnen ausgesucht und mich den Schatten meiner eigenen Vergangenheit gestellt. Denn mir war bewusst, dass bei diesem Retreat bei den Frauen sehr viel alter Schmerz an die Oberfläche gelangen würde, und ich selbst wollte mit meinen alten Themen bezüglich Weiblichkeit so gut wie möglich im Reinen sein, um voll und ganz für die anderen präsent zu sein.

Erst in diesem Zusammenhang wurde mir bewusst, warum es mir lange vor der Leukämie jahrelang so schwer gefallen war, mich überhaupt auf irgendeinen Mann einzulassen. Nach meinem allerersten Studientag an der Hochschule für Musik in München stand ich am Nachmittag in einer S-Bahn und aß gerade eine Breze, als ein südländisch aussehender junger Mann auf mich zukam und ein Stück von meiner Breze abbrach. Ich war so erstaunt, dass ich mir nur vorstellen konnte, dass es einer der vielen Spanier aus der Flamenco-Compagnie von Antonio Gades sein musste, die ich am Vorabend nach einer Carmen-Vorstellung im Deutschen Theater bei einem Essen kennen gelernt hatte. Daher fragte ich: »Do we know each other from yesterday night?«

Er grinste mich nur an und antwortete nicht.

Langsam wurde mir etwas mulmig zumute und ich beschloss, an der nächsten Station, dem Stachus, auszusteigen. Ich rannte zur Rolltreppe, doch der Mann war ebenso schnell wie ich und packte mich von hinten an meinem Pferdeschwanz. Ich konnte mich losreißen und versuchte, auf der Rolltreppe zu entkommen. Doch im Stachus-Untergeschoss hatte er mich wieder eingeholt und packte mich so fest, dass ich mich nicht mehr bewegen konnte. Ich wollte schreien, doch meine Stimme versagte vollkommen. Kein Mucks kam aus meinem Mund. So kam auch niemand auf die Idee, dass ich in Not sein könnte. Nackte Verzweiflung überrollte mich.

Langsam aber sicher streifte der Mann meinen Rock immer mehr nach oben. Ich war wie gelähmt vor Entsetzen, als ich mich plötzlich daran erinnerte, dass ich als Kind und Jugendliche im Judokurs bei meinem Vater Selbstverteidigung gelernt hatte. Der Mann wollte gerade den Gürtel seiner Hose öffnen, was ihm natürlich äußerst schwer fiel, da er

mich schließlich festhalten musste, als ich so tat, als würde ich aufgeben und mich vollkommen entspannte. In diesem Moment ließ er mich mit einer Hand los, und ich versetzte ihm einen so heftigen Stoß, dass er nach hinten taumelte. Just in diesem Augenblick gehorchte mir auch meine Stimme wieder, und ich begann aus tiefstem Herzen zu brüllen: »I hate you! I hate you so much!«
Fluchtartig rannte er davon, während ich mit zitternden Knien meine Strumpfhose wieder nach oben und meinen Rock nach unten zog. Ich stand derartig unter Schock, dass es mir nicht einmal in den Sinn kam, zur Polizei zu gehen. So kam es, dass mein erster Studientag in München ein heftiges Trauma in meiner Seele hinterließ.
Von diesem Moment an roch ich auf 100 Kilometer, ob ein Mann nur mit mir ins Bett wollte. Viele Jahre danach hatte ich noch Schwierigkeiten gehabt, Männern zu trauen und nicht gerade positive Erfahrungen angezogen. Kein Wunder, wenn man das Gesetz der Anziehung in Betracht zieht!
Jedenfalls wurde mir zu diesem so viel späteren Zeitpunkt klar, dass ich dieses Thema nie wirklich bearbeitet hatte. Also machte ich mich sofort daran, es endgültig aus meinem System zu lösen.
Einen Tag vor dem »Göttinnen-Retreat« kam wieder einmal eine Nachricht von Maria Magdalena durch. Sie nannte es:

Botschaft für die Frauen dieser Welt

»Liebe Frauen dieser Welt, es ist an der Zeit, dass ihr wieder erkennt, wer ihr in Wahrheit seid. In den letzten Jahrtausenden war eure wahre Kraft in Vergessenheit geraten. Nun ist es an der Zeit, diese wieder zu erwecken.

Es bedarf viel Geduld, um das Vertrauen in eure göttliche Macht wieder zu erlangen. Doch habt keine Sorge, es wird geschehen.

Zum Anbeginn der Zeit wurde die Frau verehrt, denn sie ist es, die Leben hervorbringt, die erschafft. Dieses Bewusstsein wird in dieser Zeit wieder neu erstehen.

Ihr dürft an diesem sicheren Ort viele der Schmerzen, die sich durch unzählige eurer vergangenen Leben hindurch angesammelt haben, in denen ihr für eure Gaben gelitten habt und teilweise auch gestorben seid, hinter euch lassen.

Die Erde braucht eure intuitiven, spirituellen Fähigkeiten, um zu heilen. Geht in die Tiefe eurer Seele, um alles wieder in euch emporsteigen zu lassen, was ihr bereits vor langer Zeit wusstet, was jedoch bis zu diesem Zeitpunkt in euch geschlummert hat.

Es ist an der Zeit, euer Licht und auch eure magischen, aus der Dunkelheit des Mutterschoßes, der Erde, entsprungenen Fähigkeiten wieder in die Welt zu tragen. Ihr habt euch auf den Weg gemacht, und wir ehren euch dafür und stehen an eurer Seite, in der weiblichen Göttlichkeit vereint.

Auch den Männern stehen wir voller Freude zur Seite, denn nur wenn wahre Balance zwischen weiblicher und männlicher Energie herrscht, ist Frieden auf Erden möglich.

Indem ihr wieder ganz werdet, helft ihr auch allen anderen Menschen um euch herum, Ganzheit zu erlangen. Ihr seid wie ein wundervoller Stein, der ins Wasser geworfen wird und durch sein »Springen« weitere Kreise zieht und auf diese Weise zur Heilung der Welt beiträgt. Versteht ihr nun, wie wichtig jede Einzelne von euch für die Welt ist? Welche Kraft euch innewohnt? Ihr seid die Göttinnen auf Erden. Seid euch dessen bewusst. Ebenso wie jeder Mann seine Göttlichkeit auf Erden entwickeln kann.

Fühlt euch nun umhüllt von goldenem Licht und spürt, wie ihr emporgehoben werdet, um euer Licht weit erstrahlen zu lassen.

Wir sind auf immer mit euch verbunden.

Ich grüße euch, geliebte göttliche Frauen, im Namen aller Göttinnen und BIN Maria Magdalena!«

Ich war sehr glücklich darüber, denn nun wusste ich, wie ich mein Retreat eröffnen wollte.

Schließlich war es so weit: Ich wartete in einem wunderbaren Raum mit dunkelbraunem Holzboden und einem kraftvollen roten Bild an der Wand, der sich gleichsam wie eine Art Schoß der Mutter Erde anfühlte, auf das Eintreffen der Teilnehmerinnen.

Als alle angekommen waren, sangen wir ein heiliges Lied und setzten uns anschließend im Kreis um das Medizinrad, das ich in der Mitte des Raumes aufgebaut hatte. Eine wunderbar feierliche und erwartungsfreudige Atmosphäre breitete sich im Raum aus. Kaum hatte ich den Kreis eröffnet, erzählten einige der Frauen, dass sie vor dem Retreat von mir geträumt und erlebt hatten, wie ich sie bereits auf anderer Ebene unterrichtet und auf das Seminar vorbereitet hatte. Meine Freundin Eva berichtete sogar von einer Einweihung in 13 verschiedene Göttinnenenergien, ohne zu wissen, dass mir genau dies von den Göttinnen für das Retreat durchgegeben worden war. Es berührte mich zutiefst zu erfahren, dass stimmte, was die Engel mir des Öfteren mitgeteilt hatten, wenn ich morgens äußerst erschöpft aufwachte, nämlich, dass ich des Nachts lehren würde.

So sehr ich auch die Engel-Workshops liebe, das »Göttinnen-Retreat« ist noch viel tief greifender, nicht unbedingt immer angenehm, doch eine wunderbare Chance, sich seinen eigenen Schatten und Verletzungen zu stellen und sie mit Hilfe der Göttinnen (und natürlich auch der Engel) immer mehr aufzulösen.

Ich war sehr froh, dass ich mich meinen Schatten der Vergangenheit gestellt hatte, denn während des »Göttinnen-Retreats« brachten mehrere Frauen ähnlich heftige und noch viel schrecklichere Erlebnisse zur Sprache, und so fühlte ich mich allem gewachsen. Mit Hilfe der Energien der unterschiedlichsten Göttinnen durfte sehr viel Heilung geschehen, worüber ich überglücklich war. Wieder einmal war ich unendlich dankbar für meine neue Aufgabe, Menschen auf ihrem Weg der Heilung ein Stück begleiten zu dürfen.

– 80 –
Träume werden wahr

Zum zweiten Mal in meinem Leben verbrachte ich nun meinen Geburtstag (im April) am Meer, was schon immer mein Wunsch gewesen war. Das Wetter war so traumhaft, dass Hubert und ich sogar an unserer geliebten Bucht »Baie des anges« schwimmen konnten. Ich war vollkommen glücklich und zufrieden mit meinem Leben und verbrachte Stunden damit, die verschiedenen Stimmungen und Farbschattierungen des Wassers zu betrachten und mit meinen Freundinnen, den Meerengeln, zu sprechen.
Immer mehr Dankbarkeit breitete sich in mir aus, denn es war der erste Geburtstag seit meiner Leukämieerkrankung sieben Jahre zuvor, den ich so gestalten konnte, wie ich wollte. Ich musste nicht einmal mehr Raphael fragen, in welches Restaurant wir gehen sollten, damit ich auch das Essen vertragen würde, sondern konnte zusammen mit Hubert und Susanna zu einem schicken Italiener neben der Oper gehen und sogar eine Nachspeise genießen. Wenn das kein Grund zum Feiern war!
Am nächsten Tag, als Hubert und ich wieder am Meer saßen, beschlossen wir, uns von nun an den Luxus zu gönnen, all unsere Geburtstage am Meer zu verbringen. Schließlich lag nur ein Tag zwischen unseren Geburtstagen, was uns die Planung erleichtern würde. Als wir so dasaßen und nachdachten, kam uns plötzlich die Idee, fürs kommende Jahr eine Reise nach Hawaii zu manifestieren, was schon lange ein großer Traum von uns war. Da wir beide um die große Manifestationskraft des Meeres wussten, schwammen wir beide und sprachen dabei ein Dankeschön-Mantra für unsere Hawaiireise zu unseren nächsten Geburtstagen.
Kaum waren wir wieder zu Hause, entdeckten wir, dass Doreen Virtue in der Zwischenzeit einen neuen »Mediumship-Kurs« auf Hawaii auf ihrer Website angekündigt hatte, der genau an Huberts Geburtstag im nächsten Jahr beginnen und an meinem Geburtstag enden würde. Wenn das kein Zeichen war! Wir waren so davon überzeugt, dass wir dort sein würden, dass wir innerhalb von wenigen Tagen das Geld

dafür manifestiert hatten und uns anmelden konnten. Doch es sollte noch besser kommen!

Sechs Wochen später fand der »2. Internationale Engel-Kongress« im Hamburger Kongresszentrum (kurz CCH genannt) statt. Hubert und ich waren eingeladen worden, Doreen Virtue zur Seite zu stehen: Hubert als eine Art Bodyguard und ich als ihr persönlicher menschlicher Schutzengel, wie sie es nannte. Wir freuten uns beide sehr darüber.

Ich verbrachte mehrere Stunden mit Doreen hinter der Bühne und erzählte ihr unter anderem, dass Hubert und ich im nächsten Jahr zu ihrem »Mediumship-Kurs« nach Hawaii kommen würden. Sie war ganz begeistert und meinte im Laufe der Gespräche: »Du hast eine ganz ähnliche Aufgabe wie ich, nämlich zu schreiben und zu lehren. Auch wenn du mit deinen Readings und Sitzungen wunderbare Erfolge erzielst, bist du dennoch dazu geboren, viel mehr Menschen zu erreichen. Du wirst viel reisen.«

Als wir uns gemeinsam mit Hubert und ihrem Mann Steven Farmer auf den Weg zur Bühne machten, fragte sie, warum wir uns denn noch nicht als Staff für ihre Trainings in den USA beworben hätten. Sie wäre sehr glücklich, uns an ihrer Seite zu wissen. Worauf Steven meinte: »Doreen, hast du vergessen, dass Isabelle überhaupt erst jetzt in der Lage ist, wieder große Reisen zu unternehmen?«

»Oh, das hatte ich tatsächlich vergessen, denn Isabelles Aura ist so leuchtend, dass ich mir beim besten Willen nicht vorstellen kann, dass sie je sterbenskrank gewesen ist! Ich muss es mir jedes Mal regelrecht in Erinnerung rufen.«

Für mich war es ein Segen, diese Worte aus Doreens Mund zu vernehmen, denn ihre Gabe der Hellsicht war einzigartig.

Nachdem sie einen wunderbaren Vortrag gehalten und eine äußerst kraftvolle Meditation gechannelt hatte, bat sie uns, noch einmal mit ihr hinter die Bühne zu kommen, um sie beim anschließenden Signieren und auch während der Pressekonferenz zu unterstützen.

Als sie schließlich alles hinter sich gebracht hatte, erzählte sie auf einmal Steven, dass Hubert und ich im nächsten Jahr nach Hawaii kommen würden.

»Steven, was meinst du, wäre es nicht eine großartige Idee, die beiden auf Hawaii zu verheiraten?«

Ich war sprachlos. Knapp zwei Jahre zuvor, im September 2005, als ich Doreen noch nicht einmal persönlich kannte, hatte ich im Park begonnen, ihr eben erst erschienenes Buch »Goddesses & Angels« zu lesen. Als ich zu der Stelle im Buch kam, an welcher Doreen beschreibt, wie sie gemeinsam mit Steven eine Zeremonie auf Hawaii leitet, um das Eheversprechen ihrer Freunde Angie und Duke zu erneuern, wusste ich augenblicklich, dass meine absolute Traumhochzeit wäre, auf Hawaii direkt am Strand von Doreen und Steven verheiratet zu werden. Mir war bewusst, dass dies eigentlich utopisch war, vor allem, da ich Doreen zu diesem Zeitpunkt noch nicht ein einziges Mal begegnet war. Dennoch übergab ich meinen Herzenswunsch den Feen und Engeln und ließ ihn voller Vertrauen los. Nicht einmal Hubert erfuhr von meinen Wunsch. Falls es jedoch der Plan sein sollte, würde es geschehen, dessen war ich mir vollkommen sicher.

Als ich mich endlich wieder gefasst hatte, erzählte ich Doreen, Steven und Hubert diese Geschichte. Jetzt war es an den anderen, sprachlos zu sein. Plötzlich klatschte Doreen begeistert in die Hände und meinte: »Genau so funktioniert Manifestation! Indem man nicht anhaftet und sich vollkommen dem Göttlichen hingibt, wird alles möglich. Das ist einfach wunderbar!«

Nicht nur ich, sondern auch Hubert war hin und weg von der Idee, und so begannen wir mit den beiden augenblicklich die ersten Schritte für unsere Hochzeit auf Hawaii zu planen.

Bevor wir uns schließlich verabschiedeten, bat mich Doreen noch, ihrem Sohn Charles gemeinsam mit Hubert bei seinen ersten Trainings in Deutschland zur Seite zu stehen, da unsere Erfahrung für ihn sehr unterstützend sein würde. Selbstverständlich versprach ich ihr, dass wir dies von Herzen gerne tun würden.

Als Hubert und ich endlich alleine waren, konnten wir unser Glück kaum fassen, denn auch wenn ich Hubert meinen kühnen Traum nicht verraten hatte, waren wir uns dennoch schon immer einig gewesen, dass wir am liebsten eine Hochzeitszeremonie am Meer erleben würden. Es kam uns wie ein erneutes Wunder vor.

Als wir am Abend schließlich wieder an der Alster entlang spazierten, vernahm ich die liebevolle Stimme von Coventina: »Wenn eure Herzen und eure Intentionen rein sind und ihr frei von Erwartungen des Egos

seid, beginnt ihr Wunder zu erschaffen. Genau das ist geschehen! Genießt es und feiert jetzt!«
Das ließen wir uns natürlich nicht zweimal sagen.

– 81 –

Erste Klavierstunde nach Jahren

Wieder einmal war ich eingeladen worden, das »LifeCode-Seminar« von Dr. Todd Ovokaitys mit einem Konzert musikalisch zu umrahmen. Dieses Mal hatte ich mir ein Stück vorgenommen, das ich schon immer hatte spielen wollen, eine sehr virtuose »Etude Tableau« von Serge Rachmaninoff. Ich konnte mein Glück kaum fassen, als ich feststellte, dass Arnaldo genau einen Monat vorher wieder einmal Juror beim »Internationalen Busoni-Klavierwettbewerb« in Bozen sein würde und mir mit größtem Vergnügen wieder einmal eine Klavierstunde geben wollte. Und das nach acht langen Jahren!
Auf der Fahrt nach Bozen war ich mehr als nervös. Ich hatte keine Ahnung, ob Arnaldo mich in der Luft zerreißen würde oder ob er ausnahmsweise aufgrund meiner Geschichte etwas milder gestimmt sein würde.
Kaum waren wir im »Hotel Scala« angelangt und hatten unser Gepäck ausgepackt, beschlossen wir, Essen zu gehen. Hubert meinte, ich sollte Raphael fragen, welches der Restaurants, die uns an der Hotelrezeption empfohlen worden waren, für uns das Beste sei. Raphael ging nicht weiter darauf ein, sondern schickte uns zu einer Pizzeria ganz in der Nähe des Konservatoriums, wo am selben Abend das 1. Finale des Wettbewerbs stattfinden sollte. Komischerweise war das Essen alles andere als gut. So begannen wir uns zu fragen, warum uns Raphael ausgerechnet dorthin begleitet hatte, als plötzlich immer mehr Mit-

glieder der Jury an uns vorbeiliefen. Eigentlich hatten wir vorgehabt, früh ins Bett zu gehen, damit ich fit für die Klavierstunde sein würde. Doch die Engel meinten, wir sollten ganz schnell bezahlen, um noch rechtzeitig ins Finale zu kommen. Und tatsächlich, es war gerade noch nicht ausverkauft, denn wir bekamen zwei von den letzten drei übrigen Tickets. Als wir im Saal anlangten, entdeckte ich sofort Arnaldos Frau Ann, die ich seit sieben Jahren nicht mehr gesehen hatte. Wir fielen uns in die Arme und waren überglücklich, die jeweils andere lebend wieder zu sehen. Ann hatte nur kurze Zeit vor Bekanntwerden meiner Leukämieerkrankung einen fast tödlichen Unfall in Los Angeles erlitten und war noch immer nicht komplett von dessen Folgen geheilt.
Kaum hatte sich unsere Wiedersehensfreude gelegt, begann auch schon das Finale.
Während ich die Mitglieder der Jury in Augenschein nahm, erkannte ich, dass nicht nur Arnaldo dort saß, sondern auch meine ehemalige Lehrerin Yasuko Matsuda, die mich vor endlosen Jahren für die Aufnahmeprüfung an der Hochschule für Musik vorbereitet hatte und die ich ewige Zeiten nicht mehr gesehen hatte.
Sie entdeckte mich augenblicklich in der ersten Pause und kam auf mich zu, um zu hören, wie es mir geht, da sie über die Jahre mit meinen Eltern in Kontakt geblieben war und von meiner abenteuerlichen Geschichte gehört hatte.
Es dauerte nicht lange, und auch Arnaldo entdeckte uns. Mein Herz machte einen Sprung vor Aufregung, als er auf mich zukam. Da hörte ich plötzlich Yasukos Stimme, die zu Arnaldo sagte: »Darf ich dir meine ehemalige Schülerin Isabelle vorstellen?«
Während er mich heftig umarmte, antwortete er: »Nein, Yasuko, denn Isabelle ist für mich wie meine Tochter!«
Vor lauter Freude hätte ich beinahe geweint. In diesem Augenblick verschwand die immense Anspannung, die mich in den letzten Tagen und insbesondere auch auf der Fahrt begleitet hatte, denn ich wusste, Arnaldo stand mir immer noch so nahe wie eh und je, und ich begann, mich riesig auf die Klavierstunde zu freuen.
Da ich kein Klavier hatte, um meine Finger für die Klavierstunde warm zu spielen, bereitete ich mich mit Hilfe der Engel mental vor. Dennoch war ich ziemlich aufgeregt, denn ich übte längst nicht mehr so viele

Stunden täglich wie zu den Zeiten, als die Musik mein einziger Beruf war, und Arnaldos Ansprüche kannte ich mehr als gut.
Hubert begleitete mich zum Konservatorium, um mich ein wenig abzulenken. Als Arnaldo erschien, verabschiedete er sich, da er wusste, wie kostbar die gemeinsame Zeit mit Arnaldo für mich war. Arnaldo und ich erhielten lustigerweise den Schlüssel für genau den Raum, in dem ich ihm vor 16 Jahren zum ersten Mal vorgespielt hatte. Innerlich wertete ich das als positives Omen und begann, mich ein wenig zu entspannen. Als Arnaldo dann noch voller Enthusiasmus sagte: »Isabelle, du hast keine Ahnung, wie sehr ich mich freue, dir endlich wieder eine Klavierstunde geben zu können!«, war ich völlig glücklich. Was sollte da noch schief gehen!
Ich begann, die »Etude Tableau, op. 39/5« zu spielen und erwartete, jeden Augenblick von Arnaldo unterbrochen zu werden. Doch zum ersten Mal, seit ich Arnaldo kannte, ließ er mich ein Stück ganz spielen. Mir fielen tausend Steine vom Herzen, als er dann auch noch recht zufrieden erschien und mir keineswegs das Gefühl gab, dass ich schlechter spielte als zu den alten Zeiten. Natürlich gab es, wie immer, sehr viel zu verbessern, doch er war äußerst liebevoll. Es folgten zwei unvergessliche, außergewöhnlich inspirierende Stunden. Wieder einmal war ich außerordentlich fasziniert, wie tief mich Arnaldo sowohl auf musikalischer, architektonischer, emotionaler und technischer Weise in das Werk einsteigen ließ. Mit seiner Hilfe gelang es mir immer mehr, all das aus der so leidenschaftlichen Etude herauszuholen, was ich immer empfunden hatte.
Als sich unsere Zeit dem Ende zu neigte, beugte sich Arnaldo plötzlich zu mir, drückte einen sanften Kuss auf meine Stirn und murmelte: »Du hast keine Idee, wie sehr ich dich mag ...«
Ich war tief berührt, diese Worte aus seinem Mund zu hören.
Als ich das Konservatorium verließ, schlug mein Herz Purzelbäume vor Freude. Am liebsten hätte ich auf der Straße getanzt, so überglücklich war ich, dass sich mein Herzenswunsch, endlich wieder Unterricht bei Arnaldo zu haben, verwirklicht hatte. Und dass er auch noch mit mir ganz zufrieden gewesen war! Schnellen Schrittes lief ich zurück zu unserem Hotel und konnte es kaum erwarten, Hubert umgehend von meinem wundervollen Erlebnis zu berichten. Hubert konnte meine

Freude nur allzu gut nachvollziehen. Wir saßen noch eine ganze Weile im wunderschönen Hotelgarten, und ich begann mir, wie in alten Zeiten, Notizen zu machen über alles, was Arnaldo zu der Etude zu sagen gehabt hatte. Schon damals war der Unterschied zu meinen früheren Lehrern frappant gewesen. Arnaldo erklärte in einer Stunde mehr als die meisten Professoren in Monaten von Unterrichtsstunden.

Für den Abend hatte uns Arnaldo noch ins Auditorium Haydn zum 2. Finale mit Orchester eingeladen. Es folgte ein spannender Wettstreit zwischen den Finalistinnen. Die Jury brauchte anschließend Ewigkeiten, um sich zu entscheiden, wer die Gewinnerinnen sein sollten.

Während dieser Zeit unterhielten wir uns mit Ann, die uns plötzlich erzählte, dass sie seit einiger Zeit eine spirituelle Gruppe in den Staaten besuchte. Ich glaubte meinen Ohren nicht zu trauen und begann ihr schließlich von meinem neuen Beruf zu erzählen. Sie war vollkommen begeistert und stellte eine Frage nach der anderen, so dass wir nicht bemerkten, dass die Zeit wie im Fluge verging.

Als wir schließlich, nach Bekanntgabe der Preise, mit einem erschöpften Arnaldo das Konzerthaus verließen, war es mittlerweile halb zwei Uhr nachts. Nie zuvor hatte ich erlebt, dass eine Entscheidungsfindung bei einem Wettbewerb so lange gedauert hatte.

Auf dem Weg zu unseren Hotels unterhielten wir uns noch zu viert über die einzelnen Kandidatinnen (interessanterweise hatten es nur Frauen ins letzte Finale geschafft). Lustigerweise echauffierten sich Ann und Hubert, die beiden Nicht-Pianisten, viel mehr über die eine oder andere Pianistin als Arnaldo und ich. Arnaldo und ich amüsierten uns köstlich und zwinkerten uns immer wieder belustigt zu. Es war wunderbar! Es fühlte sich an, als wären die alten Zeiten wieder zurückgekehrt.

Umso schwerer fiel mir der Abschied, denn auch wenn Arnaldo und Ann uns mehrfach zu sich nach Bloomington eingeladen hatten, wusste ich, dass es sicher einige Zeit dauern würde, bis wir uns wieder sehen würden.

Mit einem lachenden und einem weinenden Auge machte ich mich mit Hubert am nächsten Morgen wieder auf den Heimweg.

Rafayel und Michelle

Etwa eine Woche vor dem »LifeCode-Seminar« von Dr. Todd Ovokaitys auf der Marienfeste in Würzburg fragte ich die Engel, was ich neben meiner Arbeit mit Erzengel Sandalphon, dem Erzengel der Musik, noch tun könnte, um mich perfekt auf mein Konzert vorzubereiten. Da vernahm ich auch schon die vertraute Stimme von Jophiel: »*Es ist an der Zeit, dass du endlich die 10-Punkte-Liste verfasst. Seit vielen Monaten legen wir dir dies ans Herz, doch du glaubst, es genügt, die Punkte in deinem Kopf zu haben. Doch dem ist nicht so. Das weißt du. Denn in dem Augenblick, in dem deine Frequenz, aus welchem Grund auch immer, absinkt, erinnerst du dich keineswegs daran, was du umgehend tun könntest, um deine Schwingung sofort wieder nach oben zu bringen. Also, setze dich hin und nimm dir die Zeit, mindestens 10 Dinge aufzuschreiben, die du tun kannst, damit es dir augenblicklich wieder besser geht. Das kann zum Beispiel bedeuten, einen gewissen Song zu hören, eine bestimmte Atemübung zu machen, ein Mantra zu singen oder innerlich zu wiederholen, an die frische Luft zu gehen, eine Essenz einzunehmen und vieles mehr. Von jetzt an wirst du diese Liste immer bei dir tragen, egal, wo du hingehst. In dem Moment, wo du wahrnimmst, dass du dich traurig, gestresst, enttäuscht, verletzt oder dergleichen fühlst, holst du die Liste hervor und machst etwas, das darauf steht. Versuche die Punkte immer mehr zu erweitern, so dass du mit der Zeit für jede Gelegenheit an jedem noch so ungewöhnlichen Ort das richtige für dich findest, um deine Stimmung augenblicklich wieder auf das Positive auszurichten.*
Wenn du in den Tagen vor deinem Konzert realisierst, dass du nervös wirst oder du dir irgendwelche möglichen negativen Zukunftsszenarios ausmalst, hältst du augenblicklich inne, zückst deine Liste und machst etwas davon. Du wirst dich wundern, wie leicht du deine Schwingung halten und sogar immer mehr erhöhen kannst!«
Da die Zeit drängte und ich wusste, wie notwendig es war, so positiv zu denken wie nur irgend möglich, setzte ich mich endlich hin und

schrieb meine Liste. Und wirklich, zum ersten Mal in meinem Leben, abgesehen von meiner dramatischen Leukämiezeit, wo es wirklich um Leben oder Tod ging, war ich den ganzen Tag achtsam und erkannte augenblicklich, wenn ich ins Negative abzurutschen drohte, zog meine Liste hervor, die mein täglicher Begleiter geworden war, und trat in Aktion. Es wirkte Wunder!

Mit Hilfe dieser »Technik« und der Unterstützung von Erzengel Sandalphon war ich gelassener denn je vor einem Konzert, als Hubert und ich nach Würzburg fuhren.

Am selben Abend noch setzte ich mich in der Marienfeste an den Flügel und war vollkommen begeistert von dem Klang des Instruments und der hinreißenden Saalakustik. Ich fühlte mich einfach wundervoll.

Dementsprechend gut konnte ich nachts schlafen, was ich vor Konzerten bisher überhaupt noch nie erlebt hatte. Alles schien wie am Schnürchen zu laufen.

Doch dann kam plötzlich alles anders. Ich musste mich in der Bar des Hotels, in dem wir untergebracht waren, warmspielen, da der Saal aufgrund des Events von Dr. Todd besetzt war. Kaum hatte ich zu üben begonnen, ertönte auch schon der nervtötende Klang eines Staubsaugers. Und als ob das nicht schon genug wäre, wurden auch noch riesige Metallcontainer mit Alkohol in der Bar herumgerollt, die einen Höllenlärm verursachten. Ich konnte kaum mehr einen Ton hören und begann, mich zu verspielen. Ich gab auf, da ich kurz davor war, die Nerven zu verlieren. Ich sandte ein Stoßgebet zu Sandalphon, denn ich war völlig außer mir.

Im Auto auf dem Weg zur Marienfeste fiel mir dann wieder meine Liste ein, und ich begann, die 13 Göttinnen-Anrufungen zu rezitieren, die ich für mein »Göttinnen-Retreat« empfangen hatte. Augenblicklich wurde ich ruhiger, doch das sollte nicht allzu lange anhalten.

Als ich wenig später die Tür zu meinem Künstlerzimmer auf der Marienfeste öffnete, saß zu meinem großen Schrecken auch noch eine Katze darin! Panik stieg in mir auf, dass die Katze meine Finger zerkratzen könnte – ein Albtraum für jeden Pianisten, da die Finger so sensibel sind.

Ich glaubte meinen Ohren nicht zu trauen, als ich schließlich wahrnahm, dass Klaviermusik in diesem Raum erklang. Da entdeckte ich einen

Walkman mitsamt Boxen. Eine Katze, die Klaviermusik hörte ... So etwas war mir ja noch nie untergekommen.
Schließlich sah ich mich nach einem Katzenkoffer um, denn ich wollte den Namen der Katze erfahren. Und was las ich da: *Rafayel*. Wenn das kein gutes Omen war! Ich begann augenblicklich mit Rafayel zu sprechen und spürte, wie ich immer ruhiger und gelassener wurde.
Schließlich stürzte Michelle Karén, die weltbekannte Astrologin, ins Zimmer und rief außer sich: »Entschuldigen Sie bitte, dass ich Rafayel im Zimmer gelassen habe. Ich hatte ja keine Ahnung, dass wir uns das Künstlerzimmer teilen würden! Ich nehme ihn sofort mit.«
»Oh, nein, bitte lassen Sie ihn bei mir. Er leistet mir wunderbare Gesellschaft!«
»Wirklich?«
»Ja, bitte. Sagen Sie, haben Sie die Klaviermusik nur für ihn aufgestellt?«
»Ja, er liebt Klaviermusik. Darf er mit ins Konzert kommen?«
»Gerne«, erwiderte ich, denn ich hatte schließlich erlebt, dass er vollkommen entspannt und gelassen war.
Schließlich war es an der Zeit, und ich wurde geholt. Ich war merkwürdig ruhig für meine Verhältnisse und hatte große Lust zu spielen.
Es war ein Bild für Götter, als die bildhübsche Michelle mit Rafayel auf dem Arm gemeinsam mit mir den Saal betrat. Das Publikum machte vielleicht Augen. Während die beiden hinten blieben, bewegte ich mich gelassen auf die Bühne zu und setzte mich an den Flügel. Ich rief noch einmal Erzengel Sandalphon an meine Seite, spürte seine wundervolle Gegenwart und versenkte mich.
Als ich zu spielen begann, fühlte ich mich wie in eine andere Welt versetzt und konnte so frei spielen wie selten. Ich *war* Musik und etwas Größeres, Höheres spielte durch mich. Die »Etude Tableau«, die ich mit Arnaldo ausgearbeitet hatte, wurde zum absoluten Höhepunkt.
Ich war unendlich dankbar, dass ich mit der Unterstützung der Engel am Tag des Erzengels Michael ein solches Konzert spielen durfte. Die Reaktionen des Publikums waren einfach wunderbar. Doch meine größten Fans waren Rafayel und Michelle geworden. Rafayel hatte das Konzert liegend wie eine Sphinx in tiefer Meditation genossen, und Michelle, die selbst am Conservatoire in Paris und Genf Klavier studiert hatte, fiel mir um den Hals und meinte: »Weißt du, Isabelle, Rachma-

ninoff ist einer meiner Lieblingskomponisten, und ich habe Konzerte in den berühmtesten Sälen der Welt gehört, doch nie zuvor habe ich ihn mit einer derartigen Intensität, Passion und zugleich Sensitivität spielen gehört!«

Von diesem Augenblick an waren Michelle, Rafayel, Hubert und ich für die restliche Zeit in Würzburg so gut wie unzertrennlich. Michelle und ich fühlten uns so vertraut wie alte Freundinnen. Wir waren absolut sicher, dass wir uns aus alten Leben kannten.

Als Michael Schäfer uns alle am selben Abend zum Essen einlud, feierten wir ausgelassen bis in die Puppen. Michelle und ich zogen mit unserem herzhaften Lachen immer wieder alle Blicke auf uns, und alle dachten, wir seien betrunken, worauf Michelles belustigter Kommentar lautete: »Oh, yes, we get drunk on water!« (»Oh ja, wir werden von Wasser betrunken!«)

Überglücklich und um zwei Freunde reicher fiel ich schließlich neben Hubert ins Bett.

– 83 –

Paris

Wenige Tage später, im Oktober 2007, flogen Hubert und ich nach Paris, wo mein Freund Gustavo gemeinsam mit seiner Tango-Compagnie aus Buenos Aires drei Wochen lang sein Stück »Tango Seducción« aufführte. Ich konnte es kaum erwarten, ihn nach sechs Jahren endlich wieder zu sehen und »Tango Seducción« zu erleben, von dem er mir damals so viel erzählt hatte. Auch war ich sehr neugierig, seine neue Tanz- und Lebenspartnerin Samantha kennen zu lernen.

Als es an der Zeit für die Vorstellung war, verließen Hubert und ich unser Hotel und liefen zum bekannten »Bataclan«, einem Theater, das sich perfekt für eine Tango-Show eignete. Der ganze Raum war in schwarzroten Tönen gehalten und strahlte eine melancholische Energie aus. Gustavo hatte ziemlich weit vorne Plätze für uns reservieren lassen, so dass wir direkt am Geschehen waren. Auch wenn ich Gustavos Art zu tanzen schon gesehen und erlebt hatte, übertraf die Aufführung alles, was ich bisher gesehen hatte. Auch Hubert, der zuerst skeptisch gewesen war, wenn ich bei anderen Tango-Shows gemeint hatte, Gustavo würde noch auf einem ganz anderen Niveau arbeiten, war vollkommen fasziniert vom Ideenreichtum der Show, den einzigartigen Choreographien, den Kostümen, der Lichtshow, den phänomenalen Tänzern und, allen voran, von den beiden Stars Gustavo und Samantha. Wenn die beiden tanzten, schienen sie vollständig miteinander zu verschmelzen, eins zu sein. Es war wunderschön anzusehen und zugleich äußerst erotisch und elektrisierend. Hubert und ich klatschen, was das Zeug hielt.

Schließlich war es so weit: Gustavo und Samantha hatten sich umgezogen und kamen hinter der Bühne hervor. Gustavo stellte uns zuerst Samantha vor, bevor er mir um den Hals fiel. Was für eine Wiedersehensfreude! Wir waren absolut glücklich, uns endlich wieder zu sehen. Überrascht stellten wir beide fest, dass es sich anfühlte, als hätten wir uns erst am Tag vorher zuletzt gesehen, so vertraut waren wir sofort wieder miteinander, und das, obwohl in der Zwischenzeit so unendlich viel geschehen war.

Auch zu viert, mit Samantha und Hubert, war es ganz wunderbar. Wir gingen in ein Restaurant zum Essen, und als dieses schloss, suchten wir uns noch eine Bar, um weiter zu reden. Es gab so viel zu fragen und zu erzählen!

Als wir schon beinahe wieder wie in alten Zeiten die Nacht zum Tage gemacht hatten, verabschiedeten wir uns und verabredeten, dass Hubert und ich auch die übrigen drei Tage zur Show kommen würden. Nach einer nicht allzu langen Nacht nahmen Hubert und ich die Metro und fuhren ins Zentrum von Paris. Wir wollten gerne Notre Dame besuchen. Wir liefen durch die beeindruckende Kathedrale und verspürten plötzlich den Wunsch, uns hinzusetzen. Kaum saßen wir, musste ich unwillkürlich zur Decke schauen und realisierte, dass wir uns genau unter einer Rosette mit Maria, dunkelblauem Himmel und goldenen

Sternen befanden. Es fühlte sich an wie eine Art Portal. Ich spürte, wie sich mein Kronenchakra augenblicklich immer mehr öffnete. Da sprach plötzlich Maria Magdalena zu mir: »*In den Kirchen von Saint-Sulpice und Sacré Coeur ist meine Energie stärker zu spüren. Besucht doch bitte auch diese beiden Orte.*«

Ich berichtete Hubert davon, und so machten wir uns auf den Weg, Saint-Sulpice aufzusuchen. Kaum betraten wir die Kirche, die eher versteckt lag, umfing uns eine viel erdigere Energie. Es waren kaum Menschen da, was sich im Gegensatz zu den Menschenmassen in Notre Dame äußerst angenehm anfühlte.

Kaum hatten wir auf einer der Bänke Platz genommen, vernahm ich wieder die warme Stimme von Maria Magdalena: »*Im Verborgenen dient diese Kirche dazu, das göttlich Weibliche wieder auf der Erde zu verankern. Sie birgt die ganze weibliche Kraft, nicht nur die jungfräulich reine Energie von Maria.*

Fühlt, es ist eine Oase der Entspannung, Ruhe und Geborgenheit.

Begebt euch bitte in euren Meditationen und Gebeten an diesen Ort, um diese Energie zu verstärken und somit das göttlich Weibliche immer mehr auf der Erde zu verankern. Ich danke euch und BIN Maria Magdalena.«

Ich war sehr berührt und spürte, wie dankbar ich diese Energie in mich aufsog.

Nahe dem Ausgang entdeckte ich plötzlich eine Skulptur des toten, geschundenen Jesus Christus gemeinsam mit Maria und Maria Magdalena.

Augenblicklich begann es mich am ganzen Körper unkontrolliert zu schütteln, Sturzbäche von Tränen stürzten nur noch so aus meinen Augen, und ich war plötzlich zurückversetzt in jene Zeit und wohnte der Kreuzigungsszene bei. Es war einfach grauenvoll.

Auf einmal spürte ich Maria Magdalenas Arm um meine Schultern, und sie sprach: »*Ja, du warst da!*«

Sehr langsam beruhigte ich mich wieder und erzählte Hubert davon. Da er schon des Öfteren ähnliche Erfahrungen mit mir gemacht hatte, war er zum Glück nicht weiter beunruhigt gewesen.

Als wir schließlich wieder an der frischen Luft waren, bat ich umgehend Erzengel Raziel und die Göttin Isis, diese schmerzhaften Erinnerungen endgültig aus meinen Zellen zu lösen. Nachdem dieser Prozess abgeschlossen war, fühlte ich mich augenblicklich viel besser.

Nach einer weiteren langen Nacht mit »Tango Seducción« und Essen mit Samantha und Gustavo machten uns Hubert und ich am nächsten Tag auf den Weg, um auch noch Sacré Coeur zu erkunden. Bereits als wir die Treppen zur leuchtend weißen Kirche hinaufstiegen, waren wir umgeben von unzähligen Touristenströmen. Auch in der Kirche war es nicht anders.

Doch als wir plötzlich in der Mitte der Kirche saßen, spürte ich eine sehr starke Liebesenergie. Und wieder war es Maria Magdalena, die zu mir sprach: »*Diese Kirche ist erfüllt von der Liebe Jesus Christus' und somit auch meiner Energie. Diese Liebe dient dazu, euer Herzchakra für mehr Liebe zu öffnen. All die Menschen, die kommen, werden magisch angezogen, da sie diese Energie unterschwellig spüren. Daher ist der Zustrom so groß, denn jeder Mensch sehnt sich nach Liebe.*«

Obwohl ich spürte, wie sich mein Herz immer mehr weitete, nahm ich auch eine Schwere wahr, die aufgrund der Geschichten der unzähligen Menschen, die dort hinkommen, im Raum hing. Ich versuchte, diese Energie auszublenden und mich vollkommen auf mein Herz zu konzentrieren. Und es gelang. Ich spürte eine tiefere Verbindung zu allen Menschen, die ich liebte, als je zuvor.

Plötzlich wusste ich, dass es dringend notwendig war, Gustavo noch eine Sitzung zu geben. Kaum verließen wir Sacré Coeur, klingelte auch schon das Handy, und Gustavo war dran. Er fragte, ob ich vor der Vorstellung ins »Bataclan« kommen könnte, da er so gerne eine Sitzung von mir empfangen würde. Einmal mehr staunte ich über unsere starke Verbindung, der auch sechs Jahre nicht sehen nichts hatte anhaben können. Natürlich sagte ich zu, denn ich wollte Gustavo so gerne ein wenig von der Energie zurückgeben, die er mir über Jahre so selbstlos zur Verfügung gestellt hatte.

Die Sitzung war ein einziges Vergnügen. Gustavo war so lichtvoll und durchlässig, dass die Energie auf wunderbare Weise ohne Blockaden von ihm aufgenommen wurde. Es war ein Traum.

Schließlich unterhielten wir uns noch, bis Gustavo sich für die Vorstellung fertig machen musste. Er meinte: »Es ist so wunderbar, dich so strahlend wieder zu sehen. Ich erahnte schon damals dein einzigartiges

Licht, doch jetzt bist du ein leuchtender Stern am Firmament. Das macht mich unendlich glücklich.«
Seine Worte berührten mich sehr, ebenso wie ihn meine Komplimente zu seiner Art zu tanzen und seiner ganzen Show.
Insgesamt sahen Hubert und ich »Tango Seducción« viermal, und jedes Mal entdeckten wir noch etwas Neues. Es war wirklich einzigartig!
Schließlich stand der Abschied vor der Tür, und Gustavo und ich versprachen uns hoch und heilig, dass es bis zu unserem nächsten Wiedersehen nicht noch einmal sechs Jahre dauern sollte.
Nachdem Gustavo und Samantha abgereist waren, aßen Hubert und ich noch in einem sehr guten Restaurant in der Nähe der Fontaine Saint-Michel und genossen die Pariser Nacht mit einem romantischen Spaziergang entlang der Seine.

– 84 –

Burnout

Einen Monat später stand das erste »ETP-Training« von Charles Virtue in Hamburg vor der Tür. Wie ich es Doreen versprochen hatte, unterstützten Hubert und ich Charles und seine Frau Bea so gut es uns möglich war. Eine nicht geringe Anzahl der Teilnehmer hatte sich auf unsere Anregung hin angemeldet, und so trafen wir viele bekannte Gesichter. Es machte großen Spaß, war jedoch alles andere als unanstrengend, denn neben der Arbeit während des Trainings war ich in jeder einzelnen Pause von morgens bis nachts auch noch mit Angel Readings ausgebucht. Zum Glück war meine Freundin Ines eine der Teilnehmerinnen und kümmerte sich darum, mich in den wenigen freien Minuten am Tag, die mir verblieben, abzuschirmen. Aufgrund meiner Geschichte war ich meistens überall ziemlich schnell umlagert, denn die Menschen

erhofften sich, dass ich ihnen auch helfen konnte, ihre eigenen Probleme aufzulösen.
Jedenfalls war das Training ein voller Erfolg für Charles und auch für Bea, die als Übersetzerin fungierte. Die beiden waren wirklich ein tolles Team.
Am letzten Abend fuhren wir schließlich zu viert zu einem sehr guten thailändischen Restaurant, um den Erfolg gebührend zu feiern, und hatten endlich einmal Zeit, uns näher kennen zu lernen.
Bea und Charles waren völlig begeistert von der Idee, dass Doreen und Steven uns, ebenso wie sie beide es schon erlebt hatten, verheiraten wollten. Sie versprachen, unsere Gäste zu sein.
Bei sternenklarer Nacht liefen wir schließlich zurück zum Hotel und verabschiedeten uns herzlich.
Ziemlich erschöpft kam ich wieder in München an. Eigentlich hätte ich nach all den Monaten harter Arbeit (Klavierunterricht, Praxis, Workshops, Buchschreiben, Konzertvorbereitungen, etc.) dringend eine Pause gebraucht, doch es war kein daran Denken. Also machte ich weiter in der Hoffnung, bis Weihnachten durchhalten zu können.
Als ich schließlich zum letzten Mal vor den Ferien zu meiner Praxis lief, spürte ich, wie ich kurz davor war, mitten auf dem Bürgersteig ohnmächtig zu werden. Panik drohte in mir aufzusteigen, denn dieses Gefühl hatte ich seit meinem Zusammenbruch beim Joggen vor siebeneinhalb Jahren nicht mehr gehabt. Geistesgegenwärtig griff ich zu meinem Handy und rief Tilde an und bat sie, mich umgehend zu unterstützen. Ich schaffte es gerade noch bis zur Praxis, bis ich auf dem Sofa in der Küche endgültig zusammenbrach. Als ich wieder zu mir kam, schluckte ich Notfalltropfen, die ich immer in meiner Handtasche hatte, und sagte umgehend allen Klienten ab.
Ich stand völlig unter Schock. Was hatte das wohl zu bedeuten?
Nachdem ich mich ein wenig erholt hatte, war ich endlich wieder in der Lage, mit den Engeln zu kommunizieren. Ich fragte, was denn los sei. Die Antwort von Erzengel Raphael kam wie aus der Pistole geschossen:
»Du bist vollkommen überarbeitet. Seit einigen Wochen gibt dir dein Körper eindeutige Zeichen, dass es an der Zeit ist, Pause zu machen. Doch du bringst es einfach nicht übers Herz, Sitzungen abzusagen. Du wartest lieber so lange, bis du selbst zusammenbrichst. Ist es das wert?«

Ich wusste, dass er Recht hatte. Aber wie sollte ich denn absagen, wenn ich meistens mehrere Monate bis zu einem halben Jahr im Voraus ausgebucht war und somit auch keine Ersatztermine anbieten konnte. Raphael war klar, was ich dachte, und er sprach noch einmal mit mir: *»Ich verstehe dich schon, doch jetzt wirst du für längere Zeit außer Gefecht sein. Die wenigen Wochen, die du dir zum Schreiben frei gehalten hast, wirst du jetzt brauchen, um dich wieder zu erholen. Es wird wirklich Zeit, dass du dich selbst wichtiger nimmst als die anderen!«*
Wieder einmal hatte mich mein Lebensthema eingeholt. Tja, deshalb heißt es wohl auch Lebensthema. Gewisse andere Probleme lassen sich lösen, sobald man sie erkannt hat, doch die sogenannten Lebensthemen sind Seelenlektionen, die wir in die jeweilige Inkarnation mitgebracht haben, um zu wachsen. Immer wieder glauben wir, es geschafft zu haben, doch es war wieder nur eine weitere Schicht der Zwiebel, die wir geschält haben.
Was die nächsten Wochen folgte, war alles andere als lustig. Meine Eltern waren über Weihnachten für vier Wochen von einer Verwandten nach Fuerteventura eingeladen worden, und ich hatte vorgehabt, das Haus zu hüten und mein Buch (dieses Buch) so langsam abzuschließen. Doch ich hing vollkommen in den Seilen und konnte wieder einmal fast nur liegen. So befand ich mich also auf dem Land im Haus meiner Eltern. Hubert war natürlich an Weihnachten und Sylvester und auch an den weiteren Wochenenden anwesend, doch in der Zwischenzeit war ich auf mich alleine gestellt. Ich kam mir völlig einsam und verloren vor.
Es gab Tage, da wusste ich nicht einmal, wie ich mich von oben nach unten in die Küche bewegen sollte, da ich so schwach war. Ich konnte aber niemanden zu Hilfe holen, da ich nicht einmal die Haustüre hätte aufsperren können. Auch wollte ich Hubert nicht belasten, denn er musste arbeiten und Geld verdienen. Und in ein Krankenhaus wollte ich unter keinen Umständen gehen.
Ich war vollkommen verzweifelt und erkannte, dass ich wohl ein weiteres Mal durch die bekannte dunkle Nacht der Seele gehen musste. Zeitweise glich es einem Albtraum.
Schließlich teilten mir die Engel mit, dass es darum ging, auf noch tieferer Ebene zu vertrauen. Falls es mir im Augenblick nicht möglich war,

die Treppen hinunter zu steigen, bedeutete das nicht, dass ich »verhungern« würde, denn es war durchaus möglich, dass es mir wenige Zeit später wieder besser ging. Ich sollte lernen, noch mehr im Jetzt zu leben.

Als ich dies nicht nur mit meinem Geist, sondern auch mit meinem Herzen annehmen konnte, befreite sich meine Seele immer wieder von meinem Körper, und ich erlebte unglaubliche Einweihungsrituale. Es fühlte sich an, als wäre ich in eine neue Dimension aufgestiegen.

Plötzlich erkannte ich, dass wieder einmal hinter allem ein höherer Plan stand. Wäre ich nicht zusammengebrochen, hätte ich am Buch weiter gearbeitet und keine Zeit gehabt, eine so tiefgreifende Transformation zu erleben.

»Ja, so ist es. Wir hätten dir schneller helfen können, doch dann hättest du dir nie die Zeit genommen, diese Entwicklung zu machen. Also mussten wir dafür sorgen, dass du für einige Zeit lahmgelegt warst«, lautete kurz darauf die Bestätigung der Engel.

Doch was ich selbst zu diesem Zeitpunkt noch nicht erkennen konnte, war, dass es noch weitere Gründe gab, warum dieses Buch nicht vor unserer Hochzeit fertig werden durfte.

Die Monate bis dahin waren ziemlich mühsam, denn ich versuchte natürlich, nach den vier Wochen im Haus meiner Eltern, meine Arbeit in der Praxis wieder aufzunehmen und auch alle geplanten Engel- und Atlantis-Workshops zu halten. In den Pausen dazwischen blieb mir jedoch nichts Weiteres übrig als mich auszuruhen. So blieb das Buch weiterhin auf der Strecke, was sich nicht gerade besonders gut anfühlte. Doch ich beschloss zu vertrauen, wie es mich die Engel immer wieder gelehrt hatten. Schließlich hatte ich oft genug erlebt, dass einfach alles einen höheren Sinn hat!

Hochzeit auf Hawaii

Endlich war es so weit, und Hubert und ich saßen im Flieger nach USA. Es fühlte sich an, als würden wir uns in einer Oase des Friedens befinden. Keine Anrufe oder Emails mehr, die noch zu beantworten waren. Jeglicher Stress der letzten Monate fiel von uns ab, und ein tiefes Glücksgefühl durchströmte uns. Wir hatten es geschafft, unseren Traum zu verwirklichen, nach Hawaii zu reisen und dort unsere Hochzeit in aller Stille zu feiern. Immer wieder hielten wir uns an den Händen und blickten uns tief in die Augen, stumm vor lauter Glück.
Schließlich landeten wir in Los Angeles, wo wir eine Nacht verbringen wollten, um nicht die ganze Strecke auf einmal zu fliegen, was für mich einfach zu anstrengend gewesen wäre. Kaum waren wir im »Marriot« gelandet, rief auch schon Michelle an.
Seit unserer Begegnung in Würzburg ein halbes Jahr zuvor hatten wir unzählige Emails geschrieben und auch des Öfteren telefoniert und waren auf diese Weise zu engen Freundinnen geworden.
Kaum hatten Hubert und ich geduscht und uns frisch gemacht, holte uns Michelle zu einem fantastischen Dinner in einem französischen Restaurant ab. Wir alle genossen den Abend sehr und machten schon Pläne für Hawaii, denn Michelle würde unser einziger Hochzeitsgast sein, da all unsere engen Freunde leider in Verträgen steckten, die ihnen nicht erlaubten, mal schnell nach Hawaii zu einer Hochzeit zu fliegen.
Da Rafayel, Michelles umwerfender Kater, nicht nach Hawaii mitkommen konnte, fuhren wir noch zu Michelles Wohnung, um ihm wenigstens einen Besuch abzustatten. Schließlich war er seit meinem Konzert in Würzburg mein ganz besonderer Freund! Hatte er doch dazu beigetragen, mir zu helfen, mich zu entspannen und ohne größere Anspannung auf die Bühne zu gehen.
Stundenlang saßen wir bei Tee und schöner Musik in Michelles gemütlicher Wohnung und führten himmlische Gespräche.
Als Michelle uns schließlich wieder im Hotel abgesetzt hatte, blieben uns nur noch wenige Stunden zu schlafen, bis wir wieder zurück zum

Flughafen mussten. Doch das störte uns nicht im Geringsten.
Lustigerweise saßen Doreen und Steven beim selben Gate. Das war vielleicht eine Überraschung und eine tolle Synchronizität! Wir hatten den beiden zwar geschrieben, dass wir an diesem Tag auf Big Island ankommen würden, hatten aber keine Ahnung gehabt, dass wir im selben Flugzeug dorthin sitzen würden. Es gab ein großes Hallo, und Doreen fragte mich augenblicklich: »Bist du nervös wegen der Hochzeit?«
Die gleiche Frage hatte ich in den letzten Wochen ständig gestellt bekommen. Es verwunderte mich jedoch ein bisschen, dass selbst Doreen das gleiche fragte. Ich lachte sie an und meinte: »Ich wüsste nicht, warum ich nervös sein sollte! Wir kennen uns ja schon so lange und sind gemeinsam durch dick und dünn gegangen.«
»Ja, du hast Recht«, erwiderte sie, ebenfalls lachend. »Ich bin neugierig: Was für ein Hochzeitskleid wirst du tragen?«
»Ein Göttinnenkleid in verschiedenen Meerestönen. Eine Klientin von mir ist Designerin und hat es kreiert. Ich hatte mir seit Jahren gewünscht, eines Tages genügend Geld zu haben, um ein Kleid von ihr tragen zu können. Doch die ganze Hawaiireise kostete ja schon eine ganze Menge. Als Micah jedoch davon hörte, dass wir auf Hawaii heiraten würden, meinte sie, dass sie gerne mein Hochzeitskleid entwerfen und anfertigen würde. Es sei eine Ehre für sie. Ich konnte es kaum fassen. Sie bot mir einen so phänomenalen Deal an, dass ich tatsächlich in einem Kleid von ihr heiraten werde!«
»Das ist ja wieder einmal eine großartige Manifestationsgeschichte! Ich kann es kaum erwarten, das Kleid zu sehen!«
Schließlich wurde zum Boarding aufgerufen, und wir stiegen in das Flugzeug, das uns nach Kailua-Kona auf Big Island bringen sollte. Hubert und ich werteten es als positives Omen für unsere Reise, dass wir im selben Flieger wie Doreen und Steven saßen, und sollten Recht behalten.
Als wir nach mehreren Stunden auf hawaiianischem Boden gelandet waren, warteten Steven und Doreen auf uns und gingen gemeinsam mit uns über das Rollfeld zu einem herrlichen, irgendwie romantisch anmutenden Flughafen. Nie zuvor hatten wir einen ähnlichen Flughafen gesehen. Nicht alle Gebäude waren überdacht, so dass man augen-

blicklich die Energie und die heiße Temperatur der Insel spüren konnte. Es war absolut faszinierend. Als Doreen und ich von der Toilette zurückkamen, wo wir uns um einige Kleidungsstücke erleichtert hatten, erwartete uns Steven schon mit den traditionellen, betörend duftenden Leis (Ketten aus Blumen oder Pflanzen gebunden) und hängte Doreen, Hubert und mir je einen als Willkommensgruß der Insel um. Wir waren sehr gerührt. Nie zuvor waren wir irgendwo auf ähnlich herzliche Weise empfangen worden. Wir tauschten noch Telefonnummern aus, bevor Doreen und Steven abgeholt wurden und wir unser Leihauto ausfindig machten.

Mit Hilfe von Erzengel Chamuel fanden wir unser Condo (Apartment) ganz schnell und waren absolut hingerissen. Es lag zwar nicht direkt am Meer, von unserem großen Balkon hatten wir jedoch eine phänomenale Aussicht auf riesige Palmen, ein Meer aus exotischen Blumen in allen Regenbogenfarben und aufs Wasser, das in der Ferne im Sonnenlicht wie Milliarden von Diamanten funkelte. Auch das Innere des Condos war wunderbar geschmackvoll eingerichtet. Wir waren wunschlos glücklich und wussten, dass wir unseren Aufenthalt dort in vollen Zügen genießen würden.

Nachdem wir uns heimisch eingerichtet hatten, machten wir es uns auf dem Balkon gemütlich und entdeckten bereits innerhalb der ersten halben Stunde mehr als zwanzig Vogelarten, deren Gesang viel intensiver und lauter war, als an irgendeinem anderen Ort der Welt, den wir bisher besucht hatten. Es war ein einzigartiger Genuss, einfach dazusitzen, den Vögeln zu lauschen und einen atemberaubenden Sonnenuntergang über dem Ozean zu erleben.

Am nächsten Tag war es an der Zeit, uns um unsere Hochzeitslizenz zu kümmern. Das zuständige Amt befand sich in einem kleinen, schmucken Haus, und wir wurden äußerst freundlich empfangen. Kein Vergleich mit einem Amt in Deutschland. Alles schien ganz leicht zu gehen, bis sich herausstellte, dass Steven womöglich nur in Kalifornien, auf Hawaii jedoch vielleicht nicht die Erlaubnis hatte, uns zu trauen. Wir fielen aus allen Wolken. Es konnte doch nicht sein, dass wir bis nach Hawaii geflogen waren, um zu heiraten, und im letzten Moment erfuhren, dass es nicht möglich war, da Steven nur in Kalifornien das Recht hatte zu trauen. Wir sandten ein Stoßgebet zum Himmel und baten sämt-

liche Engel um Hilfe. Langsam beruhigten wir uns wieder und visualisierten, dass unserer Hochzeit nichts im Weg steht.
Nach einigen Telefonaten war schließlich klar, dass Steven uns doch auf Hawaii verheiraten durfte. Man konnte die Steine fallen hören, die uns vom Herzen fielen. Auch diese Hürde war geschafft!
Zwei Tage später, an Huberts Geburtstag, begann der »Mediumship-Kurs« bei Doreen im »Sheraton Keauhou Bay Hotel«, auf dessen Grund und Boden wenige Tage später unsere Hochzeit stattfinden sollte. Doreen hatte sich doch tatsächlich Huberts Geburtstag gemerkt, überschüttete ihn mit Geschenken und überraschte ihn mittags mit einem vom Hotel gebackenen veganen Geburtstagskuchen. Wenn das keine traumhafte Art war, seinen Geburtstag zu verbringen! An einem der schönsten Orte der Welt, in einem tollen Kurs, umgeben von besonderen Menschen.
Am letzten Kurstag kam ich in den gleichen Genuss. Doreen fand, dass mir die Geburtstagskrone, die sie mir geschenkt hatte, so gut stand, dass sie sagte: »Behalte die Krone bitte auf, denn damit siehst du aus wie eine Prinzessin! Überhaupt empfinde ich dich immer wie eine Märchengestalt. Obwohl du so viele schreckliche Prüfungen in deinem Leben überwinden musstest, strahlst du in hellstem Licht, genauso wie die Prinzessinnen in den Märchen.«
Ich war tief gerührt und setzte die Krone nur während der Prüfung ab, in der wir inmitten aller Kursteilnehmer beweisen mussten, dass wir in der Lage waren, sehr gute Mediumship-Readings zu geben.
Obwohl der Kurs nur drei Tage gedauert hatte, waren Hubert und ich so erschöpft von den ständigen Konversationen mit irgendwelchen Verstorbenen, dass wir nur noch schnell Essen gingen und hundemüde ins Bett fielen.
Am nächsten Tag hatten wir endlich Zeit, einen Strand zum Baden ausfindig zu machen. Entgegen der Annahme kann man auf Big Island nicht so einfach ins Meer schwimmen gehen, da es unzählige Lavastrände gibt, von denen aus man als normal Sterblicher nicht ins Wasser kommt. So fuhren wir erst einmal eine Weile durch die Gegend, bis wir schließlich einen verborgenen, traumhaften Strand mit leuchtend weißem Sand und glasklarem türkisblauen Wasser fanden. Es waren kaum Menschen da, so dass wir uns vorkamen wie im Paradies auf

Erden. Das Wasser war so herrlich klar, dass wir bis auf den Grund schauen konnten. Ich war die meiste Zeit im Meer, da ich einfach nicht genug kriegen konnte.
Auch war meine Freude groß, endlich meine Freundinnen, die Meerengel, wieder zu sehen! Da sie die Erzengel der Meere sind, kann man sie an allen Orten der Welt, die am Meer liegen, antreffen.
Wir unterhielten uns stundenlang, und Gwynefere ließ mich wissen, dass sie mir in der Zeit auf Hawaii den Inhalt für mein »Avalon Retreat« bekannt geben würde. Ich konnte es kaum erwarten, mehr zu erfahren!
Auf einmal erreichte uns eine verzweifelte Nachricht von Michelle, dass ihr Flug nach Hawaii gecancelt worden war. Sie bat uns, alle Engel zu aktivieren, so dass sie noch rechtzeitig zu unserer Hochzeit am nächsten Tag ankommen würde.
Nach ewigem Warten auf dem Flughafen in Los Angeles ergatterte sie schließlich doch noch einen sehr teuren Flug mit Umweg über Honolulu. Aber das war ihr egal. Hauptsache, sie konnte rechtzeitig auf Big Island sein. Mitten in der Nacht holten wir eine sichtlich erschöpfte Michelle vom Flughafen ab und brachten sie ins »Sheraton Keauhou Bay Hotel«, wo sie die nächsten sechs Tage verbringen wollte.
Wir fuhren zurück in unser Condo, und vor uns lag tatsächlich die letzte Nacht vor unserer Hochzeit. Irgendwie war es schon aufregend, so weit weg von zu Hause, ohne unsere Eltern, mit nur einer Freundin an unserer Seite, diesen Schritt zu tun. Ich lag noch eine Weile wach im Bett und dachte über mein Leben nach, bevor auch mich die Erschöpfung in tiefen Schlaf sinken ließ.
Als Hubert und ich am nächsten Morgen aufwachten, waren wir sehr glücklich über unsere Entscheidung, eine andere Art zu heiraten gewählt zu haben, denn der Tag begann ohne jeglichen Stress; ganz anders als wir das von den meisten Brautleuten gehört hatten.
Genüsslich tranken wir auf unserem Balkon Tee, aßen Müsli, lauschten dem wunderschönen Gesang der Vögel und blickten auf den in den verschiedensten Blautönen schillernden Ozean.
Während Hubert noch die letzten Besorgungen machte, erreichten mich zauberhafte Anrufe von Gido, meinen Eltern, Gustavo und Samantha, die nicht hatten kommen können, und uns deswegen auf diesem Wege die herzlichsten Wünsche mit auf den Weg geben wollten.

Schließlich rief auch Steven an, um uns mitzuteilen, wann genau wir uns treffen würden, um bei Sonnenuntergang zu heiraten.
Plötzlich begann die Zeit zu rasen. Mir blieb gerade noch genügend Zeit, mich in Ruhe zu schminken und mein Hochzeitskleid anzuziehen, als wir schon ins Auto steigen mussten, um rechtzeitig beim »Sheraton Keauhou Bay Hotel« anzukommen. Michelle erwartete uns schon freudestrahlend und machte die ersten Fotos, bis Doreen, Steven, Angie und Duke erschienen.
Lustigerweise hatten sich Angie und Duke bereit erklärt, unsere Trauzeugen zu sein, genau die beiden, über deren Zeremonie Doreen in ihrem Buch »Goddesses & Angels« (»Erwecke die Heilkraft der Göttin in dir«) geschrieben hatte, was in mir den Wunsch geweckt hatte, auf eben diese Weise zu heiraten.
Als Doreen mich sah, rief sie aus: »Du siehst einfach hinreißend aus in deinem Kleid! Wie ein Meerengel!«
Ich konnte das Kompliment nur zurückgeben, denn Doreen trug ebenfalls ein bodenlanges Kleid in den Farben des Meeres.
Als Angie Doreen und mich noch mit den traditionellen Blumenkränzen und köstlich duftenden Leis schmückte, waren sich alle einig, dass wir aussahen wie Schwestern. Auch Hubert bekam den traditionellen Hochzeits-Lei für Männer umgehängt. Ich kam mir vor wie im Märchen.
Wir wählten eine kleine Rasenfläche neben den Lavasteinen, die ins Meer führten, für unsere Hochzeitszeremonie aus. Als die Sonne am Horizont gerade dabei war, im Meer zu versinken, begannen Doreen und Steven mit den ersten Anrufungen, begleitet vom Rauschen der Blätter der umstehenden Palmen, den köstlichen Düften, welche die paradiesischen Blumen verströmten, dem Klang der Wellen, die an die Lavasteine klatschten, und dem Gesang der bezaubernden Vögel. In mir wurde alles ganz still, und ich war zutiefst berührt, in Gottes atemberaubender Natur, verbunden mit Himmel und Erde, Hubert, den geliebten Mann an meiner Seite, der mich durch unzählige Tiefen getragen hatte, heiraten zu dürfen.
Als Hubert schließlich am Ende seines Ehegelöbnisses sagte: »Um es mit den Worten einer großen Legende zu sagen: I was born to love you!«, war es nicht nur um mich geschehen. Auch Doreen, Michelle und Angie mussten schlucken und wischten sich die Augen. Ich war so bewegt,

dass ich kaum mehr eine Stimme hatte, um mein eigenes Gelöbnis zu sprechen.

Nachdem Hubert und ich Ringe und Küsse getauscht hatten, hängten uns Doreen und Steven noch die beiden türkisen (passend zu meinem Kleid ausgewählten) Kukuinussketten um, die sie während der Hochzeitszeremonie getragen hatten. Es erschien alles wie ein unglaublich schöner Traum, und doch war es die Realität. Hubert und ich meinten zu schweben vor Glück.

Nach unzähligen Umarmungen händigte uns Angie den Schlüssel für die »Kiele Suite« im »Sheraton Keauhou Bay Hotel« aus, das Hochzeitsgeschenk von allen. Sie wollten uns damit eine unvergessliche Hochzeitsnacht bescheren. Wir konnten unser Glück kaum fassen und bedankten uns stürmisch.

Zu siebt machten wir uns schließlich auf den Weg in ein japanisches Restaurant, in das Hubert und ich zum Hochzeitsessen geladen hatten. Wir verbrachten einen hinreißenden Abend zusammen und verabschiedeten uns schließlich überglücklich.

Gemeinsam mit Michelle fuhren wir zurück zum »Sheraton« und bezogen unsere Suite, die größer war als unsere gesamte Wohnung zu Hause. Es war absolut gigantisch!

Wenig später erschien Michelle zusammen mit einem Ober und einer eisgekühlten Flasche Champagner, die wir, auch wenn wir sonst äußerst selten Alkohol trinken, zur Feier des Tages gemeinsam genießen wollten.

So saßen wir also auf einem unserer beiden riesigen Balkone in einer wunderbar lauen Nacht unter einem traumhaften Sternenhimmel und ließen unseren Hochzeitstag, begleitet von den beruhigenden Klängen des Ozeans, ausklingen.

Als sich Michelle verabschiedet hatte, machten wir uns daran, unsere Hochzeitspost und die Geschenke, die uns mitgegeben worden waren und auf unserem überdimensionalen Bett verteilt lagen, zu öffnen. Wir fühlten uns von allen Seiten von großer Liebe umgeben und waren unendlich dankbar.

Nachdem wir unser riesiges Bett auf unterschiedliche Art und Weise ausgiebig genossen hatten, sprangen wir am frühen Morgen, um ganz wach zu werden, erst einmal in den herrlichen Hotelpool, der mitten

durch das Hotel angelegt war (Wie gesagt, man kann auf Big Island nicht überall einfach ins Meer gehen und schwimmen. Sonst hätten wir natürlich den Ozean dem Pool vorgezogen.), bevor uns auf unserem Balkon ein phänomenales Frühstück erwartete.
Kurz bevor wir unsere Suite verlassen mussten, erklärten mir die Menehune, hawaiianische Elementarwesen, noch ein weiteres Geheimnis der Manifestation: »*Stellt euch vor, eure Wünsche in euren Händen zu halten. Doch damit sie sich erfüllen können, müsst ihr sie loslassen. Also blast in eure Hände wie in eine Pusteblume und seht oder fühlt, wie sich eure Wünsche ins Universum hinaus bewegen, um alle Kräfte des Universums zu aktivieren, die für die Manifestation derselben notwendig sind. Denkt daran, alles, was Teil eures Plans ist, ist möglich!*«
Ich sah, wie mir eine der Menehunes zuzwinkerte, bevor sie wieder zwischen den Blättern der Blumen verschwand.
Natürlich nutzten Hubert und ich sogleich das neue Wissen, um unsere Wünsche für die Zukunft zu manifestieren.
Kaum zurück in unserem Condo, hängten wir jeder unseren Lei an die Bettpfosten an der Kopfseite unseres Bettes, um die Energie der Hochzeitszeremonie auch auf diese Weise noch um uns zu haben.
Noch am selben Nachmittag fuhren wir mit Michelle zu dem Traumstrand, den wir vor unserer Hochzeit entdeckt hatten. Ich konnte es kaum erwarten, mit meinen Freundinnen, den Meerengeln, zu sprechen.
Sobald ich im Wasser war, begannen sie auch schon mit mir zu reden. Sie freuten sich sehr mit uns und waren natürlich während der Zeremonie anwesend gewesen!
Plötzlich entdeckte ich einen Meerengel, den ich nie zuvor gesehen hatte. Sie war atemberaubend schön, hatte schokoladenbraune Haut, schwarze, lange, wellige Haare und einen dunkelgrünen metallisch schimmernden Fischschweif. Ich fragte sie nach ihrem Namen, und sie antwortete mit einer herrlich melodischen Stimme: »*Ich bin Ho'pauau, ein hawaiianischer Meerengel. Ich freue mich sehr, dich kennen zu lernen. Meine Aufgabe ist es, den Menschen dabei zu helfen, ihr Leben zu genießen und zu erkennen, dass eine erfüllte Sexualität ein bedeutsamer Teil auf dem Weg, ganz zu werden, ist. Nimm meine Energie in dir auf und genieße gemeinsam mit Hubert eure Zeit auf Hawaii. Seid*

erfinderisch und findet neue Wege, eure Körper zu genießen. Das hält eure Liebe und eure Leidenschaft frisch!«
Ich war mehr als überrascht, solche Worte aus dem Mund eines Engels zu hören, doch dann fiel mir ein, dass Meerengel nicht reine Engelwesen, sondern auch Elementarwesen sind. Ich spürte, wie mein Körper immer mehr von einer kraftvollen, sinnlichen Energie durchflutet wurde. Es fühlte sich an, als würden meine Zellen vor Freude vibrieren.
Als ich aus dem Meer kam und Hubert von meinem Erlebnis mit Ho'pauau berichtete, war er hellauf begeistert und rief: »Das lassen wir uns nicht zweimal sagen!«
Hubert entdeckte dann auch hinreißende Göttinnenkleider für Michelle und mich, als wir zu dritt in Kailua-Kona auf Shoppingtour waren. Wir probierten sie an und fanden sie ziemlich sexy, waren aber nicht sicher, ob wir so etwas tragen konnten. Hubert ließ nicht mit sich handeln und meinte nur kategorisch: »Göttinnen brauchen so etwas. Ich akzeptiere keine Widerrede.«
Also kauften wir die Kleider in zwei unterschiedlichen Farben. Wir brauchten jedoch dringend noch spezielle BHs, da die Kleider tief ausgeschnitten und rückenfrei waren, hatten jedoch keine Ahnung, wo wir dergleichen finden sollten. Wie immer fragte ich die Engel und Göttinnen und erhielt auch prompt eine Antwort: »*Geht in den Laden »Yemanya«. Die Frau dort weiß, wo ihr solche BHs kaufen könnt.*«
Yemanya ist der Name einer afrikanisch-brasilianischen Meeresgöttin. Das klang doch viel versprechend.
Tatsächlich trug die Frau im »Yemanya« ein ganz ähnliches Kleid und wusste sofort, was für eine Art von BH wir brauchten. Obwohl Hubert dabei war, öffnete sie ganz ungeniert ihren Ausschnitt und zeigte uns das betreffende durchsichtige Modell, damit wir es auch erkennen würden. Ihr lässiger Kommentar währenddessen mit einem Seitenblick auf Hubert lautete ganz trocken: »Ich bin mir sicher, du hast schon öfter Brüste gesehen.«
»In der Tat.«
Wir mussten uns alle halten, um nicht laut loszuprusten.
Sie erklärte uns dann noch, wie wir das Kaufhaus finden würden, das eben solche BHs führt.

Wieder machten wir uns auf den Weg und fanden die gewünschten Objekte sofort. Auch die Damen an der Kasse waren wieder völlig ungeniert, öffneten ihre Blusen und zeigten Michelle und mir, obwohl Hubert daneben stand, wie wir diese speziellen Teile anbringen mussten. Es war wirklich abenteuerlich. Als wir schließlich aus dem Kaufhaus draußen waren, schüttelten wir uns alle vor Lachen. Was für ein Erlebnis!

Am nächsten Abend versuchten Michelle und ich unser Glück und sahen tatsächlich umwerfend aus mit unseren Göttinnenkleidern. Hubert war vollkommen begeistert, uns beide so ausführen zu dürfen.

Autos fuhren auffallend langsam an uns vorbei, und viele Männer blieben auf der Straße stehen und machten uns Komplimente. Es war ein Riesenspaß.

In den Nächten hielten Hubert und ich uns an den Rat von Ho'pauau und fanden völlige neue Wege, unsere Liebe und Leidenschaft zu zelebrieren.

Vor unserer Abreise stand uns noch ein weiteres einzigartiges Erlebnis bevor. Wir wollten auf dem offenen Meer mit Delfinen schwimmen. Hubert bat mich, die Meerengel und Meeresgöttinnen zu fragen, was wir tun konnten, um uns auf die Begegnung mit den Delfinen vorzubereiten. Die Meeresgöttin Sedna gab mir folgende Antwort: »*Bittet vor dem Schlafengehen darum, in anderen Dimensionen auf Delfine zu treffen und vorbereitet zu werden. Und es wird geschehen.*«

Ich versprach, dass wir genau das tun würden.

Bei herrlichem Wetter fuhren wir am nächsten Morgen in aller Früh mit Nancy, ebenfalls Angel Therapy Practitioner®, und Amanda von »Dolphin Journeys« in einem Boot gemeinsam mit drei Griechen hinaus aufs Meer.

Plötzlich spürte ich, wie sich mein Herzchakra auf eine mir bisher unbekannte Art und Weise immer mehr ausdehnte und eine tiefe Glückseligkeit in mir aufstieg. Im gleichen Augenblick sah ich die Flossen von Delfinen in einiger Entfernung und mein Herz machte innerlich einen Luftsprung vor Freude. Nie zuvor hatte ich etwas Ähnliches gefühlt. Wie würde es erst sein, mit den Delfinen zu schwimmen!

Als Nancy das Gefühl hatte, es wäre ein guter Zeitpunkt, den Anker zu setzen, hielten wir an, zogen Schwimmflossen an und setzten uns schließlich Taucherbrillen und Schnorchel auf. Für mich war es das erste Mal zu schnorcheln.

Ich hatte zuerst ziemliche Schwierigkeiten, da ich irgendwie keine Luft bekam und zu viel Wasser schluckte. Ich konnte mir das überhaupt nicht erklären, wo ich doch so eine Wasserratte bin. Zum Glück wurde Hubert auf meine erfolglosen Bemühungen aufmerksam und stellte mit Kennerblick fest, dass mir einfach nur die Taucherbrille zu groß war. Kaum hatte ich eine neue bekommen, war ich ebenfalls in meinem Element. Die Sonnenstrahlen drangen auf eine Art und Weise ins Wasser, dass ich das Gefühl hatte, mich im Meer in einem glitzernden Lichttempel zu befinden. Innerhalb von wenigen Minuten war ich auf allen Seiten umgeben von Delfinen. Ich spürte, wie ihr Sonar mich abtastete und eine tiefe, einzigartige Glückseligkeit durchströmte mein ganzes Sein. Ich war vollkommen im Hier und Jetzt, eins mit allem, was ist.

Plötzlich dachte ich voller Liebe an Hubert, und schon tauchte nicht nur er, sondern auch zwei Delfine, die sich zu küssen schienen, an meiner Seite auf.

Als schließlich noch eine Mutter mit einem Babydelfin für längere Zeit unter mir schwamm, war es vollkommen um mich geschehen. Ich fühlte mich wie der glücklichste Mensch auf Erden. Ich konnte überhaupt nicht genug bekommen. Ich schwamm ununterbrochen mit unzähligen Delfinen in einem mir gänzlich neuen, sehr schnellen Tempo. Manches Mal streiften sie mich ganz zart mit ihren Flossen. Es war unbeschreiblich.

Schließlich tauchte Amanda neben mir auf, da es an der Zeit war, mich zum Boot zurückzuholen. Da entdeckte sie einen Manta-Rochen direkt unter mir, was wohl eine Seltenheit ist, und holte auch die anderen wieder ins Wasser. Wir schwammen noch eine kurze Weile und kehrten dann alle zum Boot zurück.

Ich konnte es kaum fassen, als die anderen mir mitteilten, dass ich geschlagene zwei Stunden mit den Delfinen geschwommen war. Ich war so sehr im Hier und Jetzt gewesen, dass ich keine Zeit mehr wahrgenommen hatte. Doch ich wäre nie auf die Idee gekommen, dass es so lange gewesen war. Außerdem hatte ich so oft gehört, dass man glücklich sein konnte, wenn man überhaupt eine Viertelstunde von Delfinen umgeben im offenen Meer schwimmen konnte.

Nancy zwinkerte mir nur zu und meinte: »Die Delfine haben dein offenes Herzchakra wahrgenommen. Deshalb sind sie so zahlreich erschienen und ebenso lange geblieben. Normalerweise kommt das nicht so häufig vor.«

Als ich dann noch von den Griechen hörte, dass sie am Tag zuvor auf einem anderen Boot gewesen waren und keine einzige Minute mit Delfinen schwimmen konnten, da diese immer sofort verschwanden, sobald jemand ins Wasser kam, wurde ich mir des Segens, der uns zuteil geworden war, in vollem Umfang bewusst.

Michelle und Hubert schienen ebenso überglücklich zu sein wie ich selbst, als wir wieder zu dritt bei unserem Auto anlangten.

Schließlich war es an der Zeit, und wir mussten Michelle am selben Abend zum Flughafen bringen. Nach dieser traumhaften Woche fiel uns der Abschied alles andere als leicht und wir trennten uns schweren Herzens.

Auch unsere Abreise stand in Kürze bevor. Wehmütig brachten Hubert und ich unsere verblühten, noch immer köstlich duftenden Hochzeits-Leis zum Meer und warfen sie in einer Art Zeremonie ins Wasser, um die bestmögliche Zukunft für uns zu manifestieren. Wir verabschiedeten uns auch noch von der Erde, auf der wir geheiratet hatten, und hofften sehnlichst, bald zurückzukehren.

Die Herzen voll tiefer Dankbarkeit, traten wir schließlich unsere lange Heimreise an.

Buchvertrag

Kaum zu Hause, meldete ich mich, wie es mir die Meerengel geraten hatten, nach endlosen Jahren wieder in einem Fitnessstudio an. Endlich war ich wieder fit genug, nicht nur zu Hause mit diversen Yoga- oder Pilates-DVDs zu trainieren. Insbesondere Pilates machte mir großen Spaß, und ich versuchte, möglichst regelmäßig ins Training zu gehen. Ich spürte, wie meine Kraft dadurch langsam aber sicher zunahm und war sehr glücklich darüber.
Nur wenig später stand im Mai 2008 der »3. Internationale Engel-Kongress«, dieses Mal in der Konzerthalle in Freiburg, vor der Tür. Irgendwie beschlich mich das unbestimmte Gefühl, dass er eine Art Wende in meinem Leben darstellen würde. Ich konnte mir jedoch nicht erklären weshalb.
Bereits am Vorabend war ich mit Readings so gut wie ausgebucht. Mir war augenblicklich klar, dass ich nur wenige Referenten anhören konnte. Gemeinsam mit Bea und Charles saßen wir in der Abendsonne beim Essen, als plötzlich eine auffallende Gestalt, umgeben von einer gigantischen Aura, aus dem Konzerthaus auf uns zukam. Obwohl ich schon so manche wunderbar kraftvolle und strahlende Aura gesehen hatte, schien diese absolut einzigartig in ihrer Größe und Power zu sein. Ich wusste augenblicklich, dass es Dr. Roy Martina war. Einen kurzen Moment lang schaute er mir sehr ernst in die Augen und war auch schon verschwunden. Ich war wie elektrisiert, denn ich wusste, ich kannte diese seine Energie schon lange. Komischerweise hatten die anderen Drei ihn nicht einmal bemerkt.
Mir war deutlich bewusst, dass ich diesen Mann sprechen hören musste, komme was wolle, denn aus irgendeinem Grund erkannte ich, dass er ebenfalls sehr sensibel war, jedoch im Laufe seines Lebens auf irgendeine Weise gelernt hatte, sich zu schützen. Wenn er es nun konnte, war es mir ebenfalls möglich, es zu lernen. Vielleicht von ihm. Vielleicht war Roy Martina genau die Person, um die ich die Engel schon länger gebeten hatte.

Eigentlich hatte ich schon vor vier Jahren von ihm und seiner Klinik »Second Opinion« gehört. Ich hatte schon damals gewusst, dass er mir hätte helfen können, und mir nichts sehnlicher gewünscht, als zu ihm gehen zu können. Doch ich hatte keinerlei Geld gehabt, ihn aufzusuchen, und mich so mit seinen Büchern und seiner Chakra-Meditation, die mir große Dienste leistete, begnügen müssen. Insbesondere der letzte Track auf der CD war das einzige, was mir zumindest ein wenig half, wenn ich wieder einen meiner grässlichen Bauchkrämpfe hatte.
Ich wünschte mir von Herzen, ihn persönlich kennen zu lernen, wollte ihn aber auf keinen Fall ansprechen, da mir klar war, dass er gewöhnt war, von unzähligen Frauen angehimmelt zu werden. Also manifestierte ich mithilfe von Erzengel Ariel, dass er auf mich zukommen würde.
Bereits am nächsten Morgen vor Kongressbeginn liefen wir uns inmitten von Massen von Menschen über den Weg, und er lächelte mich an. Ich nahm das als Zeichen der Engel, dass es mit dem Kennenlernen klappen würde.
Aufgrund der vielen Engel-Readings, die ich zu geben hatte, kam ich etwas zu spät zu seinem Vortrag, doch was ich hörte, fand ich äußerst faszinierend. Auch Hubert war begeistert.
Kaum hatte Roy Martina geendet, ging ich auf dem schnellsten Weg zurück zu dem Platz, an dem ich meine Readings gab. Lustigerweise lag dieser unweit vom Bühnenaufgang.
Plötzlich lief jemand gedankenverloren von hinten in mich hinein und murmelte eine Entschuldigung auf Englisch. Als ich mich umdrehte, war es niemand anderes als Roy Martina. Er schaute mich verdutzt an, blieb jedoch nicht stehen, da er von einer Frau begleitet wurde, die ihn scheinbar zu einem Interview brachte. Ich musste schmunzeln, da ich mir ziemlich sicher war, dass Roy Martina so etwas normalerweise nicht passierte, sah es jedoch als ein weiteres Zeichen an.
Wiederum folgte ein Reading auf das andere, bis mir Hubert auf einmal mitteilte, dass wir zum Essen mit den Referenten eingeladen waren, worüber wir uns sehr freuten. Wir saßen gemeinsam mit Bea und Charles, Angela McGerr und ihrem Mann und zwei, drei anderen Leuten am Tisch und hatten viel Spaß.
Als alle in Aufbruchstimmung waren und von den verschiedenen Tischen aufstanden, befand sich plötzlich Roy Martina mir gegenüber

und streckte mir seine Hand mit folgenden Worten entgegen: »Es ist großartig, dich mit deiner wunderbaren Energie hier zu haben.«
Ehe ich mich versah und zu einer Antwort ansetzen konnte, war er auch schon wieder verschwunden. Ich war vollkommen verwundert, denn eigentlich konnte er von seinem Platz aus gar nicht gesehen haben, dass ich da war.
Hubert war sehr überrascht, als ich ihm davon erzählte, denn er hatte nichts davon mitbekommen. Er meinte nur, dass wir uns doch daraufhin am nächsten Tag einmal mit Roy Martina unterhalten könnten. Ich konnte nur zustimmen und mich ein weiteres Mal bei den Engeln bedanken, dass sie mir meinen Wunsch so schnell erfüllt hatten.
Auch am nächsten Tag war ich so mit Readings eingedeckt, dass ich kaum dazu kam, mir weitere Referenten anzuhören. Das war ein bisschen schade, denn eigentlich bekam ich nicht wirklich etwas von dem Kongress mit. Doch lustigerweise ergab sich mehrmals der Moment, dass Hubert und ich uns mit Roy Martina unterhalten konnten.
Als wir uns schließlich von ihm verabschiedeten, nahm er meine Hände in seine und küsste sie mit den Worten: »Wir sehen uns wieder, und zwar nicht nur einmal.«
Ich lachte und entfernte mich gemeinsam mit Hubert. Kaum hatten wir die Treppe erreicht, rief er noch einmal: »Wir sehen uns wieder, und nicht nur einmal.«
Auch wenn ich das gleiche Gefühl hatte, hätte mich dennoch interessiert, was er genau damit sagen wollte. Wusste er mehr? Nur die Zeit würde es vielleicht verraten.

Eine Woche später war ein Anruf von Konrad Halbig vom Koha-Verlag auf unserem Band. Er wollte Hubert und mich treffen. Wir gingen davon aus, dass es um weitere Planung in der Zusammenarbeit mit Charles ging.
Wir hatten keine Ahnung, wie sehr wir uns damit täuschten.
Auf dem Weg zu dem vereinbarten Treffpunkt lief ich noch durch den Park, um mit den Feen zu sprechen. Ich bat sie, mir dabei zu helfen, vollkommen mit meinem Höheren Selbst verbunden und frei von Ego zu sein. Schließlich war es durchaus verlockend, beim ersten Treffen mit einem Verleger, der definitiv für mich interessant war, von dem Buch

zu erzählen, das ich schrieb. Ich wusste jedoch, dass dies nicht der richtige Weg war, was mir die Feen mit ihren Worten bestätigten: »*Halte dich vollkommen zurück und warte ab. Lass deinen Wunsch gänzlich los. Nur dann können sich Türen öffnen, von denen du nicht einmal zu träumen wagst.*«

Ich war etwas verwundert über diese Aussage und konnte mir absolut keinen Reim darauf machen. Ich gab mich völlig in die Hände des göttlichen Plans und war bereit, mich überraschen zu lassen.

Was dann kam, übertraf einfach alles! Konrad Halbig bot mir einen Buchvertrag für ein Engelbuch und einen Auftritt als Referentin beim nächsten »Internationalen Engel-Kongress« an. Ich war sprachlos.

Das, was gerade geschehen war, hatte ich mir wahrlich in meinen kühnsten Träumen nicht vorstellen können, hatte ich doch gerade, ohne dass Konrad je eine von mir geschriebene Zeile gelesen hatte, einen Buchvertrag an Land gezogen! Ein weiteres Mal hatte sich mein Vertrauen in die Engel mehr als bezahlt gemacht. Immer wieder war ich von Menschen, die wussten, dass ich ein Buch schrieb, angesprochen worden, dass es doch endlich an der Zeit sei, einen Verlag zu suchen, doch ich vertraute auf Erzengel Gabriel, die mir mitgeteilt hatte, dass ich zuerst einmal mein Bestes geben und ein gutes Buch schreiben sollte. Alles andere würde sich schließlich von selbst ergeben. Also hatte ich losgelassen und mich schlicht und einfach dem Schreiben gewidmet.

Das Geheimnis der Manifestation schien tatsächlich im Loslassen zu liegen. Je weniger ich anhaftete, desto großartiger war das Ergebnis. Ich wollte mir dies nun endgültig merken und in allen Bereichen meines Lebens noch ausschließlicher anwenden.

Schließlich verabschiedeten Hubert und ich uns von Konrad. Ich konnte mein Glück kaum fassen. Zur Feier des Tages lud mich Hubert gleich noch zum Essen ein, um gebührend auf meinen Buchvertrag anzustoßen. »Der erste Buchvertrag ist nämlich etwas ganz Besonderes«, schmunzelte Hubert, der wusste, wovon er sprach, denn sein erstes Buch war bereits vor Jahren erschienen.

Beim Essen redeten wir ununterbrochen über die großen Neuigkeiten. Auf einmal fiel mir ein, dass ich dringend lernen musste, mich besser zu schützen, wenn ich im nächsten Jahr beim Engel-Kongress auftreten sollte, und erzählte Hubert von der »Omega Health Coaching Ausbildung« von Dr. Roy Martina, die in zwei Monaten in Oy im Allgäu beginnen würde.

Mir war zwar klar, dass ich aufgrund eigener Workshops nicht die gesamte Ausbildung machen konnte, doch vielleicht war es eine gute Idee, zumindest das erste der insgesamt vier Module zu machen, das man auch einzeln buchen konnte. Hubert fand die Idee fantastisch und meinte: »Vielleicht ist ja der erste Teil genau das, was du noch für dich brauchst. Gleichzeitig ist es eine schöne Belohnung für dich, nachdem du die erste Version deines Buches der Lektorin übergeben hast.«

»Ja, das ist wahr. Nur bedeutet es, dass ich eine Woche weniger Zeit zum Schreiben habe.«

»Rein rechnerisch ja«, antwortete Hubert. »Doch ich glaube, das Gegenteil wird der Fall sein, denn du wirst feststellen, dass die Aussicht, das Training von Roy Martina zu besuchen, dich derartig anspornen wird, dass du mit Leichtigkeit eine Woche früher fertig wirst.«

Und so erfüllten sich an einem Tag gleich mehrere Wünsche: Ich hatte meinen ersten Buchvertrag bekommen, durfte im nächsten Jahr beim Engel-Kongress als Referentin auftreten und konnte doch einen Teil der Ausbildung von Roy Martina besuchen, alles Dinge, die ich mir aus tiefstem Herzen gewünscht hatte. Ich war überglücklich und buchte am nächsten Morgen sofort das erste Modul.

Als ich mich im Internet auf Hotelsuche für Oy machte, schlugen mir die Engel ein ganz bestimmtes Hotel vor, denn sie meinten, ich sollte im selben Hotel wie Roy Martina und seine Crew sein. Was auch immer das zu bedeuten hatte, ich fügte mich den Anweisungen der Engel, denn sie hatten schließlich den Überblick.

Roy in Oy

Zum Glück hatte ich mir im Sommer einen freien Monat ohne Klienten eingeplant, um meine Geschichte weiter zu schreiben, denn nur so war es mir möglich, mein neues Buch mit dem Titel »Die Erzengel« in der vereinbarten Zeit zu schreiben.
Sobald mein Konzept für das Buch von Konrad abgesegnet worden war, machte ich mich an die Arbeit. Da ich wusste, dass bis zur endgültigen Fertigstellung ein anstrengendes halbes Jahr vor mir lag und ich keine Ahnung hatte, wann unser nächster Urlaub stattfinden konnte, plante ich meine Tage sehr sorgfältig, um bei Kräften zu bleiben. Ich ging zweimal pro Woche ins Fitnessstudio, leistete mir endlich private Yogastunden, von denen ich schon seit Jahren geträumt hatte, und fuhr, manchmal mit und manchmal ohne Laptop, so oft es möglich war, an den Starnberger See zu meiner Freundin Angela, ihrem Mann Peter und ihrer Tochter Giulia, deren neues Heim eine Oase der Entspannung und des Auftankens für mich ist, insbesondere da dem Element Wasser meine ganz besondere Liebe gilt und jede Form von natürlichem Gewässer eine Quelle der Inspiration für mich darstellt.
Langsam aber sicher nahm das Buch Konturen an. Sobald die ersten Kapitel fertig waren, mailte ich sie Gido nach London zum Probelesen. Eines Tages, als er gerade mit mir telefonierte, um mir Feedback zu den gelesenen Texten zu geben, fragte er mich plötzlich: »Sag mal, hast du vielleicht eine Ahnung, welcher Workshop oder welches Training im Augenblick gut für mich sein könnte?«
»Oh ja, da habe ich eine glänzende Idee. Ich fahre in gut zwei Wochen zum ersten Modul einer Ausbildung bei Dr. Roy Martina in Oy im Allgäu. Das würde dir bestimmt gefallen! Hättest du nicht Lust, mitzukommen? Da hätten wir dann gleich zwei Fliegen mit einer Klappe. Wir besuchen ein tolles Training und verbringen endlich wieder einmal mehr Zeit zusammen!«
Gido loggte sich noch während unseres Gesprächs auf Roy Martinas Website im Internet ein und war sofort Feuer und Flamme.

Wenige Stunden später rief er mich wieder an und teilte mir mit, dass er gebucht und eben noch das letzte Zimmer im selben Hotel wie ich bekommen hatte. Wir konnten es kaum erwarten, uns auf den Weg dorthin zu machen.

Und so kam es, wie Hubert vorausgesagt hatte, dass ich tatsächlich locker drei Tage vor Trainingsbeginn meine fertige erste Version des Buches an den Verlag mailen konnte. Das war vielleicht ein großartiges Gefühl!

Völlig entspannt und voller Erwartungsfreude fuhren Gido und ich schließlich bei herrlichstem Sommerwetter nach Oy. Wieder einmal hatten die Engel Recht behalten: Kaum hatte ich mein Auto vor unserem Hotel geparkt, entdeckte ich Roy Martina und zwei der Damen, die auch beim Engel-Kongress an seiner Seite gewesen waren, auf der Terrasse. Ich musste schmunzeln, und Gido amüsierte sich ebenfalls köstlich über die Engel, denn ich hatte ihm erzählt, aus welchem Grund ich mich für das besagte Hotel entschieden hatte.

Als wir unsere Zimmer bezogen und ausgepackt hatten, gingen wir auch auf die Terrasse, um noch ein wenig Sonne zu tanken, bevor das mit Sicherheit äußerst intensive Training am nächsten Morgen beginnen würde. Wir genossen es, endlich einmal ausgiebig Zeit zum Reden zu haben.

Am nächsten Tag war es dann so weit: Das erste Modul »Toolbox« begann. Ich musste mich erst einmal wieder daran gewöhnen, mich inmitten von knapp dreihundert Menschen zu befinden. Ich spürte viel zu viele verschiedene Energien und fand den Tag, der bis kurz vor Mitternacht ging, äußerst anstrengend, obwohl mich der Inhalt, den Roy Martina präsentierte, sehr fesselte. Ich fiel nur noch so ins Bett.

Auch wenn die Nacht kurz war, raffte ich mich morgens auf und ging eine Runde schwimmen. Danach fühlte ich mich sehr erfrischt und viel besser!

In der ersten Pause ging ich schließlich auf die Bühne, um Roy zu begrüßen und ihm die Grüße von Konrad auszurichten, der auch einer seiner Verleger ist. Er umarmte mich sehr herzlich und meinte: »Es ist super, dass du da bist. Ich hatte überhaupt nicht mit dir gerechnet und habe mich umso mehr gefreut, als ich dich vorgestern gesehen habe!«

Als ich die Grüße von Konrad überbrachte, fragte er, ob ich auch Bücher

schreibe. So erzählte ich ihm von meinem Buch über die Erzengel, worüber er sehr begeistert war.
Nachts lagen wieder einmal fast alle Teilnehmer, so auch ich, am Boden auf Yogamatten, um einer seiner einzigartigen Meditationen zu lauschen. Schon als er zu channeln begann, spürte ich eine sehr starke Verbindung von ihm zu mir. Die Meditation war atemberaubend. Immer mehr Engelenergie war im Raum, und ich fühlte mich von Engelsflügeln getragen.
Schließlich wurden wir umgeben von einem goldenen Kokon aus Licht, der uns von nun an für immer schützen würde. Ich spürte das goldene Licht so deutlich, dass ich mir absolut sicher war, dass ich von jetzt an einen stärkeren Schutz um mich hatte, als je zuvor. Als Roy endete, fühlte ich mich absolut wunderbar und war unendlich dankbar, dass er genau das getan hatte, was ich mir am meisten von diesem Training erhofft hatte, nämlich mir dabei zu helfen, nicht mehr unter meiner großen Hellfühligkeit zu leiden, obwohl ich ihm nicht einmal von meinem Problem erzählt hatte. Ich musste mich einfach bei ihm bedanken. Als ich vor ihm stand, meinte er, noch bevor ich irgendetwas sagen konnte: »Hi Engel, die Meditation hat dir gefallen, richtig? Ich musste dabei an dich denken.«
»Ich weiß. Das habe ich deutlich gespürt. Danke dir von Herzen, sie war einfach wunderbar!«
Vollkommen glücklich fuhr ich gemeinsam mit Gido zurück zum Hotel. Gido war ebenso begeistert und fest entschlossen, auch die restliche Ausbildung zu machen. Auch ich wollte nichts lieber als das. Auf einmal kam mir die Idee, dass ich ja Roy unter vier Augen fragen konnte, ob ich die Ausbildung machen könnte, auch wenn ich aufgrund meiner eigenen Workshops nicht immer anwesend sein würde. Da Neumond war, beschlossen wir, die Gunst der Stunde zu nutzen, noch einen Nachtspaziergang zu machen und unsere Wünsche zu manifestieren. Wir wanderten bei herrlichem Sternenhimmel durch die Nacht und fanden schließlich eine alleine stehende Bank mitten auf den Feldern. Wir bedankten uns abwechselnd laut für die Dinge, die wir uns wünschten, ganz so, als hätten wir sie bereits. Derjenige, der nicht sprach, klatschte, so wie es mich die Feen gelehrt hatten, im Anschluss an die Worte des anderen immer Beifall, um auf energetischer Ebene schon

zum Erfolg des anderen zu gratulieren. Gido war völlig fasziniert von dieser Art der Manifestation, und wir hatten einen Riesenspaß zusammen.

Meine beiden letzten Sätze lauteten: »Danke, dass Roy mir gestattet, die gesamte Ausbildung auch ohne ständige Anwesenheit zu machen!« »Und danke, dass ich mit ihm zusammenarbeite!«

Ich konnte mir vorstellen, dass dies vielleicht in ein, zwei Jahren der Fall sein könnte.

Nachdem Gido und ich fertig waren, genossen wir noch einige Momente die wunderbare Stille der Nacht, bevor wir zurück ins Hotel gingen und wunschlos glücklich in den Schlaf sanken.

Am nächsten Tag fragte ich sofort Roy, ob er irgendwann noch ein kurzes Gespräch unter vier Augen mit mir einplanen könnte. Er schaute mich groß an.

»Keine Sorge«, nahm ich ihm den Wind aus den Segeln, »es dreht sich nicht um ein Problem. Doch es geht um etwas, das nur du entscheiden kannst.«

»Alles klar. Ich gebe dir Bescheid, wann ich Zeit habe.«

Erleichtert ging ich zu meinem Platz und war mir ziemlich sicher, dass er mir meinen Wunsch erfüllen würde.

Die Wirkung der Meditation von der Nacht zuvor war wirklich spektakulär. Auf einmal hatte ich kein Problem mehr mit den vielen verschiedenen Energien der fast dreihundert Menschen. Das war der absolute Hit! Mein ganzes Leben lang hatte mich meine Feinfühligkeit gequält. Gar manches Mal hatte ich sie fast wie einen Fluch empfunden. Ich hätte am liebsten vor lauter Freude Luftsprünge vollführt. Zum Glück ließ uns Roy ziemlich viel abtanzen, um uns von unliebsamen Emotionen zu befreien, so konnte ich auf diese Weise meinen Enthusiasmus ausdrücken. Ich fühlte mich wie ein neuer Mensch und war einfach nur glücklich. Roy war tatsächlich die Person, um die ich die Engel gebeten hatte.

Auch die übrigen Tage waren einfach ein Traum. Es fühlte sich an, als wäre das neue Wissen die perfekte Ergänzung zu meiner bisherigen Arbeit.

Am letzten Tag war es dann so weit: Roy hatte noch Zeit für unser Gespräch.

Kaum hatte er mich herzlich begrüßt, fragte er auch schon: »Also sag schon, worum geht es?«
»Ich würde sehr gerne die ganze »Omega Health Coaching Ausbildung« mitsamt Examen machen, kann aber höchstens die Hälfte der Zeit anwesend sein, da ich selbst viele Workshops gebe und während des letzten Moduls beim Engel-Kongress auftrete.«
»Traust du es dir zu, die Prüfung auch so zu schaffen?«
»Keine Frage, denn ich habe bereits als Jugendliche wegen eines Unfalls fast ein ganzes Jahr in der Schule gefehlt, habe aber nicht wiederholt, sondern bin zurück in meine alte Klasse gegangen und war immer noch Klassenbeste, ohne viel zu lernen.«
»Na dann gibt es doch überhaupt kein Problem.«
Damit war die Sache für ihn erledigt.
Er lachte mich an und meinte: »Ich bin sehr froh, dass du mit mir sprechen wolltest, denn auch ich will mit dir reden, denn ich möchte mit dir zusammenarbeiten.«
Vor Überraschung wäre ich beinahe vom Stuhl gefallen. Das war ja eine Manifestation in Rekordzeit. Es war gerade einmal zweieinhalb Tage her, seit ich diesen Wunsch ans Universum übergeben hatte.
Ich schaute Roy mit großen Augen an und wartete, bis er weiter sprechen würde.
Schließlich sagte er: »Seit vielen Jahren habe ich eine Idee von den Engeln im Kopf, doch bisher war nicht die richtige Person dafür in meinem Leben erschienen. Aber jetzt sitzt die entsprechende Frau vor mir. Was meinst du, hättest du Lust, gemeinsam mit mir ganz spezielle Engelmeditationen zu kreieren?«
»Ja, natürlich! Das wäre wunderbar.«
»Das macht mich sehr glücklich!«
Wir redeten noch eine Weile weiter, bis es an der Zeit war, sich zu verabschieden, da der letzte Teil des Trainings begann.
Gido konnte mich gerade noch schnell fragen, ob ich die ganze Ausbildung machen könnte, bevor der Unterricht weiterging. Ich bejahte und sagte, es käme noch viel besser. Gido konnte seine Neugier kaum bezähmen, doch diese Neuigkeiten wollte ich ihm definitiv nur unter vier Augen erzählen.

Als Gido und ich nach endlosen Verabschiedungen endlich im Garten des Hotels in der Sonne lagen, erzählte ich ihm alles. Gido war ebenso hin und weg wie ich, hatte er doch ebenso wenig wie ich damit gerechnet, dass sich meine Wünsche derartig schnell manifestieren würden.

Wenig später bekam ich eine Nachricht von Roy, dass er sich wünschen würde, dass wir Freunde werden, und so entwickelte sich eine weitere einzigartige Freundschaft in meinem Leben.

Als wir uns schließlich einige Wochen später trafen, um unser gemeinsames Projekt zu besprechen, fragte ich Roy nach der Bedeutung seiner Worte »Wir sehen uns wieder, und zwar nicht nur einmal« beim Verabschieden in Freiburg.

Er meinte, er hätte mich in der ersten Minute »wieder« erkannt und wusste daher einfach, dass wir uns in diesem Leben wieder sehen mussten. Spannend, dass wir beide vom ersten Moment an das gleiche Gefühl gehabt hatten.

Arbeitsintensive Monate

Die nächsten Wochen und Monate vergingen wie im Fluge und gestalteten sich als äußerst arbeitsintensiv. Ich schlief über viele Monate nicht mehr als höchstens zwei bis vier Stunden pro Nacht, da ich einfach nicht mehr Zeit dafür übrig hatte. Doch dank der Hilfe der Engel und der neuen bei Roy gelernten Techniken war das kein Problem.

Inmitten des Prozesses der Fertigstellung meines Erzengel-Buches, dem Channeln von mehr als zwanzig Meditationen, der Entwicklung meines Angel Life Coach®-Trainings, vielen Klienten und dergleichen mehr besuchte ich auch noch den dritten Teil der EMF Balancing Technique®-Ausbildung, bei der es sich um die Phasen IX bis XII handelte, bei Peggy Phoenix Dubro in Bad Orb. Obwohl ich tagsüber die Ausbildung besuchte und nachts entweder am Buch arbeitete oder Meditationen channelte, fühlte ich mich wunderbar entspannt. Ich genoss die wunderbare Energie von Peggy, die Ruhe meines riesigen Hotelzimmers, die oftmals magische Stimmung des Parks vor dem Hotel und war vollkommen mit der Welt in Einklang. Als ich in einer Sitzung, die ich während der Ausbildung bekam, auch noch erleben durfte, wie meine Kundalini-Energie wieder einmal auf wundersame Weise aufstieg, war ich einfach nur dankbar für mein Leben.

Noch während ich in Bad Orb war, erhielt ich meine erste Einladung als Referentin bei einem internationalen Kongress in Italien. Weitere Einladungen im In- und Ausland folgten. So langsam begann ich mich an das neue Tempo der Manifestationen in meinem Leben zu gewöhnen.

Im Zuge dieser Entwicklungen zeichnete sich immer deutlicher ab, dass ich dringend eine Assistentin brauchte, die Organisationsarbeit für mich übernahm, da ich die Arbeit alleine einfach nicht mehr bewältigen konnte.

Um in Ruhe darüber nachzudenken, wer denn dafür in Frage kommen könnte, gingen Hubert und ich zum Essen und machten Brainstorming. Nach den verschiedensten Überlegungen kamen wir beide zu dem Schluss, dass wir nur eine Person kannten, die genau meinem Anforderungsprofil entsprach, und das war Dani. Wir hatten sie genau ein Jahr zuvor bei Charles' erstem ETP-Training in Hamburg kennen gelernt. Im Laufe des Jahres hatte sie verschiedene Workshops bei mir besucht und war außerdem auch bei zwei weiteren ETP-Trainings von Charles Staff-Mitglied gewesen.

Just in dem Moment, als wir beschlossen, sie anzurufen und sie zu fragen, ob sie Lust und Zeit hätte, meine Assistentin zu werden, klingelte Huberts Handy. Und wer war am Apparat? Natürlich Dani! Wenn das kein Zeichen war!

Dani war hellauf begeistert von unserer Anfrage und war sich ziemlich sicher, dass sie die Aufgabe übernehmen wollte. Wir baten sie aber dennoch, erst einmal darüber zu schlafen und auch in aller Ruhe mit ihrem Mann zu beratschlagen.

Zwei Tage später sagte sie zu und erzählte mir überglücklich, dass sie beim ETP-Training in München manifestiert hatte, in der Zukunft für mich zu arbeiten. Besser konnte eine gemeinsame Zusammenarbeit ja gar nicht anfangen.

Schließlich standen die CD-Aufnahmen für den Koha-Verlag vor der Tür. Die Engel hatten das Datum für den Aufnahmetag durchgegeben, und Konrad war zum Glück damit einverstanden.
Doch vier Tage vorher erwischte mich eine heftige Mandelentzündung, nachdem ich einen Praxistag mit lauter erkälteten Klienten hinter mir hatte. Mit jedem Tag verschwand meine Stimme mehr und mehr. Am Tag vor dem Aufnahmetermin im Studio hatte ich so gut wie gar keine Stimme mehr. Es war wirklich zum Haare ausraufen. Hubert meinte: »Ruf Konrad an. Du musst den Termin unbedingt absagen. So kannst du unmöglich ins Studio gehen.«
Doch ich vertraute auf die Engel, auch wenn es schwer fiel, mir vorzustellen, dass meine Stimme am nächsten Tag wieder vollkommen hergestellt sein konnte. Aber aus irgendeinem Grund hatten die Engel genau das besagte Datum vorgeschlagen. Also würde ich mich daran halten.
Und tatsächlich, am nächsten Morgen wachte ich wunderbar erfrischt und mit erholter Stimme auf und freute mich riesig auf die Aufnahmen. Auf dem Weg zum Studio machte ich im Auto noch meine Stimmübungen, um meine Stimme für die Aufnahmen aufzuwärmen, und fühlte mich blendend, als ich bei Konrad ankam.
Zuerst machten wir einige Sprechproben, und schließlich war es so weit. Ich saß mit Kopfhörern auf dem Kopf im Yogasitz vor dem Mikrophon, schloss die Augen, begab mich in Meditation und fühlte die starke Präsenz der fünfzehn Erzengel um mich herum. Es war, als würde ich vom Boden abheben und in einer anderen Dimension landen, als ich zu sprechen begann. Ich fühlte mich die ganze Zeit wunderbar von Engeln getragen und war vollkommen losgelöst von dem Raum, in dem ich mich befand. Es war ein unbeschreiblich schönes Gefühl.
Ohne Unterbrechungen hatten wir es geschafft, zwei CDs aufzunehmen. Konrad war richtig glücklich und rief: »Wow. Ich habe selten jemanden erlebt, der sich im Studio so lange konzentrieren konnte.«

»Vergiss nicht«, lautete mein schelmischer Kommentar, »ich bin Pianistin. Ich bin ganz anderes gewöhnt!«
»Ja, da hast du wohl Recht«, lachte er.
Genau einen Monat später saß ich im nächsten Tonstudio und nahm die deutsche Version der 22 Angel Trance Meditationen für Angelportal444 auf, deren Konzept ich mit Roy entwickelt hatte und die ich voller Enthusiasmus gechannelt hatte. Ich stellte immer deutlicher fest, dass ich die Atmosphäre der Stille im Tonstudio liebte und sich Aufnehmen mehr und mehr zu einer meiner Lieblingsbeschäftigungen entwickelte.

Zwei Tage vor Weihnachten war es dann so weit: Ich hielt das erste gedruckte Exemplar meines Buches »Die Erzengel« in meinen Händen. Hubert hatte Recht behalten, es war tatsächlich ein unbeschreibliches Gefühl, das erste eigene Buch in den Händen zu halten. Irgendwie konnte ich gar nicht fassen, dass ich das Buch geschrieben haben sollte. Als ich es schließlich las, war ich sehr verblüfft, denn vieles klang neu für mich, da ich mich während des Channelns in einer Art Trance befunden hatte. Auf jeden Fall war es mein schönstes Weihnachtsgeschenk!

Der Kreis schließt sich

Mit dem offiziellen Erscheinen des Buches Mitte Januar 2009 begann der Trubel. Zu meiner großen Freude sollte meine erste Buchpräsentation im Esoterischen Buchladen von Renate Feßler stattfinden, der ich meine Praxis verdankte. Sie war auch sehr begeistert, mich nun als Autorin präsentieren zu dürfen, hatte sie doch meine Entwicklung in den letzten Jahren ziemlich hautnah miterlebt.
Der Abend wurde ein voller Erfolg. Es kamen so viele Leute, dass wir einige wieder wegschicken mussten, da in dem bereits überfüllten Raum absolut niemand mehr Platz hatte.

Die nächsten Monate waren erfüllt von Reisen zu Kongressen und Workshops. Hubert und ich flogen gemeinsam durch die Welt und waren in herrlichen Hotels untergebracht. Es war ganz so, wie wir es uns während der harten Zeiten immer gewünscht hatten, mit einer einzigen Ausnahme, dass ich vorerst keine Konzerte spielte, sondern Vorträge oder Workshops hielt und den Menschen die Botschaften der Engel überbrachte.

Als ich schließlich kurz vor meinem Geburtstag, genau neun Jahre nach meinem Zusammenbruch beim Joggen, von den Engeln wieder die Erlaubnis zu joggen erhielt, war ich restlos glücklich. Für mich war es der größte Sieg, am Vorabend meines Geburtstages gemeinsam mit Hubert entlang der »Baie des anges« (der Bucht der Engel) in Nizza zu joggen. All die Jahre, in denen wir in Nizza gewesen waren, hatte ich mir nichts sehnlicher gewünscht, als irgendwann wieder so gesund und vor allem so fit zu sein, dass ich es mir erlauben konnte, diese herrliche Strecke gemeinsam mit Hubert zu joggen.
Nach langen neun Jahren war ich endlich wieder ein normaler Mensch, und meine Geschichte gehörte endgültig der Vergangenheit an. Meine Dankbarkeit kannte keine Grenzen.

Wiederum beinahe auf den Tag genau neun Jahre, nachdem ich zu Susanna gesagt hatte, »Ich möchte Sabrina Fox unbedingt irgendwann einmal persönlich treffen. Ich bin sicher, das klappt!«, betrat ich beim 4. Internationalen Engel-Kongress im Kongresszentrum Hamburg genau nach ihr die Bühne, um meinen Vortag zu halten und eine Meditation zu channeln. Wenn mir neun Jahre zuvor irgendjemand gesagt hätte, ich würde im Laufe meines Lebens, ebenso wie Sabrina Fox, Engelbücher schreiben und sogar nach ihr bei einem internationalen Kongress als Referentin auftreten, hätte ich die betreffende Person vermutlich für verrückt erklärt. So kann das Leben gehen. Ich wäre beinahe gestorben, und nun fand ich mich in einem völlig neuen, erfüllten Leben wieder. Meine größte Herausforderung war zu meinem größten Geschenk geworden. Nur aufgrund der immensen Schwierigkeiten, die ich zu überwinden hatte, um am Leben zu bleiben, war es mir gelungen, den Schleier zu durchdringen, mit Engeln und anderen Lichtwesen zu kommunizieren und auf eine Weise vertrauen zu lernen, von der ich früher nicht einmal zu träumen wagte. Ich hatte unendlich viel verloren, und doch so viel mehr dazu gewonnen, nachdem ich gelernt hatte, in Frieden loszulassen und mich dem Prozess des Lebens anzuvertrauen.

Und so stand ich nun auf der großen Bühne des Hamburger Kongresszentrums vor unendlich vielen Menschen, und es fühlte sich so natürlich, so richtig an. Zu meiner eigenen Verwunderung war ich überhaupt nicht nervös, ganz so, als wäre ich mein Leben lang darauf vorbereitet worden. Vielleicht war es ja so. Schließlich hatte ich so manches Konzert vor vielen Menschen gespielt, und die Bühne war schon von Kind an Teil meines Lebens gewesen.

Jedenfalls war es eine große Freude, so vielen Menschen von den Engeln, unseren wunderbaren Freunden, erzählen zu können und mit meiner eigenen Geschichte Mut zu machen.

Nach zwei sehr intensiven und ereignisreichen Tagen mit unzähligen wunderbaren Begegnungen saß ich am Sonntagabend sehr glücklich, doch auch ziemlich erschöpft neben Hubert im Flugzeug zurück nach München. Ich konnte kaum mehr die Augen offen halten und hatte keine Ahnung, wie ich später mit meinem Auto vom Flughafen in München noch nach Oy im Allgäu kommen sollte. Doch auch da vertraute ich auf

die Engel. Schließlich hatte ich gemeinsam mit ihnen geplant, das Examen der »Omega Health Coaching Ausbildung« zu machen.
Und tatsächlich war ich nach dem Flug nach München wieder relativ fit und kam so schnell nach Oy, dass ich den Eindruck hatte, als wäre mein Auto geflogen. Gido, dem ich vom Flughafen aus Bescheid gegeben hatte, war ebenfalls äußerst verwundert, wie schnell ich in Oy war. Er hatte nämlich meinen Zimmerschlüssel schon in einem Blumentopf versteckt gehabt, da wir davon ausgegangen waren, dass ich erst weit nach Mitternacht eintreffen würde. Es war natürlich viel schöner, nach all den großartigen Erlebnissen nicht anonym ins Hotel zu kommen. Wir redeten noch eine Weile, bevor es dann endgültig an der Zeit war, ins Bett zu fallen.
Am nächsten Morgen beim Frühstück gab es ein großes Hallo, denn nicht nur Gido wäre liebend gerne beim Engel-Kongress dabei gewesen, obwohl das Training von Roy natürlich ebenso wieder einmal gigantisch gewesen war.
Mir blieb noch ein Tag Galgenfrist bis zum Examen, sozusagen der letzte, verkürzte Tag des fünftägigen vierten Moduls. Irgendwie war ich völlig entspannt, obwohl ich natürlich so einiges verpasst hatte, doch ich vertraute einfach darauf, dass ich die Prüfung mit Hilfe der Engel bestehen würde.
Am Examenstag selbst erklärte mir Gido noch nach dem Frühstück einige neue Tools, die sie in den letzten Tagen gelernt hatten. Ich blieb weiterhin ruhig und bestand schließlich die Prüfung mit Leichtigkeit.
Mir wurde einmal mehr bewusst, was für ein großes Geschenk mir die Engel damit gemacht hatten, dass ich lernen musste, auch unter den herausforderndsten Bedingungen zu vertrauen, denn dadurch war mein Leben so viel leichter geworden.
Am selben Abend saß ich noch mit Patricia, der Schwester von Roy, zusammen, die inzwischen auch zu einer Freundin geworden war. Sie fragte mich: »Wieso bist du eigentlich nicht schon vor dem Engel-Kongress in Freiburg in unserem Leben aufgetaucht? Roy hat doch schon vor Jahren Trainings in der Nähe von München abgehalten. Kanntest du ihn denn nicht?«
»Oh doch, Patricia! Ich habe auch schon darüber nachgedacht, aber die Engel hatten anscheinend einen anderen Plan mit mir. Ich hatte schon

vor fünf Jahren von Roy gehört und mir nichts sehnlicher gewünscht, als das Geld zu haben, von ihm behandelt zu werden, da mir klar war, dass er mir hätte helfen können. Wie vieles hätte ich mir dadurch ersparen können. Doch inzwischen weiß ich, dass ich meinen Weg mehr oder weniger alleine gehen musste. Denn nur, da mir nichts anderes mehr übrig geblieben war, als zu beten und zu meditieren, habe ich es geschafft, diesen tiefen Kontakt zu den Engeln und anderen Lichtwesen zu bekommen, und kann heute genau aufgrund meiner Geschichte so vielen Menschen Hoffnung machen und helfen. Natürlich hätte ich mich mit der Hilfe von Roy auch weiterentwickelt, doch auf andere Weise.«
»Ja, du hast Recht. Das macht absolut Sinn. Und so könnt ihr heute auf einer ganz anderen Ebene zusammenarbeiten. Die Hauptsache ist«, meinte sie schließlich übers ganze Gesicht strahlend, »dass du überhaupt wieder in unserem Leben aufgetaucht bist, nachdem wir uns schon so viele Leben lang kannten!«
»Ja, ich bin auch sehr froh, euch wieder gefunden zu haben!«
Und lachend fielen wir uns schließlich in die Arme.

Einige Zeit später, ebenfalls nach neun Jahren, erfüllte sich ein weiterer Herzenswunsch, nämlich nach Avalon/Glastonbury zu reisen. Seit ich neun Jahre zuvor im Klinikum Großhadern zum ersten Mal »Die Nebel von Avalon« von Marion Zimmer Bradley geradezu verschlungen hatte, hatte ich davon geträumt, diese Reise zu machen, denn ich spürte eine derartig starke Verbindung zu diesem Ort. Er war mir so vertraut, dass ich ein knappes Jahr zuvor, obwohl ich in diesem Leben noch nicht dort gewesen war, ein »Avalon Retreat für Frauen« in München angeboten hatte. Viele der Teilnehmerinnen hatten mir im Anschluss an meine gechannelten Meditationen erzählt, dass ich es tatsächlich geschafft hatte, sie wieder nach Avalon zu führen. Bei vielen hatte es das Gefühl ausgelöst, endlich wieder »nach Hause« gekommen zu sein.
Und nun war es endlich so weit, und ich durfte in Kürze diese heilige Erde wieder mit meinen eigenen Menschenfüßen betreten. Schon als ich nachts um drei aufstand, da unser Flieger nach Bristol sehr früh ging, war ich ganz aufgekratzt vor lauter Vorfreude. So kurz vor dem Ziel konnte ich es kaum mehr aushalten, noch länger zu warten.

Als Hubert und ich schließlich viele Stunden später mit dem Auto nach Glastonbury hinein fuhren, spürte ich, wie mein Herz einen Freudentanz aufführte. Mein Herzchakra öffnete sich mehr und mehr.
Kaum hatten wir das Gelände mit den Ruinen der Glastonbury Abbey betreten, den Ort, an dem, wie es heißt, Josef von Arimathäa, der Großonkel von Jesus Christus, eine bedeutsame Kirche gebaut hatte und 1191 die Gebeine von König Artus und Königin Guinevere gefunden worden sind, war es auch um Hubert geschehen. In dem Augenblick, als wir den heiligen Boden unter unseren Füßen spürten, fühlten wir uns, als wären wir durch ein Portal hindurch in eine andere Welt, eine andere Dimension gelangt. Zeit spielte überhaupt keine Rolle mehr. Sie schien völlig still zu stehen. Es war, als läge ein heiliger Zauber über dem Ort. Hubert und ich wurden von einer inneren Stille durchdrungen, die wir an keinem anderen Platz der Welt zuvor erlebt hatten. Die Atmosphäre des Ortes war durchdrungen von der Energie unzähliger heiliger Wesen, die uns immer wieder sanft zu streifen schienen.
Plötzlich rief uns ein Baum zu sich, und wir setzten uns an seinen Baumstamm. Im gleichen Augenblick begannen die Blätter im Wind zu rauschen, und ich fragte Erzengel Ariel, die mit dem Wind verbunden ist: »Hast du eine Botschaft für uns?«
»Ja, meine Lieben, das habe ich«, vernahm ich ihre liebevolle Stimme. »Schließt eure Augen und atmet tief ein und aus. Ich werde jetzt an euren Wurzelchakras arbeiten, so dass ihr euch von nun an immer mehr in Sicherheit fühlt, was auch immer in eurem Leben gerade geschehen mag. Auch euer Vertrauen wird dadurch noch weiter verstärkt.«
Ich spürte augenblicklich, wie Ariel zu arbeiten begann. Mein Wurzelchakra fing an zu pulsieren und sich immer mehr auszudehnen. Ganz sanft aktivierte sie meine Kundalini-Energie, und ich fühlte mich einfach nur noch wie im siebten Himmel.
Hubert und ich merkten überhaupt nicht, wie die Stunden verstrichen, so sehr wirkte die Magie des Ortes.
Als wir das Gelände schließlich verlassen mussten, da die Besucherzeit vorüber war, und wieder auf der Magdalene Street landeten, hatten wir geradezu das Gefühl, aus einer Welt herausgerissen worden zu sein. Wir fühlten uns völlig fremd zwischen all den spirituellen Menschen, die

so betriebsam durch die Straßen liefen. Es dauerte eine Weile, bis wir wieder »angekommen« waren.

Obwohl wir den Eindruck gehabt hatten, dass wir auf dem Gelände der Glastonbury Abbey unendlich viel Kraft getankt hatten, fielen wir im Hotel hundemüde ins Bett, und das nicht nur, weil wir in der Früh um 3.00 Uhr aufgestanden waren, wie mir die Engel bestätigten. Sondern wir spürten beide sehr deutlich, dass Informationen aus anderen Ebenen downgeloaded wurden, an die sich unsere Systeme erst einmal gewöhnen mussten. So schliefen wir auch tief und fest, als am Morgen der Wecker rappelte. Vor Schreck wäre ich beinahe aus dem Bett gefallen, so weit weg war ich gewesen.

Inzwischen hatte das Wetter umgeschlagen, und es regnete in Strömen. Doch nach einem ausgiebigen Frühstück fühlten wir uns gestärkt genug, uns auch bei Regen auf den Weg zu machen, den Tor (ein Wort keltischen Ursprungs für Hügel, Berg und Erde) hinauf zu steigen, den höchsten Punkt der Insel Avalon, an welchem die Michael- und Mariakraftlinien aufeinander treffen und auf dem sich noch heute der Glockenturm der später errichteten Michaelskapelle befindet. Natürlich wäre ich lieber bei schönem Wetter hinaufgewandert, doch für den nächsten Tag war im Rahmen der »Internationalen Göttinnen-Konferenz«, die exakt mit unserem Aufenthalt in Glastonbury zusammenfiel, eine Prozession von unzähligen Menschen den Tor hinauf geplant, was überhaupt nicht meinen Wünschen entsprach. Ich wollte zumindest bei meiner ersten Wiederkehr nach unendlich langer Zeit möglichst nur mit Hubert alleine dort oben sein und die altvertrauten Energien spüren.

So wanderten wir, mit Knirpsen bewaffnet, bei heftigem Wind und strömendem Regen, über Wiesen mit grasenden Kühen den Tor hinauf. Je höher wir stiegen, desto stärker spürbar wurden die Energien des Kraftortes und desto mehr nahm auch der Nebel zu.

Als wir schließlich ziemlich durchnässt am Gipfel anlangten, war alles von Nebel umgeben, so dass wir nichts mehr von dem Land, das uns umgab, erkennen konnten. Wir waren buchstäblich von den Nebeln von Avalon umgeben. Die Magie des Ortes war unbeschreiblich. Ich spürte die starke und so vertraute Energie von Erzengel Michael an meiner Seite, als ich beschloss, meine Augen zu schließen. Just in diesem Moment zeigte mir meine innere Sicht den Ort, wie er in alten Zeiten ausgesehen hatte. Ich erkannte den Steinkreis auf dem Hügel und konnte heilige Rituale sehen, die wir Priesterinnen dort in bestimmten Mondnächten und an besonderen Tagen im Jahr abgehalten hatten. Auch durfte ich die Plätze erkennen, an denen wir gewohnt, gegessen und gearbeitet hatten. Immer mehr spürte ich die Kraft, die davon ausging und die Balance, die vor langer Zeit dort geherrscht hatte, bevor sich alles mit dem Gang der Welt verändert hatte. Doch auch das war Teil des großen Plans der Dualität gewesen, wie mir immer deutlicher bewusst wurde.

Eine ganze Weile schwelgte ich in den Betrachtungen der alten Zeit und in dem Wissen, dass ich es in dem damaligen Leben geschafft hatte, auf wunderbare Weise mit meinen Kräften umzugehen und mit ihnen hauszuhalten. Ich bat darum, dass diese alte Fähigkeit wieder in meiner DNS verankert wurde, und spürte, wie sich etwas tief in mir veränderte und eine neue, unbekannte Stärke Teil von mir wurde, bis mich mein durchfrorener Körper schließlich wieder zurück in die Gegenwart holte. Genau in dem Augenblick, als ich meine Augen wieder öffnete, begannen sich die Nebel langsam zu lichten, und wir konnten die Landschaft wieder erkennen. Hubert und ich waren uns beide einig, dass es eine sehr gute Idee gewesen war, trotz Regen den Tor hinauf zu wandern, denn so waren nur äusserst wenig andere Menschen unterwegs, und wir hatten dank der Stille die Magie sehr stark wahrnehmen können.

Als wir am Nachmittag in unser Hotel zurückkamen, versanken wir augenblicklich wieder in einen tiefen Schlaf. Und wiederum erzählten uns die Engel, dass sie an uns »geschraubt« hätten, damit wir die hohen Energien des Ortes vollkommen aufnehmen könnten. Dementsprechend erschöpft fühlten wir uns.

Am nächsten Morgen strahlte die Sonne wieder vom Himmel, und wir machten uns auf den Weg, Chalice Well, den paradiesischen Garten mit der berühmten heiligen Quelle, aufzusuchen. Als wir den Garten betraten, war zuerst noch eine etwas hektische Energie zu spüren, da die Teilnehmerinnen und Teilnehmer der »Internationalen Göttinnen-Konferenz« vor ihrer Prozession zum Tor hinauf noch Chalice Well aufgesucht hatten. Es lag viel losgelassene Schmerzensenergie in der Luft. Hubert und ich richteten uns erst einmal gemütlich auf der Wiese ein, von der aus wir einen grandiosen Ausblick auf den Tor hatten, und

warteten ab, bis wieder Ruhe eingekehrt war, bevor wir einen Rundgang machten.
Nach einer Weile lag wieder tiefer Friede über dem Ort, und wir begannen die Energien in uns aufzusaugen, während uns unzählige Schmetterlinge umtanzten und bezaubernde Vögel ihre frohen Lieder trällerten. Der köstliche Duft der verschiedenartigsten Blumen, die in allen Regenbogenfarben leuchteten, und das Plätschern der Quelle umfingen uns mit einer Woge aus Geborgenheit, und der Geist der Anderswelt war nur allzu deutlich spürbar. Ich sah unzählige Feen von Blüte zu Blüte tanzen und konnte mich kaum satt sehen. Dieser Ort war wahrlich dazu angetan, die Seele zu nähren und den Geist zu beleben. Immer mehr Liebe durchdrang mein ganzes Sein, so dass ich diese Liebe einfach in die Welt hinaus senden musste.
Schließlich begaben wir uns zu dem Löwenkopf, aus dem das heilige Wasser der roten Quelle oder Blutquelle, wie sie aufgrund des roten Eisengehalts auch genannt wurde, fließt, und tranken es. Es war unglaublich: Innerhalb von Sekunden fühlte ich mich vollkommen erfrischt, und mein Geist war glasklar. Am liebsten hätte ich literweise Flaschen davon nach Deutschland geschafft, doch aufgrund der Flugbestimmungen war dies absolut unmöglich.
Als wir uns am König Artus' Platz an das Heilungsbecken setzten, sah ich plötzlich eine zarte Lichtgestalt daneben stehen. Und schon erklang eine glasklare Stimme: *Seid gegrüßt, ICH BIN Morgana Le Fay (die Halbschwester von König Artus und Priesterin von Avalon). Dieser Ort hat magische Kräfte und kann euch von dunklen Emotionen und Schatten befreien, die ihr noch immer in euren Emotionalkörpern gespeichert habt. Wenn es euch beliebt, reinige ich euch, so weit es in diesem Augenblick gut für euch ist. Eure einzige Aufgabe hierbei ist es, über einen längeren Zeitraum tief ein- und auszuatmen. Seid ihr bereit?«*
Natürlich waren wir das. Nichts lieber als das. Es fühlte sich sehr transformierend an, und ich spürte, wie ich immer leichter und lichter wurde. Huberts Aura begann mehr und mehr zu leuchten.
Ich bedankte mich überschwänglich bei Morgana und erhielt noch eine weitere Botschaft. Ich sollte mein Drittes Auge mit dem heiligen Wasser benetzen, um noch mehr sehen zu können. Kaum kam das Wasser mit meiner Stirn in Berührung, spürte ich ein sanftes Kribbeln,

und ich wusste, dass ich dabei war, einen weiteren Schleier zu durchdringen.
Wir genossen noch eine ganze Weile die wundervolle Energie dieses Heiligtums, bis wir aus der Ferne erkennen konnten, dass sich die Prozession wieder den Hügel hinab bewegte. Und so beschlossen wir, noch einmal, dieses Mal auf dem kürzeren Weg und bei herrlichem Sonnenschein, den Tor hinauf zu wandern. Auch wenn die Energie des Kraftortes immer deutlich zu spüren ist, so waren wir doch mehr als froh, dass wir nicht nur an diesem Sonntagmittag inmitten von vielen anderen Menschen zum Glockenturm von Erzengel Michael hochgewandert sind. Denn von der verzauberten Magie von Avalon war an diesem Tag nur wenig wahrzunehmen. Die Energie von Erzengel Michael jedoch war, wie auch am Vortag, am Gipfel des Hügels äußerst präsent. Hubert und ich legten uns etwas abseits der anderen Menschen ins Gras, als ich auch schon Michaels machtvolle Stimme vernahm. Zum Glück hatte ich auf Anweisung der Engel mein kleines Notizbuch eingesteckt, für den Fall, dass irgendwelche Botschaften durchkommen sollten, und konnte so augenblicklich Michaels Worte aufschreiben.

»Seid gegrüßt, ihr Lieben, ICH BIN Erzengel Michael. In Glastonbury/Avalon realisiert ihr, dass ihr euch zwischen verschiedenen Realitäten hin- und herbewegt. Doch euch ist nicht bewusst, dass ihr dies fortwährend tut. Wann immer ihr mit euren Gedanken in der Vergangenheit oder der Zukunft verweilt, bewegt ihr euch ebenso in Parallelwelten. Oft kreiert ihr in euren Gedanken gar mehrere Szenarios für eure Zukunft, und wieder bewegt ihr euch in parallelen Realitäten.

Wenn euch dies bewusst ist, erkennt ihr, dass ihr die Realität wählen könnt, die ihr erleben möchtet. Wann immer ihr einen Gedanken in die Zukunft sendet, erschafft ihr eine neue Realität. Daher haltet immer wieder inne und überlegt euch, ob ihr die Realität, die ihr in eben diesem Moment mit euren Gedanken erschafft, auch erleben möchtet. Die Wahl liegt bei euch. Seid euch dessen bewusst! Ihr habt die Wahl! Trefft eure Wahlen mit Bedacht und lebt das Leben, das ihr euch wünscht!

Wann immer euch eure Realität nicht gefällt, wechselt einfach in eine parallele Welt und kreiert, was ihr euch wünscht. Ich helfe euch bei der Wahl eurer Gedanken – wählt Leichtigkeit anstelle von Schwere, Liebe

anstelle von Hass und Frieden anstelle von Unruhe, und das Paradies auf Erden ist euer! Seid gegrüßt in Liebe, ICH BIN Erzengel Michael.«
Seine Worte fanden tiefen Nachhall in meiner Seele. Ich übergab sofort Hubert das Geschriebene, und auch er war berührt von Michaels Worten.

Wir ließen die Energie des Ortes noch eine Weile auf uns wirken, bevor wir uns wieder an den Abstieg machten.

Zum Abschluss unserer Glastonbury-/Avalon-Reise beschlossen wir, noch einmal die Ruinen der Abbey aufzusuchen, diesen Ort, der uns augenblicklich in Einklang mit der ganzen Welt gebracht hatte. Und wieder erfüllte uns das Gefühl, kaum dass wir den heiligen Boden betreten hatten, in eine andere Dimension eingetreten zu sein, in der die Zeit still zu stehen schien. Wir legten uns auf den nackten Erdboden, um voll und ganz mit der Energie der Erde verbunden zu werden, und spürten wiederum, wie wir mit unzähligen Informationen aufgeladen wurden. Nicht nur die Ruinen, die Bäume, Blumen und Gewässer strahlten eine einzigartige Energie aus, sondern auch all die Tiere, die sich auf dem Gelände zeigten. Nie zuvor hatten wir derartig leuchtend weiße Enten und so viele strahlend weiße Tauben an einem Ort gesehen. Auch an wunderschönen glänzend schwarzen Raben, diesen magischen Geschöpfen, fehlte es nicht. Neben all den Engeln und heiligen Wesen, deren Energien auf dem Gelände so deutlich zu spüren waren, schienen insbesondere die Tauben und die Raben als eine Art Wächter über diesen heiligen Ort zu wachen. Ich nahm ihre Energien stärker wahr als an jedem anderen Platz der Welt, den ich bisher erlebt hatte. Und da es sich auch noch um meine Krafttiere handelte, spürte ich, wie auch sie dazu beitrugen, meine Schwingung zu erhöhen.

Ein letztes Mal durchliefen wir das riesige Areal, bevor wir uns, als schließlich die Glocke zur Schließung ertönte, mit schweren Herzen von dem vielgeliebten Ort verabschiedeten, der uns beide mit so tiefem Frieden erfüllt hatte; jedoch mit dem Versprechen, noch in diesem Leben wiederzukehren.

Als wir schließlich am nächsten Tag über Amsterdam zurück nach München flogen, hatte ich das Gefühl, als wäre nach neun Jahren ein Abschnitt meines Lebens zum Abschluss, zur Vollendung gekommen. In diesem Augenblick fiel mir auf, dass die Zahl neun bekanntlich die Zahl der Vollendung ist, und ich wusste auf einmal, dass auch dieses Buch damit zu seinem schon so lange ersehnten Ende gekommen war. Ich erkannte auch, dass dies der Grund gewesen war, weshalb das Buch nicht vor unserer Hochzeit enden durfte, denn erst jetzt war es so weit, da sich der Kreis vollendet hat. Endlich konnte ich meine Geschichte hinter mir lassen. Voll tiefer Dankbarkeit über den einzigartigen göttlichen Zeitplan betrachtete ich die Wolken, an denen wir vorbeiflogen, und erkannte, dass sie die Form von Engeln hatten.

THE END

Epilog

Meine Krankheitsgeschichte war eine Reise durch extreme Höhen und Tiefen des Lebens. Oft war sie äußerst schmerzhaft, und ich war kurz davor aufzugeben. Doch die himmlischen Mächte hatten andere Pläne mit mir. Die Engel halfen mir dabei, mein Leben zu retten und mich als Kanal und Botschafterin für sie und andere Wesen auszubilden, um den Menschen Hoffnung und Licht auf ihrem Weg zu bringen.
Zeitweise hatte ich tatsächlich das Gefühl, durch die Hölle zu gehen. Doch genau diese Geschichte war das größte Geschenk meines Lebens, denn sie hat mich zu dem Menschen gemacht, der ich heute bin: zu einer Frau, die gelernt hat, auch in den herausforderndsten Situationen zu vertrauen, und die ihren inneren Frieden gefunden hat, da sie weiß, dass alles, wirklich ALLES, einen Sinn hat und dass wir alle wahre Mitschöpfer unserer Realität sind. Alles, was wir für möglich halten, ist möglich!

Gebet

Liebe Engel,

danke, dass Ihr immer um mich seid und mich beschützt, sobald ich Euch rufe, so dass ich mich nie mehr alleine fühle.
Danke, dass Ihr mich bedingungslos liebt, so wie ich bin.
Danke, dass Ihr Euch darum kümmert, dass immer für mich und meine Lieben gesorgt ist.
Danke, dass Ihr mich tragt, wenn ich nicht mehr mit meinen eigenen Füßen laufen kann.

Danke, dass Ihr mir helft, mein Leben und mich so anzunehmen, wie ich bin.
Danke, dass Ihr mir helft, die Geschenke zu erkennen, die sich selbst in den herausforderndsten Situationen befinden.
Danke, dass Ihr mich daran erinnert, dass Liebe immer die Antwort ist, was auch immer die Frage oder Herausforderung ist.
Danke, dass Ihr mir helft, meine Schatten zu erkennen und zu lieben, so dass sie zu meinen größten Helfern werden.
Danke, dass Ihr mir helft, die wunderbaren Menschen und Segnungen in meinem Leben wahrzunehmen und aus ganzem Herzen dankbar dafür zu sein, so dass ich immer mehr Segnungen, Liebe, physisches Wohlbefinden und Fülle auf allen Ebenen anziehe.
Danke, dass Ihr mein Vertrauen täglich stärkt, so dass ich den Mut besitze, meiner Intuition und meinem Lebensplan zu folgen, was auch immer um mich herum geschehen mag.
Danke, dass Ihr mir helft, mit Anmut, Leichtigkeit und Gnade mir selbst und anderen zu vergeben und somit frei zu sein.
Danke, dass Ihr mir helft, meine Kanäle immer mehr zu öffnen, so dass ich Eure Botschaften ganz deutlich und klar verstehen und der göttlichen Führung folgen kann.
Danke, dass Ihr mich dabei unterstützt, immer mehr mit meinem Höheren Selbst und meiner wahren Essenz zu verschmelzen und zu einem Gefäß der bedingungslosen Liebe zu werden, so dass all meine Beziehungen von Frieden, Liebe und Harmonie durchdrungen sind und ich dazu beitrage, immer mehr Liebe und Frieden für die Welt zu erschaffen.
DANKE!

Von Herzen wünsche ich mir, dass meine Geschichte Ihnen allen Mut macht, auch in den dramatischsten Augenblicken Ihres Lebens nie die Hoffnung aufzugeben und mit Hilfe der Engel Ihren Lebensplan mit Anmut, Leichtigkeit und Gnade zu erfüllen! Denken Sie immer daran, was auch immer die Frage ist, Liebe ist die Antwort!

Namasté!
Isabelle von Fallois
Amberg, Oktober 2009

Danksagungen

Tiefste Dankbarkeit gilt unzähligen Menschen, die mich auf meinem Weg der Genesung auf wunderbarste Art und Weise unterstützt haben! Immer wieder bin ich äußerst gerührt über all die vielen Freundschaftsbeweise der letzten Jahre. Ohne Euch wäre ich nicht da, wo ich jetzt bin! Bitte versteht, dass ich nicht jeden von Euch einzeln nennen kann.

Geliebter Hubert, ich kann Dir mit Worten nicht genug dafür danken, dass Du nicht nur alles wahr gemacht hast, was Du mir bei unserer Verlobung in Lissabon versprochen hast, ohne zu ahnen, welche Durststrecke uns noch erwarten würde, sondern dass Du auch für alle schwierigen Situationen wunderbare Lösungen gefunden und keine Mühen gescheut hast. Nie werde ich vergessen, wie Du am Boden unseres Hotelzimmers vor der mitgebrachten Kochplatte saßest und Reis für mich gekocht hast, da ich nichts anderes essen konnte. DANKE für Deine unendliche Liebe, die ich vor wenigen Jahren nicht einmal in meinen kühnsten Träumen für möglich gehalten hätte! Du bist ein Geschenk des Himmels!

Innigster Dank gilt Euch, meinen wunderbaren Eltern Ursula und Gero, die Ihr mich Euer Leben lang voller Hingabe unterstützt. Ihr seid die besten Eltern, die sich ein Mensch nur wünschen kann!

Liebe Susanna, danke, dass Du da warst, als ich Dich am dringendsten gebraucht habe, dass Du mit mir zusammen geweint und gelacht hast, dass Du Leid und Freud mit mir teilst, dass Du bist, wer Du bist!

Lieber Gustavo, danke für eine Freundschaft, die so einzigartig ist wie ein Diamant. Danke für die unzähligen Energieübertragungen, welche Du an den entlegensten Orten der Welt für mich vorgenommen hast. Danke, dass Du Dir ein Herz gefasst hast und mich auf meine Geschichte angesprochen hast. Wer weiß, was sonst mit mir passiert wäre ...

Lieber Arnaldo, tausend Dank, dass Du der aufregendste, härteste, strengste, beste und zugleich charmanteste Lehrer bist, den sich eine Pianistin nur wünschen kann. Danke, dass Du mich immer wieder als Deine Tochter bezeichnest.

Liebe Tilde, ganz inniger Dank gilt Dir. Danke, dass Du mir zu jeder Tages- und Nachtzeit, insbesondere während der Krankenhausaufenthalte, mit Rat und Tat zur Seite standest. Du bist unbezahlbar!

Lieber Dr. Duell, danke, dass Sie während meiner Zeit in Großhadern wie ein Schutzengel über mir gewacht haben.

Danke, lieber Alexander, dass Du dafür gesorgt hast, dass ich genau die richtigen Bücher gelesen habe, um Kraft für meinen Überlebenskampf zu schöpfen.

Danke, lieber Henry, für Deine wunderbare Anteilnahme und Deine Anwesenheit während der schwersten Zeit meines Lebens.

Lieber Gido, es ist wunderbar, einen Freund zu haben, mit dem man sowohl nächtelang spirituelle Gespräche führen, Musik machen als auch richtig Spaß haben kann! Danke, dass Du mir zum richtigen Moment das richtige Buch gebracht hast. Dich nun auch noch bei meinen »Angel Life Coach® Trainings« an meiner Seite zu haben, ist ein himmlisches Geschenk!

Danke, lieber Oliver, für Deine liebevolle Freundschaft, die vielen traumhaften Ballettvorstellungen und vieles mehr. Danke, dass Du immer an mich geglaubt hast.

Liebe Tanja, lieber Kilian, herzlichen Dank, dass Ihr mir das herrliche Stage Piano besorgt und gebracht habt. Ich werde nie vergessen, wie wunderbar mein steriles Krankenhauszimmer dadurch verwandelt worden ist!

Liebe Constanze, Dir, Roland und Deiner gesamten Familie tausend Dank für Eure großzügige und tatkräftige Unterstützung!

Lieber Uli, lieber Harry, danke für Eure liebevolle Unterstützung und Fürsorge. Ich habe es sehr genossen, in Eurer wunderschönen Wohnung ein Zuhause zu haben.

Tausend Dank an meine »spanischen« Freunde Johanna, Pilar, Francisco und María del Mar. Danke, dass Ihr keine Mühen gescheut habt, um von Jerez de la Frontera nach München zu kommen und mich aufzuheitern! Liebe Johanna, ganz herzlichen Dank für die tollen spanischen Videos und DVDs, welche mich phänomenal von meinen Schmerzen abgelenkt haben!

Liebe Kristin, lieber Gustavo, herzlichen Dank, dass Ihr dafür gesorgt habt, dass ich dank Eurer hübschen Hüte und Mützen auch während meiner Zeit mit Glatze gut aussah!

Lieber Serge, es war wunderbar, dass Du ausgerechnet während der kritischsten Zeit immer wieder in München warst und mir zur Seite gestanden bist.

Liebe Eva, danke, dass Du mich immer gesund gesehen hast und mich mit wunderbaren Steinen, Schmuck und Büchern unterstützt hast! Ich weiß, dass Dein Licht auf der anderen Seite noch heller leuchtet!

Danke, liebe Myrian, lieber Claudio, lieber Antonio, liebe Belén, liebe Tía Juana, lieber José Luis, liebe Ann, liebe Sandra für Eure fortwährenden Anrufe, Briefe und Gebete.

Lieber Boris, lieber Hans, danke, dass Ihr alles getan habt, um zum einzig möglichen Zeitpunkt zwischen den Chemotherapien die Demo-CD von Susanna und mir aufzunehmen und zu produzieren. Das war ein großes Geschenk für mich! Und Dir, liebe Heike, tausend Dank, dass Du diese tolle Idee hattest!

Danke, liebe Christine und lieber Peter, dass Ihr uns für die CD-Aufnahme Euer wunderschönes Haus und den traumhaften Steinway zu Verfügung gestellt habt!

Lieber Peter, danke, dass Du dafür gesorgt hast, meine Übelkeit zu vermindern, dass Du ein treuer Begleiter in einer schwierigen Zeit warst und mir Deine fantastischen Pateneltern vorgestellt hast.

Herzlichen Dank auch an alle Ärzte, Schwestern und Pfleger, die sich unermüdlich um meine Genesung bemüht haben! Danke Rolf, Chetu, Prof. Dr. Hallek, Prof. Dr. Haferlach, Dr. Schmid, Dr. Lang, Kati, Josef und all die vielen Anderen!

Liebe Helga und lieber Charly, ich danke Euch von ganzem Herzen, dass Ihr mich trotz meiner Geschichte mit offenen Armen in Eure Familie aufgenommen habt, zu einem Zeitpunkt, als man nicht wissen konnte, ob diese gut ausgeht. Danke für Eure wunderbare Unterstützung!

Liebe Doreen, ich danke Dir aus tiefstem Herzen für Deine einzigartige Arbeit und all die Bücher und CDs, die Du veröffentlicht hast. Sie haben mir geholfen, meine Kanäle wieder zu öffnen und mit den Engeln und vielen anderen Lichtwesen zu kommunizieren und somit meine Gesundheit wieder zu erlangen! Ohne Dein Beispiel hätte ich dieses Buch vermutlich nicht geschrieben. Wie wunderbar, dass Du meinen Herzenswunsch, auf Hawaii zu heiraten, empfangen und gemeinsam mit Steven möglich gemacht hast! Tausend Dank!

Lieber Steven, innigen Dank für die unvergessliche und so transformierende Feuerzeremonie in Dana Point und Deine Hingabe während unserer Hochzeitszeremonie!

Liebe Angela, wie Dein Name schon sagt, bist Du ein wahrhaftig engelhaftes Wesen. Ich schätze mich glücklich, Dich »wieder« gefunden zu haben!

Lieber Dr. Todd, tausend Dank für Ihre einzigartige Unterstützung auf meinem Genesungsweg. Sie sind ein Geschenk für die Menschheit!

Liebe Peggy, danke für die phänomenale EMF Balancing Technique®, die so sehr zu meiner Entwicklung beigetragen hat!

Lieber Michael, danke, dass Du an mich geglaubt hast, obwohl Du mich noch nie Klavier spielen gehört hattest. Danke, dass durch Deine Idee mein spiritueller Weg mit meinem musikalischen Weg verbunden worden ist!

Sehr dankbar bin ich auch Euch, meinen Klavierschülern und Euren Eltern, dass Ihr mir über die schwere Zeit hin treu geblieben seid. Danke Sophie, Anna, Mäusi, Flitzi, Franzi, Jessica, Nathalie, Jannik, Rici, Amelie, Nicola und Julian! Ihr seid alle großartig!

Ganz besonderer Dank gilt Euch, liebe Sabine und liebe Julia, lieber Heinz und liebe Familie Klaunzler, dass ich Eure bewegenden Geschichten für dieses Buch verwenden durfte.

Liebe Ines, danke, dass Du es Dir immer wieder zur Aufgabe gemacht hast, mich von meiner vielen Arbeit wegzulocken und gemeinsam mit Dir das Leben zu genießen!

Liebe Michelle und lieber Rafayel, Ihr beide seid einfach ein »Dreamteam«! Ich bin glücklich, Euch in meinem Leben zu haben!

Liebe Dani, tausend Dank für Deine Freundschaft und Deine wunderbar tatkräftige Unterstützung! Ich hätte mir in meinen kühnsten Träumen keine bessere Assistentin wünschen können!

Liebe Amina, es ist eine große Freude, dass Du in meinem Leben bist und mit Deiner herrlichen Energie Teil meines engsten Teams bist!

Liebe Patricia, es ist großartig, Dich wie in »alten« Zeiten wieder an meiner Seite zu haben!

Lieber Roy, es ist wunderbar, dass wir uns »wieder« gefunden haben. Danke für Deine Freundschaft und dafür, dass Du eine stets sprudelnde Quelle der Inspiration bist!

Literatur

Cameron, Julia, *Der Weg des Künstlers*. München: Droemer Knaur, 1996
Fishback Powers, Margaret, *Spuren im Sand*. Gießen: Brunnen-Verlag, 1999
Fox, Sabrina, *Wie Engel uns lieben*. München: Droemer Knaur, 2000
Fox, Sabrina, *Die Sehnsucht unserer Seele*. München: Arkana Goldmann, 1999
Harbosch, Philie, *Ich habe meinen Krebs nicht mehr nötig – Danke Louise Hay*. Alf Lüchow, 1994
Hay, Louise L., *Gesundheit für Körper und Seele*. München: Heyne, 1989
Hay, Louise L., *Heile deinen Körper*. Alf Lüchow, 1989
Hay, Louise L., *Wahre Kraft kommt von innen*. München: Heyne, 1994
Hay, Louise L., *Das Leben lieben*. München: Heyne, 2003
Koch, Birgit Theresa, *Diese Kraft in mir*. Frankfurt: Eichborn, 2000
KRYON, *Die Reise nach Hause*. Burgrain: Koha-Verlag, 2002
LeShan, Lawrence, *Psychotherapie gegen den Krebs*. Stuttgart: Klett-Cotta, 1999
Martina, Roy, *Chakren im Wassermannzeitalter*. Burgrain: Koha-Verlag, 2003
Martina, Roy, *Emotionale Balance*. Burgrain: Koha-Verlag, 1999
Martina, Roy, *Tiefseelentauchen*. Silberschnur-Verlag, 2009
Phoenix Dubro, Peggy/Lapierre, David, *Potenziale der inneren Kraft*. Burgrain: Koha-Verlag, 2003
Selke, Ilona, *Die Weisheit der Delphine*. München: Ullstein, 2004
Virtue, Doreen, *Dein Leben im Licht*. München: Heyne Ullstein, 2003
Virtue, Doreen, *Die Heilkraft der Engel*. München: Heyne, 2002
Virtue, Doreen, *Die Heilkraft der Feen*. München: Heyne, 2003
Virtue, Doreen, *Das Heilgeheimnis der Engel*. München: Heyne, 2001
Virtue, Doreen, *Divine Guidance*. New York: St. Martin's Griffin, 1998
Virtue, Doreen, *Medizin der Engel*. Berlin: Ullstein Allegria, 2005
Virtue, Doreen, *Erwecke die Heilkraft der Göttin in dir*. Burgrain: Koha-Verlag, 2006
Virtue, Doreen, *Die Botschaft der Engel*. Berlin: Ullstein Allegria, 2007
Virtue, Doreen, *Chakra Clearing*. Berlin: Ullstein Allegria, 2007

Links

Prof. Dr. Todd Ovokaitys — www.gematria.net
Dr. Roy Martina — www.roymartina.com
Dr. Doreen Virtue — www.angeltherapy.com
Peggy Phoenix Dubro — www.emfbalancingtechnique.com
Ingrid Auer — www.engelsymbole.at
Magnified Healing® — www.magnifiedhealing.com

Über die Autorin

Nach einem Nahtoderlebnis im Alter von acht Jahren hatte Isabelle von Fallois immer wieder Zukunftsträume und Visionen. Doch erst aufgrund ihrer lebensbedrohlichen Leukämieerkrankung vor neun Jahren begann sie sich intensiv mit Engeln zu beschäftigen, nachdem ihr Leben vier Jahre lang immer wieder am seidenen Faden gehangen war. Nach einigen Monaten voller Meditation und Gebet konnte sie plötzlich Engel sehen und hören. Sie erhielt genaue Anweisungen und wurde wieder vollkommen gesund.

Von diesem Moment an war Isabelle von Fallois bewusst, dass sie neben ihrem Beruf als Pianistin noch eine andere Mission zu erfüllen hatte. Sie lernte verschiedene Formen der Energiearbeit, wurde von Doreen Virtue zum Angel Therapy® Practitioner und Medium ausgebildet und eröffnete eine Praxis in München, die sie mehrere Jahre sehr erfolgreich führte.

Heute reist sie durch die Welt, hält Vorträge und Workshops und leitet das von ihr entwickelte ANGEL LIFE COACH® Training.

Sowohl mit ihrer spirituellen Arbeit als auch als Pianistin möchte sie die Herzen der Menschen öffnen und ihnen helfen, ein erfülltes Leben zu führen.

ANGEL LIFE COACH® TRAINING

Lebe dein Potenzial mit Hilfe der Engel

Nachdem Isabelle von Fallois jahrelang Erfahrungen mit Klienten in eigenen Engelseminaren und anderen Trainings sammeln konnte, entwickelte sie eine spezielle Form des Engeltrainings, das sogenannte Angel Life Coach® Training. In diesem Training lernen Sie nicht nur, Ihre medialen Fähigkeiten zu öffnen und zu verstärken und Engel-Readings zu geben, sondern auch, Menschen zu coachen.

Es kombiniert verschiedene sehr wirkungsvolle Methoden, um letztlich auch Klienten ein noch breiteres Spektrum anbieten zu können. Dies öffnet neue Türen, weitere Menschen aus den verschiedensten Bereichen anzuziehen.
Zudem ist das Training eine wunderbare Möglichkeit, sich weiter zu entwickeln, immer mehr in Einklang mit sich selbst zu kommen, sich mit seinem Höheren Selbst zu verbinden, das eigene Potenzial zu entdecken, zu leben und für sich ein immer erfüllteres Leben zu kreieren.

Das Training besteht aus drei Modulen:
Modul 1 – ANGEL LIFE COACH® Training
Modul 2 – Advanced ANGEL LIFE COACH® Training
Modul 3 – Master ANGEL LIFE COACH® Training

Wenn Sie Ihr Leben transformieren möchten, die Kommentare von Absolventen lesen möchten und mehr über das Training erfahren möchten, besuchen Sie www.AngelLifeCoachTraining.com .

Love is always the answer, whatever the question is.

Lebe dein Potenzial mit Hilfe der Engel

Mehr Informationen über Isabelle von Fallois und zu diesem Buch finden Sie unter www.DieEngelsonah.com.

Haben Sie sich schon die kostenlose Meditation heruntergeladen, die zu diesem Buch gehört? Wenn nicht, können Sie auf
www. DieEngelsonah.com/download
gehen und diese jetzt downloaden.

Auf dieser Website finden Sie auch noch weitere GRATIS-Produkte, die Sie auf Ihrem Weg unterstützen möchten und Ihnen helfen werden, Ihren Kontakt zu den Höheren Ebenen und den Engeln zu verstärken und Ihre Träume und Ziele zu verwirklichen.

Weitere Meditationen von Isabelle von Fallois finden Sie auf
www.angelportal444.com

Dort gibt es einen GRATIS Download einer Erzengel Michael Schutzmeditation und 21 weitere kraftvolle Meditationen.

Wenn Sie diese Angel Trance Meditations von Isabelle von Fallois täglich oder auf regelmäßiger Basis hören, werden durch den Wandel Ihrer Schwingungsfrequenz zu einer höheren Ebene der Reinheit und Liebe tiefgreifende Veränderungen in Ihrem Sein geschehen.

Love is always the answer, whatever the question is.